D1702212

Den Bürgern
der Stadt Bobingen
gewidmet

Herbert Schäfer

Bobingen

Beiträge zur Heimatgeschichte

unter Mitarbeit von Hans Frei (Vor- und Frühgeschichte), Georg Fritz (Hausnamen, Organisation), Heinrich Oellers (Federzeichnungen) und Xaver Holzhauser (X. H.) (Geschichte der Pfarrei und Ortsentwicklung)
sowie mit Beiträgen von Augustin Birle (†), Josef Jaufmann (†) und Karl Höchstätter (†).

CIP-Titelaufnahme der Deutschen Bibliothek
Bobingen: Beiträge zur Heimatgeschichte / Herbert Schäfer.
Unter Mitarb. von Hans Frei. – 2. Aufl. – Bremen:
Fachschriftenverlag Dr. H. Schäfer, 1990
ISBN 3-925730-15-X
NE: Schäfer, Herbert

Bearbeiter der 2. Ausgabe: Dr. jur. Herbert Schäfer, Bremen
Graphische Gestaltung: Ludwig Köbler, Münster

Satz und Druck: Verlagsdruckerei Kessler, Bobingen
© 1990 Stadt Bobingen

Vorwort

Das vorliegende Buch berichtet aus der Geschichte der Gemeinde Bobingen. Es führt durch die Entwicklung vom ehemaligen Bauerndorf über den Marktflecken bis zum modernen Industrieort, der Stadt unserer Gegenwart. Dabei werden die Wurzeln einer heute noch lebendigen Vergangenheit freigelegt und beschrieben. Was sonst vergessen worden wäre, wird hiermit erhalten und weitergegeben.

Von bäuerlicher und handwerklicher Tradition, von verschwundenen Wegen und vergessenen Flurnamen ist die Rede, von den Menschen „in oppido poginga", von geschichtlicher Not und alltäglichem Fleiß, von der Landschaft und ihrer Besiedlung.

Dieser breit angelegte Beitrag zur Heimatgeschichte von Bobingen entstand nach geduldiger, zeitraubender Auswertung zahlloser Funde, Urkunden und Archivalien, welche den Weg Bobingens durch die Geschichte markieren. Gleichzeitig wurden mündliche Überlieferungen festgehalten, bevor sie verloren gingen. Die Verfasser haben uns hier eine wertvolle Materialsammlung und einen zuverlässigen Leitfaden durch die Geschichte Bobingens an die Hand gegeben, die uns einen Rückblick auf vier Jahrtausende ermöglichen. Ihnen gilt der herzliche Dank der Stadtverwaltung und der Bevölkerung.

Möge das Buch einen breiten Leserkreis bei allen Bobingern und allen Freunden der Stadt finden und dadurch die Verbundenheit und die Zuneigung zu diesem wohlverwalteten, überschaubaren Gemeinwesen fördern.

Bobingen, im Oktober 1975

Gärtner
Erster Bürgermeister

Vorwort zur zweiten Auflage

Die erste kleine Auflage des „Bobinger Heimatbuches" war nach ihrem Erscheinen rasch vergriffen. Die nach diesem Buch anhaltenden und wiederholten Nachfragen zeigen, daß in allen Kreisen der Bevölkerung ein starkes ortsgeschichtliches Interesse nach Informationen sucht, um den eigenen Lebensraum begreifen und verstehen zu können. Geschichten aus der Geschichte werden heute trotz der Fernsehflut wieder gelesen und nachempfunden. Das Buch hat Bestand, die Heimatgeschichte wird miterlebt, die Vergangenheit hat Zukunft. Deshalb wurde dieses Heimatbuch erneut aufgelegt.

Aus diesem Grunde danke ich allen, die seinerzeit an dem Entstehen der ersten Auflage mitgewirkt haben und die nun ihr Einverständnis zur Neuauflage gegeben haben. Insbesondere danke ich Herrn Bürgermeister Gärtner und den Stadträten, welche in eine Neuauflage von 750 Exemplaren einwilligten. Das wirtschaftliche Risiko dieser Neuauflage trage ich gern und zuversichtlich.

Vor allem aber bin ich Herrn Xaver Holzhauser (X. H.), Bobingen, sehr dankbar, daß er an dieser Neuauflage mitarbeitete. Aufgrund seiner eigenen neueren Untersuchungen zur Geschichte Bobingens, insbesondere durch die Auswertung des Pfarrarchivs, des Stadtarchivs und der Heranziehung weiterer Urkunden des Hauptstaatsarchivs in München und der Erschließung anderer Quellen, waren Korrekturen, Ergänzungen und Erweiterungen auf seine Anregungen hin möglich. Der Wert dieses volkstümlichen Buches wird dadurch noch mehr gesteigert.

Die Untersuchungen zur Geschichte Bobingens sind damit noch lange nicht abgeschlossen. Weitere Erkenntnisse mögen im Laufe der Jahre hinzukommen. Sie alle können ein Heimatgefühl, eine Empfindung für das Zuhause vermitteln, das der Mensch braucht, um sich wohlfühlen zu können.

Bobingen, im November 1990

Dr. jur. Herbert Schäfer

Inhaltsverzeichnis

X

D BAUERNTRADITION, BAUERNARBEIT, BAUERNNOT

E DAS EHRBARE HANDWERK

F GESCHICHTLICHE EINZELPERSONEN

A   Funde und Denkmäler
der Vor- und Frühgeschichte

I. GRUNDLAGEN UND ZAHLEN

1. Die „Urkunden" der Vorgeschichte

Alljährlich bestaunen und bewundern Ferienreisende im Mittelmeergebiet, im Orient oder in Mexiko, Ruinen und Ausgrabungsstätten versunkener Völker und Kulturen. Nur wenigen ist bewußt, daß auch in unserer engeren Heimat, im eigenen Wohn- oder Geburtsort Denkmäler und Funde der Vergangenheit, Zeugnisse des früheren Lebens und Wirtschaftens im Boden erhalten geblieben sind. Sie werden von der Vor- und Frühgeschichtsforschung seit mehr als 100 Jahren beachtet, gesammelt und ausgewertet. Die reichhaltigen Ergebnisse erlauben uns einen erstaunlichen Blick in die heimatliche Vergangenheit und in die vorzeitlichen Verhältnisse. Mit archäologischen Methoden, ähnlich wie im Orient oder in Griechenland, mit Ausgrabungen und Fundauswertungen, mit ständig verfeinerten technischen Hilfsmitteln, arbeitet die Vor- und Frühgeschichte an dem Geschichtsbild einer schriftlosen Zeit. Alleinige Quellen, lesbare „Urkunden" des Vorgeschichtsforschers sind Wohnplätze und Gräber, Geräte und Waffen, Schmucksachen und Gefäßscherben und was sonst in die Erde gelangte, unter besonders günstigen Umständen erhalten blieb und wieder zutage kam. Aus diesem Rohstoff vermag die Wissenschaft ein Bild von der materiellen Kultur früherer Völker zu zeichnen und Rückschlüsse auf ihre Verhaltensweisen, auf Handwerk und Kunst, auf Brauchtum und Kult zu ziehen.

2. Gefahr für unsere Denkmäler

Zahlreiche Dokumente der Vor- und Frühgeschichte sind heute in Gefahr. Ortsfeste, obertägig sichtbare Geländedenkmäler werden bei Baumaßnahmen zerstört, bewegliche Altertümer bleiben beim Maschineneinsatz unbeachtet, Zufallsfunde werden verschleudert. Die rechtzeitige Einschaltung der Fachbehörden bei allen Planungs- und Baumaßnahmen ist deshalb dringend geboten, wenn nicht unwiederbringliche Quellen unserer eigenen Geschichte verlorengehen sollen. Nur fachmännische Ausgrabungen und Fundbergungen können weiterhelfen bei der Aufhellung unserer Vergangenheit.

Mehr als 500 000 Jahre der Menschheitsgeschichte sind lediglich aus Funden und Ausgrabungen bekannt. Die ältesten Gerätefunde in Bayern (*Altsteinzeit*) schätzen die Experten auf 100 000 Jahre. Aus der *Mittelsteinzeit* (sog. Mesolithikum, 8000 – 4000 v. Chr.) stammen die frühesten Zeugnisse für die Anwesenheit des Menschen in Mittelschwaben. Mit Beginn der *Jungsteinzeit* (Neolithikum) um die Mitte des 4. Jahrtausends häufen sich zwar die Fundniederschläge, doch bleibt das Gebiet südlich der Donau noch weitgehend siedlungsfrei. Erst in der ausgehenden Jungsteinzeit vermehren sich die Zeugnisse des Menschen in unserer Heimat. Um 1800 v. Chr. beginnt aufgrund einheimischer Erzverhüttung die süddeutsche *Bronzezeit*. Um die Wende zum 1. Jahrtausend mehren sich die chronologischen Fixpunkte für eine Datierung nach Jahrhunderten. Das Eisen wird mit Beginn der *Hallstattzeit* (750 v. Chr.) zum bedeutsamen Wirtschaftsfaktor, wir sprechen von der Älteren und Jüngeren *Eisenzeit*. *Römerzeit* und *frühes Mittelalter* sind mit einer Fülle von Siedlungsspuren und Grabplätzen vertreten, die Funde erlauben noch wesentlich feinere Altersbestimmungen.

II. FORSCHUNGSSTAND UND ÜBERBLICK

1. Zur Siedlungsgeschichte von Bobingen und Umgebung

Eine Darstellung der Vor- und Frühgeschichte für ein engräumiges Stadtgebiet ist ungewöhnlich, da sich die Bodenfunde erst im Zusammenhang mit den Altertümern der weiteren Umgebung zu regionalen Kultureinheiten ordnen lassen und eine echte Aussagekraft erhalten. Die lokale Bestandsaufnahme in diesem Buch bedarf deshalb einer Rechtfertigung. Einmal soll dieser Aufsatz ein Baustein sein für ein größeres Gebäude, eine Grundlage für die vorliegenden Beiträge zur Ortsgeschichte von Bobingen. Wer sich darüber hinaus unterrichten will über die Vorgeschichtsfunde in der Umgebung, im Gebiet des ehemaligen Landkreises Schwabmünchen oder wer Einzelheiten über die wissenschaftliche Auswertung der Funde erfahren möchte, dem stehen ausgezeichnete Werke von berufener Hand zur Verfügung. In einem umfangreichen wissenschaftlichen Katalog hat HANS PETER UENZE sämtliche Funde des ehemaligen Kreisgebietes beschrieben und kulturgeschichtlich eingeordnet (H. P. UENZE, Vor- und Frühgeschichte im Landkreis Schwabmünchen, Kallmünz 1971). Aus seiner Feder stammt auch die zusammenfassende Darstellung der vor- und frühgeschichtlichen Besiedlung dieses Raumes in der jüngst

2

erschienenen Kreisbeschreibung (Der Landkreis Schwabmünchen). Beide Werke enthalten eine vorzügliche Fundstellenkarte im Maßstab 1 : 50 000 mit genauer Lokalisierung aller bis 1970 bekanntgewordenen Funde. Die Fundnummern der Karte wurden in diesem Beitrag übernommen. Die Karte diente auch als Grundlage für die Kartendarstellung (Abb. 1). Einzelheiten über die erwähnten Funde können in dem Katalog nachgelesen werden. Die vorliegende Arbeit schöpft in erster Linie aus der sehr verdienstvollen Materialaufnahme dieses Autors. Ergänzende Angaben für die Jahre 1972 und 1973 sind Herrn OTTO SCHNEIDER, dem Leiter des Arbeitskreises für Vor- und Frühgeschichte im „Heimatverein für den Landkreis Augsburg", zu verdanken.

2. Die Erfassung jüngster Bodenfunde

Gleichzeitig bedeutet dieser Bericht eine Dankadresse an einen sehr verdienten Forscher und Sammler zur Bobinger Geschichte, Herrn Dr. jur. HERBERT SCHAEFER. Ihm ist nicht nur eine große Zahl von Fundmeldungen aus Bobingen und Umgebung aus den fünfziger Jahren zu verdanken, sondern auch die erste Zusammenfassung aller vorhandenen Unterlagen. Seit dieser Materialsammlung im Jahre 1952 haben sich unsere Kenntnisse über die frühe Besiedlung des Bobinger Raumes durch einige sehr ergiebige Ausgrabungen des Bayr. Landesamtes für Denkmalpflege unter Leitung von Dr. GÜNTHER KRAHE stark erweitert. Bisher unbekannte Grabhügel, römische Siedlungen und Gräberfelder sowie Siedlungen der Steinzeit, der Bronzezeit und des Mittelalters in oder um Bobingen haben das Fundbild wesentlich bereichert und das ganze Gebiet in der Vorgeschichtsforschung weithin bekanntgemacht. Es war deshalb wünschenswert, den ortsgeschichtlichen Aufsätzen aus der Feder von HERBERT SCHAEFER einen ergänzenden Beitrag über den neuesten Stand der vor- und frühgeschichtlichen Besiedlung voranzustellen. Da Gemeinde- und Landkreisgrenzen für die Vorzeit ohne Bedeutung sind, wurden zur Abrundung des Gesamtbildes neben der Darstellung des heutigen Stadtgebietes (einschließlich Straßberg und Reinhartshausen) auch die Funde in den Orten Königsbrunn, Wehringen und Oberottmarshausen teilweise einbezogen.

3. Die natürlichen Grundlagen

Das heutige Stadtgebiet von Bobingen mit 4.714 ha Fläche bildet weder geologisch noch geographisch eine Einheit. Im Westen reicht mit den Hügeln und Höhenzügen um Straßberg, Burgwalden und Reinhartshausen der Ostrand der *Staudenlandschaft* herein. Mit den altpleistozänen Schotterdecken über

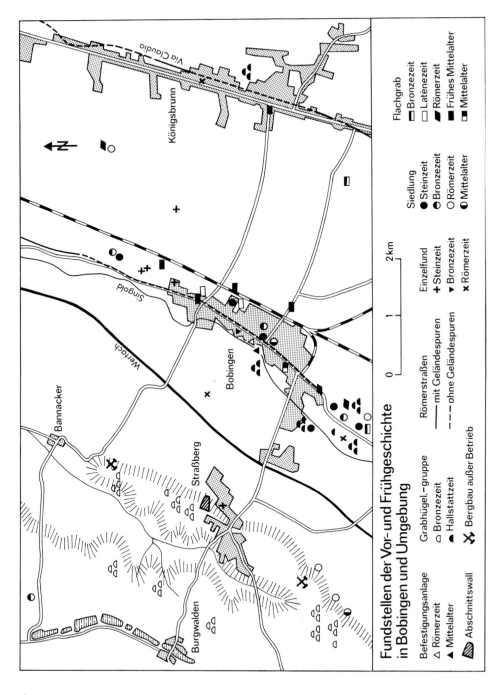

Fundstellen der Vor- und Frühgeschichte
in Bobingen und Umgebung

Befestigungsanlage
△ Römerzeit
▲ Mittelalter
▨ Abschnittswall

Grabhügel.-gruppe
◁ Bronzezeit
▲ Hallstattzeit
✗ Bergbau außer Betrieb

Römerstraßen
—— mit Geländespuren
--- ohne Geländespuren

Einzelfund
+ Steinzeit
▼ Bronzezeit
✗ Römerzeit

Siedlung
● Steinzeit
◑ Bronzezeit
○ Römerzeit
◐ Mittelalter

Flachgrab
▬ Bronzezeit
☐ Latènezeit
◪ Römerzeit
■ Frühes Mittelalter
▪ Mittelalter

Via Claudia

Königsbrunn

Singold

Wertach

Bannacker

Bobingen

Straßberg

Burgwalden

0   1   2 km

einem Tertiärsockel aus Sand und Ton bildet sie den erdgeschichtlich ältesten Teil unseres Heimatraumes. In den ausgedehnten Waldbeständen boten sich den Grabhügeln, jenen obertägig sichtbaren Gräbern der Bronze- und Hallstattzeit, günstige Erhaltungsbedingungen. Demgegenüber fehlen Siedlungsfunde in diesem Raum fast vollständig, wohl eine Folge der geringen Aufschlußmöglichkeiten.

Recht fundarm ist auch die breite Sohle des schotter- und sandbedeckten Wertachtales, das bis zur Flußregulierung um die Mitte des 19. Jahrhunderts häufig überschwemmt und deshalb weitgehend siedlungsfrei geblieben ist. Lediglich beiderseits der Singold, jenes parallel zur Wertach verlaufenden Wiesenflusses, sind einzelne Siedlungsspuren und mehrere ausgedehnte Grabhügelgruppen aufgedeckt worden.

Ausgesprochen fundreich stellt sich dagegen die lößbedeckte *Hochterrasse* dar. Perlschnurartig reihen sich an ihrem Westrand die Fundstellen aller vorgeschichtlichen Perioden aneinander (siehe Karte). Hier fanden die ersten Ackerbauern nährstoffreiche Lößböden, in der Singoldniederung gutes Wiesenland und am Terrassenrand günstige Siedlungsbedingungen. Hier verlief in römischer Zeit eine wichtige Nordsüdstraße, an der sich die bedeutendsten römischen Niederlassungen des Kreisgebietes aneinanderreihten. Entlang dieses Verkehrsweges ließen sich die einwandernden Alemannen nieder, oft in unmittelbarer Nachbarschaft bei den römischen Ruinen. Aus den alemannischen Einzelhöfen und Weilern entwickelten sich teilweise die mittelalterlichen Dörfer, die Vorläufer unserer heutigen Siedlungen. Der hohe Fundanfall auf der Westseite der Hochterrasse hat eine weitere Ursache in den mannigfachen Bodeneingriffen, wie sie bei Feldbestellungen, Haus- und Straßenbauten und bei Kies- und Lehmabgrabungen ständig erfolgen. Demgegenüber treten die Fundplätze auf dem Mittelteil und am Ostrand der Hochterrasse sowie im Bereich des Lechfeldes erheblich zurück.

III. SIEDLUNGSGESCHICHTE
AUS EINER ABFALLGRUBE DER STEINZEIT

1. Die Siedlungsstelle beim heutigen Postamt

Während im nördlichen Schwaben, in Höhlen und unter Felsdächern der Schwäbischen Alb, der Mensch bereits vor etwa 100000 Jahren seine Spuren hinterlassen hat, bezeugt in unserem Raum kein Fund seine Anwesenheit in der Altsteinzeit. Älteste Zeugnisse sind uns erst aus der Mittelsteinzeit (Mesolithikum 8000 – 4000 v. Chr.) in Form kleiner ungeschliffener Steingeräte und Abfallstücke bekannt. Solche Funde wurden an mehreren Stellen am Westrand der Hochterrasse zwischen Göggingen und Schwabmünchen aufgesammelt, darunter auch an drei Plätzen innerhalb der Bobinger Flur (K 1A, 2, 3 = Fundort-Nummer bei UENZE, 1971).

Neuerdings hat OTTO SCHNEIDER rund um die Kiesgruben am nördlichen Gemarkungsrand eine große Zahl von Silexgeräten und -absplissen (Mikrolithen) aufgelesen. Zu jener Zeit befand sich die Bevölkerung auf der Wirtschaftsstufe der nomadisierenden Jäger und Sammler. Sie paßten sich den veränderten Umweltbedingungen im Laufe der nacheiszeitlichen Erwärmung und der zunehmenden Vegetationsausbreitung in ihrer Lebens- und Wirtschaftsweise an. Sie hausten in einfachen Zelten und fristeten ihr Leben durch Fischfang und Jagd auf Kleinwild. Daher überdauerten meist nur die Steingeräte, Kulturschichten haben sich im Freiland nur selten erhalten.

Vom Beginn der jüngeren Steinzeit (Neolithikum) gibt es in unserem Raum wie im gesamten Mittelschwaben keinerlei Zeugnisse. Offenbar haben die Viehwirtschaft und Ackerbau treibenden, seßhaft gewordenen Steinzeitleute dieses Gebiet zwischen Iller und Lech erst sehr spät, um ca. 2000 v. Chr., in Besitz genommen. Jedenfalls kennen wir zwei Siedlungsplätze der sog. „Pollinger Kultur" und mehrere Plätze mit bedeutsamen Lesefunden in der Flur. Aufschlußreich für die Siedlungsgeschichte Bobingens ist besonders die Untersuchung einer ovalen Abfallgrube, die 1954 beim Neubau des Bobinger Postamtes an der Einmündung Bahnhofstraße/Hauptstraße aufgedeckt worden ist (6). Neben zahlreichen Keramikbruchstücken verschiedener Größe fanden sich Wildtierknochen, die von zwei Rothirschen, vier Rehen, zwei Wildschweinen und einem Biber stammen (UENZE, 1971 S. 65). Man darf daraus schließen, daß die Bewohner dieser Siedlung ihren Fleischbedarf vorwiegend aus der Jagd gedeckt haben, obwohl für jene Zeit bereits Seßhaftigkeit mit Viehhaltung und Ackerbau nachgewiesen ist. Vorstellungen über das Aussehen und die Größe der Siedlung mit Hütten aus Holzbalken und lehmbeworfenem Flechtwerk, mit Schilf- oder Strohdach, können wir uns lediglich aus Ausgrabungsergebnissen andernorts machen, da die eigentliche Siedlungsstelle wohl bei der späteren Überbauung des Geländes ohne wissenschaftliche Beobachtung zerstört worden ist. Keramikfunde der „Pollinger Gruppe" enthielten auch die 1969 von OTTO SCHNEIDER untersuchten Hüttengruben am Rande einer Kiesgrube an der nördlichen Flurgrenze (1 B).

2. Äxte, Beile, Pfeilspitzen

Die umwälzenden Neuerungen im Leben der Menschen, *Feldbau und Viehhaltung*, legten den Grund für die weitere Kulturentwicklung. Die Herstel-

lung von *Keramikgefäßen* für die Vorratswirtschaft beweist den großen technischen Fortschritt. Gleichzeitig beweisen eine Anzahl von Steingerätefunden
aus hartem Felsmaterial die neuartige Technik des Schneidens, Schleifens und
Bohrens. Wasser und Sand dienen als Schleifmittel, Holzstäbe benützt man als
Bohrer.

Aus den Äckern auf der Hochterrasse am Nordrand des Gemeindegebietes
stammt das Bruchstück einer lanzettförmigen Axt aus graugrünem Serpentin
(4). Sie wurde von einem aufmerksamen Bauern 1949 aufgelesen. Am Fuß der
Wertachleite kam 1954 bei einem Hausbau im Ortsteil Bobingen-Siedlung,
Dr.-Kämpf-Straße 13, eine graue Steinaxt zutage (Abb. 2). Welch hohen Wert
ein solches Stück für den Besitzer hatte, geht schon daraus hervor, daß die Axt
wohl ein zweitesmal durchbohrt wurde, nachdem sie vorher am Bohrloch abgebrochen ist (5). Die Reste einer alten und wieder geglätteten Durchbohrung
am Axtnacken belegen diese Annahme. Bei Ausgrabungen im Gelände der
Farbwerke Hoechst fand sich unter einzelnen Keramikproben des Neolithikums das Bruchstück eines 6 cm langen Flachbeiles (148). Unsicher bleibt
noch die Nachricht über den Fund einer neolithischen Axt in der Gegend von
Reinhartshausen. Sollte die Nachricht von J. N. von RAISER (Oberdonau-
kreis 3, 1832, 93) zutreffen, dann kann man in Verbindung mit dem geschliffe-

Abb. 2: Steinaxt aus der Jungsteinzeit (Dr.-Kämpf-Str. 13)

nen Scheibenkeulenkopf von Konradshofen (68) annehmen, daß auch die Staudenlandschaft während des Neolithikums gelegentlich aufgesucht worden ist.

Daß neben den geschliffenen Steingeräten auch die ungeschliffenen Feuersteinobjekte noch in Gebrauch waren, beweisen die Einzelfunde einer gestielten Pfeilspitze und zweier Steinspitzen mit retuschierten Kanten vom Rande der Kiesgrube zwischen Bobingen und Wehringen (149) und einer Pfeilspitze und eines Kammschabers aus Jurahornstein aus dem Gebiet der Röntgenstraße (3). Aus den wenigen Funden auf der Bobinger Flur läßt sich das Bild der Steinzeitepoche naturgemäß nicht rekonstruieren. Doch fügen sich die gesammelten Beweisstücke sehr gut in die Ausgrabungsergebnisse anderer Gebiete ein.

Die Steinzeitleute lebten in der Genügsamkeit einfacher Selbstversorgerwirtschaft. Die Männer kümmerten sich um Rodung, Jagd, Fischfang und um den Hausbau. Die Herstellung der Geräte und Waffen aus Holz, Knochen oder Stein war ebenfalls Aufgabe der Männer, während die Frauen den Haushalt besorgten, die Felder mit Gerste, Weizen und Hirse bestellten, abernteten und auf Reibsteinen das Korn ausmahlten. Sie töpferten für den Eigenbedarf noch ohne Töpferscheibe. Tonwulst wurde auf Tonwulst gelegt, die Wände wurden glatt gestrichen und nach der Lufttrocknung mit Holzspitzen oder -stempeln verziert. Die Frauen spannen die Wolle der Schafe und webten ihre Stoffe selbst. Über die materielle Kultur hinaus, über die Welt der Religion und des Kultes erlaubt das archäologische Fundgut nur eine beschränkte Aussage.

IV. SCHMUCK UND WAFFEN AUS DEN GRÄBERN DER BRONZEZEIT (1800 – 1200 v. Chr.)

1. Die Grabkammer im Oberen Feld

Neben dem traditionellen Werkstoff Stein ist bereits in der ausgehenden Jungsteinzeit ein neues Metall, das Kupfer, in Verwendung. Infolge seines geringen Härtegrades ist es allerdings für Waffen und Gerät nur bedingt verwendbar. Erst mit dem Zusatz von ca. 10 % Zinn erhalten die Werkstücke die richtige Widerstandsfähigkeit und Elastizität. Die Bronze als Legierung aus Kupfer und Zinn war im Orient bereits im dritten vorchristlichen Jahrtausend erfunden worden, doch setzte sich ihre Verwendung in Mitteleuropa sehr verspätet erst ab 1800 allmählich durch.

Die frühesten Zeugnisse der Bronzezeit unseres Gebietes stammen aus Gräbern. Als im Herbst 1917 in der Flur „Oberes Feld", ca. 250 m südlich der Straße Bobingen – Königsbrunn, beim Pflügen ein Zugochse in den Boden eingebrochen war, entdeckte der Bauer an dieser Stelle einen von Steinen umschlossenen Hohlraum (60). Bei der nachfolgenden Untersuchung durch das Bayerische Landesamt für Denkmalpflege wurde eine aus Kalktuffplatten gebaute Grabkammer freigelegt (Wiederaufstellung im Hof des Schwabmünchner Heimatmuseums). Im Inneren kam ein menschliches Skelett in gestreckter Lage zum Vorschein (Abb. 3). In der Beckengegend lag eine Bronzedolchklinge, am rechten Unterarm steckte eine Kupferarmspirale, in der Halsgegend wurden zwei Kupferdrahtröllchen angetroffen, die zu einem Halsschmuck gehört haben dürften (UENZE, 1971, S. 116). Wenngleich eine solche Bestattungsart für jene Zeit als ungewöhnlich gelten darf, so gehört sie doch in die große Gruppe der Flachgräber, in denen die Skelette normalerweise mit stark angehockten Beinen, d. h. mit zusammengebundenen Ober- und Unterschenkeln beigesetzt worden sind. Ein Mädchengrab dieser Zeit wurde beim Kiesabbau zwischen Bobingen und Wehringen zerstört, aus ihm sind lediglich grünpatinierte Knochen geborgen worden (151). In der gleichen Gegend kam bei Grabungen auch eine Abfallgrube einer frühbronzezeitlichen Siedlung zutage, die neben Scherben auch eine Mahlsteinplatte mit dem dazugehörigen Läufer enthielt (152). Damit war der erste sichere Beweis für den Getreideanbau und die Getreideverarbeitung in unserem Gebiet geliefert.

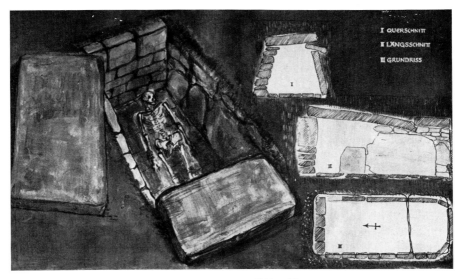

Abb. 3: Steinkistengrab der frühesten Bronzezeit um 1800 v. Chr.

2. Die Hügelgräber im Wald

Um 1600 v. Chr. wird das Hügelgrab als neue Bestattungsform üblich. Derartige Grabhügel errichtete man über der auf ebener Erde niedergelegten Brand- oder Körperbestattung. Sie sind in auffallender Häufung oberhalb der Wertachleite in den Wäldern zwischen Straßberg, Burgwalden, Bannacker und Reinhartshausen anzutreffen. Sie sind vermutlich in der Nähe eines alten Verkehrsweges angelegt worden, ohne daß wir bis heute die dazugehörigen Siedlungen kennen. Zwei größere Gruppen mit 24 bzw. 16 Hügeln (Waldabteilung Hochäcker und Leitenberg [7] bzw. Baderholz [10]) sind im 19. und 20. Jahrhundert unzureichend ausgegraben worden. Sie erbrachten bronzene Armringe und Gewandnadeln als Ausstattung der Frauengräber sowie einen Dolch und Beile als wesentliche Beigaben der Männergräber (Abb. 4). Für die Reise und zum Aufenthalt im Jenseits wurden den Toten Keramikgefäße mitgegeben, gefüllt mit Speise und Trank. Aus zahlreichen Scherbenproben konnten einige Gefäße in der ursprünglichen Form wieder ergänzt werden. Neben groben Haushaltswaren sind stich- und riefenverzierte Gefäße gefunden worden (Abb. 5). In der Nähe der Hügelnekropole befinden sich auf einem nach Osten vorspringenden Geländesporn die Reste einer Abschnittsbefestigung, die möglicherweise zu einer befestigten Höhensiedlung der Bronzezeit gehört hat. Drei kleine Grabhügelgruppen zwischen Diebelbach und Wertachtal liegen in den Waldabteilungen Viehtrieb (8), Armenseelenschlag (9) und Klaffet (9a). Die Funde von zwei Bronzearmringen sprechen für deren Entstehung in der Bronzezeit. Eine eindeutige Zuordnung der übrigen Hügelnekropolen auf der Staudenplatte in den Wäldern bei Burgwalden (Baderholz [11] und Weihermahdkopf [134]) und bei Straßberg (Prügelleite [133]) ist zwar ohne Ausgrabungen nicht möglich, doch deuten Topographie und Verbreitung ebenfalls eine bronzezeitliche Entstehung an. In dieses Fundbild paßt die bisher einzige gesicherte Siedlungsstelle der Hügelgräberbronzezeit, ein kleiner Abschnittswall mit Graben auf dem Höhensporn oberhalb des Burlafinger Weihers beim Anhauser Tal.

3. Die ungeklärte Siedlungsstelle

Von der Hochterrasse ist aus der Hügelgräberbronzezeit lediglich eine Siedlung unbekannter Ausdehnung bei der Verbreitung der Bahnhofstraße im Bereich des ehemaligen Pfarrgartens bekannt geworden (6). Damals haben Schulkinder zahlreiche Gefäßbruchstücke aufgesammelt. Tupfen- und rillenverzierte Gefäßbruchstücke sind ebenso darunter wie einfache rauhe Keramikproben. Etwas jünger, wohl spätbronzezeitlich, dürften die Siedlungs-

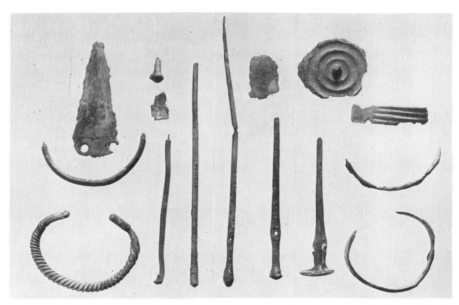

Abb. 4: *Bronzefunde (Dolch, Armreife, Nadeln, Nagel, Stachelscheibe) aus Grabhügel 7, Stadt-wald, „Obere Leitach".*

Abb. 5: *Bronzezeitliche Gefäße aus Grabhügel 2 und 7 in der „Oberen Leitach". Die grobgema-gerten Tonwände sind auf einem Gefäß mit schräglaufenden Riefen verziert.*

11

spuren am Nordrand der Bobinger Flur und in den Kiesgruben zwischen Bobingen und Wehringen sein. Die dazugehörigen Grabhügel sind auf der jahr-
hundertelang überackerten Flur sicherlich längst eingeebnet worden. Ein be-
merkenswerter Einzelfund der späten Bronzezeit ist auch eine Bronzenadel
mit verziertem Scheibenkopf und verziertem Hals, die beim Anwesen Römerstraße 28, möglicherweise in sekundärer Lage, angetroffen worden ist (12).
Die oft kunstvoll gearbeiteten Gewandnadeln waren ein wesentlicher Bestandteil der Tracht. Alle Fundgegenstände weisen auf ein gut entwickeltes
und ein gut organisiertes Handelswesen innerhalb einer landwirtschaftlich ge-
prägten Kultur hin. Die Bestattungssitten geben uns Einblick in die Vorstellungen von Kult und Religion der damaligen Zeit.

V. URNEN UND WASSERFUNDE AUS DER URNENFELDERZEIT
(1200 – 750 v. Chr.)

Eine neue Bestattungssitte, die Totenverbrennung und Urnenbeisetzung, ist
namengebend für die folgende Kulturperiode. Leichenbrand, geschmolzene
Bronzebeigaben und Keramikgefäße wurden in einer großen Urne geborgen,
die ohne Hügelaufwölbung in einer runden oder eckigen Grube Aufnahme
fand. Da solche *Flachgräber* mit wenig auffallenden Funden oft unentdeckt
bleiben, insbesondere in Wald- und Wiesengelände, ist es verständlich, daß

Abb. 6: *Rekonstruktion eines hallstattzeitlichen Grabhügels mit hölzerner Grabkammer, Bestat-
tungswagen, Schwert und Gefäßen für Speise- und Trankbeigaben. Die Rekonstruktions-
zeichnung orientiert sich an Befunden des erforschten Grabhügels 8 der Hexenbergle-
Gruppe zwischen Bobingen und Wehringen.*

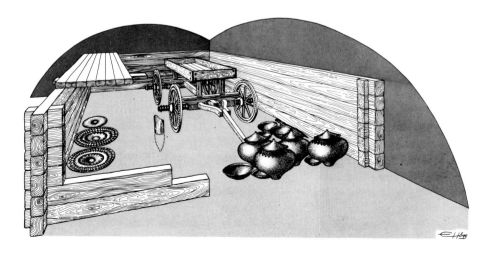

die Fundplätze dieser Zeit sehr spärlich sind. Aus der Bobinger Flur ist bisher überhaupt keine solche Fundstelle bekannt.

Für die Anwesenheit des Menschen in unserem Gebiet sprechen ein Flachgrab von Untermeitingen (137) und die sog. *Wasseropfer* aus dem Gennacher Moos (32/33) und aus einer Kiesgrube unmittelbar an der Wertach bei Schwabmünchen (116). Dabei handelt es sich um eine Lanzenspitze, ein Messer und mehrere Bronzearmringe, die vermutlich als Opfer im Wasser oder im Sumpf niedergelegt worden sind. 1972 hat OTTO SCHNEIDER eine urnenfelderzeitliche Hüttengrube am Ostabfall der Hochterrasse zwischen Inningen und Haunstetten untersucht und die dortigen Siedlungsspuren (Keramik, Feuerstelle) als Lagerplatz eines Hirten gedeutet.

VI. DIE HEXENBERGLE – EIN FRIEDHOF DER HALLSTATTZEIT
   (750 – 500 v. Chr.)

Die sog. Hallstattkultur ist uns am besten aus den bedeutenden Funden eines großen Gräberfeldes am Hallstätter See in Oberösterreich bekannt. Für Waffen und Werkzeuge wird nunmehr allgemein das Eisen verwendet, so daß die Hallstattperiode auch als *ältere Eisenzeit* bezeichnet wird. An die Stelle des Urnenflachgrabes tritt wieder der Grabhügel, der an Größe den bronzezeitlichen Hügel weit übertrifft. Die Bestattung erfolgt in einer aus Holz oder Stein gebauten Grabkammer unter Beigabe umfangreicher Geschirrsätze für Speise und Trank sowie Schmuck und Waffen (Abb. 6). Aus der Grabausstattung läßt sich eine soziale Differenzierung der Bevölkerungsstruktur erkennen: Angehörigen einer Führungsschicht werden Schwerter, Dolche, Bronzegefäße, Pferdezaumzeug (anstelle des Pferdes) und hölzerner Wagen mitgegeben, in gewöhnlichen Gräbern finden sich nur Keramik und kleine Bronzeobjekte.

Mit Ausnahme einer einzigen hallstattzeitlichen Siedlungsstelle am Westrand der Hochterrasse bei Schwabmünchen kennen wir aus unserem Gebiet ausschließlich Grabfunde, darunter auch mehrere aus Bobingen. Die bemerkenswertesten Ausgrabungen erfolgten in den „Hexenbergle". So bezeichnete der Volksmund die Hügel an der Singold am Südrand der Bobinger Flur, die teilweise zur Wehringer Gemarkung gehören. Hier waren im 19. Jahrhundert noch mindestens 18 Hügel festzustellen, von denen die größten Exemplare Durchmesser zwischen 30 und 45 m aufwiesen. Die Mitglieder des Historischen Vereins für Schwaben und Neuburg oder Einheimische hatten bereits im 19. Jahrhundert zahlreiche Hügel ausgenommen oder eingeebnet. Neben spärlichen Nachrichten über Holzreste sind uns lediglich ein reich verziertes Bronzeschwert und ein Flügelortband überkommen.

Die inzwischen abgegangenen „Hexenbergle" südwestlich der „Fabrik"

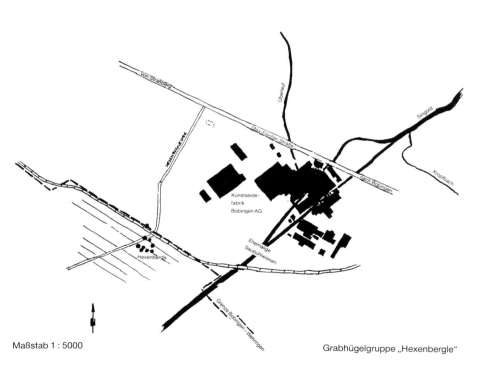

Maßstab 1 : 5000

Grabhügelgruppe „Hexenbergle"

Lageskizze der „Hexenbergle" vor dem Überbau durch die Hoechst AG

14

Um so ergiebiger war eine planmäßige Ausgrabung des Bayerischen Landesamtes für Denkmalpflege im Winter 1960/61 in vier großen und vier kleinen Hügeln, die einer Erweiterung des Werksgeländes der Hoechst AG im Wege standen (13/153). In einem großen Hügel (46 m Durchmesser!) wurden Reste einer hölzernen Grabkammer aufgedeckt, in der sich Teile eines Wagens, ein Bronzeschwert, ein Schälchen aus Goldblech und Scherben von 21 Gefäßen befanden (Abb. 7 und 8). In einem weiteren Hügel lag neben der reichen Keramik ein Pferdegeschirr aus Eisen und Bronze, ein anderer enthielt einen Steinkranz aus Tuffsteinen. Die reiche Ausstattung dieser Hügel läßt auf Grablegen einer vornehmen Adelsschicht schließen, die möglicherweise in der Nähe einer wichtigen Straße ihren Herrschaftsbereich ausgeübt hat. Für eine solche Nordsüdverbindung als Vorläuferin der späteren Römerstraße auf der Hochterrasse spricht die perlenschnurartige Aneinanderreihung zahlreicher Hallstatthügel in den Singoldwiesen. Die zugehörigen, bisher unbekannten Siedlungsstellen dürften wohl auf der lößbedeckten Hochterrasse zu suchen sein, während die Gräber durch einen Bachlauf getrennt in der Talaue angelegt worden sind. Während eine Gruppe mit ca. 20 Hügeln weiter südlich in der Flur Hungerbrunnenmähder (Gemarkung Wehringen) noch unerforscht ist (154), wurde eine Nekropole von ehemals 21 Hügeln beim Bau des Freibades in Bobingen in den Schwettinger Wiesen weitgehend ohne Beobachtung zerstört (14). Obwohl deshalb eine genaue Datierung fehlt, darf als Zeitstellung ebenfalls die Hallstattstufe C (ausgehendes 8. und 7. Jahrhundert) angenommen werden. Daß in dieser Zeit auch die östliche Niederterrasse zwischen Königsbrunn und Klosterlechfeld besiedelt war, beweist eine Serie von Grabhügelgruppen, die teilweise schon früher ausgegraben, teilweise innerhalb des Truppenübungsplatzes Lagerlechfeld abgegangen sind. Im Stadtbereich von Königsbrunn wurden 1970 aus zwei verschleiften Hügeln hallstattzeitliche Bestattungen geborgen (62).

Die bisher einzigen Hallstattfunde vom Ostrand des Staudengebietes stammen als sog. Nachbestattungen aus der schon erwähnten bronzezeitlichen Hügelgruppe in der Waldabteilung Leitenberg (7). Diese wenigen Funde (Keramik, Bronzestücke) gehören seltsamerweise in das 6. Jahrhundert v. Chr. (Hallstattstufe D), d. h. in eine Zeit, aus der wir im übrigen Gebiet keine Funde mehr kennen. Die Tal- und Terrassensiedlungen haben offenbar um 600 ein Ende gefunden, ohne daß wir die genauen Ursachen für die Aufgabe des Siedlungsraumes (politische Umwälzungen? Veränderungen der Umweltbedingungen?) kennen. Daß der Westteil davon ausgenommen blieb, belegen Gräber des 6. Jahrhunderts, die auch bei Bergheim und Leitershofen ausgegraben worden sind.

Abb. 7: *Grabhügel 8 im Hexenbergle: Teile des Scherbenpflasters mit zerbrochener Keramik und Goldschale in situ. M etwa 1 : 6.*

Abb. 8: *Bodenansicht der Goldschale aus Grabhügel 8. Eingepunzte Verzierung auf papierdünner Wandung. Mit 9 cm Dm. und 3,2 cm Höhe wiegt sie knapp 4 g.*

16

VII. BESCHEIDENE RESTE AUS DER KELTENZEIT (500 – 15 v. Chr.)

1. Die frühe La Tène-Zeit

Die Siedlungsleere unseres Gebietes und ganz Mittelschwabens bestätigt sich endgültig im 5. Jahrhundert, am Anfang der sog. La Tène-Zeit (benannt nach einem Fundort am Genfer See in der Schweiz). Ursachen für diese Siedlungslücke sind nicht bekannt. Erst für das 4. Jahrhundert ist dann mit den Flachgräbern aus der Schwabenstraße (15) und aus dem Friedhofsbereich (16) wieder der Beweis für eine neue Besiedlung im Bobinger Raum gesichert (je ein Frauengrab mit Armring und Becher bzw. zwei Armringe). Doch hat sich inzwischen die Beigabensitte stark gewandelt. Auffallend ist die spärliche Grabausstattung mit wenig Schmuck bei den Frauen, mit Schwert und Lanzenspitze bei den Männern. Die geringe Entfernung der beiden Bestattungsplätze läßt auf Einzelhöfe in einer dünn besiedelten Landschaft schließen. Ansonsten sind aus dem gesamten Landkreis Schwabmünchen mittellatène-zeitliche Funde nur aus Großaitingen und Oberottmarshausen bekannt.

2. Die späte La Tène-Zeit

Vermutlich haben die Neusiedler diesen Raum auch bald wieder aufgegeben, denn für das 2. und 1. Jahrhundert v. Chr. gibt es keinerlei Fundgut. Lediglich die für die Spät-La Tène-Zeit charakteristische Viereckschanze im Burgholz bei Schwabegg darf als Beweis für eine Besiedlung dieser Zeit angesehen werden. Derartige Schanzanlagen mit 80 – 100 m langen, geradlinigen Wällen und vorgelagerten Außengräben dienten, wie neueste Grabungen erbracht haben, als Kultbezirke, nicht für Verteidigungszwecke. In einer Schanze bei Holzhausen im Landkreis Bad Tölz/Wolfratshausen wurden nämlich tiefreichende Schächte aufgedeckt, in denen Opferfeuer gebrannt haben und Blut- und Fleischopfer niedergelegt worden sind (K. SCHWARZ, 1959, S. 79 ff. H. P. UENZE, 1971, S. 45). Im übrigen spricht die spärliche Grabausstattung sowie die allmähliche Aufgabe der Beigabensitte für eine Angleichung der Gesellschaftsstruktur und für veränderte Religionsvorstellungen. Es fehlen die reichen Adelsgräber. Den politischen Mittelpunkt bildeten nun befestigte Siedlungen mit stadtartigem Charakter, die in Cäsars Schilderungen über Gallien als Oppida bezeichnet werden. Für das Gebiet von Manching bei Ingolstadt ist ein solches Oppidum als Sitz handwerklicher Produktion, als Münzstätte und als Zentrum des Handels belegt. Wenngleich für die Besiedlungsgeschichte unseres Raumes viele Fragen offen bleiben, so ist uns immerhin aus griechischen und römischen Schriftquellen die Bevölkerung der La Tène-Periode bekannt: Es waren keltische Völkerstämme, die sich nach langen Wanderzügen durch Europa hier seßhaft gemacht haben. Nach den Überlieferungen wurde der Westteil Südbayerns von den Vindelikern bewohnt. Der Stamm der Likatier besiedelte die Gegend des Lechs (= Licca), die Lage ihrer Hauptstadt „Damasia" ist noch nicht gesichert. Auf die Sprache jener Völker gehen eine Reihe unserer Flußnamen wie Lech, Wertach, Neufnach und Zusam zurück.

VIII. DIE RÖMER AN LECH UND WERTACH
   (15 v. Chr. bis Ende 4. Jh. n. Chr.)

1. Straßen und Kastelle

Mit der Eroberung des Landes südlich der Donau durch die Stiefsöhne des römischen Kaisers Augustus, Drusus und Tiberius, endete im Sommer 15 v. Chr. die keltische Epoche. Größter militärischer Stützpunkt dieses Raumes wurde zunächst das Legionslager Augsburg-Oberhausen, dann übernahmen kleine Garnisonen (Kempten, Epfach, Auerberg) den Schutz des neu gewonnenen Landes. Nach der Anlage von Kastellen an der Donau zur Verteidigung der Provinz Raetien, verband Kaiser Claudius im Jahre 46 diese Lager mit der neugegründeten Hauptstadt Augusta Vindelicorum durch eine planmäßig angelegte Fernstraße. Sie wurde im Lechtal über Epfach, Füssen und über den Fern- und Reschenpaß bis nach Oberitalien weitergeführt und ist unter dem Namen Via Claudia Augusta bekannt.
In Form eines schnurgeraden, dammartig aufgeschütteten Feldweges ist sie heute noch vom südlichen Ortsrand bei Königsbrunn über das gesamte Lechfeld bis nach Untermeitingen hin als eindrucksvolles Zeugnis der römischen Geschichte in unserer Gegend sichtbar erhalten. (Eine genaue Streckenbeschreibung siehe bei B. EBERL, Das Schwäbische Museum, 1930, S. 89). Siedlungs- und Grabfunde am Westrand der ehemaligen Ziegelei Föll (Becher, Krug, Münze, Messer, Tonlampe, Glasreste [17]) sowie mehrere Einzelfunde (Grabmonument in Form eines Pinienzapfens auf Oberottmarshauser Flur [85], Eisen- und Bronzeschüssel [63]) am Ostrand der Hochterrasse stehen wohl im Zusammenhang mit diesem wichtigen Verkehrsweg.
Auch der Verlauf einer weiteren Nordsüdstraße, die Augsburg über Schwabmünchen, Türkheim mit Kempten und Bregenz verband, ist in unserem Gebiet gesichert. Im Ortsbereich von Bobingen ist der römische Straßenzug identisch mit der heutigen Linie Ausburger-, Hoch- und Lindauer Straße (nicht Römerstraße!). Sie setzt ihren schnurgeraden Verlauf am südlichen Ortsausgang von Bobingen fort, wo die heutige Staatsstraße nach Süd-

westen abbiegt, zieht dann am Ostrand von Wehringen und Großaitingen vorbei und mündet bei der Leonhardskapelle wieder auf die jetzige Staatsstraße. Am nördlichen Ortsausgang von Inningen weist heute noch ein ehemaliger römischer Meilenstein auf diesen Straßenverlauf hin. An solchen Straßen legten die Römer Siedlungen, Wachtürme, Einzelhöfe und Friedhöfe an.

2. Ein römisches Landgut

Charakteristisch für die römische Periode ist die ländliche Siedlungsform des Gutshofes, die Villa Rustica. Diese Anlagen aus einem Herrenhaus und mehreren Wirtschaftsgebäuden sind sowohl am Westrand des Wertachtales auf Wehringer Flur (157, 158) als auch von der Hochterrasse zwischen Wehringen und Bobingen bekannt. Hier wurden im Bereich der Geirhos-Kiesgruben in mehrfachen Grabungskampagnen ein Gutshof und zwei zugehörige Gräberfelder freigelegt. Die Siedlung hat mindestens seit der Zeit um 100 nach Chr. bestanden. Einzelne der 67 Gräber enthielten sehr reiche Beigaben, die auf den Landsitz einer vornehmen Familie, möglicherweise Mitglieder der „Provinzialaristokratie" schließen lassen. Schon die Aufdeckung von Fundamentresten ehemaliger Grabmonumente heben dieses Gräberfeld aus dem üblichen Rahmen heraus (Abb. 9 – 14).

Die Einzigartigkeit der Funde für die Provinz Raetien wird im besonderen durch den Inhalt der Gräber 3 und 7 verdeutlicht. Grab 3 bestand aus einem Steinossuar mit Glasurne und Tonlampe inmitten einer reichlich gefüllten Grabgrube mit verbrannten Gegenständen aller Art (Abb. 9). Darunter waren verschiedene Services von Eß- und Trinkgeschirren, Gläser, Bronzekannen und Schalen sowie klappbare Drei- und Vierfüße für eine Toilettengarnitur (Abb. 11 – 13). Die Inventarisation der in Grab 3 gefundenen Gegenstände ergab einen Bestand von 176 Objekten (H. U. NUBER und ALADAR RADNOTI, Jahresbericht der Bayerischen Bodendenkmalpflege 10, 1969, S. 37).

3. Das Grab eines Arztes

Einmaligkeit darf in anderer Hinsicht das Körpergrab eines Arztes beanspruchen (Abb. 10). Dem Bestatteten war „seine ärztliche Ausrüstung in Form eines bronzenen Arzneikästchen mit verschließbarem Schiebedeckel, in Höhe des rechten Armes eine Salbenreibplatte mit Spatel sowie ein goldverziertes Lederetui mit einem Satz chirurgischer Instrumente" mitgegeben worden (H. U. NUBER, 1969, S. 34). In dem Arzneikästchen fanden sich unter Kräutern und Salben drei Silbermünzen (Honorar!), von denen die jüngste ein

*Abb. 9 und 10:   Römisches Gräberfeld in der Kiesgrube zwischen Bobingen
und Wehringen.*

*Grab 3:   Steinossuar aus Kalkstein, daneben verbrannte Beigaben mit zahlreichen Bronzen und
40 Keramikgefäßen.*

Grab 7:   Skelettgrab eines Arztes mit Bronzekästchen, Salbenreibplatte und Tongefäßen.

20

Abb. 11 – 13: Bronzegefäße aus Grab 3 (s. Abb. 9)

Abb. 11: Kanne   Abb. 12: Kanne

Abb. 13: Bronzebecken mit Doppelbügel und Henkel (etwa ²/₅ natürliche Größe)

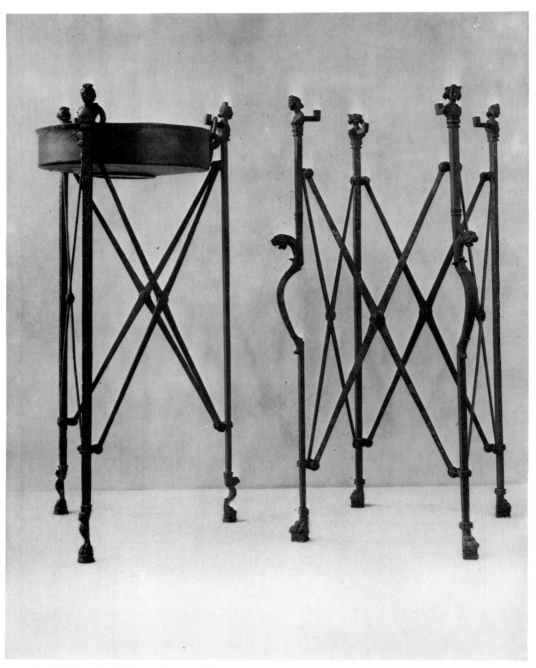

Abb. 14: Aus Grab 3: Klappbare Tischchen als Dreifuß und Vierfuß. Mönadenbüsten aus Bronze bilden die Bekrönung, Pantherköpfe dienen als Tragestäbe.

Vergrabungsdatum nach 240 nahelegt. Weitere Fundmünzen aus jener Grabung belegen, daß die Besiedlung dieses Platzes nach dem Ende der Alemannenkriege (233, 259/60, 268) wieder aufgenommen und im 4. Jahrhundert wieder fortgesetzt wurde. Dafür spricht auch eine Einzelmünze aus der Mitte des 4. Jahrhunderts aus den weiter nördlich anschließenden Singoldwiesen.

4. Gräber, Münzen, Monumente

Ohne den Verlauf der römischen Siedlungsgeschichte in unserem Gebiet genau überblicken zu können, hat H. P. UENZE (1971, S. 48) in einer scharfsinnigen Ausdeutung der Fundbeobachtungen für den Bereich Bobingen folgenden Ablauf herausgearbeitet: „Römische Münzen der zweiten Hälfte des 1. Jahrhunderts, deren genauer Fundplatz in oder bei Bobingen freilich nicht feststeht (21), lassen es als sicher erscheinen, daß sich hier zu jener Zeit eine Siedlung befunden hat. Zwei Münzen des Septimius Severus bezeugen die Existenz einer Siedlung zu Beginn des 3. Jahrhunderts. Mehrere spätrömische Münzen belegen wohl, daß nach der Vertreibung der Alemannen die Besiedlung in oder bei Bobingen unter Kaiser Probus oder spätestens Diokletian wieder aufgenommen wurde und dann bis in die zweite Hälfte des 4. Jahrhunderts andauerte. Auf dem Areal des ehemaligen Friedhofes bei der St.-Felizitas-Kriche (19) wurden 1823 bei der Abhebung des Friedhofes in rund 2 m Tiefe je eine Münze des Constantius Gallus (351/354) und eine des Valentinian I. (364/375) sowie ein Kalksteinpinienzapfen von einem Grabmonument entdeckt. Heute, nach einer neuerlichen Umgestaltung des Geländes, dürfte es zu spät sein für eine Untersuchung des Fundplatzes. Nachdem in spätrömischer Zeit die Grabmonumente der mittleren Kaiserzeit als Spolien in Befestigungsmauern verbaut wurden und sich der Fundplatz bei der St.-Felizitas-Kirche in leicht erhöhtem Gelände unmittelbar westlich der damaligen Römerstraße befindet, ist nicht auszuschließen, daß hier ein spätrömischer Burgus (kleiner befestigter Straßenkontrollposten) bestand, dem dann im Mittelalter der benachbarte Turmhügel (27) in der Funktion entsprochen hätte. Vermutlich spätrömsiche Skelettgräber wurden außerdem am südlichen Ortsausgang von Bobingen (18) festgestellt."

Ein römischer Einzelfund, ein Bronzelöffel mit einem als Pinienzapfen gestalteten Griffende (20), wurde im 19. Jh. in einem ehemaligen Wertach-Altwasser in den Auen gefunden (Abb. 15). Zu den bemerkenswertesten Einzelfunden von nicht näher bekannter Stelle gehört ein bronzener, außen versilberter Reiterhelm, der bereits 1858/59 vom Historischen Verein angekauft wurde und angeblich beim Ackern eines Königsbrunner Kolonisten zum Vorschein kam.

Abb. 15: Römischer Bronzelöffel mit Pinienzapfen, 1868 aus der Wertach geborgen.

Vier Jahrhunderte römischer Herrschaft haben unsere Gegend relativ dicht besiedelt, erschlossen und geprägt. Die Bevölkerung wurde durch südliche und westliche Kultureinflüsse romanisiert, die bodenständigen Traditionen waren weitgehend erloschen. Als in der 2. Hälfte des 4. Jahrhunderts und zu Beginn des 5. Jahrhunderts germanische Völker immer stärker die römische Reichsgrenze, den Limes, bedrängten, wurden schließlich die Truppen und die Verwaltung aus der Provinz Raetien abgezogen, um Italien gegen den Westgotenkönig Alarich zu schützen. Damit blieb das Land den einwandernden Alemannen überlassen.

IX. ORTSFRIEDHÖFE DER ALEMANNENZEIT – GESCHICHTSQUELLEN DES FRÜHEN MITTELALTERS

1. Die Alemannen überrennen den Limes

Die Alemannen, ein Stammesverband suebischer Völkerschaften, gelten als unsere unmittelbaren Vorfahren. Die Heimat dieser Sueben (Schwaben) lag nördlich der Elbe, im nördlichen Brandenburg und südlichen Mecklenburg. Die Ostsee wird in römischen Landkarten als „Mare suebicum" bezeichnet. In den unruhigen, umwälzenden Ereignissen der Germannenwanderung waren sie nach Süden und Südwesten vorgedrungen und in ständige Auseinander-

24

setzung mit dem römischen Herrschaftsanspruch im Rhein-Main-Donaugebiet geraten. Mehrfach war es ihnen gelungen, den Limes, den raetischen Grenzwall, zu durchbrechen und zwischen ihm und der Donau, im Ries und im südöstlichen Raum bis Regensburg bereits im 3. Jahrhundert Fuß zu fassen. Von dort fielen sie ständig in das römisch beherrschte Land südlich der Donau ein, verheerten die Dörfer und verwüsteten das Land.

Etwa gleichzeitig mit dem Rückzug der Römer stießen die Alemannen bei der Ausdehnung ihres Lebensraumes nach Westen mit den westlich benachbarten Franken, einer anderen germanischen Stammesgruppe, zusammen, die unter Führung des Merowingerkönigs Chlodwig ihre Macht über die ehemalige römische Provinz Obergermanien und über Gallien auszudehnen suchte. Dieser Zusammenprall endete für die Alemannen ca. 496 mit einer schlimmen Niederlage, so daß sie in ihrer Bedrängnis beim Ostgotenkönig Theoderich Hilfe suchten. Dieser gebot dem fränkischen Vordrängen auf einer Linie, die etwa der heutigen schwäbisch-fränkischen Sprachgrenze entspricht, Einhalt und wies den Alemannen den Raum zwischen Lech und Iller als Siedlungsland unter seiner Oberhoheit zu. Die Grenze des alemannischen Raumes nach Osten gegen die Bajuwaren, verlief von der Lechmündung über Friedberg, Mering, an den Ammersee und weiter bis zum Staffelsee, auf einer Linie, die etwa der heutigen Augsburger Bistumsgrenze entspricht. In bedrohlicher Lage traten die Ostgoten unter König Witigis (536) das nördlich der Alpen gelegene Gebiet an die Franken ab, damit kamen Alemannen und Baiern unter fränkische Oberhoheit. Unter diesem Einfluß setzte sich für die Totenbestattung die Anlage von Ortsfriedhöfen durch, in denen die Verstorbenen in reihenweise angeordneten, west-ost-orientierten Gräbern beigesetzt wurden (= Reihengräberzeit). Auch der germanische Brauch der Beigabensitte (Waffen in Männergräbern, Schmuck und Trachtenzubehör in Frauengräbern) setzte sich wieder durch, so daß die frühmittelalterlichen Friedhöfe zu wichtigen Quellen für die Siedlungsgeschichte und für die Erforschung früherer Lebensverhältnisse unserer Vorfahren werden.

2. Die Reihengräberfriedhöfe

Den archäologischen Beweis für die Niederlassung der neuen Siedler im mittelschwäbischen Raum besitzen wir aus den genannten Gründen erst aus der ersten Hälfte des 6. Jahrhunderts. Entlang des römischen Straßennetzes waren sie von der Donau her immer weiter ins Alpenvorland vorgedrungen und hatten das bereits gerodete, kultivierte Land in Besitz genommen. Reihengräberfriedhöfe lassen sich nämlich in einer streifenartigen Verbreitung im Lech- und Wertachtal sowie im Illertal verfolgen, während die dazwischenliegenden Wald- und Sumpfgebiete fundfrei bleiben. Ebenso weisen die charakteristischen Ortsnamenendungen zahlreicher Siedlungen auf -ingen (Göggingen, Bobingen, Aitingen, Manchingen, Langerringen) auf den Altsiedelcharakter des Straßgebietes hin, demgegenüber das Staudengebiet in jener Zeit wohl unbewohnt geblieben ist.

Daß sich die Alemannen häufig im Bereich römischer Siedlungsstellen niedergelassen haben, bestätigen die alemannischen Hüttenstellen zwischen Wehringen und Bobingen und die ältesten Funde des frühen Mittelalters an der Lechfelderstraße in Schwabmünchen (u. a. reiche Schmuckbeigaben in einem Frauengrab), wo ehemals der größte römische Ort bestand. Aus der Bobinger Gemeindeflur wurden bisher an vier Stellen kleine Grabgruppen bekannt (22, 23, 24, 25). Sie werden nach H. P. UENZE (1971, S. 55) wie folgt beschrieben (Ergänzung durch H. Schäfer):

Die nördlichste Gruppe, nördlich der Stadt gelegen (25), wurde während des 2. Weltkrieges (1941) beim Bau einer Flakstellung angetroffen. Die Lage der Fundstelle wurde erst 1952 durch Herbert Schäfer anhand der Aussagen des Grundstückeigentümers bestimmt. Die Lage der Flak-Stellung wurde durch während der Kriegsjahre entstandene Luftaufnahmen bestätigt. Gefunden wurde in einem der Gräber, die B. Eberl als alemannische Reihengräber erkannte, ein breiter Frauenkamm. Ob ihre Zuweisung in die alemannische Periode (durch B. Eberl) zu Recht besteht, ist nicht nachprüfbar. Rund 1000 m südwestlich davon wurde in der ehemaligen Privatkiesgrube M. Haugg das Grab eines Mannes zerstört (23), der auf Grund seiner qualitätvollen Waffen: Spatha (zweischneidiges Schwert) und Schild mit zuckerhutförmigem Schildbuckel mit Silberblechband und silberplattierten Bronzenägeln dem örtlichen Adel der ersten Hälfte des 8. Jahrhunderts zuzurechnen ist. Etwa 650 m südlich jenes Grabes wurden in der Fraunhoferstraße in einem Bauaushub ein paar weitere Gräber zerstört. Ein Teil der Beigaben war bereits vor der Notbergung bei den Baumaßnahmen wissentlich oder unwissentlich entfernt worden. So konnten aus Grab 1, einem Männergrab, nur noch 20 verschiedene Teile einer vielteiligen Gürtelgarnitur, die vom Wehrgehänge eines Sax (= einschneidiges Schwert) stammten und in das letzte Drittel des 7. Jahrhunderts zu datieren sind, geborgen werden. Ein silberplattiertes Riemenbesatzstück mit messingtauschierter Tierdarstellung ist offensichtlich als Ersatz für ein in Verlust geratenes unverziertes Riemenbesatzstück verwendet worden. Grab 2 enthielt als wichtigste Beigaben ein Schlaufensporenpaar. Nach den weiteren Objekten gehört das Grab noch in das letzte Drittel des 7. Jahrhunderts, als die Männer im Gegensatz zum 8. Jahrhundert im allgemeinen nur einen Sporn verwendeten, der am linken Fuß getragen wurde. Grab 3 ergab keine Beilagen (mehr?), während sich in Grab 4 ehemals ein Sax als Waffenbeigabe befunden haben muß, wie die mit Bronzenägeln besetzten Lederreste der Saxscheide und ein Saxknopf beweisen. Ein vierter Friedhof im Bobinger Bereich befand sich rund 1000 m südwestlich der vorgenannten Fundstelle in einer der Lehmgruben der Ziegelei an der Königsbrunner Straße (24). Hier stieß man 1840 auf eine eiserne Lanzenspitze, die in das frühe 8. Jahrhundert zu datieren ist. Den vier vorgenannten Begräbnisstätten haben ehemals vier verschiedene, wohl kleinere Hofgruppen oder Einzelhöfe entsprochen, die noch nicht im Gelände lokalisiert werden konnten und in der Nachbarschaft der Gräber zu suchen sind."

Gegenüber der relativ dichten Besiedlung des westlichen Hochterrassenrandes weist das Lechfeld nur spärliche Fundstellen auf. Aus dem Ortsbereich von Königsbrunn sind ein eisernes Kurzschwert (66) und eine Lanzenspitze (67) bekannt geworden.

Diese Beispiele zeigen, daß die früheste alemannische Siedlungsweise Einzelhöfe oder Weiler waren, aus denen dann im Laufe des Mittelalters durch Zusammensiedeln auf der einen und Wüstwerden auf der anderen Seite dorfartige Siedlungen entstanden sind. Einzelhäuser sind in unserem Gebiet bisher nicht ausgegraben worden, doch dürfte es sich um Holzpfostenbauten mit Flechtwerkwänden gehandelt haben. In einer bei Inningen 1963 ausgegrabenen Siedlung des 9. und 10. Jahrhunderts (Karolingerzeit) traten noch Pfostenhäuser und Grubenhütten auf. Die Kenntnisse des Steinbaues waren offensichtlich mit dem Untergang der Römerherrschaft verlorengegangen.

Als mit Beginn des 8. Jahrhunderts die Beigabensitte unter dem Einfluß der Christianisierung aufgegeben worden ist, wurden bei den Ortskirchen neue Friedhöfe angelegt. Für den Archäologen entfallen von nun an die Grabfunde als Geschichtsquellen. Die Deutung unserer Vergangenheit wird nun Aufgabe des Historikers anhand der schriftlichen Überlieferungen.

X. MITTELALTERLICHE BODENDENKMÄLER

1. Eisenerz aus Trichtergruben

Abschließend sei noch auf obertägige Bodendenkmäler hingewiesen, deren Entstehung und Deutung lange Zeit unklar und umstritten war, auf die sog. Trichtergruben (Abb. 16). Man hat diese kreisrunden, 6 – 8 m breiten, 0,5 – 2,5 m tiefen Gruben, die im Staatsforst bei Straßberg, Abteilung Bauernkopf (85 Gruben) und im Stadtwald (Abteilung Klaffet) vorkommen, früher als keltische Wohnplätze, als Jagdgruben oder gar als Versteckplätze gedeutet. Wie Untersuchungen der letzten Jahre (H. FREI, Der frühere Eisenerzbergbau und seine Geländespuren im nördlichen Alpenvorland, Kallmünz 1966) ge-

Abb. 16: Trichtergrube als Rest ehemaliger Bergbauschächte im Bobinger Stadtwald, Abteilung Klaffet.

zeigt haben, handelt es sich um die Reste ehemals tiefreichender Bergbau-schächte auf Eisenerz, die nach der Ausbeutung wieder zugefüllt wurden oder die später verstürzt sind. Dieser Abbau zielte auf die im tertiären Flinzsand un-regelmäßig verbreiteten Eisenerzknollen, die anschließend im einfachen Schmelzverfahren mit Holzkohle verhüttet worden sind. Eisenschlackenfunde sind meist die Beweise für solche Verhüttungsplätze. Nach Keramikfunden in anderen Trichtergrubenfeldern (in den Waldgebieten zwischen Aystetten und Biburg wurden ca. 8000 solcher Gruben festgestellt, in der Umgebung von Aichach wenigstens 3500) und nach Untersuchung von Holzproben aus alten Schachtverschalungen gehören sie in die Zeit zwischen 750 und 1000 n. Chr. Aus jener Zeit stammen auch Spuren einer Grubenhütte, die anläßlich des Postneubaues an der Einmündung Bahnhofstraße – Hochstraße festgestellt worden sind (27a). Bruchstücke von Webgewichten lassen auf ein kleines Web-häuschen an dieser Stelle schließen.

2. Wasserburg und Turmhügel – Sitz der Bobinger Ministerialen

Unweit südwestlich der katholischen Pfarrkirche St. Felizitas, dich beim Mit-telpunkt des langgestreckten Ortes, stand einst zwischen Sinkel und Dorfrand eine Wasserburg. Von ihr ist nicht bekannt, wer sie erbaute, wann sie angelegt wurde, wann und ob sie zerstört wurde oder verfiel. Wahrscheinlich war sie die urkundlich erwähnte „Burg zu Bobingen", mit der gegen Ausgang des Mittelalters noch bischöfliche Ministerialen in Bobingen belehnt wurden. Wenn auch urkundliche Zeugnisse und Beweise fehlen und auch die mündliche Überlieferung schweigt, so ist doch anzunehmen, daß auf diesem Turmhügel der eingesessene Bobinger Ortsadel wohnte, von dem im Jahre 1137 „Berchtoldus von Bobingen" erwähnt wurde.

Mit Gewißheit stammt die kleine Befestigung nicht aus römischer Zeit, wie man bis zum Ende des vergangenen Jahrhunderts romantisierend angenommen hatte. Aus zwei Hausnamen, die erstmals in den Bobinger Liquidationsprotokollen von 1830 erwähnt werden, glaubte man in kühner Worterklärung auf den römischen Ursprung schließen zu können: Im Jahre 1830 besaß ein Bauer namens Schwemm ein kleines Anwesen auf der Insel, dem Turmhügel inmitten der Anlage. Das Anwesen trug den Hausnamen „Beim äußeren Borden", während das nächste zum Dorf hin gelegene kleine Anwesen den Hausnamen „Beim inneren Borden" trug. Ausgehend von der Vermutung, daß das Wort „Borden" eine Verballhornung des lateinischen Wortes „porta" (Tür, Tor, Pforte) sein könnte und daß ein solches Tor in dem einstmals zwischen beiden Anwesen verlaufenden Wall und Graben durchaus denkbar gewesen sei, schloß man auf den römischen Ursprung. Auch die rechteckige Form des Außenwalls von über 100 Meter Seitenlänge schien auf die Römer als Erbauer hinzuweisen. In Wirklichkeit jedoch dürfte der Hausname auf den heute nicht mehr anzutreffenden Familiennamen „Porth" zurückzuführen sein, der im 18. und 19. Jahrhundert in Bobingen vertreten war.

Nach einem Plan von 1905 wies der inmitten der Anlage gelegene Turmhügel eine Innenfläche von 35 Meter Durchmesser auf. Der ihn umgebende Wassergraben lag damals schon teilweise trocken. Auf der Südseite war durch Erdaufschüttung eine Zufahrtsrampe auf die Insel geschaffen worden. Bei einiger Aufmerksamkeit konnte auch ein ungeübtes Auge bis 1955 die letzten Reste dieser Befestigungsanlage erkennen, die insgesamt aus einem trockenen Außengraben, einem überwachsenen, verflachten Schotterwall, einem tiefen, wassergefüllten Innengraben um den Turmhügel herum und dem eigentlichen Turmhügel bestand. Das Anwesen Kaiser stand auf der Südostecke des völlig verflachten Walles, der nur im Garten dieses Anwesens als langgestreckter Wiesenbuckel erkennbar geblieben war. Der Außengraben war am besten zwischen den Anwesen Kitzinger und Kaiser als breite Vertiefung zu erkennen. In diesem Außengraben entsprang hinter den Anwesen Immerz, Fried und dem Benefiziatenhaus eine Quelle. Man erzählte sich, daß die Dienstboten des jeweiligen Benefiziaten dieses Wasser dem Brunnenwasser vor-

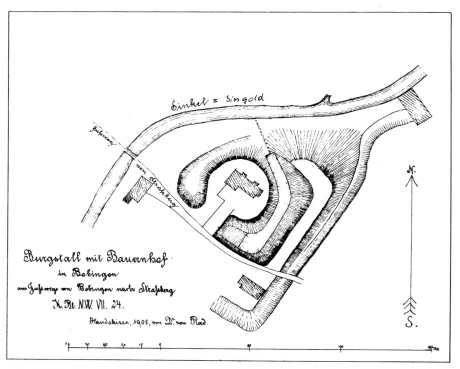

Abb. 17: Plan des ehemaligen Burghügels an der Wiesensteige, M 1 : 2000.

zogen. Nach Westen hin bildeten anstelle eines vorgelagerten Walles der Ufer-
damm und die wasserreiche Singold genügend Schutz gegen plötzliche An-
griffe.

Die Burganlage verlor offenbar wie die meisten kleinen Burganlagen auf dem
flachen Lande ihre Bedeutung mit dem Niedergang des Landadels und dessen
Verstädterung im 14. und 15. Jahrhundert. (In dieser Zeit dürfte auch die Sage
vom „Hohlen Berg" bei Wehringen entstanden sein, in dem ein Schloß untergegangen sein soll.) Im Dreißigjährigen Krieg spielte sie neben dem befestigten Dorffriedhof offensichtlich keine Rolle mehr. Nur einmal rettete der
Bobinger Pfarrherr sein Leben dadurch, daß er vor der ihn verfolgenden, plündernden Soldateska aus dem Pfarrhaus geflüchtet war und sich bis zum Mund
im Wasser stehend in dem Burgweiher verbarg, bis die Gefahr vorüber war.
Der bis in unsere Tage erhalten gebliebene Rest der inneren Grabanlage
wurde durch unsichtbare Quellen gespeist und wies einen Wasserstand von

wechselnder Höhe auf. Von Wasserlinsen dicht überzogen, eingezäunt und nur von den Enten des oberen Müllers aufgesucht, lag der letzte Abschnitt des Burggrabens unbeachtet am Rand der Wiesensteige, die durch das ehemalige Burggelände hindurchführte.

1955 wurde dieser Burggrabenrest mit dem Aushub vom Neubau der Bobinger Schule zugefüllt. 1967 wurden auf diesem Gelände das Feuerwehrgerätehaus und 1969 ein Wohnhaus und ein größerer Garagenbau errichtet. Eine neue Kreisstraße führt daran vorbei über die neue Singoldbrücke.

Damit endete die Geschichte der Bobinger Wasserburg, deren letzte Reste trotz ihrer Bedeutung als wichtiges Geschichtsdenkmal bedauerlicherweise eingeebnet wurden, ohne daß die Fachbehörde informiert worden war.

B   Die Entwicklung der Allmende

I. DER WALD

1. Die Landnahme

In jenen alten Zeiten, als Wisent und Luchs, Bär und Hirsch entlang der Leite durch die Staudenwälder zogen, siedelte der erste Mensch bereits an jener Stelle, an der nahezu 4000 Jahre später die Stadt Bobingen stehen sollte. Die Steppe war die Wiege der Menschheit, nicht der gefährliche Wald, und die Lößfläche der Hochterrasse zwischen Lech und Wertach lud den ersten Ackerbauern bald zum Siedeln ein.

Zwischen damals und heute gibt es keine Beziehungen rechtlicher oder tatsächlicher Art zum Bobinger Wald. Zwar lassen sich spätere, aber noch vorgeschichtliche Siedlungsspuren (Hügelgräber der späten Bronzezeit und Hallstattzeit) im Bobinger Wald nachweisen, doch die eigentlichen geschichtlichen Grundlagen der heutigen Waldgrenzen werden erst durch die alemannische Landnahme zu Beginn des 6. nachchristlichen Jahrhunderts gelegt.

Mit einer vagen Begrenzung der Urmarken nach Nord und Süd gegenüber dem Allmendeland der Nachbarsippen war zunächst Ende des 6. Jahrhunderts für die Markierung von Besitzansprüchen und Nutzungsrechten alles getan. Nach Westen verlor sich der Gebietsanspruch der Sippe des Pobo irgendwo im Urwald. Man nimmt an, daß die Bobinger Urmark einst bis zur Schwarzach reichte. Wehringens Urmark z. B. ist bis in die Nähe von Döpshofen nachgewiesen, wo aus dem sogenannten „Hinteren Bistum" (auch „Wehringer Holz" genannt) die Bischofsbauern aus Bobingen, Wehringen und Mittelstetten einen Holzbezug hatten. Schwabmünchens alte Gemeindemark erstreckte sich bis dicht vor Mickhausen und bis an den Schweinsbach.

In der ersten Zeit nach der Landnahme gehörte der gesamte Wald zur Allmende. Aber schon im Jahre 536 besetzten die Franken, durch den Nichtangriffsvertrag mit dem Ostgotenkönig Theoderich dazu ermuntert, Alemannenland. Sie gingen davon aus, daß dem König das gesamte Land in Form eines Obereigentums gehöre. Der König verlieh dieses Land dann an die Grafen, die es in seinem Interesse verwalteten. An dieser fränkischen Auffassung änderten auch die gelegentlichen blutigen Aufstände schwäbischer Adeliger nichts. Die Aufstände des niederen Landadels endeten mit der Niedermetzelung fast aller alemannischen „Urmaier".

In unserer Gegend vertrat der Augstgraf (mit Sitz in Augsburg) in der Karolinger- und Ottonenzeit (741 – 1024) seinen königlichen Herren. Durch königliche Befreiung von der Grafengewalt gelangten aber die Grafschaftsrechte bald an die Ortsherren (d. h. an die Meistbegüterten, die auch den Pfarrer einsetzten). Das war in Bobingen das Hochstift Augsburg.

2. Der Kampf um das Recht am Wald

Die zu jeder Zeit rührigen Augsburger Bischöfe versuchten mit teilweisem Erfolg, die fränkischen Anschauungen vom Obereigentum des Königs und seiner Vertreter auch in der Bobinger Mark anzuwenden. Wir erkennen diese Bestrebungen bald auch im Bobinger Wald, wo wir am Ende der hier interessierenden Entwicklung zwei Waldungen mit verschiedenem Rechtscharakter antreffen, nämlich

1. die alte Dorfallmende, abgabefrei und zu jedes freien und berechtigten Dorfgenossen Nutzen zur Verfügung stehend,
2. den Bischofswald westlich vom Dorfwald.

Die relativ volksstarke Gemeinde Bobingen konnte also einen gewissen Anspruch auch gegen den bischöflichen Landesherren verteidigen und durchsetzen, während z. B. die Gemeinde Wehringen sich nur in der Wertachniederung, also auf der Weideallmende, nicht aber auf der Waldallmende, behaupten konnte.

3. Die Aufteilung der Urmark

Im Laufe der Jahrhunderte drangen bachaufwärts in den Stauden die Siedler vor, welche dann die westlichen Ausläufer der Urmarken an der Hochstraße von den Ursiedlungen abtrennten, so wahrscheinlich im Falle Bobingens durch die Gründung der Weiler Burgwalden und Döpshofen. Zur gleichen Zeit etwa dotieren Augsburger Bischöfe die um die Jahrtausendwende in Augsburg entstehenden Klöster mit Waldungen aus ihrem Bobinger Bischofswald. Der Wald wurde dabei – wie die Felder auf der Hochterrasse – in breite ost-westlich laufende Streifen aufgeteilt. Wenn diese Streifen später sehr schmal wurden, so war dies eine Folge wiederholter Erbteilungen, eine Entwicklung, welche auf der Hochterrasse in gleicher Weise festzustellen war und welche schließlich den rentablen Ackerbau immer schwieriger machte.

4. Die Verwaltung des Waldes

Über das „Bobinger Bistum", wie der Bischofswald genannt wurde, und über den „Grünauer Wald" (so benannt nach Hartmann dem Grünauer, welcher diesen Wald Anfang des 14. Jahrhunderts an einen Augsburger Bürger namens Hoy verkaufte) wachte der jeweilige Burginhaber zu Bobingen. Als der letzte starb (nämlich Ulrich von Villenbach, 1458), ging das Hochstift Augsburg bei der Verwaltung seiner Güter zur reinen Beamtenverwaltung über. Die Forstverwaltung wurde dabei von der Burg getrennt und einem Förster bäuerlicher Herkunft als Förster ohne Erbrecht übertragen. Zum ersten Male wurde der Bischofswald in einem bischöflichen Urbar (Grundbuch) von 1316 erwähnt, als die Rede ist von dem „holzhay (Waldhüter), der das Holzlehen hat, daz das bistuom haizzet".

5. Einzelne Sonderrechte

Aus diesem Bischofswald bezog der bischöfliche Pfleger zu Bobingen als Teil seines Jahreseinkommens das von ihm benötigte Holz. Der Pfarrer von Bobingen bezog bis in unsere Tage von dort jährlich acht Klafter weiches und hartes Holz und 960 gemischte Wellen, wobei er lediglich den Fuhrlohn selbst zu tragen hatte. Der Staat hatte dieses Bezugsrecht 1803 bei der Verweltlichung des geistlichen Besitzes anerkannt und übernommen. (Daneben gehörte zum Pfarrhof als nutzanteilberechtigtes Anwesen im Dorf auch ein Nutzanteil am noch unverteilten Gemeindeland.)

Im Bischofswald hatte die Gemeinde Bobingen das Recht des Viehtriebs (Waldweide), wobei sie allerdings immer wieder von dem jeweiligen Schloßgutsbesitzer von Straßberg angegriffen wurde, der sich in seinen Rechten geschmälert fühlte. Er nahm aber seinerseits für sich das Recht in Anspruch, auch im Bobinger Gemeindewald sein Vieh weiden zu dürfen. Dicke Aktenbündel in den Archiven von Neuburg, München und Augsburg bezeugen diesen sich zäh dahinschleppenden Rechtsstreit. Aber gerade das Bobinger Weiderecht im Bischofswald ist ein Rest jener alten Rechte, welche die Gemeinde einst ungeschmälert besaß. Die Gemeinde Wehringen hatte im „Wehringer Bistum" gleichfalls ein Weiderecht.

Nicht vergessen sei, daß es neben den anteilberechtigten Dorfgenossen schon zu Beginn der Neuzeit Dorfarme gegeben haben muß, denn es ist immer wieder die Rede von den „armen Leuten, die ihr Holz im Bischofswald billig kaufen" konnten, die anscheinend kein Holz aus der Dorfallmende beziehen durften, weil sie nicht anteilberechtigt waren.

6. Der Einfluß der Säkularisation

Im Jahre 1803 erstarrte die Rechtsentwicklung des Allmendewesens und der Holzrechte, als der junge großbayerische Staat nach Einbeziehung der schwäbischen Entschädigungslande den gesamten geistlichen Besitz kuzerhand enteignete und an sich zog. Auch die Klöster wurden enteignet. Die Bauern, welche bisher als die Grundholden im Auftrag, z.B. der Klöster St. Katharina oder Maria Stern, Hof, Ackerland und auch Wald gegen jährliche Abgaben bewirtschaften durften, wurden über Nacht vollberechtigte Eigentümer des Waldes (und des anderen Besitzes). Das Fuggersche Pflegsamt Wellenburg zahlte für seine Waldungen im „Oberen Baderholz" nur eine verhältnismäßig geringe Ablösung; die Bauern brauchten fortan ihre Grundsteuern nur an die kgl. Finanzämter zu entrichten anstatt wie bisher an ein Kloster.

Das „Bobinger Bistum" mit den Waldabteilungen Kothweiher, Binzgergehau, Weihermahdkopf, Buchkopf, Rote Hülle und Saliterwinkel wurde mit dem „Wehringer Bistum" zum Staatsforst Straßberg innerhalb der Grenze der politischen Gemeine Straßberg zusammengelegt. Diese Einteilung besteht bis auf den heutigen Tag (mit einer Revierförsterstelle in Straßberg).

Das Schmittenholz (Pl.-Nr. 4368), welches sich als ehemaliger Triebweg zu den Weidegründen im Burgwalder Tal weit nach Westen erstreckt, blieb wie auch die Waldabteilungen Viehtrieb, Klaffet, Obere und Untere Leitach (Pl.-Nr. 4357) im allmendeähnlichen Besitz der nutzanteilberechtigten Bobinger. Daneben finden wir 1803 noch folgende Privatwaldbesitzer:

1. (Pl.-Nr. 4378) Holz am Burgwalder Berg (Hs-Nr. 90, Mittelmühle, mit 20 Tagwerk und 98 Dezimal, heute Fuggerisches Eigentum)
2. (Pl.-Nr. 4377) Hallerholz (Hs.-Nr. 94, Hallerbauer, heute Anton Demmler, Hallerbauer genannt, 21 Tagwerk und 12 Dezimal)
3. (Pl.-Nr. 4376) Moosmahd (Hs.-Nr. 203, Dempfbauer, heute Fuggerisches Eigentum, 10 Tagwerk und 98 Dezimal)
4. (Pl.-Nr. 4375) Sinkelbauerholz (Hs.-Nr. 95, Sinkelbauer, heute im Eigentum der Familie Geirhos, genannt Sinkelbauer, 14 Tagwerk und 78 Dezimal)
5. (Pl.-Nr. 4374) Bäckerhölzle (Hs.-Nr. 209, Heiderle)
6. (Pl.-Nr. 4373) Predigerholz (Inningen, Hs.-Nr. 1, 37, 14, 93, 97, heute Reiter und Dippold, Inningen, 21 Tagwerk und 52 Dezimal)
7. Schmiedbauernholz (Hs.-Nr. 116, Schmiedbauer; der Hof ist völlig verschwunden; heute Gaggstätter Wald, 21 Tagwerk und 49 Dezimal)
8. Unteres Baderholz (Hs.-Nr. 101, Bergheimer Utzenhof, heute fuggerisches Eigentum und Gaggstätter Wald, 84 Tagwerk und 21 Dezimal)

9. Unteres Baderholz (Hs.-Nr. 104, 179 und Fugger = Oberschreiberhof und Kappelwirt, heute Fuggerisches Eigentum und Gaggstätter Wald, 177 Tagwerk und 78 Dezimal)

10. (Pl.-Nr. 4369) Oberes Baderholz (Hs.-Nr. 32 = Rößle Bauer; 44 = Kirchenbräu; 83 = Fuchsbauer; 136 = Untermüller; je ¼ von den 180 Tagwerk und 56 Dezimal)

11. (Pl.-Nr. 4368) Schmittenholz (Gemeindeeigentum damals wie heute, 131 Tagwerk und 79 Dezimal)

12. (Pl.-Nr. 4367) Geschwellenmahd (Hs.-Nr. 213, Ächterhof, heute Gaggstätter Wald, 32 Dezimal)

13. (Pl.-Nr. 4366) Geschwellenteil (Gemeindeeigentum zu allen Zeiten, 15 Tagwerk und 16 Dezimal)

14. (Pl.-Nr. 4365) Holzängerle (Hs.-Nr. 32, Rößle Bauer, heute Gaggstätter Wald, 1 Tagwerk und 19 Dezimal)

15. (Pl.-Nr. 4364) Diebelmahd (Hs.-Nr. 44, Kirchenbräu, heute Gaggstätter Wald, 81 Dezimal)

16. (Pl.-Nr. 4363) Fuchsbauernholz (Hs.-Nr. 32, 44, 83, 136 – wie unter Ziffer 10 = heute Gaggstätter Wald, 68 Tagwerk und 24 Dezimal)

17. (Pl.-Nr. 4361) Fuchsbauernholz (Hs.-Nr. 83, Fuchsbauer, heute Gaggstätter Wald, 8 Tagwerk und 15 Dezimal)

18. (Pl.-Nr. 4362) Holzmahd (Hs.-Nr. 44, Kirchenbräu, heute Gaggstätter Wald, 9 Tagwerk und 15 Dezimal)

19. (Pl.-Nr. 4360) Holzmahd (Hs.-Nr. 32, Rößle Bauer, heute Gaggstätter Wald, 10 Tagwerk und 87 Dezimal)

20. (Pl.-Nr. 4359) Unterschreiberholz (Hs.-Nr. 113, Unterschreiberhof, später auch Rößle Michelhof, welcher den Wald aufkaufte, heute Gaggstätter Wald, 46 Tagwerk und 86 Dezimal)

21. (Pl.-Nr. 83) Anger (Hs.-Nr. 83, Fuchsbauernhof, heute Gaggstätter Wald, 88 Dezimal)

22. (Pl.-Nr. 4357) Leitachholz (Gemeindewald mit 551 Tagwerk und 82 Dezimal nebst 43 Tagwerk und 26 Dezimal, welche 1820 an das Schloß Straßberg verkauft wurden. Immer Gemeindeeigentum).

7. Das Schicksal der „Bauernwälder"

Während die Fuggerschen Forstleute mit Bedacht an den systematischen Aufbau ihrer Wälder gingen, wurde in den Bauernhölzern Raubbau getrieben. Es ist heute noch eine altbekannte Tatsache, daß die Bauernhölzer überall keineswegs zu den gepflegtesten Wäldern zählen. Überdies erkannten die Bauern nicht die Bedeutung des Waldes, und so kam es, daß einer nach dem anderen seinen Wald verkaufte, teilweise an die Fürsten Fugger, teilweise an die Besitzer des Schlosses Straßberg. Wenn wir daher die heutige Waldkarte anschauen, so sehen wir nur noch fünf Bauernhölzer (Geirhos, Fischer, Demmler aus Bobingen und Reiter und Dippold aus Inningen). Die anderen schmalen Waldstreifen gingen im Fuggerschen Bestand und im Gaggstätter Wald auf. Der Sendener Sägewerksbesitzer Gaggstätter hatte diesen Wald um 1930 bei der Zertrümmerung des Schloßgutes Straßberg von dem Letztbesitzer Forster gekauft.

Neben diesen Wäldern mit wechselndem Schicksal behauptet sich seit nunmehr rund 1400 Jahren unverteilt als ein geschlossenes Ganzes der Gemeindewald Bobingen, einer der größten und schönsten Gemeindewälder im Landkreis Schwabmünchen.

II. DER WALD ALS WIRTSCHAFTLICHE EINHEIT

1. Kriegsfolgen und Holzspekulanten

Unter den schwäbischen Urgemeinden südlich von Augsburg, welche ihren ursprünglichen Landbesitz nicht wie Schwabmünchen an die Nutzberechtigten im vergangenen Jahrhundert verteilten oder wie Großaitingen zur Deckung der Schulden aus Kriegszeiten verkaufen mußten, ist die Stadt Bobingen (neben Wehringen) in der glücklichen Lage, ihren Waldbesitz in voller Ausdehnung durch die Zeitnöte, Schuldenlasten und Materialknappheiten der letzten Jahrhunderte gerettet zu haben. Die Gemeindewaldungen Bobingens haben gegenüber den Waldbezirken Wehringens dazu noch den Vorteil, daß sie am Eingang der Stauden liegen, während der Wehringer Wald in der Niederterrasse der Wertachebene ungünstigere Bodenbedingungen findet und außerdem im II. Weltkrieg und danach durch Industrie- und Lagerbauten stark zerteilt wurde.

Die geschickte wirtschaftliche Nutzung des Waldes hat Bobingens Einwohnerschaft in der Vergangenheit vor mancher erhöhten Steuerlast geschützt, die sonst auf den einzelnen Bauern und Bürger hätte umgelegt werden müssen. Nach den Kriegswirren, welche die französische Revolution einschließlich der Napoleonischen Feldzüge im Gefolge hatte, zahlte die Gemeinde Bobingen bis 1829 an den Kriegsfolgelasten: Zur Schuldentilgung wurde fast der gesamte Waldbestand an der Leite und in den Auen abgeschlagen. Die Schuldentilgung begann 1818/19. 1820 schloß die Gemeindeverwaltung mit den „Holzspekulanten" (wie sie in einem späteren verbitterten Gutachten des Forstamtes Biburg abfällig bezeichnet wurden) einen Vertrag unter folgenden Bedingungen:

Der Holzkäufer sollte den gesamten Wald einschließlich der Wertachauen zu seinem Vorteil abholzen dürfen. Es sollte alles Holz unter drei Zoll Durchmesser stehenbleiben. Die Gemeindeverwaltung sollte die Arbeit des Abholzens und den Transport nach Augsburg übernehmen.

Fürwahr bittere Bedingungen für das verschuldete Bobingen. Aber durch diesen Vertrag wurde wenigstens der Grund und Boden und ein Waldrestbestand für die Zukunft gerettet. Ein Gutachten des zuständigen Forstamts wurde vor Vertragsabschluß nicht eingeholt. Ein befragter Revierförster hatte gegen die Abholzung nichts einzuwenden. Auch wurde der Vertrag durch die Aufsichtsbehörde genehmigt angesichts der Tatsache, daß andere Gemeinden sogar den gesamten Holzbestand einschließlich der Grundstücke verkaufen mußten.

Dieser Vertrag führte zunächst zum Ruin des Waldes. Bei der Abholzung blieben keine Samenbäume stehen. Künstliche Verpflanzungen aus Baumschulen kannte man hier noch nicht. Das kleine Holz wurde beim Fällen der großen Bäume abgebrochen und verkrüppelt. Ähnliches geschah in den Wertachauen, wo sich viel schlagbares Holz befand.

2. Die Leitenhaufen

Während der Jahre der Schuldentilgung konnte die Gemeinde die traditionellen drei Ster Holz („Leitenhaufen" genannt) für jedes volle Gemeinderecht nicht ausgeben. Es sind keine Streitfälle aus dieser Zeit bekannt. Kein Nutzungsberechtigter hätte trotz der Schwierigkeiten der Gemeinde auf dem Holzbezug bestanden.

Die Wertachauen, die zudem durch jährliche Hochwasser gefährdet waren, erholten sich nur langsam von der radikalen Abholzung. 20 Jahre hindurch wurden sie nur als Viehweiden benutzt. Langwüchsiges Holz fand sich 1844 nur in einzelnen Horsten (Fichten, Föhren). Das Forstamt empfahl daher für die Auen eine Aussaat von Hafer mit Kiefernsamen, auch die Aussaat von Ginster und Kiefernsamen, um den jungen Pflanzen Schutz zu bieten und eine allmähliche Aufforstung der Wertachauen zu erreichen.

Noch 1830 erschien es fraglich, ob erstmalig wieder der „Leitenhaufen" ausgegeben werden konnte. Der Hieb wurde erst aufsichtsamtlich genehmigt, nachdem der Forstverweser Vornberg aus Radegundis am 28. 2. 1830 ein befürwortendes Gutachten erteilt hatte. Etwa 172 Klafter Holzgewinn wurden jährlich von ihm als vertretbar geschätzt. Die Waldabteilung I (Obere Leitach) war mit schlagbarem Holz bestanden, die Abteilung II war völlig abgetrieben, die III. Abteilung (Untere Leitach) war erst 1850 schlagbar, die Abteilung IV (Klaffet) wurde erst nach 1818 abgeholzt, eine Abteilung oberhalb des Klaffet wurde z. Z. des Gutachtens durch die Waldaufkäufer des Gutsbesitzers

Schöppler von Straßberg abgeholzt. Viehtrieb und Waldabteilung VII wurden 1820 abgeschlagen. In der Abteilung VIII (Schmittenholz) gab es wohl einzelne haubare Stellen, doch war vom ganzen Waldstreifen entlang des Burgwalder Weges kein wesentlicher Nutzen zu erwarten.

Im Februar 1830 wurde die Ausgabe des Leitenhaufens beschlossen. Der Holzstoß mußte folgende althergebrachte Maße haben: 5 Fuß breit, 5½ Fuß weit und die Holzscheite 3½ Fuß lang (Fuß = rd. 29 cm). Aus den Holzabfällen wurden die Borzen hergestellt. Pro Schober wurden zwölf Kreuzer Macherlohn erhoben, pro Leitenhaufen vierundzwanzig Kreuzer plus vier Kreuzer fürs Machen und Aufsetzen.

3. Antrag auf Verteilung des Waldgebietes

Da erschienen am 4. 3. 1830 beim Königlichen Landgericht in Schwabmünchen die beiden Söldner Johann Joachim und Andreas Schorer und stellten den Antrag, den Gemeindewald unter die Nutzungsberechtigten zu verteilen. Dieser Antrag wurde von mehr als hundert Nutzungsberechtigten unterstützt.

Am 15. 3. 1830 schon hatte die Ortsverwaltung mit dem Ortsvorsteher Schempp an der Spitze die Verteilung des Gemeindewaldes abgelehnt und zur Begründung der Ablehnung die Verpflichtungen der Gemeinde aufgezählt, die nicht mehr erfüllt werden könnten, falls der Gemeindewald verteilt werde. Die Gemeindeverwaltung müsse jährlich, so hieß es in der Begründung, sechs Klafter Dienstholz mit sechs Schober Borzen dem Benefiziatenhaus zu Verfügung stellen. Sie liefere zur Beheizung der Lehrzimmer acht Klafter Holz und sechs Schober Borzen. Ferner erhalte der Meßmer der oberen Kapelle (Josef Keller) zweieinhalb Klafter, der Meßmer der unteren Kapelle (Josef Ried) ein Klafter, das Armenhaus zwei Klafter Scheitholz und acht Schober Borzen. Dazu habe die Gemeinde zu unterhalten: zwei Wertachbrücken, vier Singoldbrücken, drei Singoldstege und verschiedene kleine Stege auf Gemeindegrund.

Auch das Gutachten des Forstamtes Biburg vom 17. 2. 1831 sprach sich gegen die Verteilung des Waldes aus und führte an, daß statt dessen noch große Gemeindegründe im Lechfeld zu kultivieren und zu verteilen wären, die sich nicht zur Waldkultur eigneten. Das Forstamt berichtete weiter davon, daß der „dürftige Zustand einzelner Gemeindemitglieder" der weiten Auseinanderlage und der übergroßen Ausdehnung der Besitzungen zu verdanken sei. Diese hier gemeinte Streifenlage der Felder wurde erst 80 Jahre (!) nach diesem Gutachten beseitigt (Flurbereinigung 1910).

Das Forstamt rechnete aus, daß bei einer Verteilung des Waldes ca. 2 Tagwerk und 68 Dezimal je Nutzungsrecht zugeteilt werden könnten. Abgesehen von den Verteilungsschwierigkeiten, die sich aus den verschiedenen Holzarten und dem unterschiedlichen Alter der Bestände ergeben würden (u. a. seien 80 Tagwerk von sechs- bis zehnjährigen Eichen, Birken, Aspen und Linden bedeckt), sei nach einer Zersplitterung der Waldfläche an eine geregelte Forstwirtschaft überhaupt nicht mehr zu denken. Es sei vielmehr zu befürchten, daß jeder seinen Waldbestand so rasch wie möglich abholzen werde, und da sich der aus Ton, Sand und Kies gemischte Boden zur landwirtschaftlichen Nutzung schlecht eigne, werde die gesamte Fläche bald als öder Kahlschlag daliegen. Die Hänge seien wegen ihres Quellenreichtums für die Landwirtschaft nicht von Interesse. Auch spreche die weite Entfernung vom Dorf und die Unsicherheit der Frühjahrsbestellung (Zerstörung der Wertachbrücken durch Hochwasser!) gegen eine landwirtschaftliche Nutzung der Leite.

Am 16. 3. 1830 stimmten die Gemeindemitglieder über die Verteilung des Gemeindewaldes ab. Stimmberechtigt waren die Nutzungsberechtigten, nicht aber die Knechte und Mägde, welche im damaligen Sinn nicht zur Gemeinde zählten, obwohl die Reformen Montgelas ihnen schon manche Vorrechte verschafft hatten. 117 Nutzungsberechtigte stimmten für die Verteilung, 99 gegen die Verteilung des Waldes. Die Vertreter des Verteilungsgedankens führten vor allem an, daß jeder Bauer das Recht auf einen eigenen Wald habe und daß nicht nur die Großbegüterten einen Waldbesitz haben sollten. Sie übersahen aber die verschiedene rechtliche Entwicklung bzw. andersartige Herkunft der einzelnen Wälder.

4. Die Ablehnung des Antrages

Am 26. 9. 1832 lehnte die Regierung des Oberdonaukreises (Kammer des Innern) als obere Aufsichtsbehörde den Antrag der Nutzungsberechtigten ab und bestätigte gleichzeitig die Zulässigkeit der jährlichen Ausgabe eines abgabefreien Klafters Holz pro Nutzanteil. Beschwerden gegen diesen Entscheid sind nicht aktenkundig geworden. Man glaubte wohl im Kreise der Teilungslustigen am Ende selbst nicht mehr an die Vorteile einer Parzellenwirtschaft, welche den Wald als das größte, einheitliche Flurstück innerhalb der Gemeindegrenzen heillos zersplittert hätte. Eine Verteilung des Waldes hätte (um mit dem Gutachten des Forstamtes Biburg zu sprechen) die Gemeinde „der letzten Quelle zur Bestreitung der kommunalen Bedürfnisse beraubt" und dem einzelnen Landwirt doch nicht viel genützt. Der geschlossene Waldbesitz in der Hand der politischen Gemeinde aber ermöglichte es bis heute, zahlreiche Aufgaben großzügiger zu bewältigen, als dies ohne Waldbesitz der Fall gewesen wäre.

III. DIE WIESEN

1. Das Recht der „Gemein"

Als nach der Landnahme auch in Bobingen das Ackerland auf der Hochterrasse vom Weideland in den Flußniederungen (Lech und Wertach) durch die
Art der Bewirtschaftung getrennt wurde, ging dieses Ackerland zu einem nicht
bekannten Zeitpunkt aus Sippenbesitz in den Besitz und das Eigentum des jeweiligen Bebauers über. Das Land zwischen Singold und den fernen Stauden
(zuletzt bis zum Burgwalder Tal) und das Land zwischen Hochterrasse und
Lech verblieben im Eigentum der Allgemeinheit, d. h. als „Allmende" in der
Hand der Gesamtheit der Dorfbewohner. Ein eigentliches Eigentum hatte keiner an diesem Grund, jedoch durfte jeder das Land nutzen, zunächst nach Be-
lieben, in späteren Jahrhunderten durch wirtschaftliche Bestimmungen einge-
schränkt.
Während das eigentliche Waldgebiet eine gesonderte Entwicklung durchlief,
die durch die Einflußnahme des fränkischen Augstgrafen und später durch den
bischöflichen Landesherrn bedingt war, behielt die Gesamtheit der Gemeinde
den unbeschränkten Einfluß vor allem über das Weiden- und Auenland. Über
dieses Land beschloß und entschied „die Gemein", d. h. die Gesamtheit der
stimmberechtigten Dorfbewohner. Stimmberechtigt war der männliche Besitzer eines Anwesens (nicht die Witwe!), mochte er Vollbauer, Halb- oder Vier-
telbauer, Söldner oder Halbsöldner (entsprechend der Größe des zu seinem
Anwesen gehörenden Grundbesitzes) sein.
Die „Gemein" beschloß auch, wenn das bisher extensiv genutzte Auenland gerodet, verteilt und verlost und so in das private Eigentum des einzelnen Anwe-
senbesitzers zur intensiveren Bewirtschaftung überführt werden sollte. Rodungen solcher Art wurden von Zeit zu Zeit notwendig infolge der wachsen-
den Bevölkerungszahl des Dorfes und der ständigen Vermehrung des Viehbe-
standes, nicht zuletzt aber auch durch die seit 1781 in Bobingen eingeführte
Stallfütterung. Welches in älteren Rodungen und welches die jüngeren Verteilungen sind, lassen die Liquidationspläne von 1830 durch die Grenzziehung
und Parzellierung erkennen.

2. Die frühesten Wiesenrodungen

In den „Ölängern" (besser: Ellinger) westlich des oberen Dorfteiles dürften
wir die älteste Wiesenrodung vor uns haben. Dieses Gelände dürfte bald nach
der Landnahme gerodet worden sein. Es wurde großflächig parzelliert, deutlich von den übrigen Wiesen abgesetzt und unter sieben Anwesensbesitzern

aufgeteilt. Bei der Dorfausweitung nach Norden wurde dort (westlich des unteren Mitteldorfes) der Hofanger gerodet, mittelflächig parzelliert und unter mehr als 50 Anwesensbesitzern verteilt. Da diese frühen Rodungen zu einer Zeit durchgeführt wurden, als man diese selbstverständlich erscheinenden Maßnahmen keineswegs durch schriftkundige Mönche festhalten ließ, besitzen wir über diese Rodungen leider keine Aufzeichnungen.

Möglicherweise mit dem Niedergang des Maierhofes im 14. und 15. Jahrhundert wurden dann vermutlich die „Schwettinger" westlich des heutigen mittleren Ortsteils gerodet. Die damalige Kleinparzellierung der Wiesen läßt auf ein volksstarkes Dorf schließen.

Die Rodung des Auenlandes erfolgte in gemeinsamer Fronarbeit. Das gerodete Land wurde in möglichst gleiche Streifen geteilt und unter die Berechtigten verlost. Dabei fiel auf Hs.-Nr. 39 (altes Schulhaus) genau der gleiche Anteil, wie z. B. auf den Pfarrhof (mit Landwirtschaft).

Auch die Wiesen in der Lechniederung wurden in ähnlicher Weise jedoch entsprechend ihrer geringen Ertragsfähigkeit in verhältnismäßig große Parzellen aufgeteilt. Daher finden wir 1830 sowohl beim Dorf als auch beim Lech den Flurnamen „Luß-Gemeindsteile" oder „Lußmahdle", wobei „Luß" auf das althochdeutsche Wort für „Los" zurückgeht. Darüber hinaus deuten alle Flurnamen, in denen das Wort „Teile" (z. B. in Viehweideteile) vorkommt, auf eine vorausgegangene Aufteilung des betreffenden Landes aus ehemaligem Allmendebestand hin.

Zu den Nutzungen aus den unverteilten Gemeindegründen gehörte ursprünglich auch das uneingeschränkte Fischrecht in der Singold, welches im Jahre 1779 auf bischöfliches Geheiß durch den Pfleger in Bobingen eingestellt wurde mit der Begründung, daß „jedermann aus der Gemeinde dort fischte und manche den ganzen Tag am Wasser lagen und dabei den Haushalt und sogar die Kinder vernachlässigten, so daß das ehemals fischreiche Wasser ganz verödete". Seither wird das Fischrecht in der Singold verpachtet. Das Wasser der Wertach jedoch war seit unvordenklicher Zeit im Hochstiftsbesitz und wurde zum Teil als Lehen, zum Teil auch als zum Jahresgehalt des Oberpflegers in Bobingen gehörend vergeben.

3. Die jüngeren Rodungen

Die letzten Verteilungen des Gemeindelandes reichen bis in unsere Tage und sind z. T. urkundlich belegt und genau beschrieben. So wurde 1782 das Moos gemeinsam gerodet und verteilt. Gemeint ist der Wiesenteil zwischen der unteren Wertachbrücke und Bannacker bis zu Schwenke hin, und zwar die west-

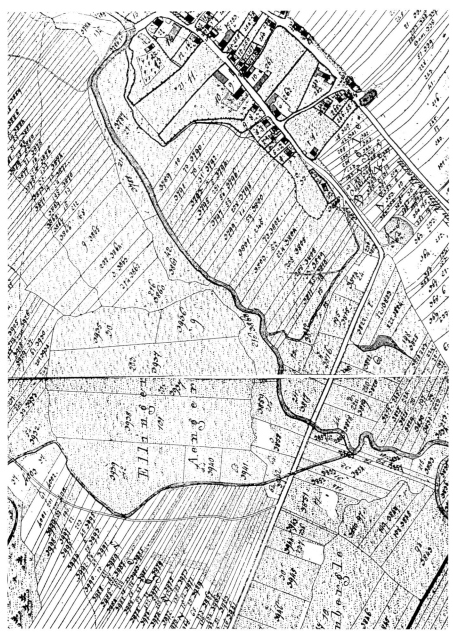

Die „Ellinger" (fälschlich auch „Öl-Änger" verballhornt, ursprünglich richtig „Eh-Änger"), die älteste gemeinsame Wiese westlich des alten Dorfes, gerodet vermutlich im 6. Jahrhundert n. Chr.

44

liche Hälfte der Fläche. Weitere Rodungen folgten 1788 und 1792. Immer erhielten die Nutzungsberechtigten einen schmalen Wiesenstreifen, wobei sie allerdings der landesherrschaftlichen Erlaubnis vor Beginn der Rodung bedurften. Das Fuggersche Pflegamt Wellenburg hat im übrigen aus jagdlichen Gründen mehrfach, aber erfolglos, gegen die Rodung des Mooses protestiert.

4. Das Verhältnis zwischen Realgemeinde und politischer Gemeinde

1803 erfolgte die Verweltlichung des geistlichen Besitzes, und unsere Gegend – bisher zum Hochstift Augsburg gehörend – kam als Bestandteil der Schwäbischen Entschädigungslande zu Bayern. Am 24. 9. 1808 erließ Bayerns König Max Joseph das erste bayerische „Edikt über das Gemeindewesen", ein Vorläufer der späteren Gemeindeordnungen. Seit jener Zeit konnten sich keine Gemeinderechte im Bereich der Allmende neu bilden.

Das Jahr 1808 ist zugleich auch die Geburtsstunde der politischen Gemeinde im heutigen Sinne. Die sich aus dieser Entwicklung für den ganzen bayerischen Raum ergebenden Folgen für die Handhabung der Gemeinderechte in den darauffolgenden hundert Jahren waren seinerzeit nicht abzusehen. Daher gibt es nur ganz wenige Gemeinden, die damals schon eine klare Trennung zwischen politischer Gemeinde einerseits und alter Rechtlergemeinde andererseits durchführten. Die meisten Gemeinden – so auch Bobingen – ließen den Dingen ihren Lauf. Die damals geschaffenen unklaren Verhältnisse zwischen der Realgemeinde und der neugeschaffenen politischen Gemeinde aber bildeten lange Zeit später die Wurzeln für zahlreiche Unstimmigkeiten, Mißverständnisse und fruchtlose Prozesse.

Die in sich gefestigte und von äußeren politischen Einflüssen nur wenig beeinflußte Dorfgemeinschaft Bobingens verharrte weiterhin ganz in dem seit mehr als einem Jahrtausend gewachsenen Verhältnis des Bauern zur Allmende, des Ortseinwohners zur Gemeindeverwaltung. Die politische Gemeindeverwaltung war besetzt mit Männern aus dem Bauernstand und von ländlichen Handwerkern, so daß die Masse der Dorfbewohner zunächst überhaupt keinen Unterschied gegenüber der Vergangenheit feststellen konnte. Zwar besaßen nun die Dorfarmen und Leerhäusler die gleichen politischen Rechte wie die Bauern und Söldner, aber wenn es um die Fragen des Gemeindelandes, der alten Allmende ging, hatten sie kein Stimmrecht.

In jene Zeit fallen die beiden letzten Verteilungen des Bobinger Gemeindelandes. Wo heute das Anwesen Wolf steht („Schwettinger") und wo auf den Mooswiesen bei den Deuringer Wiesen eine Heckenreihe von Nord nach Süd verläuft, dort endet noch 1830 die Wertachau.

5. Die letzten Rodungen

Die erste der hier genannten Verteilungen erfolgte 1834, wobei – wie in ältesten Zeiten – die „ganze Gemein" beschlußfassend mitwirkte. Das Beschlußbuch des damaligen Gemeinderates berichtet, daß der königliche Forstwart Reichenbach von Straßberg das Land gegen Entgelt vermaß und daß durch den Verkauf des auf den zu verteilenden Gründen stehenden Holzes sämtliche Unkosten gedeckt wurden. Auch wurde Holz zum Brückenbau und zum Einzäunen der Wertach gewonnen.

Eine weitaus größere Aufteilung von Gemeindeland wurde schließlich auf Beschluß der „Gemein" 1842 vorgenommen. Damals wurden verteilt:

1. die Lechfeldviehweide (etwa zwischen der heutigen Bundesstraße B 17 und der Hochterrasse gelegen) mit einer Fläche von ca. 500 Tagwerk,
2. das Ahgerle mit ca. 124 Tagwerk (östlich der Wertach an der Inninger Grenze),
3. die Schwenke mit ca. 286 Tagwerk (westlich des Ahgerle),
4. der Hagemausgeren (westlich des Dorfes innerhalb einer großen Wertachschleife) mit ca. 187 Tagwerk,
5. der Dreckwinkel (östlich des Hagemausgeren) mit ca. 351 Tagwerk,
6. die Teile am Vogelherd mit ca. 41 Tagwerk,
7. die „Köpflein" (die späteren „Köpflesteile", auf denen heute diesseits der Wertach die Wohnblocks an der Föhrenstraße stehen) mit ca. 55 Tagwerk.

Das Land in der Lechniederung eignete sich nach damaligen Berichten gut zur Wiesenkultur. Die Gründe in der Wertachniederung mußten zunächst von kleinen Fichten, Dornenstauden und Holunderbüschen befreit werden, bevor sie landwirtschaftlich genutzt werden konnten. Sämtliche Grundstücke waren bis dahin zur „Weidenschaft" benutzt worden, waren aber mit solch schlechtem Gras bestanden, daß „das Vieh, welches diese Weiden besuchte, kaum das Leben durchbrachte". Zur gleichen Zeit hoffte man, auf den neuen Gründen nach Verteilung einen vermehrten Anbau von „Getreide und Futterkräutern" im Interesse einer besseren Viehhaltung erreichen zu können. Damals wurde beschlossen, neben dem eigentlichen und für landwirtschaftliche Nutzung vollkommen unbrauchbaren Wertachstromgebiet auch den Wald an der Leitach und im Schmittenholz *nicht* zu verteilen, da diese Waldflächen mit ca. 666 Tagwerk allein zur Holznutzung geeignet seien.

Am 2. 11. 1842 stimmten die Rechtler in Bobingen über diese geplante Verteilung ab. Von 248 stimmberechtigten Gemeindemitgliedern blieben 29 der Abstimmung fern, 197 stimmten für und 23 gegen eine Aufteilung der Gründe.

Es waren hauptsächlich die minderbegüterten Söldner gewesen, welche den Antrag auf Verteilung der Gründe schon am 16. 12. 1841 gestellt hatten.

Nachdem ein Ausschuß von 24 Ortseinwohnern sich für nicht genügend zuständig zur Klärung aller Fragen befunden hatte, wurde schon damals bei einer Versammlung der ganzen Gemeinde über die Verteilung abgestimmt, wobei sich zwei Drittel der Stimmberechtigten für die Verteilung aussprachen.

Im Stadtarchiv Bobingen sind über die damalige Landverteilung keine weiteren Unterlagen vorhanden, jedoch beweisen die Karteneintragungen aus der Mitte des vergangenen Jahrhunderts, daß diese Aufteilungen tatsächlich durchgeführt worden sind. Der Gemeinde verblieb neben dem Waldgebiet nur das Wertachflußgelände.

Nach der Flußkorrektion änderte sich das Bild der Wertachauen allerdings völlig, jedoch lassen die äußere Grenze des heutigen Auenrandes und die im Aueninnern verlaufenden Mulden, die teilweise im Frühjahr noch voll Wasser stehen, den alten Lauf der Wertach leicht erraten. Seit der Flußkorrektion besitzt der Staat rechts und links des Flusses den sogenannten Uferschutzstreifen, der dem Straßen- und Flußbauamt Augsburg untersteht.

Neben dem Gemeindeland in den Auen, welches eine Gesamtfläche von 91,809 ha hat und mit Niederwald und teilweise mit Plenterwald bestanden ist, liegen an das Gemeindeland anstoßend, aber zu den verteilten Gründen zählend, noch 31 einzelne, kleinparzellige Bauernhölzer, zum kleinsten Teil aus Hochwald bestehend, meist aber von Plenterwald (Bäume aller Altersklassen durcheinander) bestanden. Diese Kleinbauernhölzer haben eine Gesamtfläche von 12,501 ha.

Die heute noch bestehenden Nutzanteile am unverteilten Gemeindeland ruhen sowohl auf dem Auengebiet wie auch auf dem Hochwald an der Leite.

6. Die Flurbereinigung der verteilten Wiesen

In den Jahren 1957 und 1958 wurde unter der Bezeichnung „Flurbereinigung Bobingen II" die Arrondierung der Wiesen westlich der Stadt und westlich der Wertach geplant, erörtert und teilweise heftigst diskutiert. Am 17. 11. 1958 ordnete das Landwirtschaftsministerium aufgrund des Flurbereinigungsgesetzes die Durchführung aller notwendigen Maßnahmen an. Das Ziel der Flurbereinigung war, – ähnlich wie bei der Flurbereinigung der Felder 1910 auf der Hochterrasse – die für die heutigen Verhältnisse zu kleinen und deshalb unwirtschaftlich gewordenen alten Rodungsparzellen zu größeren Flächen zusammenzufassen. Zugleich sollten die schlechten Wegverhältnisse in den betroffenen Gebieten verbessert werden, so daß eine Bewirtschaftung mit modernem landwirtschaftlichem Gerät möglich sein würde. 1130 ha Land wurden durch diese Flurbereinigung erfaßt. Schon 1961 konnten die zukünftigen Eigentümer in den Besitz ihrer neuen Geländeteile eingewiesen werden. Am 29. 12. 1967 wurde die Beendigung des Gesamtvorhabens festgestellt.

7. Die künftige Entwicklung

Bobingen versucht, aus den Fehlern der Vergangenheit zu lernen und für die weitere Zukunft zu planen. Das Jahr 2000 ist nicht mehr weit, und man wird bis dahin noch weitere Produkte erfinden und ihre Herstellung verbessern, vergrößern, verbilligen können. Knapp bleiben Grund und Boden, knapper werden gutes Wasser, frische Luft, unberührte Wälder und Landschaften. Deshalb heißt es vorausschauend in dem Erläuterungsbericht zum Flächennutzungsplan der Stadt Bobingen vom 10. 11. 1971: „Das Hauptsiedlungsgebiet, das sich im wesentlichen entlang der Terrasse zwischen Hochebene und Wertachtal erstreckt, wird nach Westen hin von der Singold begrenzt. Hier konnten bereits in den vorausgegangenen Jahren entsprechende vorbereitende Maßnahmen getroffen werden, so daß beiderseits der Singold ein Grünzug entstanden ist, der mit sehr viel Aktivitäten (Freibad, Hallenbad, Minigolfplatz u. ä.) angefüllt ist.

Das neue Baugebiet im Wertachtal wird durch ein Auengebiet, das sich im wesentlichen östlich der Wertach hinzieht, zur Wertach hin abgeschirmt. Auch dies ist ein durchgehender Grünzug. Über der Wertach nach Westen hin, vor allem zwischen dem Industriegebiet und der Wertachsiedlung, ist ebenfalls Auengelände vorhanden und wird auch weiterhin als solches ausgewiesen und teilweise erweitert. Weiter nach Westen folgen dann die Wälder des sogenannten „Rauhen Forstes". Die Gliederung, die durch diese Grünzüge erreicht wird, ist in Zukunft auch bestimmend für die Hauptsiedlungsräume.

Die bestehenden Baugebiete Bobingens werden verbunden mit den Erweiterungen im Wertachtal, durch die Einfügung verschiedener Aktivitätszonen (Hallenbad, Freibad etc.). Die Zäsur, die sich durch den Lauf der Wertach und die Auengebiete ergibt, wird als wünschenswert angesehen, da dies bei entsprechendem Ausbau ein Naherholungsbereich für eine Stadt von 20000 Einwohnern erfordert. Die im Westen angrenzenden Waldgebiete haben sich über Bobingen hinaus zu einem Naherholungsbereich der Region Augsburg bereits ausgebildet. Hier sind im wesentlichen der Waldlehrpfad von Bergheim und das Weihergebiet bei Burgwalden anzusprechen. Ein entsprechend gut markiertes und ausgebautes Wanderwegnetz gibt hier die besten Voraussetzungen, um in einem Landschaftsplan den Gedanken des Naherholungsbereiches für die Stadt Bobingen weiter zu vertiefen. Bei Besprechungen mit der Naturschutzbehörde bei der Regierung von Schwaben und dem Naturschutzbeauftragten hat sich ergeben, daß vor allem das Auengelände bei der Wertach einer sorgfältigen Objektplanung zugeführt werden sollte. Ein entsprechender Beschluß des Stadtrates hierüber liegt bereits vor. Dies sollte vor allem deshalb geschehen, weil in diesem Gebiet eine für den Bereich Augsburg ungewöhnliche Flora vorzufinden ist, die nach Meinung der Naturschutzbehörde erhaltenswert ist und geschützt werden sollte."

Damit sind die Grundzüge einer verständisvollen Planung aufgezeigt, welche die psychologisch für das Wohlbefinden so wichtige Harmonie zwischen Arbeitsplatz, Wohnsiedlungsraum und Naherholungsgebiet unter Ausnützung, aber auch Respektierung der natürlichen landschaftlichen Gegebenheiten anstrebt. Bobingen wird sich – das ist heute erkennbar – von einem stattlichen Bauerndorf zu einer schönen, modernen Stadt entwickeln.

IV. DIE GEMEINDERECHTE

1. Rechtsprinzipien und Rechtswandlungen

Es gibt im Niederdeutschen einen alten Spruch, der sagt: „Was recht ist, bliebt as Recht bestahn und sullt die Welt in Stücke gahn!" Dieser bäuerliche Spruch ist ganz aus dem tradierten Rechtsgefühl jenes Volkes geboren, welches auch einen Michael Kohlhaas zu seinen Männern zählt. Der feste Glaube an ein unveränderliches, ewiges Recht, an unverrückbare Prinzipien, birgt eine nicht zu verleugnende Kraft in sich, wenngleich auch veränderte wirtschaftliche und politische Situationen oftmals neues Recht hervorbringen und dabei alte, häufig bitter verteidigte Rechtsgrundsätze beseitigen oder doch einschränken müssen. Dieses Entwicklungsgesetz gilt nicht nur für die Rechtsentwicklung ganzer Völker, sondern vor allem auch für die Rechtsentwicklung auf der Ebene des Dorfes, welche ein Spiegelbild der allgemeinen gesellschaftlichen Entwicklung abgibt.

Das Leben alter, allmählich gewachsener Gemeinwesen in Schwaben ist noch durchdrungen von alten Rechten und uraltem Herkommen, die sich in ihrem Ursprung bis auf die Zeit der alemannischen Landnahme zurückverfolgen lassen. Zu jenen alten Rechten zählen die sogenannten „Gemeinderechte", von denen es in Bobingen 254 ganze und halbe Anteile gibt.

2. Die Entwicklung des privaten Eigentums

Aus dem von der Bobinger Dorfgründersippe zur gesamten Hand beanspruchten Land wurde das Ackerland bald als Privateigentum ausgeschieden, während Weide und Wald als Allmende zur allgemeinen Nutzung frei bleiben. Die Realgemeinde (das waren die Inhaber der alten Rechte an diesem gemeinsam genutzten Boden) konnte dieses Land rund 1300 Jahre – von gelegentlichen Einschränkungen durch den bischöflichen Landesherren abgesehen – unbean-

Der Bauwer.

Ich aber bin von art ein Bauwr/
Mein Arbeit wirt mir schwer vnd sauwr
Ich muß Ackern/Seen vnd Egn/
Schneyden/Mehen/Heuwen dargegn/
Holtzen/vnd einführn Hew vnd Treyd/
Gült vñ Steuwr macht mir viel hertzleid
Trinck Wasser vnd iß grobes Brot/
Wie denn der Herr Adam gebot.

„d'Hochsträßler", Schwäbisch-Bayerischer Heimatverein e.V.

standet benutzen. Zu den Gemeinderechten gehörten die freie Weide im Wald, auf den Wiesen und auf der Brache, der freie Holzschlag, das Steg- und Fahrtrecht, das Fischrecht für alle Dorfgenossen in der Singold, die Benutzung des öffentlichen Bades, der Kiesgrube. Zum Gemeinderecht – mehr von der Pflichtenseite her gesehen – gehörten auch die Faseltierhaltung, das Schmiede-, Brau- und Mühlrecht und viele andere Rechte mehr.

Ursprünglich waren alle Dorfgenossen gleichbegütert. Bei Allmendeverteilungen erhielt jeder Anteilberechtigte durch das Los ein gleich großes Stück Land zugeteilt. Ein Groß- und Kleingrundbesitz in ausgeprägter Form entstand erst dann, als einige Dorfgenossen ihre Rodeanteile und auch Felder an die Nachbarn verkauften. Aber auch der zum Halbbauer oder Söldner gewordene Bauer besaß noch seinen ganzen Nutzanteil am unverteilten Gemeindeland. Das Gemeinderecht haftete nicht am Besitzer, sondern immer an der Hofstatt ohne Rücksicht darauf, ob diese bebaut oder unbebaut war. So umfaßte der Deuringer Besitz neben der Pfarrkirche 1830 (nach dem Stand von 1803) zwei unbebaute Hofstätten und eine Sölde (Kirchbräusölde) mit Braugerechtigkeit. Jede der Hofstätten hatte einen Nutzanteil am unverteilten Gemeindeland. Diese Nutzanteile wurden nach 1808 (von dieser Zeit an konnten sich im Königreich Bayern keine neuen Nutzanteile mehr bilden) oftmals vom Anwesen getrennt und geteilt oder ungeteilt verkauft. Es gibt daher heute in Bobingen Anwesenseigentümer, welche zwei oder drei Anrechte an sich gezogen haben.

Der Erlös aus der Allmendenutzung floß, wenn sie über die jährliche Holzverteilung und die gemeinsame Weide hinausging, in die Gemeindekasse, so z. B. der Erlös aus dem Verkauf des Heues, welches auf den „Gschwellen Mähdern" am Diebel gewonnen wurde. (Diese Wiesen hatten ihre Grundlagen in verlandeten mittelalterlichen Weihern. Heute ist das Gebiet bewaldet und gehört zum Bobinger Stadtwald).

3. Das Recht am Gemeindewald

In den Gemeinde-Rechnungen, welche im Bobinger Archiv mit dem Jahre 1700 beginnen, wird schon der „Leitahaufen" erwähnt, den jeder Nutzanteilberechtigte neben dem „Schober Borzen" jährlich empfing. Ein Leitenhaufen besteht aus einem Klafter (= drei Ster) Brennholz. Der Bobinger Gemeindewald lieferte in jenen Zeiten noch kein Langholz, da der jahrhundertelange Verbiß durch das in den Wald getriebene Weidevieh keinen vernünftigen Holzwuchs aufkommen ließ. Benötigte die Gemeinde Langholz zum Brückenbau, zur Reparatur der Kirche usw., dann mußte dieses Holz – wie die Rechnungen auswiesen – beim Fuggerschen Baumeister in Burgwalden gekauft werden.

Neben dem unverteilten Gemeindeland gab es auch unverteilbares Gemeindeland, dessen Nutzung aber jedermann zustand, z. B. öffentliche Wege, Stege,
Feld- und Grenzraine u. ä.

Waren die Rechtsverhältnisse in Bobingen wenigstens bis zum Jahre 1803 (Säkularisation) und 1808 (Erlaß des ersten Gemeindeedikts) klar und eindeutig,
so legte die danach einsetzende Entwicklung die Grundlage zu späteren Miß-
verständissen und Unklarheiten. Es entstand die sogenannte politische Gemeinde, welche alle Dorfbewohner umfaßte, ohne Rücksicht auf ihr Anteil-
recht an der alten Allmende oder ihre Besitzlosigkeit.

Diese Situation führte später zu verschiedenen Rechtsauffassungen. Eine
Gruppe folgerte, daß die Rechtler infolge der mehr als ein Jahrtausend langen
Nutzung tatsächliches Eigentum am Boden gewonnen hätten, daß es daher
falsch war, 1830 bei Anlegung der Urkataster die politische Gemeinde, also
alle Dorfbewohner mit Einschluß der Leerhäusler und Nichtrechtler, als Ei-
gentümerin des unverteilten Gemeindelandes aufzuführen. Auf Grund dieses
falschen Eintrags wurden 1904 die Bobinger Grundbücher angelegt, wobei
wiederum die politische Gemeinde und nicht die alte Realgemeinde als Eigen-
tümerin der unverteilten Gründe auftrat und eingetragen wurde. Ein irrtümli-
cher Falscheintrag ins Grundbuch aber führt nach 30 Jahren zur sogenannten
Buchersitzung, d. h. selbst wenn jemand 30 Jahre nach dem falschen Grund-
bucheintrag auf Grund älterer Beweise sein einwandfreies Eigentum nachweisen könnte, nützt ihm dies nichts, weil der, zu dessen Gunsten der Falscheintrag erfolgte, inzwischen Eigentümer geworden ist.

4. Das Nutzungsrecht

Das Nutzungsrecht an sich wurde aber von dieser Regelung nicht betroffen.
Während jedem Einwohner von Bobingen ein mittelbarer Nutzen aus dem Gemeindewald zufällt, erhalten die Nutzungsberechtigten unmittelbar einen größeren Nutzen in Form des Leitenhaufens, der bis auf den heutigen Tag traditionsgemäß ausgegeben wird. Als stillschweigendes Gewohnheitsrecht wurde
diese Holzgabe in sämtlichen Gemeindeordnungen seit 1808 anerkannt und
durch die Grundbucheintragungen von 1904 und durch die Gemeindeordnung
von 1927 endgültig fixiert. Dadurch aber erstarrte das Nutzungsrecht zu dieser
ausschließlichen Form der Nutzung, die sich heute kaum mehr beweglicher gestalten läßt, etwa durch den wahlweisen Bezug von Langholz anstelle des
Brennholzes. Es ist also nicht mehr möglich, das Nutzungsrecht im eigentlichen weiteren Wortsinne zu praktizieren und den Gesamtnutzen des Waldes
bzw. des unverteilten Gemeindelandes (einschließlich der Wertachauen) zu beanspruchen.

Wie stellt sich nun die neue Gemeindeordnung zu diesem Problem? Bei den Beratungen im Bayerischen Landtag hatte sich die SPD auf den Standpunkt gestellt, daß angesichts der Nachkriegsnot unseres Volkes Sonderrechte eines Bevölkerungsteils nicht mehr vertretbar seien, während die CSU jegliche Eingriffe in die Art der Nutzungsrechte als einen Eingriff in das Eigentum und das Recht des einzelnen Staatsbürgers betrachtete. Die Nutzungsrechte wurden schließlich in der Gemeindeordnung bestätigt.

Die Gemeindeordnung schließt sich im Art. 68 der Auffassung früherer Gemeindeordnungen an, indem sie bestimmt, daß neue Rechte nicht mehr gebildet werden dürfen und daß Verkäufe und Teilzahlungen nur mit Genehmigung des Gemeinderates möglich sind. In Art. 69 ist festgelegt, daß derjenige die Lasten zu tragen hat, der auch die Rechte nutzt. Die wichtigsten Bestimmungen sind im Art. 70 enthalten. Danach kann die Gemeinde mit Zustimmung der Mehrheit der Nutzungsberechtigten die Nutzungsrechte ablösen, wobei auf Verlangen der Rechtler die Entschädigung in Grund und Boden zu erfolgen hat. Als Grundlage für die Ablösung der Rechte gilt das Fünfundzwanzigfache des durchschnittlichen Reinertrags eines Jahres aus dem Ertrag der letzten 15 Jahre, multipliziert mit der Anzahl der Nutzanteile. Erhöhte Gewinne durch vermehrten Holzeinschlag während des Krieges sind abzusetzen, ferner alle Unkosten aus der Waldwirtschaft. Über die Höhe der Entschädigungen entscheiden die ordentlichen Gerichte, über Streitigkeiten bei der Ablösung der Verwaltungsgerichtshof.

Die politische Gemeinde besitzt selbst als Hausbesitzer des unteren Schlößchens, des alten Lehrerhauses an der Römerstraßenseite der Kirchhofsmauer und der abgerissenen Sölde Zwerger (Ecke Bahnhofstraße/Hochstraße) zwei Nutzanteile.

5. *Das neue Recht*

1852 wurde das Forstgesetz erlassen, welches die Voraussetzung für eine vernünftige Forstwirtschaft schuf und einen gepflegten Bobinger Wald zur Folge hatte, so daß die Enkel heute ernten, was die Urgroßväter einst säten und pflanzten. Es gaben in den letzten 20 Jahren etliche Nutzanteilberechtigte, die mit dem Status quo nicht zufrieden waren und eine Revision anstrebten. Die Unzufriedenheit wurde nicht zuletzt dadurch hervorgerufen, daß nicht mehr wie früher ein Klafter Holz ausgegeben wird, sondern nur noch ein Ster Holz und der Restanspruch in Bargeld abgegolten wird. Die Ursache für diese Art der Ausgabe ist in den strengen forstwirtschaftlichen Bestimmungen zu erblicken, welche eine möglichst große Nutzholzgewinnung vorschreiben, ganz abgesehen von der größten wirtschaftlichen Rentabilität des Waldes bei weitgehender Nutzholzgewinnung.

„Wir sind das Dorf" – das stolze Wort des eingesessenen Bauern hat heute nur noch geschichtliche Bedeutung. „Das Dorf" ist die seßhafte Gemeinschaft aller hier lebenden und arbeitenden Menschen. Das Jahr 1945 wie einst das Jahr 496 bilden eine Zeitschwelle, von der aus ein anderer Maßstab an verschiedene Rechte, Entwicklungen, Konstellationen zu legen ist. Am geschichtlichen Anfang des Bobinger Waldes – dem wichtigsten Teil des unverteilten Gemeindelandes – steht die Sage von den drei edlen Fräulein, welche den „armen Leuten" den Wald schenkten. Die armen Leute waren die nach der Schlacht von Zülpich (496) sich als Flüchtlinge hier ansiedelnden Alemannen. Welch überraschende Parallelen zur Zeit nach 1945!

V. DIE HOLZNUTZUNG

1. Die Pflegamtsbeschreibung von 1787

In der Pflegamtsbeschreibung Bobingens vom Jahre 1787 heißt es im Kapitel V „Von Forstsachen" im § 2: „Die Gemeindehölzer liegen merstentheils jenseits der Wertach in Burgovico, worin die Markgrafschaft Burgau nach den Interimsmitteln das Forstamt exerziert.
Aus diesem empfanget jeder behauseter Unterthan jährlich einen sogenannten Leitenhaufen, so bestehet in einem Fuder Scheiter, Mischling und in einem Fuder solcher Borzen. Die benötigten Bauhölzer in der Gemeinde werden auch in diesem genommen, keines aber verkauft. Auf diese Hölzer hat das Amt (Bischöfl. Pflegamt Bobingen) und die Bürgermeister die Aufsicht." Die Frage der Leitenhaufen, eines Teils der Nutzungen am unverteilten Gemeindeland, war damals also leicht zu beantworten. Holz gab es überall im Lande in genügender Menge. Der Eigenbedarf war verhältnismäßig gering, die Einwohnerzahl des Dorfes auf landwirtschaftlicher Grundlage beschränkt und die Anzahl der Nutzungsberechtigten bereits auf eine bestimmte Zahl fixiert. Die geistliche Landesherrschaft sah zwar auch auf eine gewisse Forstordnung, griff aber in Ausübung dieser Aufsicht nicht so planmäßig und streng durch, wie das in späterer Zeit unter der Herrschaft der bayerischen Könige die königlichen Forstämter taten.

2. Die moderne Forstwirtschaft

Die ältesten Bäume des Bobinger Gemeindewaldes wurden im Jahre 1952 im „Schmittenholz" am Burgwalder Talhang gefällt. Sie waren ca. 120 Jahre alt und lieferten ein prachtvolles Langholz. Gerade dieses Langholz – und das

Nutzholz aus dem Gemeindewald Bobingen überhaupt – erregte immer wieder die Gemüter der Nutzungsberechtigten. Der Ertrag aus dem Verkauf des Nutzholzes fließt nämlich in die Waldkasse, die als Ergänzung der Gemeindekasse zur Bewältigung der öffentlichen gemeindlichen Aufgaben herangezogen wird. Sie wird nicht zum Vorteil des Personenkreises verwendet, in dessen Grundbuch- und Katastereinträgen von 1830 und 1909 „ein Nutzanteil an den noch unverteilten Gemeindegründen" verzeichnet steht.

Es wird von keinem vernünftigen Menschen bestritten werden, daß das Gebiet des Gemeindewaldes und der Wertachauen zum unverteilten Gemeindeland gehört. Es ist auch unzweifelhaft, daß gerade das Waldgebiet infolge der durch die Gemeindeverwaltung seit Jahrzehnten verfolgten Finanzpolitik und der sorgfältigen Waldkultur im ganzen gesehen einen erfreulichen Gewinn abwirft.

Durch die Grundbucheinträge wurde die Höhe des aus dem unverteilten Gemeindeland zu ziehenden Nutzens nicht fixiert, d. h. nicht in einer bestimmten Form ausdrücklich festgelegt. Es ist aber nicht so, daß heute den Nutzungsberechtigten der gesamte Nutzen am unverteilten Gemeindeland zusteht, sondern der tatsächlich gewährte Nutzen ist „seit unfürdenklichen Zeiten" durch den überlieferten Brauch und die Tradition zur Gewährung des „Leitenhaufens" erstarrt. „Leitenhaufen" bedeutet in seinem Wortsinn „Holzhaufen von der Leite, d. h. Abhang". Der Leitenhaufen wurde traditionsgemäß mit einer Überhöhe von 15 cm gegeben. Zum vollen Leitenhaufen gehörten ursprünglich 60 Wellen, die aber um die Jahrhundertwende wahlweise fortfallen konnten, wodurch die Holzmacherlöhne als bezahlt galten. Beim Bezug dieser Wellen mußten die Holzmacher gesondert bezahlt werden.

Aufgrund der forstwirtschaftlichen Bestimmungen, welche sich auf die bekannte Nutzholzverordnung von 1937 stützen, darf aber auch in Gemeindewäldern (die der technischen Leitung des nächsten staatlichen Forstamtes unterstehen) kein als Nutzholz verwendbares Holz zu Brennholz verschnitten werden. An die Stelle der Gewährung des Leitenhaufens trat ein beschränkter Holzbezug und eine Abfindung der Nutzholzberechtigten in Bargeld, wobei allerdings bei der Festsetzung der Höhe der Abfindung nicht die tatsächlich erzielten Langholzpreise, sondern der jeweils übliche Preis für die raummäßig gleiche Menge Brennholz zugrunde gelegt wurde.

3. Streitereien mit der politischen Gemeinde

Die Nutzungsberechtigten forderten später wiederholt die Wiederherstellung des früheren Zustandes, d. h. die Auszahlung des Wertes, den ein Leitenhaufen hat, wenn man ihn „lang liegenläßt", nämlich als Nutzholz verkauft. Die

Forderung richtete sich an die Gemeindekasse, für die dadurch eine schwierige Situation hätte entstehen können, falls die Ansprüche begründet gewesen wären.

Schon 1890 hat die Gemeinde Bobingen einen Verwaltungsgerichtsstreit mit Bauern der Gemeinde Oberottmarshausen gewonnen, welche aufgrund von Feldbesitz in der Bobinger Flur auch Anteil am Bobinger Gemeindewald (als Hauptteil des unverteilten Gemeindelandes) gefordert hatten. Die betreffenden Bauern hatten sogar nach Ablehnung ihrer Forderung die Zahlung der Grundsteuern an die Gemeindekasse Bobingen eingestellt. Das grundlegende Urteil des Verwaltungsgerichtshofes vom 23. 4. 1890, das nur noch in Auszügen – diese aber nur die Leitenhaufen betreffend – vorhanden ist, bestätigt das Recht der Bobinger Nutzungsberechtigten zum Holzbezug in der immer geübten Form. Ein Gemeinderecht konnte nur ein mit Haus- und Grundbesitz in der Gemeinde Bobingen lebender Gemeindebürger besitzen bzw. erwerben, nicht aber ein auswärtiger Bauer aufgrund von Feldbesitz in der Bobinger Gemarkung. Das Urteil stellte ferner fest, daß der Holznutzen nur zu gewähren sei, wenn der Holzbedarf für gemeindliche Zwecke (Schule, Rathaus, Krankenhaus sowie der Naturholzbezug des Benefiziums) bereits gedeckt worden sei. Die Priorität der öffentlichen Bedarfsdeckung gegenüber der Deckung des Einzelbedarfs entspricht durchaus dem Sinn der alten Allmendenutzung.

1895 verwahrte sich die Gemeindeverwaltung erfolgreich gegen die Unterstellung der gemeindlichen Wertachauen unter die technische Leitung durch das Staatliche Forstamt Bergheim. Das Hindernis gegen eine forstgerechte Waldkultur im Auengelände bildeten die seit altersher als ein Teil der Nutzungen – gegen Entgelt – jährlich verlosten Streuplätze. Ob sich diese Weigerung zum Vorteil der Nachkommen auswirkte, sei dem eigenen Urteil des Lesers überlassen. Heute bieten die Wertachauen das Bild eines etwas verwilderten englischen Parks mit vielen reizenden Winkeln, Mulden und Durchblicken, stellen also einen weiträumigen Park dar, der als Freizeitraum für die Bewohner der als Industriestadt jungen Gemeinde erhalten bleiben muß.

Die Gemeinde besaß im Jahr 1895 noch so viel Holz, daß der Gemeinderat beim Bau der neuen Schule im Jahr 1906 zunächst die Installation einer Zentralheizung mit der Begründung ablehnen konnte, es sei keine Knappheit an Brennholz zu befürchten, da der Gemeindewald eine genügende Menge Holz biete.

4. Der größere Nutzen

Im gleichen Jahr forderte die Regierung von Schwaben die Gemeindeverwaltung auf, die Nutzungsberechtigten über den größeren wirtschaftlichen

Nutzen beim Bezug von Langholz aufzuklären. Die Regierung schlug vor, man solle den Leitenhaufen als Langholz versteigern lassen und dann den Erlös unter die Nutzungsberechtigten verteilen. Diese könnten sich vom Mehrerlös mehr Brennholz kaufen, als sie ursprünglich bezogen haben würden. Das Langholz (d. h. die Bauholznutzung) war wohl – wie eingangs erwähnt – üblich, wenn es um den eigenen Bedarf z. B. bei Neubauten u. ä. ging, aber dieses aus den Leitenhaufen stammende Langholz war noch nie verkauft worden. Wie die Gemeindeverwaltung mit Schreiben vom 27. 11. 1906 berichtete, lehnte die Rechtlerversammlung am 18. 11. 1906 den Bezug des Langholznutzens, der damals bei einem Leitenhaufen 34,40 Mark (gegenüber ca. 20 Mark pro Klafter Brennholz) ausmachte, ab und verlangte die Brennholzlieferung wie bisher.

Wie aus den wiederholten Vorstellungen der Regierung von Schwaben und Neuburg zu entnehmen ist, betrug der Nutzholzgewinn im Gemeindewald Bobingen nur 19 %, im Staatsforst dagegen 70 %. Die finanzielle Einbuße der Gemeinde war – abgesehen vom volkswirtschaftlichen Standpunkt – daher enorm. Der Ertrag des öffentlich versteigerten Nutzholzes, welches über die für die Leitenhaufen benötigte Holzmenge hinaus geschlagen wurde, floß stets in die Waldkasse, welche unbeanstandet von Rechtlern oder Nichtrechtlern ihren Teil zu den öffentlichen Aufgaben der Gemeinde beisteuerte. Seit 1905 bezogen aber trotzdem einige Rechtler nicht mehr die Naturalnutzung, sondern ließen sich den höheren Geldbetrag für ihren als Langholz verkauften Leitenhaufen auszahlen. Bei dieser Regelung blieb es je nach Bedarf und Wunsch. Ein Holznutzen, der über das Maß des Leitenhaufens hinausging, wurde nach 1900 nicht mehr gewährt. 1909 wurde das Gemeindeland als Eigentum der politischen Gemeinde im Grundbuch eingetragen, belastet von den „Nutzanteilen am unverteilten Gemeindeland".

Ein kaum zu bewältigender Holzmangel entstand plötzlich nach dem Ersten Weltkrieg. Sturmschäden und kriegsbedingte Mehreinschläge hatten große Lücken in den Gemeindewald gerissen. Wegen des Ausfalls der westdeutschen und ostdeutschen Kohlenlieferungen verbrauchten manche Gewerbetreibende und Bäcker 50 bis 70 Ster Holz im Jahr. Die Kunstseidefabrik in Bobingen hatte während des Krieges als Pulverfabrik gedient und dafür zahlreiche Arbeiter von auswärts hergezogen, die nun ihren Holzbedarf in der Nähe zu decken versuchten. Die Gemeindeverwaltung protestierte vergeblich dagegen, daß der Staatsforst sein Holz nach wie vor als Langholz verkaufte, während die Gemeinde ihr Holz als Brennholz abgeben mußte, um den Bedarf aller Bürger zu decken.

VI. VOM BOBINGER WEIDEWESEN

1. Die Hirten

Seit dem Tag des ersten gemeinsamen Viehauftriebs durch die Mitglieder der Bobinger Weidegenossenschaft im Jahr 1932 sind sechs Jahrzehnte vergangen. Das gemeinsame Weiden hat eine lange Vorgeschichte, die so alt ist wie Bobingen selbst, so daß es sich lohnt, einen Blick auf die Entwicklung des Weidewesens zu werfen.

Als die Sippe des Alemannen Pobo sich hier niedergelassen hatte, betrieb sie von ihren wenigen Höfen aus die sogenannte wilde Feld-Gras-Wirtschaft. Das Ackerland auf der Hochterrasse wurde nach und nach über die Breiten hinaus in Gewanne aufgeteilt. Nach der Landverteilung erhielt jeder Bauer als Privateigentum einen Hubenanteil in jeder Gewanne. Der Wald hinter der Leite, die Auwälder und die Weide in der Wertach- und Lechniederung blieben im Allgemeinbesitz. Die früheste in den Wertachauen gerodete gemeinsame Weidefläche finden wir in den Oelängern (Ellinger). Anger bedeutet „umfriedete Weidefläche". Die zweitälteste gemeinsame Weide verbirgt sich hinter dem Namen „Hofänger". Das Hirtenamt und seine Verleihung haftete schon bei Beginn der alemannischen Landnahme an bestimmten Gehöften (Urmaier). Im Mittelalter wurde diese Ehafte (Recht) von den Maierbauern verwaltet, die jährlich die Hirten bestimmten.

Man unterschied je nach Verwendung Kuhhirten, Schäfer, Pferdehirten, Schweinehirten und Schmalhirten. Die Schmalhirten hatten das Federvieh zu hüten. Auch der Eschhai (Esch = Flur, haien = hüten, pflegen) und der Nachthüter, dem vom Maier ein Pferd gestellt werden mußte, fallen unter diese Personengruppe. Die Einteilung des berittenen Nachthüters ist im oberen Dorf in Verbindung mit dem Hof des „Maierhös" mündlich überliefert. Die Hirten trugen eine große Verantwortung, zählt doch das Vieh seit jeher zum Hauptbesitz eines jeden Bauern. Im Frühjahr sorgte die „Roßbeschau" dafür, daß kein krankes Tier die gemeinsame Weide betrat. Dem Rindvieh wurden im März die Hörnerspitzen abgeschnitten oder stumpf geraspelt, um die Stöße der Tiere abzuschwächen. Aufgetrieben wurde im März/April, abgetrieben etwa zu Martini.

Am längsten wurde in Bobingen das gemeinsame Schweineaustreiben durchgeführt (bis 1914). Die Schweine des unteren Dorfes suhlten sich in den „Inneren Saugräben". Diese abflußlosen, sumpfigen Mulden lagen auf der Hochterrasse im Winkel zwischen dem nun verschwundenen „Felsweg" und dem jetzigen „Heuweg". Die „Äußeren Saugräben" lagen einige hundert Meter südlich des gleichen Weges, bevor sich der Weg in den Lechfeldgraben senkte.

Die Schweine des oberen Dorfes wurden hauptsächlich zu den „Saubühlwiesen" ausgetrieben. Auf diesem Gelände steht heute die Trevirafabrik Bobingen. Die 12 bis 15 niedrigen Bichel (Hügelgräber, wie die Hexenberggruppe) wurden beim Bau der Bleicherei Bobingen 1878 eingeebnet, ohne daß ihre Bedeutung erkannt worden wäre.

2. Wunn, Weid, Trieb und Tratt

Die freien Bauern Bobingens sprachen von „Wunn", wenn sie den ersten Auftrieb im zeitigen Frühjahr fürs Laub und Gras meinten. Die „Weid" war die Grasweide zur Sommerzeit. Mit „Trieb" bezeichnete man das Austreiben des Viehs in den Allmendewald und die Allmendewiesen, und „Tratt" bedeutete das Abweiden der Brache (Eggert) und der abgeernteten Felder.
Diese Begriffe finden sich heute noch versteckt in den einzelnen Flurnamen. Einer der bekanntesten ist der Name der heutigen Waldabteilungen „Viehtrieb" westlich der Bobinger Siedlung. Der vom sogenannten „Quetschweiher" zur Bobinger Siedlung über die ehemaligen „Hirtenwiesen" (heute Hartenwiesen) führende Weg hieß „Oberer Triebweg". Die Wiese am Waldrand hieß „Oberes (und Unteres) Härtle". Hardt bedeutet „gemeinsame Weide". Den gleichen Wortursprung findet man im Namen des Gutes Hardt bei Reinhartshofen und im „Härtle" bei Langerringen. Der „Hirtenwiesenweg" führte von der unteren Wertachbrücke (am heutigen „Halbmondwäldchen" vorbei) zum „Viehtrieb". Das von diesem Weg berührte „Moos" gehörte mit seiner sumpfigen Fläche ursprünglich zur Allmende, wie die gleichartigen „Lüssen" der Wehringer Flur. Hier wie dort erfolgte die Entwässerung im vergangenen Jahrhundert durch einen tiefen Graben in Süd-Nord-Richtung und schließlich durch die Korrektion der Wertach.
Bedeutendere Weidegebiete lagen rechts der Wertach in Dorfnähe. Abgesehen von den „Oelänger" und den „Hofänger" finden wir hier die Bobinger „Wies", welche uns als Versammlungsort der Bobinger Bauern überliefert ist. Die Häuser des jetzigen Singoldangers wurden auf dieser „Wies" errichtet. Zum Teil stehen sie auch auf dem Grund der „Point" (auch: Beund), d. h. auf Land, welches nicht dem allgemeinen Flurzwang unterworfen war, sondern sich als mittelalterliche „Krautgärten" schon früh im Privatbesitz befand. Nördlich und südlich der Straße zur unteren Wertachbrücke dehnen sich die „Viehweidteile", welche durch den „Langen Graben", der unterhalb des Anwesens Mang in die Sinkel mündete, entwässert wurden. Statt der „Viehweidteile" sind auch die Bezeichnung „Gemeindsteile", „Teile" und „Lußteile" überliefert. Diese Bezeichnungen weisen darauf hin, daß hier Allmendeland nach gemeinsamer Rodung durch die anteilberechtigten Bauern als gemein-

same Viehweide genutzt und später in Privatbesitz übergehend durch Los verteilt wurde.

Ähnlich verlief die Entwicklung in den „Schwettinger", jener von „vielen Wassern durchflossenen Wiese" (um die ursprüngliche Bedeutung des Wortes wiederzugeben). Die letzte Rodung und Verteilung von Gemeindeland erfolgte hier als Ausfluß des Revolutionsjahres 1848. Gerodet wurden damals die „Köpfleteile" (später „Beim Johannes", heute Hans-Böckler-Straße/Dammstraße) bis zum Wiesenstück „Am Vogelherd", wo der Vogelherd des jagdfreudigen 17. Jahrhunderts angelegt war. Die größten Weideflächen lagen naturgemäß in den kiesigen Lechniederungen, da sich dort der Boden wegen der dünnen Humusauflage über dem eiszeitlichen Schotter und auch wegen der weiten Entfernung vom Dorf zur Bearbeitung durch Pflug und Egge nicht eignete. Schon die Wegnamen zum „Lechfeldgraben" (so hieß die erste Senkung der Hochterrasse zum Lech hin) entstanden aus ihrem Zusammenhang mit dem Bobinger Weidewesen. Der Weg von der Ziegelei Miehle bis zur Kapelle Neuhaus hieß „Viehweidweg". Im Oberen Oberfeld gehörte dem oberen Schmied ein „Trieblehen" und ein „Triebacker". Im Lechfeldgraben lagen auch die Eggerten (Brachland), welche 1830 von den vorwiegend fränkischen Landvermessern fälschlich als „Oedgärten" in den Liquidationsplänen erfaßt wurden. Auch in den Lechfeldwiesen taucht der Name „Luß" immer wieder auf. Daneben bezeichnete der „Brunnendreier" ein solches Los-Stück in der äußersten Südostecke der Bobinger Flur (heute Königsbrunn). Dort entsprang eine starke Quelle, die einen Weiher speiste. In der Nähe bot ein einfacher Feldstadel dem Weidevieh vorübergehenden Schutz gegen plötzliche Wetterunbilden. Andere Los-Stücke erhielten ihre Namen nach ihrer auffallenden Form, so z.B. der „Bucklichte Zwölfer" oder der „Saurissel".

3. Die moderne Weidegenossenschaft

Nachdem das Weidewesen Bobingens im Laufe eines Jahrtausends durch die Landaufteilungen immer mehr zersplittert und unrentabler geworden war, beschlossen am 4. 1. 1931 im Saal der Brauerei Deuringer 42 Bobinger Bauern die Gründung einer Weidegenossenschaft. Der Geschäftsanteil betrug pro Mitglied 100, – RM (1933 auf 150,– RM erhöht).

Am 5. 2. 1931 kaufte die Genossenschaft für 8000,– Goldmark von Eugen Forster, dem Besitzer des Schlosses Straßberg, nach Vermittlung durch den Grundstücksmakler Gustav Einstein 109,36 Tagwerk Wiesengrund in den Hirtenwiesen und im Härtle. Im Kaufpreis war ein großer Stadel eingeschlossen, der auf dem Grund des Gutes Schlecht stand und nach Abbruch inmitten der Genossenschaftsweide neu erbaut wurde. Das Land wurde durch Bauingenieur Martin Pfeffinger in Zusammenarbeit mit dem „Klockerbauern" Karl Weber vermessen und in zwölf Parzellen neu aufgeteilt.

Im Januar jedes Jahres wird das Vieh der Weidegenossen zum Auftrieb angemeldet. Vor dem Auftrieb wird jedes Stück gewogen. Nach dem Körpergewicht richtet sich die Bezahlung, die der Tiereigentümer der Genossenschaft zu leisten hat. Im Juni wird der Bulle zur Weide getrieben. Etwa im Oktober wird das Vieh heimgetrieben. 1950 wurden z. B. 80 Stück Rindvieh gesömmert.

Aus der Chronik der Weidegenossenschaft lassen sich noch folgende Daten entnehmen: 1931 kamen in Schlag 7 bei der Eiche einige Kreuzotterbisse vor. 1932 wurde der Bierausschank in genossenschaftseigenen Räumen beschlossen. 1935 wurde eine Arbeitsleistung von eineinhalb Tagen pro Mitglied festgesetzt. Im Winter 1944/45 wurde das Weideland vorübergehend als Schafweide verpachtet. Im Jahre 1947 machte sich zum ersten Mal eine übermäßige Bodentrockenheit als Folge eines heißen Sommers und der nicht auf weite Sicht angelegten Wasserwirtschaft (siehe Wertachkorrektion!) bemerkbar, so daß das Vieh sehr früh abgetrieben werden mußte. In diesem Jahr gab es kein Grummet.

Zum „Wunn", „Trieb" und „Tratt" wird das Vieh heute nicht mehr ausgetrieben, aber die „Weid" wird im Prinzip von den Genossenschaftsmitgliedern so betrieben, wie es die ersten Bobinger seit dem 6. Jahrhundert hielten. So rundet sich die geschichtliche Entwicklung des Bobinger Weidewesens ab, wobei die Genossenschaft als moderne Wirtschaftsform dem einzelnen Bauern die Möglichkeit bietet, auch ohne privateigene Weidegründe einen gesunden Viehbestand zu halten – letzten Endes zum Wohl der gesamten Bevölkerung.

VII. BOBINGER WASSERQUELLEN

1. Der alte Quellhorizont des Dorfes

Warum entstand Bobingen gerade dort, wo heute noch alte Bauernhausgiebel auf die „Römerstraße" schauen? Warum entwickelte sich das ursprüngliche Ortsbild in langgestreckter Form, und warum wuchs der Ort erst in den letzten Jahrzehnten mehr und mehr in die Breite? Wer diese einfachen Fragen beantworten möchte, muß auf der Suche nach einer gründlich fundierten Antwort bis in die erste Zeit der menschlichen Ansiedlung in Bobingen zurückgehen. Er wird dabei auf in der ganzen Welt gültige Siedlungsgrundlagen stoßen. Zu diesen Siedlungsgrundlagen zählt in erster Linie das Wasser.

Der Mensch siedelte in den Anfängen der Bronzezeit nicht von ungefähr in der heute noch als Dorfmitte anzusprechenden Umgebung der katholischen Pfarrkirche Bobingens. Hier führte eine Mulde Regen- und Quellwasser von der Hochterrasse der Singold zu. Diese Mulde ist, obwohl sehr verflacht, noch hinter den Anwesen ostwärts der Lindauer Straße zu erkennen. Vom Bronzezeitmenschen zeugen nur noch die beim Abbruch der Pfarrhofmauer (1951) an einem schottrigen Südhang gefundenen Urnenscherben und das Steinbeilbruchstück von einem Feld südlich des Nollhofes (1950). Der Quellhorizont lag in jener Zeit vermutlich höher als heute, weil auch der Lech und die Wertach noch höher im Lande und unregelmäßiger flossen. Wo Quellen sprudelten, siedelte der erste Bauer. An der Grenze zwischen Ackerland und Auenland duckten sich die ersten Lehmhütten an einem Südhang, dort, wo heute am westlichen Ende der Bahnhofstraße das Postgebäude steht.

Die stärksten Quellen flossen vermutlich in der Umgebung der Pfarrkirche. Von Süd nach Nord gesehen gab es in Bobingen nachweislich folgende Quellen: den Hungerbrunngraben, heute vom östlichen Teil der Trevirafabrik überbaut und zugeschüttet. Er wurde von einer Quelle gespeist; – den Kropfbach, im Winkel zwischen der jetzigen Max-Fischer-Straße und der Poststraße, so benannt nach der in ihm vorkommenden Fischsorte. Max Fischer ließ hier vier Fischweiher graben, die erst 1951 zugeschüttet wurden, nachdem die Quelle des Baches versiegt war; – den Kaltenbach, der hinter dem Anwesen Haugg in der Poststraße entsprang und beim „Fischleard" in die Sinkel floß; – den Fischweiher beim „Fischleard", er befand sich dort, wo heute der Hofraum des Anwesens Rottenegger an der Badstraße liegt. Der Weiher wurde künstlich geschaffen. – Bei der oberen Milchsammelstelle entsprang bis vor etwa 50 Jahren eine starke Quelle, deren Wasser durch den „Größinger Graben" der Singold zufloß. Beim Bau der Wasserleitung (1929) und der Ferngasleitung Augsburg-Kaufbeuren (1952) mußte hier eine Motorpumpe eingesetzt werden, weil die Quelle zwar an der Oberfläche versiegt war, unterirdisch aber in unverminderter Stärke floß und die Schachtarbeiten sehr erschwerte. – Noch vor zwanzig Jahren zeigte ein kleiner Teich an der Wiesensteige an, wo einstmals Bobingens Wasserschloß stand. Der innere Graben war hoch mit Wasser gefüllt, während dem rechteckig geformten Vorwall ein weiterer Graben mit Quelle vorgelagert war. – Der Fischweiher bei Fehle (Inselweg) wird von einer starken Quelle gespeist, die aber 1950 für einige Monate völlig versiegte, so daß das damals noch chemisch vergiftete Singoldwasser in den Weiher drückte, die Forellen im Weiher eingingen und nur einige zähe Weißfische die wasserarme Zeit überstanden. – Im Garten des Landwirts Bobinger entsprang früher eine Quelle, die nun aber längst zurückgetreten ist. – Die Quelle im Garten des mittleren Schlößchens versiegte zwar im trockenen Sommer 1950, sprudelt aber heute wieder und füllt einen Fischweiher. – Beim „Bächleweber" und ehemaligen „Fuchsbauernhof" erstreckt sich heute noch ein rinnender Graben nach Norden durch ein ehemals Jaufmannisches Anwesen mit zwei kleinen Fischweihern und mündet bei der Mittelmühle in die Singold. – Während eine Quelle beim „Sinkelbauern" nur in regenreichen Zeiten Wasser gibt, strömen durch den Graben beim Schreiberweg und aus dem Zufluß vom unteren Schlößchen her bisher nie versiegende Quellwasser der Singold beim Eiswerk zu. Eine weitere Quelle hinter der Fischhandlung Jaufmann versorgt kleine Forellenteiche mit Frischwasser. Die Quelle im Schloßweiher stand in Verbindung mit einem bis in Griffhöhe mit klarem Wasser angefüllten Brunnen im Keller des Schlößchens. – Der Graben an der Schinderwiese war früher mit Quellwasser gefüllt, während heute kein Laubfrosch in ihm vegetieren könnte.

2. Der Bau der Wasserleitung

Keine dieser aufgezählten Quellen spielt heute noch eine bedeutende Rolle. Wenn an ihre Stelle in den letzten Jahrhunderten hauptsächlich die Brunnen traten, so wurden diese wiederum abgelöst durch die Wasserleitung. Es ist gewiß kein Zufall, daß die Bobinger Brunnen und Pumpanlagen 1929 dort angelegt wurden, wo der Volksmund seit Jahrhunderten ein Flurstück mit „Schnekkenberg" benannte. Wegen der Bodenfeuchte hatten sich dort immer zahlreiche Schnecken aufgehalten.
Unter Bürgermeister Renz wurde am 6. 10. 1929 nördlich des Ortes ein für damalige Verhältnisse ausreichendes und modernes Wasserwerk eröffnet, zu dem ein Leitungsnetz von mehr als 25 km Länge und ein Wasserturm gehörten. Nach und nach wuchs das Rohrnetz auf 30,5 km Länge. Erst die Entwicklung dieses Leitungssystems erlaubte die Loslösung von den alten Wasserstellen, Quellen und Brunnen entlang des Quellhorizonts, der im Bereich der Singold sichtbar wird. Seither wuchs Bobingen auf das ehemalige Ackerland hinaus in die Breite, zunächst entlang der Koloniestraße (!). 1965 wurde dann zur Verbesserung der Wasserversorgung südlich von Bobingen ein Tiefbrunnen gegraben. Gleichzeitig wurden die Maschinen des Wasserwerks von 1929 erneuert. 1954 wurde das zusammenhanglose System der Versitz- und Sickergruben im Prinzip aufgegeben. Es wurde mit dem Bau eines weitprojektierten Abwasserkanalsystems begonnen. Als Bobingen 1969 zur Stadt erhoben wurde, waren 93 bebaute Straßen mit insgesamt 35 km Länge kanalisiert. 1960 wurde nördlich des Ortes bei der Flurstraße in der Singoldniederung eine mechanische Kläranlage errichtet, die im Jahre 1965 um eine biologische Kläranlage erweitert wurde. 7 Millionen Mark wurden im Laufe von etwa 25 Jahren allein für

den Bau der Kanalisation und der Kläranlagen ausgegeben, eine rechtzeitige und notwendige Investition zur Reinerhaltung des Trinkwassers, zum Schutz der Umwelt.

Die älteste Wasserleitung Bobingens aber wurde nicht in Bobingen selbst, wohl aber im Urmarkbereich auf Burgwalder Gebiet gebaut. Im Jahre 1587 hatte man dort mit Hilfe ausgehöhlter Baumstämme das Wasser einiger Quellen im Schmittenholz und vom Bobinger Bistum in das nunmehr längst verschwundene Burgwalder Wasserschloß geleitet, das einst im oberen Weiher stand.

VIII. VERSCHWUNDENE WEGE

1. Römerstraße und Rollbahn

Was wissen wir noch von alten Bobinger Straßen und Wegen, die heute z. T. längst verschwunden, überackert und vergessen sind? Da ist zunächst als die älteste Kunststraße südlich von Augsburg die durch Königsbrunn führende Römerstraße zu nennen, welche die Bobinger Urmark durchschneidet. Diese Straße (Via Claudia) hatte ihren Kilometerstein 0 im Oberhauser Legionslager, von dessen damaliger Bedeutung viele Funde im Maximilian-Museum in Augsburg Zeugnis abgeben. Von Oberhausen aus zählten die Straßenkilometer der Donau zu und nach Süden über Kempten weiter nach Italien. Die Straße ist heute nur noch als überackerter oder grasbestandener kiesiger Damm zu erkennen, der beim Neuhaus die Staatsstraße schneidet und unter der südwestlichen Ecke des Hauses als breiter Damm ostwärts an Oberottmarshausen vorbei, vorüber an Kleinaitingen und Graben nach Untermeitingen und weiter verläuft.

Diese Römerstraße wird bei Königsbrunn und Oberottmarshausen fast parallellaufend begleitet von deutlich erkennbaren Fahrrinnen einer mittelalterlichen Straße, die teilweise nach Art der unrühmlich bekanntgewordenen russischen Rollbahnen des Zweiten Weltkrieges eine Breite von 40 m erreicht.

Bevor wir den Lechfeldgraben auf der Suche nach weiteren alten Bobinger Straßen verlassen, versäumen wir nicht, uns zu erinnern, daß der Scheitelweg ungefähr entlang der Grenze der Bobinger und Oberottmarshausener Wiesen im Lechfeldgrund verlief. Ein zweiter wichtiger Weg war der Schnitterweg, der entlang dem Lechfeldgraben von der Südgrenze der Bobinger Flur bis zur Grenze der Haunstetter Flur führte. Vor der Flurbereinigung hatte jeder Bauer schmale Landstreifen im Ober-, Unter- und Mittelfeld. Die Schnitter benutzten daher zur Erntezeit diesen am Ende aller Felder verlaufenden Weg, um zu den weiter unterhalb oder oberhalb gelegenen Feldern zu gelangen, ohne die noch stehende Frucht der Nachbarn zu zertreten.

2. Die Diagonalwege

Heute noch als aufgeschotterte Dämme und durch den dunkleren Wuchs der Feldfrüchte zu erkennen sind die Wege, die seit dem hohen Mittelalter auf die Bobinger Felder hinausführten. Zwei dieser Wege gingen von dem bedeutenden Maierhof aus. Im Norden des Ortes ist es der beim „Zehbauernhof" mündende „Haunstetter Weg", der vorbei am Kalkofen beim St.-Leonhards-Berg in nordöstlicher Richtung vom Ort fort über die Nolläcker nach Haunstetten führte. Dieser Weg schnitt den „Maustafelrain" und traf bei den Ziegeleigründen an der Nordostgrenze auf den von Inningen kommenden „Osterweg". Dem „Zehbauernhof" zuzurechnen ist ferner der „Baure-Peterle-Weg", der vom Zehbauern nach Südosten führte, den „Felsweg" schnitt und den Heuweg im letzten Wegviertel vor Abstieg in den Lechfeldgraben traf.

Der „Felsweg" nahm seinen Ausgang vom frühmittelalterlichen, zweiten Siedlungsschwerpunkt in Bobingen (Umgebung St.-Wendelins-Kapelle). Auch hier wurde, wie bei allen anderen Wegen, das im Dorf mündende diagonale Wegende in seinem letzten Stück durch die Flurbereinigung nicht betroffen und ist daher heute noch unterhalb des Anwesens Fehle (Karosseriebauer) gut zu erkennen. Der Felsweg endete inmitten der Felder (südlich des heutigen Nollhofes) beim sogenannten Steinacker.

Vom „Maierbauernhof" inmitten des Dorfes rollten die Bauernwagen über die heutige Gartenstraße nach Nordosten auf dem „Langen Weg". An den „Inneren Saugräben" vorüber senkte sich der Weg ins „Wassertal", stieg wieder an und hieß beim endgültigen Abstieg in den Lechfeldgraben „Krummbäumleweg".

Das Gegenstück zum „Langen Weg" bildete der „Maierweg" oder auch „Maierleweg", der den Reisenden in südostwärtiger Richtung an den Ziegelei-Ödungen vorbei (heute Ziegelei Miehle) ziemlich gerade nach Oberottmarshausen leitete. Dieser Weg ist heute als neue Straße von Wohnhäusern umstanden, die in den vergangenen 40 Jahren erbaut wurden. Sein Verlauf wird durch die Bahnanlage und durch die ausgedehnte Ziegelei Miehle unterbrochen. Der alte Maierweg läuft aber jenseits der Ziegelei als Ortsverbindungsweg weiter in Richtung Oberottmarshausen.

In früheren Jahrhunderten mußten für die Unterhaltung und Beschotterung der wenigen, aber um so wichtigeren Wege und Straßen die einzelnen Anrainer sorgen, während die Wege im Dorf von der gesamten Gemeinde im Frondienst instand gesetzt wurden. Es gab allerdings damals schon gemeindliche Wegmacher.

Der südlichste Diagonalweg ist der sogenannte „Schleißweg", der den „Schlengsweg" von Wehringen her an der Flurgrenze traf. Rechnet man diesen Weg zum „Maierhös-Hof", so fällt das Fehlen des Gegenweges nach Nordosten auf. Vermutlich übernahm die „Breite Steige" hier die Rolle des Weges. Durch die Flurbereinigung 1910/11 verschwanden die alten Wege und Wegbezeichnungen. Heute führen die Feldwege nur vollkommen rechtwinklig vom Ort weg auf die Felder.

3. Vergessene Namen

Wie im Osten Königsbrunn, so muß man im Westen Straßberg mit in die Betrachtung einbeziehen, denn das Straßberger Land wurde bekanntlich zum größten Teil aus der Bobinger Flur durch bischöfliche Lehen herausgetrennt. Träger der Straßenbaulast war hier ausschließlich der jeweilige Schloßgutbesitzer, da die Straßberger Hintersassen nicht über die notwendigen Gespanne verfügten. So ist ein Schreiben des Schloßbesitzers Dr. Heel aus dem Jahre 1550 überliefert, in dem er sich beklagt (nachdem ihm die Viehweide im Bobinger Wald verboten worden war), „er habe es unternommen, den Bobingern einen besseren Weg (am Schloßberg) machen zu lassen, auf dem sie mit halber Mühe den Berg hinauffahren können und wo jetzt zwei Roß genügen, wo man früher vier benötigte". Dieser alte Fahrweg, von dem hier die Rede ist, ist noch als Damm im Garten des ehemaligen Schreibwarengeschäftes auf halber Höhe des Schloßberges zu erkennen.

Im Ort Bobingen selbst behielten die Straßen im großen und ganzen seit Jahrhunderten ihren Verlauf bei. Die Entwicklung der volksmundlichen Straßennamen war dabei mancherlei Änderungen unterworfen, bis die Straßenbezeichnungen 1938 durch den Gemeinderat beschlossen und festgeschrieben wurden. Für die Wandlung der Straßennamen sei ein Beispiel angeführt: 1830 sprach man vom Heideler Gässle (nach der Heideler Sölde), um die Jahrhundertwende sagte man „Judengasse" (weil einige Grundstücke an dieser Straße durch die Hände von Augsburger oder Fischacher Immobilienhändlern gegangen waren), und endlich wird die Straße seit 1938 offiziell „Bahnhofstraße" genannt.

IX. DIE BEGRADIGUNG DER SINGOLD

1. Die fragwürdigen Flußbegradigungen

Bis zum hohen Mittelalter (um 1200) zählen wir in Deutschland drei Rodeperioden, d. h. Zeitabschnitte, in denen sich die Bevölkerung durch innere Kolonisation aus der Raumnot befreite, Wälder rodete und neue Dörfer gründete. Im 18. und 19. Jahrhundert wurde überall in Deutschland mit der Trockenlegung von Mooren, Moosen und mit Flußbegradigungen begonnen, die zur Wiesenentwässerung und Futterverbesserung führten. Sodann wurde nach und nach in weiten Gebieten die Flurbereinigung durchgeführt, um die Zersplitterung des Feldbesitzes zu beseitigen und den Ackerbau wirtschaftlicher und rationeller zu gestalten.

In den letzten Jahrzehnten aber zeigten sich in zunehmendem Umfang die bedenklichen Folgen rücksichtsloser Flußbegradigungen und Moortrockenlegungen. Natürliche Wasserreservoire (Hochmoore etc.) verschwanden, das durch natürliche Flußschleifen gestaute, langsamer fließende Wasser schießt nun rasch und ungehemmt den größeren Flüssen zu. Die humus- und lößarmen Gebiete der Flußtäler und Urstromtäler, z. B. die Lech- und Wertachniederung, sind daher besonders in regenarmen Jahren ohne natürliche Grundwasserfeuchtigkeit und liefern geringere Erträge. Die Grundwasserspiegel des Lechs und der Wertach senken sich mehr und mehr, weil sich die Gewässer immer tiefer in den Schotter eingraben. Von den Quellen entlang des Westhangs der Hochterrasse, die einst unsere Vorfahren zum Siedeln anlockten, sind heute etliche versiegt. Die Uferwiesen sind auf weite Strecken gefährdet, wobei die Dürregefahr nicht nach regenreichen Jahren (wie 1953), sondern nur nach normalen Regenjahren berechnet werden darf.

2. *Die Rolle der Singold*

So bedenklich sich die Wertachbegradigung auszuwirken beginnt, um so mehr ist von der wirtschaftlichen Warte her gesehen noch nachträglich der Singold-Begradigung zuzustimmen. Dieser bei Waal entspringende Bach trieb zu allen Zeiten auf seinem Lauf talwärts zahlreiche Mühlen, aber sein Bett war flach und gewunden. Für die Müller ergab sich daher schon früh innerhalb der Dörfer die Notwendigkeit der Kanalisierung des Bachbettes, um den notwendigen Staudruck und eine bessere Mahlleistung erzielen zu können. Erst in unserer Zeit, die im Beseitigen aller unnötigen Bachschleifen ihr Rodeziel sah, wurde auch die Singold auf weite Strecken hin begradigt. Schon 1861 und 1862 war erfolglos über eine Sinkel-Korrektion verhandelt worden. Am 30. Juni 1864 wurde zum gleichen Zweck eine Versammlung aller Triebwerkbesitzer und Bürgermeister in Schwabmünchen einberufen, doch gingen die Versammelten ohne Beschlußfassung auseinander. Die Berichte des Wasserbauamtes Kaufbeuren über die Besichtigung der Singold im Jahre 1910 sprechen von bewachsenen Ufern, von eingefallenen Uferbauten, geringer Wiesenentwässerung, fehlenden Eichpfählen sowie von Überschwemmungen zu allen Jahreszeiten, vor allem aber im Winter, wenn Schneeverwehungen das Singoldbett ausfüllten.

Am 6. Juli 1907 beantragte die Gemeindeverwaltung Bobingen erstmals die Singoldkorrektion nördlich und südlich des Dorfes. Im Februar 1918 stellte Wehringen den gleichen Antrag. Langerringen und Großaitingen schlossen sich an. Die Singold, die bei Schwabmünchen in die Wertachebene eintrat, gibt zwar einen Teil ihres Wassers dort an den Feldgießgraben ab, der es zur Wertach leitet, aber durch die damals noch zahlreichen Grund- und Uferquellen führte der Bach bald wieder so viel Wasser, daß er bei Schneeverwehungen und Grundeis die angrenzenden Wiesen überschwemmte. Durch den stark gewundenen Bachlauf ergaben sich starke Auflandungen, die das Wasser noch mehr stauten. 20 bis 45 Zentimeter unter den Oberflächen der angrenzenden Wiesen stand schon das normale Grundwasser. Die anmoorige Bodenbildung wurde durch wasserundurchlässige Lehmschichten noch gefördert.

3. Die Planung

Am 9. Juni 1921 beschlossen 63 Singoldanlieger der Gemeinde Wehringen die Begradigung des Baches auf genossenschaftlicher Grundlage. Die Vorstandsmitglieder der in Wehringen gegründeten Singold-Regulierungsgenossenschaft waren: Albert Brem, Albert Vonay, Josef Egger, Josef Scheitle und aus Bobingen Michael Lohner. Bei einer Abstimmung entschieden sich 59 beteiligte Grundstücksbesitzer (mit einem Gesamtbesitz von 56,547 ha Wiesenfläche) für, aber 28 Wiesenbesitzer (mit einer Gesamtwiesenfläche von 20,861 ha) gegen die Korrektion.

Das Längsgefälle der Singold betrug 2,5 bis 3 Prozent. Die Sohlenbreite des neuen Bachbettes sollte vier Meter betragen. Nach den Ausführungen des Wasserbauamtes Kaufbeuren wurden durch die geplanten Maßnahmen der Grundwasserspiegel um 25 bis 30 Zentimeter gesenkt, sodann die angrenzenden Wiesen entwässert und schließlich der gesamte Futterertrag wesentlich gesteigert. 77,5 ha Grundfläche waren von der Begradigung betroffen. Die Gesamtunkosten wurden auf 600 000 RM veranschlagt. Erst am 17. Januar 1923 erfolgte eine Tagesfahrt aller Beteiligten mit Besichtigung des betreffenden Geländes. Die Verwaltung der Kunstseidefabrik hatte anfänglich Bedenken wegen der Wässer, die im Hungerbrunngraben quollen und die zur Trinkwasserversorgung verwendet wurden. Sie stiftete jedoch – als Werk der Köln-Rottweil AG. – 100 000 RM für das Gelingen der Korrektion, weil die Wasserregulierung auch die Werkturbine sicherte. Aber die Verwirklichung aller Pläne wollte nicht gelingen. Zu viele Widerstände zeigten sich in der Bauernschaft, die jeder Neuerung abhold war, wobei die unsinnigsten Einwände gegen die Korrektion vorgebracht wurden.

4. Bachbegradigung trotz aller Widerstände

1924 sprach sich ein Gutachten der Regierung von Schwaben gegen alle diese Einwände und für eine Regulierung aus. Durch Beschluß des Bezirksamtes Schwabmünchen vom 22. April 1925 wurden auch die Besitzer der weiter von der Singold abliegenden Grundstücke zum Beitritt zur Genossenschaft veranlaßt, da auch sie Vorteile aus der Begradigung zogen. Auch die Triebwerkbesitzer singoldabwärts bis Göggingen sollten sich finanziell an der Begradigung beteiligen, weigerten sich jedoch erfolgreich gegen eine solche Beteiligung. Schließlich wurde die Singoldkorrektion durchgeführt und – in lobenswerter Sparsamkeit und Konsequenz – anschließend auch die Flurbereinigung des Wiesengeländes. Wehringen war damit die erste Gemeinde im Landkreis Schwabmünchen, die eine Zusammenlegung der Wiesenflächen durchgeführt hatte. Nach und nach folgten die anderen Dörfer an der Hochstraße dem Beispiel Wehringens, so daß nur wenige kurze Singoldabschnitte unbegradigt blieben. 1925 wurde durch die Begradigung des Bachbettes zwischen Inningen und Bobingen beschlossen, doch unterstützten die Inninger das Bobinger Vorhaben zunächst nicht. 70 Bobinger Landwirte wurden durch die Lage ihrer Wiesen von der Begradigung betroffen. Hier war die Situation ähnlich wie in Wehringen: starke Bachkrümmungen, hoher Grundwasserspiegel, wiederholte Überschwemmungen. Am 6. Oktober 1931 beantragten die Grundstückseigentümer unter gleichzeitigem Zusammenschluß zu einer Wasserbaugenossenschaft offiziell die Singoldkorrektion mit 470 Meter Bachlauf auf Bobinger Flur. 515 Meter Bachbett auf Inninger Boden sollten ebenfalls begradigt werden. Das neue Bachbett erhielt später eine Tiefe von 1,4 Metern; die Gesamtkosten betrugen laut Plan 28 000 RM bei 34 ha betroffener Fläche, wie der Bericht des Wasserbauamtes Kaufbeuren vom 10. März 1932 feststellte. Auch diese Kosten sollten durch das zu erwartende Futterwachstum abgedeckt werden. Am 15. Dezember 1932 wurde die Erweiterung der Korrektion bis Inningen geplant und beschlossen. Hier betrugen die Plankosten 36 000 RM. Die am 27. März 1932 im Gasthaus Schempp gegründete Singoldgenossenschaft umfaßte mit 137 landwirtschaftlichen Betrieben 66 ha Grundfläche. Der wirtschaftliche Nutzen der Korrektion war beträchtlich. Nachteile größerer Art sind bisher nicht berichtet worden. Im Verhältnis zur Wertach fließt die Singold überdies mit einem verhältnismäßig geringen Gefälle, langsam und ohne großes Geschiebe, so daß sie ihr Bett nicht selbsttätig vertieft. Sie setzt im Gegenteil so viel Sinkstoffe ab, und Wasserpflanzen beengen das Bachbett seit Jahrhunderten derart, daß jährlich im Herbst auf der ganzen Lauflänge eine Bachbetträumung mit teilweisem Wasserablaß durchgeführt werden muß.

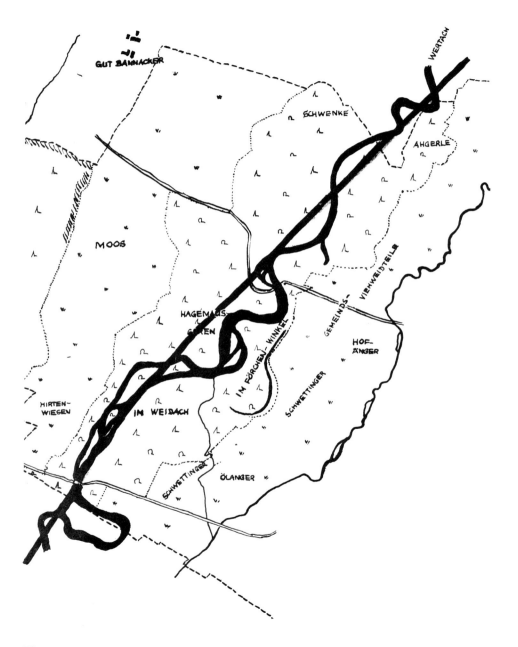

X. DIE WERTACHKORREKTION

1. Der Rückzug des Wassers

In den letzten Jahren häufen sich die Meldungen, die von Wassermangel der Landwirtschaft, Trinkwasserknappheit in den Großstädten, Zurückweichen der Alpengletscher, Absinken des Grundwasserspiegels und Versiegen von Quellen berichten. Die Stadt Stuttgart bezieht heute ihr Trinkwasser mit Hilfe einer Fernleitung aus dem Bodensee. Es bestehen sogar Pläne, denen zufolge das Ruhrgebiet Trinkwasser bis von den Schweizer Alpenseen her erhalten soll.

Bobingen ist noch in der glücklichen Lage, sein Trinkwasser aus den eigenen Quellen schöpfen zu können. Wenn auch zahlreiche Quellen im Bereich der Stadt am Westrand der Hochterrasse in den vergangenen Jahrzehnten versiegt zu sein scheinen, so scheint doch hinsichtlich der Trinkwasserversorgung kein Anlaß zur Besorgnis zu bestehen.

Im Volksmund heißt es, das Wasser der Quellen entlang der Singold stamme aus dem Lech. Die Gliederung des Landstreifens zwischen Lech und Wertach scheint diese Volksmeinung zu bestätigen: die Niederschläge, welche auf der Hochterrasse mit ihrem schlecht durchlässigen Lößboden fallen, können nicht solche Wassermengen liefern, wie sie aus den Quellen unterhalb Bobingen gepumpt werden oder als Grundquellen in die Singold einfließen.

2. Die Wasserführung in der Wertachniederung

Bedenken und Sorgen bestehen allerdings hinsichtlich der Senkung des Grundwasserspiegels der Wertach infolge der Flußkorrektion im vergangenen Jahrhundert.

Die Talau der Wertach ist (wie die des Lechs) eine alluviale Bildung über tertiärem Untergrund, der an manchen Stellen zum Vorschein kommt (z. B. als Flinz im Wertachbett bei Schwabmünchen).

Die Gletscher der Riß- und Würmeiszeit trugen den Hauptanteil am Aufbau der Flußniederung. Den drei Würmeiszeiten entsprechend lassen sich – wenn auch nur schwach ausgeprägt – drei Niederterrassen unterscheiden. Die Hochterrassenschotter wurden zur Rißeiszeit aufgeschüttet und in der nachfolgenden Würmeiszeit von einer Lößdecke, die teilweise bis zu vier Meter stark ist, überweht. Diese Lößdecke auf dem Hochfeld bildet die Grundlage der Landwirtschaft entlang der Hochstraße und veranlaßte den Aufbau einer leistungsfähigen Ziegel-Industrie. In die Niederterrassenschotter grub die Wertach ihr Bett. Parallel zur Wertach, aber höher als diese, fließt am Westhang der Hochterrasse die Singold, die von zahlreichen Quellen ohne erkennbare starke Zuflüsse gespeist wird und sich bei Augsburg mit der Wertach vereinigt.

Die Wasserführung der Wertach zeigt im Gegensatz zu der des Lechs voralpinen Charakter, d. h. ihre Wasserführung ist während des ganzen Jahres ziemlich gleichmäßig, während die des Lechs im Sommer stärker (Gletscherschmelze!) und im Winter schwächer ist. Die Hochwasser der Wertach verteilen sich über das ganze Jahr. Die größten treten in den Monaten Mai, Juli, September und Dezember auf. Im ehemaligen Hochwasserbereich der Wertach ist reiner Alluvialboden mit Sand-, Kies-, Lehm- und Schlammbänken in buntem Wechsel vorhanden. Lichte Auwälder umgeben seit seiner Entstehung den Fluß. Weiden, Erlen, Eschen, Fichten, Birken und in Nestern (z. B. „Im Förchen" bei Bobingen) auch Kiefern sind die häufigsten Hölzer im Auwald. Das durch Überschwemmungen gefährdete Auengebiet war wohl zu keiner Zeit besiedelt. Es finden sich jedoch – oft in bedenklicher Nähe von ehemaligen Flußschleifen – als Zeugen menschlicher Ansiedlung Hügelgräber, so z. B. früher die jetzt verschwundenen hallstattzeitlichen „Hexenbergle" nördlich der Fronwiesen zwischen Bobingen und Wehringen. Zur alemannischen Urmark Bobingen gehörte neben dem Land hinter der Leite auch die Flußniederung zwischen Singold und Leitenberg. Über die gemeinsame Nutzung (Allmende) dieses Niederterrassengebietes ist nicht viel zu sagen: Die Viehherden des Dorfes wurden (teilweise getrennt in die Hutschaft des oberen und unteren Dorfes) in die Wertachauen eingetrieben, es wurde die Holznutzung u. ä. zum Teil aus dem Auengelände entnommen, aber die Fischenz (Fisch-Enz = Fischrecht) gehörte dem bischöflichen Landesherrn und als Teil des Jahresgehalts dem Pfleger in Bobingen.

3. Die unbändige Wertach

Es steht noch nicht fest, wann in den zahlreichen Bobinger Archivalien, zu deren Durcharbeitung noch Jahre benötigt werden, die Wertach frühestens genannt wird. In einem Verzeichnis der alten Bobinger Rechte von 1467 wird die „Schwenke" erwähnt, durch die „ein dünnes Rünnsal" floß, durch welches die Wertach manchesmal ihren Lauf veränderte. 1644 änderte die Wertach in der „Schwenke" wiederum ihren Lauf und trennte ein Waldstück, welches zu einem Rehlinger Gut gehört hatte, in zwei Hälften, weshalb die Nachfolger der Rehlinger mit der Gemeinde Bobingen in einen heftigen Streit über die Zugehörigkeit der beiden Waldteile gerieten.

Die Wertach zu bändigen unternahmen die Bobinger zunächst nicht. Man fand sich mit den Eigenarten des Flusses ab. Außerdem war der Bedarf an Land noch nicht so groß, als daß man unbedingt auf die Ländereien entlang des Flusses angewiesen gewesen wäre. In den Gemeinderechnungen (ab 1700) werden jährliche Ausgaben für Brückenreparaturen verzeichnet: „bey der oberen Prugg Thannen zugelegt" oder „Die undere Prugg abgeräumt, so mit Holz und Wurz überschwemmt". Ein Plan aus dem Jahre 1570 zeigt die Wertach bei Bobingen von zwei Brücken überquert. In der Pflegeamtsbeschreibung des Jahres 1787 wird die Wertach als kleiner, aber sehr schädlicher Fluß bezeichnet, „der jährlich, wann er anwachset, seinen Rinnsal ändert, die Ufer übersteigt und dadurch den daran liegenden Gemeinden sehr schädlich ist und wenn er angeschwollen, reißt er sehr stark und beschädigt gemeinlich die darauf gebauten holzenen Brucken". Es wird darin empfohlen, die Verbauung der Wertach wie bisher mit Faschinen zu versuchen. Der Bericht erwähnt auch, daß zur Sommerzeit kleine Flöße mit Brettern und Latten die Wertach abwärts treiben würden, wie auch die Gemeinderechnungen von 1710 ein von der Gemeinde gekauftes Floß erwähnen.

4. Unzulängliche Versuche

1836 schob die Wertach unterhalb von Bobingen („Ahgerle") einen Seitenarm so weit gegen die Singold vor, daß die Gefahr bestand, dieser für die Inninger und Gögginger Mühlen so wichtige Mühlbach werde bei nächster Gelegenheit zur Wertach hin durchbrechen oder die Wertach werde sich bei einem Hochwasser in die Singold ergießen. Es waren zwar zu dieser Zeit schon seit längerem Projekte zur Flußbegradigung und Uferbefestigung entwickelt worden, aber nie war es zum Beginn der Arbeiten gekommen. So versuchte man denn im vorliegenden Falle die ärgsten Folgen des Wertachhochwassers durch eine Teil-Uferbefestigung zu beheben. Doch ist einem Bericht vom 12. 9. 1837 zu entnehmen, daß die obersten der sechs Uferschutzbauten an der unteren Bobinger Grenze vom Hochwasser fortgeschwemmt worden seien, wobei die Wertach ihre Wasser in ganzer Breite durch die Inninger Auwaldungen getrieben habe, so daß dort nicht einmal das Vieh weiden könne.

5. Beginn der Begradigung

Am 28. 5. 1852 wurde in Bayern ein Gesetz über den Uferschutz erlassen, durch welches die Korrektionsarbeiten an der Wertach wahrscheinlich beschleunigt in Gang gebracht wurden. Die Gemeinde Bobingen hatte in den Jahren nach 1833 Teile der Wertachau aufgeteilt und gerodet. Sie war sehr an einer Begradigung des Flusses interessiert, der durch sein Hochwasser nunmehr kein Allmendeland, welches keinem allein, sondern nur der Gesamtheit gehörte, überschwemmte, sondern das Eigentum des jeweiligen Grundstücksbesitzers beschädigte. Um den jährlichen Schäden an Brücken, Wegen und Straßen ein Ende zu bereiten, wurde mit dem Durchstechen der Flußschleife flußaufwärts begonnen. Die Wertach wurde im Verlauf dieser Arbeiten von der oberen Flurgrenze Stockheim bis zur Einmündung in den Lech begradigt.

Am 19. 11. 1855 waren die Korrektionsarbeiten bei Hiltenfingen, Göggingen und Oberhausen so weit fortgeschritten, daß die Grenzen der stillgelegten Nebenrinnsale verpflockt werden konnten. Um diese Nebenrinnsale entstand noch mancher heftige Streit. Da sie als ehemalige Wertachläufe dem Staat gehörten, wollte das Flußbauamt auf seine Rechte an diesen toten Flußarmen nur dann verzichten, wenn die Gemeinden gleichzeitig einen Uferstreifen von hundert Fuß Breite rechts und links der Wertach abtreten würden. Dagegen protestierten vor allem die 147 (!) stimmberechtigten Bürger von Pfersee, aber auch die Gemeinden Oberhausen und Göggingen weigerten sich zunächst, der Aufforderung zum Abtreten der Uferstreifen im Tausch gegen die Rinnsale nachzukommen. Großaitingen hatte ebenfalls gehofft, die Rinnsale würden der Gemeinde kostenlos zur Verfügung gestellt werden. Schwabmünchen hatte frühzeitig einen Antrag auf tauschweise Überlassung der Nebenarme der Wertach gestellt. Der Magistrat des damaligen Marktes Schwabmünchen schloß am 19. 5. 1869 mit dem königlichen Flußbauamt einen dementsprechenden Vertrag und stellte einen Uferschutzstreifen zur Verfügung. Durch Vertrag vom 12. 10. 1864 verzichtete das Flußbauamt zugunsten der Gemeindeverwaltung Bobingen auf die Altwasserarme bei Bobingen. Die Gemeinde stellte dafür einen 70 Fuß breiten Uferstreifen kostenlos und frei von Rechten Dritter zur Verfügung. Die Nutzung dieser Uferstreifen obliegt (mit Ausnahme des Jagdrechts) dem derzeitigen Straßen- und Flußbauamt Augsburg. Ähnliche Regelungen wurden nach und nach auch mit den anderen Gemeinden getroffen.

1855 begannen die Erdarbeiten am neuen Wertachbett bei Schwabmünchen. Die Unkosten wurden zu Beginn der Arbeiten auf 25 750 Gulden beziffert. Im Frühjahr 1856 wurde die erste Flußschleife durchbrochen. Unterhalb der unteren Wertachbrücke waren sieben Durchstiche nötig, um einen geradlinigen Abfluß herzustellen.

1857 war die Flußbegradigung im Bereich der Gemeinden Hiltenfingen, Schwabmünchen und Großaitingen abgeschlossen. Als die Flußbegradigung im Wehringer Gebiet begonnen werden sollte, lehnten die Wehringer die Teilnahme daran ab. Dagegen beschwerten sich die Bobinger, die zur Sicherung der im Jahre 1856 neuerbauten oberen Wertachbrücke das größte Interesse hatten, die von den „Lüssen" und der „Schlau" her in großen Windungen von Wehringer Gebiet her auf die Wertachbrücke zuströmenden Wasser in geordneten Bahnen gelenkt zu sehen.

6. Die Kosten der Begradigung

In Bobingen selbst gab es gleichfalls eine gewisse Opposition gegen die Flußbegradigung, vor allem unter den Landwirten, welche infolge der Durchstiche
Land verloren. Der größte Durchstich durchschnitt den „Hagemausgeren",
dessen südöstliche Spitze heute rechts der Wertach liegt und an das Flurstück
„Im Förchen" (Forrawinkel) anstößt. Dieses Flurstück wurde, da es in den ersten Jahren der Korrektion ganz von Wasser (dem neuen Lauf und dem Altwasser) umgeben war, auch „die Insel" genannt. Trotz der Widerstände kam es
auch in Bobingen zu einer gütlichen Einigung. Der Bauer Fischer mußte die
größte Fläche (33 Dezimal) abtreten, alle anderen Beteiligten etwas weniger.
Die Gemeinde stellte insgesamt an Privatland 19 Tagwerk und 11 $^8/_7$ Dezimal
zur Verfügung. Die Gesamtkosten der Flußbegradigung beliefen sich bei Bobingen auf 22 700 Gulden, wovon die Gemeinde durch Grundstücksabtretun-
gen 3000 fl. trug und 6425 fl. in bar leistete. Die Restsumme bezahlte die
Staatskasse.

Die Wertachkorrektion kostete bei Wehringen 10 800 fl., für die Arbeit wurden
zwei Jahre benötigt, da die Hand- und Spanndienste während der Feldbestel-
lung und der Ernte (wie auch bei den anderen Dörfern) fast völlig ausfielen.
Einen Teil ihres finanziellen Beitrags leisteten die Wehringer durch Faschinen-
lieferungen unter Leitung des Forstwartes Walch von Straßberg.

Die Wertachbegradigung bei Großaitingen verkürzte den Flußlauf um
32 %. Schon 1851 hatte man bei Großaitingen mit den Erdbewegungen begonnen. Drei Flußschleifen wurden abgeschnitten und trockneten allmählich aus.
Aus dem Jahre 1856 wird nochmals von einem Hochwasser berichtet, welches
trotz „der neuen Rinne" Schäden auf den Wiesen anrichtete und sich einen
neuen Lauf suchte. Die Arbeiten bei Mittelstetten kosteten laut Voranschlag
5900 fl., davon wurden 1775 fl. durch Hand- und Spanndienste abgeleistet und
4125 fl. bar durch die Gemeinde bezahlt.

Von der Mündung bis oberhalb Stockheim kostete die gesamte Begradigung (in Mark umgerechnet) 1 795 500,– Mark. Die Einfassung der Fluß-
ufer geschah durch Faschinenbauten. 101,375 km der gesamten Flußlänge
sind durch das staatliche Flußbauamt zu unterhalten und 6,637 km durch
Privathand. Die Breite des Flusses beträgt seit der Begradigung von der
Mündung in den Lech bis zur Eimündung der Augsburger Stadtbäche (Flußkilometer 1,2) 45 Meter, bis zur Gennachmündung (Flußkilometer 30,4) 30
Meter und bis zur oberen Stockheimer Flurgrenze (Flußkilometer 54,05)
noch 27 Meter. Zur Zeit der Korrektion betrug die Wassertiefe etwa 1,75 bis
2,30 m. Oberhalb der Stockheimer Flurgrenze blieb der Fluß in seinem ursprünglichen Zustand.

7. Die verbesserte Uferbefestigung

Im Juni 1910 riß die Wertach unterhalb der Bobinger Wertachbrücke die Faschinenbefestigung der Ufer an mehreren Stellen ein. Aufgrund dieser Erfahrungen hier und an anderen Stellen wurde eine festere Uferbefestigung gefordert und 1912 endgültig beschlossen. Die Faschinenbauten mußten nach 12 bis 15 Jahren jeweils erneuert werden. Von der Versteinung der Flußstrecke versprach man sich letztlich eine bessere Uferbefestigung und Kostenersparnis auf Dauer. Am 1. 1. 1913 wurde bei Flußkilometer 13 mit der Versteinung der rechten Uferflanke begonnen. Flußmeister Gebele aus Bobingen leitete diese Arbeiten. Zugleich wurden Baustellen in Augsburg, Inningen und Großaitingen eröffnet. Die Arbeiten wurden während des ganzen I. Weltkrieges fortgesetzt. Teilweise wurden Betonsteine aus dem an Ort und Stelle gegrabenen Schotter hergestellt. Es wurden aber auch Bruchsteine (so z. B. aus dem Kalk- und Hartsteinwerk Wemding) per Bahn bis zu den jeweiligen Dörfern gefahren und von dort durch Fuhrwerke an die Baustelle gebracht. Die Arbeiten zogen sich bis 1925 hin. 1919 waren trotz der schlechten Zeiten, die oftmals die Lebensmittelversorgung der Baukantine in Frage stellten, auf der Strecke zwischen Inningen und Mittelstetten noch 60 Arbeiter beschäftigt.

8. Die Folgen der Korrektion

Die Begradigung der Wertach hob den Wert der angrenzenden Grundstücke, die nicht mehr dem Hochwasser ausgesetzt waren und trockener wurden und daher – es handelte sich meist um Wiesen – mehr und besseres Futter lieferten. Aber schon nach wenigen Jahrzehnten (lt. einem Bericht von 1909) machte man die betrübliche Feststellung, daß sich das Flußbett jährlich um 15 cm vertiefte. Dadurch wurden Uferbauten und Brückenpfeiler erneut gefährdet, soweit sie auf losem Schotter aufsaßen.

Die kanalgerade Wertach führt heute das Wasser zu schnell dem Lech zu, zumal der Fluß das stärkste Gefälle unter allen südbayerischen Flußläufen aufweist. Das Durchschnittsgefälle beträgt 2,99 %. Zwischen Hiltenfingen und Großaitingen fällt die Wertach um 25,68 m (!). Keine Flußkrümmung bietet bei Hochwasser dem starken Geschiebe einen Halt. Hinzu kam, daß in den Jahren 1950 bis 1960 große Schottermengen bei Göggingen aus der Wertach entnommen wurden.

Die Wertach fließt heute unterhalb der Schwabmünchner Staustufe wie in einem amerikanischen Canyon zwischen steilen und tristen Uferwänden. Zwar sind Überschwemmungen nunmehr so gut wie ausgeschlossen, aber für die Wiesen der Niederterrasse rückt mit dem Absinken des Grundwasserspiegels die Gefahr der Versteppung immer näher. Quellen und Bäche, die ihren Anfang dort an der Leite haben, wo der tertiäre Untergrund als wasserführende Schicht einen Quellhorizont bildet, liefern so geringfügige Wassermengen, die überdies nach kurzer Strecke im Niederterrassenschotter versickern, daß sie nicht zur Bewässerung größerer Flächen herangezogen werden können. Der Singold kann zur Bewässerung der rechtsseitigen Uferwiesen im Interesse der Mühlen kein Wasser entzogen werden. Bei der Kultivierung des Geländes beiderseits der Wertach wurden viele Hecken und Sträucher ausgerodet, wodurch die Verdunstung der Bodenfeuchtigkeit noch beschleunigt wird.

Weitere Staustufen sollen hier nun in Zukunft Abhilfe schaffen. Gleichzeitig mit dem Absinken des Grundwasserspiegels der Wertach veränderten sich im Lauf der Jahrzehnte der Pflanzenwuchs, das Kleinklima, der Fischbestand und der Wildbestand. Verschiedene Orchideen, deren Samen einst durch die Hochwasser vom Oberland immer wieder hier angeschwemmt wurden, sind heute selten geworden. Der kleine Enzian findet sich nur noch stellenweise.

Mit dem Anwachsen der Bevölkerung Bobingens beiderseits der Wertach wird das Auengelände mit seinen romantischen Resten ursprünglicher Landschaft immer mehr das Ziel erholungsuchender Spaziergänger. Daher kann den verantwortlichen Stellen die Erhaltung dieses Gebietes in seinem jetzigen Zustand – abgesehen von der Anlage der leicht in die Landschaft einfügbaren Staustufen – nicht warm genug ans Herz gelegt werden.

XI. DIE FLURBEREINIGUNG 1910

1. Die Zersplitterung des Grundeigentums

Es ist nicht bekannt, zu welchem Zeitpunkt die Aufteilung der Feldflur auf der Hochterrasse aus der Allmende und der Übergang in das Eigentum des einzelnen Bauern erfolgte. Anzunehmen jedoch ist, daß diese Entstehung von Privateigentum am ackerbaren Boden sehr früh anzusetzen ist.

Das anbaufähige Land wurde allgemein – nicht nur in Bobingen – in eine obere, mittlere und untere Esch eingeteilt. Jedes Sippenmitglied oder jeder Markgenosse erhielt in jeder Feldlage einen Ackerstreifen von gleicher Breite. Diese Ackerstreifen zogen sich vom Dorf weg bis an den Rand des Lechfeldgrabens hin. Nachkommen des Sippenältesten und bevorzugte Höfe, welche hauptsächlich in der Umgebung der Pfarrkirche (d. h. im ältesten Dorfteil) liegend durch die Aufteilung des sogenannten „Urmaierhofes" Sonderrechte erhielten, blieben durch Ackerbesitz in der Lehenbreite (Breitlehen) ausgezeichnet. Diese Breitlehen waren in Bobingen vom Dorfrand ausgehend nach

Osten hin durch eine Linie begrenzt, die etwa dem Verlauf der heutigen Greifstraße entspricht und die sich in Fortführung dieser Richtung nach Norden
(westlich und parallel etwa der Eisenbahnlinie Augsburg – Buchloe) erstreckt.
Mit der Privatisierung des Ackerlandes in frühester Zeit war zugleich der Anlaß zur fortwährenden Teilung der Ackeranteile im Wege der Erbfolge gegeben. Diese Unterteilung der Äcker ließ schließlich jede Feldarbeit unrentabel
werden. In manchen Fällen sollen die Äcker nur noch drei bis vier Furchen
breit gewesen sein, aber von Bobingen bis zum Lechfeldgraben gereicht haben.

2. Die Dreifelderwirtschaft als Hindernis

Zwar gelang es, durch die Verteilung aus dem gemeindlichen Wiesen- und Auengelände den Ertrag an Heu zu steigern und dadurch die Viehhaltung zu verbessern (1783), aber auf den Feldern hielt man bis ins 20. Jahrhundert hinein
an der alten Dreifelderwirtschaft fest. Den Wechsel von Wintergetreide, Som-
mergetreide und im dritten Jahr die Brache (d. h. die Nichtbestellung des Feldes) war man gewohnt. Davon wollte man nicht abgehen, zumal auf den brachliegenden Feldern das Vieh weiden durfte. Die inzwischen untergegangenen
Flurnamen dieser Bewirtschaftungsepoche sprechen für sich (Bandelacker,
Schnallenacker, Schwalbenschwanzäckerle u. ä.) und lassen die unwirtschaftli-
chen Grenzen der Äcker schon aus deren Bezeichnung erkennen.
Ähnliche Verhältnisse waren in ganz Bayern anzutreffen. Am 29. 5. 1886 und
9. 6. 1899 ergingen daher Flurbereinigungsgesetze für das Königreich, welche
auch für die spätere Flurbereinigung in Bobingen die rechtliche Grundlage boten. Dabei griff man auf die Erfahrungen der Allgäuer Bauern zurück, welche
schon im 16. Jahrhundert mit freiwilligen Flurbereinigungen (der Verein-
ödung) begonnen hatten.

3. Die Forderung nach Flurbereinigung

Schon 1899 hatten einige Bauern in Bobingen eine Bereinigung der Feldflur-
grenzen gefordert. Am 21. 6. 1901 richtete dann Bürgermeister Geirhos einen
kurzen Bericht an die kgl. Flurbereinigungskommission und bat um beschleu-
nigte Durchführung einer Flurbereinigung. Seine Bitte wurde durch die Mehr-
zahl er damals 1850 Einwohner zählenden Gemeinde unterstützt. Nach Jahre
währenden Verhandlungen und Planungen legte endlich am 2. 4. 1910 die Flurbereinigungskommission dem Bobinger Flurbereinigungsausschuß den Roh-
entwurf eines Flurbereinigungsprojekts vor.

4. Die Durchführung der Flurbereinigung

Die Bauernschaft drängte jetzt sehr auf die Durchführung der notwendigen Arbeiten, hatte man doch schon 1910 entgegen den bisherigen Gepflogenheiten den Klee ins Winterfeld gesät und so die alte Ordnung der Dreifelderwirtschaft endgültig unterbrochen. Zur gleichen Zeit hatte man die Rinder- und Schafweide im gesamten Bereinigungsgebiet aufgehoben. Der bisherige Schweineaustrieb durfte nur noch in den Kiesgruben und auf abgeernteten Feldern ausgeübt werden. Als Triebwege durften nur noch die ordentlichen Wege benutzt werden. (Im Oberen Feld zeigte die für einen Acker der Oberen Mühle geltende Bezeichnung „Triebacker" an, daß der jeweilige Eigentümer den Durchzug des Viehs zu den Mähdern im Lechfeld zu dulden hatte. Solche Verpflichtungen erloschen mit der Flurbereinigung.) Nachdem die zahllosen Bitten, Anträge und Beschwerden ausgeräumt oder berücksichtigt worden waren, machten sich die Bobinger Bauern gemeinsam an die schwere Arbeit. Die Diagonalwege, die zahllosen Grasraine, die unnützen Gräben (auch die „Äußeren und Inneren Saugräben") wurden mit schweren Pflügen umgebrochen oder ausgefüllt. Die Arbeiten schritten aufgrund des Beschlusses vom 18. 4. 1910, der den Beginn der Flurbereinigung angekündigt hatte, so rasch fort, daß während des Frühjahrs und Herbstes des gleichen Jahres die neuen Eigentümer der vermessenen Feldanteile in den Besitz eingewiesen werden konnten.

Die im Verlaufe der Flurbereinigung notwendig werdende Änderung der Gemeindegrenzen wurde durch das Innenministerium genehmigt. Dabei wurden Ackerflächen von 6,3 ha an Königsbrunn, ein kleines Stück Ackerland von 0,278 ha an Oberottmarshausen und 2,5 ha an Wehringen abgetreten. Bobingen erhielt als Ausgleich an anderer Stelle von der Gemeinde Königsbrunn 4,6 ha, von Oberottmarshausen 1,2 ha und von Wehringen 1,5 ha.

Im großen und ganzen waren die 394 an der Bereinigung beteiligten Grundstückseigentümer mit den neuzugewiesenen Feldern zufrieden. 1368 ha Ackerfläche wurden neu eingeteilt. Die Beteiligten mußten geringe Anteile ihrer Ackerfläche für neue Wege, die Erweiterung schon vorhandener Wege, für die Kiesgrube, für Gräben, Durchlässe und Überbrückungen abgeben. Diese Flächen wurden in das Eigentum der Gemeinde Bobingen übernommen. Die Flächen rechts und links der Bahnlinie waren für die Bahnführung notwendig. Sie gingen in das Eigentum des kgl. Eisenbahnärars über, dem auch die Unterhaltspflicht oblag. Zur Erreichung landwirtschaftlich genutzter Grundstücke dürfen diese Seitenstreifen benutzt werden, nicht aber für private oder gewerbliche Zwecke. Die Wasserversickerungsschächte in den Unterführungen hat die Gemeinde offenzuhalten. Die Gemeinde übernahm auch die Unter-

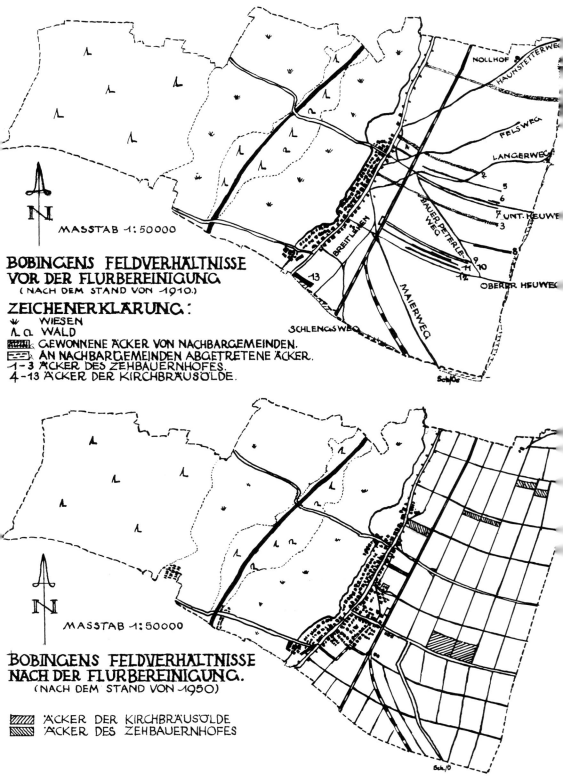

MASSTAB 1:50000

BOBINGENS FELDVERHÄLTNISSE VOR DER FLURBEREINIGUNG
(NACH DEM STAND VON 1910.)

ZEICHENERKLÄRUNG:

- ψ WIESEN
- ʎ ɑ WALD
- ▨ GEWONNENE ÄCKER VON NACHBARGEMEINDEN.
- ▱ AN NACHBARGEMEINDEN ABGETRETENE ÄCKER.
- 1-3 ÄCKER DES ZEHBAUERNHOFES.
- 4-13 ÄCKER DER KIRCHBRÄUSÖLDE.

NOLLHOF
HAUNSTETTERWEG
FELSWEG
LANGERWEG
UNT. HEUWEG
BAUER-PETERLE-WEG
BREITLEHEN
MAIERWEG
OBERER HEUWEG
SCHLENGSWEG
Schloß

MASSTAB 1:50000

BOBINGENS FELDVERHÄLTNISSE NACH DER FLURBEREINIGUNG.
(NACH DEM STAND VON 1950)

- ▨ ÄCKER DER KIRCHBRÄUSÖLDE
- ▧ ÄCKER DES ZEHBAUERNHOFES

haltung der Feldwege einschließlich der Seitenwegüberbrückung zur Staatsstraße. Ihr steht dafür die Grasnutzung an den Wegrändern zu.

5. Das gute Beispiel

Am 14. 7. 1950 wurde nach zehnjähriger Pause wieder eine Flurbegehung in Bobingen durchgeführt. Damals wurden zum ersten Mal eine Bereinigung der Wiesen zwischen dem westlichen Ortsrand und der Leite angeregt und die günstigen Bedingungen für eine solche Maßnahme besprochen, die dann auch 1958/1961 als Flurbereinigung Projekt II Bobingen durchgeführt wurde.

XII. ALTE WEGE UND STRASSEN

1. Wege im Dorf

Schinderwiesweg entspricht der heutigen Flurstraße.
Gabereiner Gässele, hieß der heutige Glockerweg.
Schreibergäßchen, heißt heute noch so.
Maiergässele, (Maierleweg) nannte man die östliche Hälfte des Wolfsgäßchens und darüber hinaus den nach SO laufenden heutigen Mayerweg, der einmal in gleicher Richtung bis Oberottmarshausen weiterführte.
Heidelergäßle, war der Beginn der heutigen Bahnhofstraße am Kirchplatz. Die Bahnhofstraße wurde später „Judengasse" genannt.
Veitenbauergäßchen, hieß die heutige Badstraße.

2. Wege westlich des Dorfes

Untere Straße, von Bobingen über die Wertachbrücke nach Bannacker.
Heuweg, wurde der Fußweg von Bobingen nach Bergheim jenseits der unteren Wertachbrücke genannt.
Oberer Wiesweg, ist heute die Straße „Singoldanger".
Saliterbrücke, beim heutigen Eiswerk (früher: Untere Mühle). Über den Ursprung des Wortes Saliterbrücke kann noch nichts Genaues gesagt werden. Einen Saliter gab es in Bobingen.
Wolfsgäßchen, führte aus den Schwettingern über die Singold ins Dorf, und zwar kurz unterhalb des Mittleren Schlößchens. Am Krautgartengraben, der durch die äußere Brücke überschritten wurde, stand ein Bobinger Brandbrunnen. Der Volksmund erzählt, die Wölfe seien hier bis ans Dorf gekommen, und die Wertachauen hätten sich ebenfalls bis zum Dorfrand erstreckt. Diese

Angaben sind wichtig für die Beschreibung der Rodung der Wertachauen bei Bobingen.

Wolfsgäßchenweg, führte vom Wolfsgäßchen durch den südlichsten Ausläufer der Hofänger zu den Gemeindsteilen.

Breiteplatzweg. Die breiten Plätze lagen (seltsamerweise) in den gerodeten Wertachauen in SWS des Vogelherdes und waren an viele Bauern verteilt. Der Weg entlang den Wiesenstreifen trug diesen Namen.

Ölwiesweg, begann etwa dort, wo die Quelle entsprang, welche die Fischweiher des Fabrikbesitzers Max Fischer speiste, und führte dann nach Westen – Nordwesten in die Ölwiesen rechts der Singold.

Ölängerweg, führte von der Straße Bobingen – Straßberg wenige Meter westlich der Singold ein Stück in die Ölgänger. Existiert heute nicht mehr.

Hexenbergweg, führte am mittlerweile abgetragenen Zaun des Werks I entlang (von der Straße Bobingen – Straßberg zu den Hexenbergle und von dort weiter zu den Wehringer Frohnwiesen).

Saubühlweg nannte man den Weg, der den Verlauf der heutigen Straße „Im Wiesengrund" nahm. Auf der Saubühlwiese standen 12 bis 15 Hügelgräber. Hier wurden die Dorfschweine ausgetrieben.

Hirtenwiesenweg, verlief westlich der Wertach von Süden nach Norden aus Richtung der heutigen Siedlung zur unteren Wertachbrücke am Rand der Wertachauwälder. Die Hirtenwiesen werden seit 1830 irrtümlich als Haderwiesen (von Hörtawiesen) bezeichnet.

Oberer Triebweg, führte von den Wertachauen nach Westen zum Viehtrieb und berührte den Viehtrieb dort, wo südlich einer Abschnittsbefestigung heute noch der Waldweg die Höhe gewinnt. Das Vieh wurde hier eingetrieben.

3. Wege ostwärts des Dorfes

Schnitterweg, lief von der Bobinger Südgrenze bis zur Bobinger Nordgrenze und grenzte die Breitlehen von dem anderen Ackerland ostwärts von Bobingen auf der Hochterrasse ab. Die Greifstraße und ihre Verlängerung nach Süden sowie nach Norden hat heute ungefähr den gleichen Verlauf. Der Verlauf des Weges vom Maierweg nach Norden steht nicht genau fest.

Haunstetter Weg hieß die heutige „Schnitterstraße". Der alte Weg setzte sich in seiner Richtung fort bis zum Nollhof, der 1830 noch nicht bestand, und bog dann nach Osten auf den heute noch bestehenden Verbindungsweg zur Bundesstraße hin, die nach Haunstetten führte. Dieser Haunstetter Weg ist wie alle alten, seit der Arrondierung verschwundenen Wege noch an seiner diagonal zur heutigen Feldrichtung verlaufenden Aufschotterung zu erkennen. Er hat eine Erhöhung über dem normalen Feld von mindestens 50 cm.

Der Lange Weg bildete als Verlängerung der heutigen Gartenstraße nach NO das Gegenstück zum heutigen Mayerweg. Der Lange Weg lief in sich fast gerade über die Hochterrasse, stieg mit dem Krummen Bäumleweg in den Lechfeldgraben, durchquerte dabei die Bobinger Eggarten bis zur heutigen B17 in O-Richtung fort.

Krummbäumleweg, wurde der Lange Weg (siehe diesen) genannt an der Stelle, wo er sich in einer großen Schleife zum Lechfeld in den Lechfeldgraben hinuntersenkte. Wahrscheinlich standen dort Wacholder oder Kiefern, die wegen ihrer freien Lage auf dem Lechfeld verkrüppeltes Wachstum zeigten.

Zimmergässele, besteht heute nicht mehr. Es begann gegenüber dem heutigen Bauernhof Wagner auf der Hochstraße und erstreckte sich nach Osten, anscheinend aber nur bis in die nächstgelegenen Felder.

Maustafelrain, nannte man einen Wiesenstreifen, der unterhalb der unteren Kiesgrube nördlich von Bobingen nach Osten lief. In der Nähe des Rains stand weit im Lechfeld die Maustafel, welche heute bei der Eisenbahnunterführung unterhalb des Ortes steht.

Bauernpeterleweg hieß der heutige Sebastianweg, der sich fortsetzte über Bobingen-Nord, hinter der jetzigen Gastwirtschaft „Weißes Rößl" vorbei bis zum Haunstetter Weg fast parallel zur heutigen Augsburger Straße.

Felsweg, begann seinen Verlauf beim heutigen Anwesen Sebastianweg 4. Zu Beginn des Weges trat der nackte Schotter zutage. Der Feldweg mit Namen Felsweg endete mitten in der Bobinger Flur (Oberes Unterfeld – Wassertal).

Saulweg, führte im Gebiet des heutigen Königsbrunn (in der Nähe des späteren Neuhauses) von der Bundesstraße fort in die Lechauen in östwärtiger Richtung. Er erhielt seine Bezeichnung nach einem Grenzpfahl. Fast parallel hierzu lief der

Scheitelweg. Die beiden Wege wurden vermutlich hauptsächlich zum Viehtreiben und später zum Einfahren des Heus benutzt. Die Erklärung des Wegnamens war bisher nicht möglich.

Viehweidweg, führte von der Stelle, wo die heutige Staatsstraße Bobingen – Königsbrunn die Hochterrasse verläßt, in SSO-Richtung zur Bundesstraße und weiter auf die Weidegründe beim Bobinger Kuhstall auf dem Lechfeld.

Weg beim Lueger, führte vom Haunstetter Weg senkrecht unterhalb der Wegkapelle zur Augsburger Straße. Wegerklärung unbekannt, stammt vermutlich von einem Hofnamen.

Herrgottrain, heute Koloniestraße. Der Herrgottrain führte in ostwärtiger Richtung auf die nahegelegenen Felder. Er ist ein Beweis dafür, daß ehemalige Raine auch zum Fahren benutzt wurden.

Tafelrain hieß der Wiesenstreifen, der vom heutigen Löschberg weit in die Felder nach Osten führte (südlich der Industriebahn).

Breite Steige besteht heute noch unverändert.

Schleißweg (nach Bartel Eberl „querverlaufender Diagonalweg") nannte man
den Weg, der vom Schnitterweg südlich des Ortes in SO-Richtung in die Lech-
feldebene hinauslief und vom

Schlengsweg von Wehringen her getroffen wurde, um dann auf Wehringen zu-
zulaufen.

XIII. ALTE FLURBEZEICHNUNGEN

Ahwiesen (Pl.-Nr. 3149½ bis 3193½), an der nördlichen Gemeindegrenze bei
der Wertach (a = ache = fließendes Wasser, ahd.). Der Name bedeutet also
„Wiesen bei den Wassern". Die Wertach verteilte sich hier zu vielen einzelnen
Wasserarmen, wie die Liquidationspläne von 1830 erkennen lassen.

Ahgerle (Pl.-Nr. 4198½ bis 4198¹/₅₀), auch fälschlich verhochdeutscht „Ahenge-
hörle" und „Ahnengehörle" genannt. (Der „Geren" ist allgemein der vorspringende Flurkeil, Gerle ist also das kleine vorspringende Flurstück.) Hier
schiebt sich eine Ecke des Bobinger Gemeindelandes auf Inninger Gebiet vor.

Armeseelenschlag (Pl.-Nr. 4357), gehört zum Gemeindewald Bobingen und
liegt in der Waldabteilung „Klaffet". Das Waldstück ist 774 Tagwerk groß. Der
„Galgensteig" führt aus den Mooswiesen zum auf der Höhe der Leite liegenden Armenseelenschlag. Die heute noch dort stehende Armeseelentafel wird
immer wieder von frommen Stiftern erneuert.

Baderholz (Pl.-Nr. 4369 bis 4373); der gesamte Wald (oberes und unteres Baderholz) gehört heute zur Fuggerschen Revier-Försterei in Burgwalden; liegt
an der Westgrenze der heutigen Bobinger Mark und grenzt ans Burgwalder
Tal. 1830 wird das mittlere Schlößchen in Bobingen als „Bader-Sölde" bezeichnet. Zusammenhang mit der Ehafte des Baders wahrscheinlich, aber nicht be-
wiesen.

Bergleäcker (Pl.-Nr. 352 bis 373 und 2886 bis 2907), nördlich und südlich des
alten Dorfes, am Abhang der Hochterrasse zur Sinkel hin. Im Süden des Dorfes zum Teil überbaut. Am Fuß der Äcker einige Quellen.

Bschnaid (Pl.-Nr. 4357); so wird der Weg von Straßberg nach Bannacker bezeichnet (einschließlich des Waldes dicht beim Weg), da dieser Weg offenbar in
frühester Zeit schon als „Schneise ausgehauen" wurde (schneitan = schneiden, ahd.).

Diebel (entspringt südlich von Straßberg, also auf dem Grund der Wehringer
Urmark, und fließt nach Norden hin durch die Bobinger Waldgebiete, wo er

die Grenze zwischen den Privatwaldungen im Westen und dem Stadtwald Bobingen im Osten des Baches bildet). Dr. Rühfel (siehe „Geschichte des Dorfes Straßberg") leitet den Bachnamen von „Tobel" her. Der Diebel war einst fischreich.

Dreckwinkel (Pl.-Nr. 4199); gehört zu den „Schwettinger" (Wiesen) und stößt an die Wertachauen von Osten her an. Der Name entstand vermutlich vor der Flußkorrektion, als dieser Flurwinkel zwischen Wiese und Auwald noch recht sumpfig war.

Im Förchen (Pl.-Nr. 4199), auch genannt „Im Forra-Winkel", weil es dort seit jeher viele Föhren (Kiefern) gibt. Das Gelände gehört zu den im städtischen Besitz befindlichen Wertachauen.

Gemeindsteil (Pl.-Nr. 4195 bis 3865 und 4045 bis 4152), liegen nördlich der Schwettinger-Wiesen und weisen durch ihren Namen auf frühere Allmende-Aufteilungen hin (siehe hierzu auch die älteren Flurnamen und die Gemeindepläne, welche durch die verschiedene Winkelstellung der einzelnen Winkelparzellen zueinander die einzelnen Rodungsperioden leicht erkennen lassen). Man sagt auch „In de Doil".

Grünauer (Pl.-Nr. 4377); der Wald gehört zum größten Teil heute dem Staat, z. T. aber zum Fuggerschen Waldbesitz; früherer Besitzername.

Hagemausgeren (Pl.-Nr. 4264), liegt genau westlich der Ortsmitte und links der Wertach. Seit der Flußkorrektion, die die Spitze des von der Wertach umflossenen Geren (siehe diesen auch unter Ahgerle) abtrennte, liegen einige Teile dieser Flurabteilung rechts der nun geradeaus fließenden Wertach. Sie zählen heute als Wiesen und Ackerland zur „Insel", welche so genannt wird, weil die Wertach einige Jahre nach der Korrektion z. T. im neuen Lauf, z. T. aber noch im alten Bettverlauf floß. Die „Hagemaus" ist die Ameise.

Halbmond gehört zum Hagemausgeren; ein halbmondförmiges Stückchen Wald blieb nach einer Rodung links der Wertach stehen. Nach Abholzen des Waldes im Jahre 1951 verschwindet der nicht eingetragene Flurname anscheinend wieder.

Hexenbergle (Pl.-Nr. 2856 bis 3826), Hügelgräber der Hallstattzeit auf dem Gelände der Hoechst AG, 1886 teilweise geöffnet, die restlichen Grabhügel wurden 1961 untersucht. Reiche Funde! Diese Funde sind im Maximilian-Museum zu Augsburg aufbewahrt; (siehe auch „Saubühlwiesen") heute überbaut.

Hofänger (Pl.-Nr. 3605); auffallende Wiesenrodung westlich des nördlichen Dorfteils, vermutlich nach Dorferweiterung in erster Rodeperiode entstanden. „Hof" als Ausdruck der Beziehung zum Urmaierhof ist nicht nachgewiesen. Besitz an den Hofängern hatten teils alte Höfe aus der Umgebung der Pfarrkirche, teils aber auch alte Höfe aus dem unteren (nördlichen) Dorfteil.

Hartenwiesen (Pl.-Nr. 4219 bis 4232); sie liegen (von Nord nach Ost) zwischen dem Obermoos, dem Hörele, dem Wehringer Gemeindewald und Straßberger Unterer Esch sowie dem Viehtrieb (Wald). Sie werden auch „Hörtawiesen" genannt. Bis 1830 hießen sie wohl richtig „Hirtenwiesen", da sie zur Bobinger Allmende gehörten. Beachte: Viehtrieb in der Nähe! Heute Bobinger Siedlung.

Im Hörele (Pl.-Nr. 4204), nördlich der Straße Bobingen – Straßberg und jenseits der oberen Wertachbrücke (horo = schmutzig, sumpfig, ahd.). Der Geländeform nach und der örtlichen Wasserführung entsprechend, kann für frühere Zeiten hier ein Sumpfgebiet vermutet werden, von dem das nunmehr trockene Ackerland seinen Namen erhielt (siehe ähnlich „Dreckwinkel").

In den Hochäckern (Pl.-Nr. 4357); sie liegen im Stadtwald Bobingen und gehören zur Waldabteilung „Schmittenholz". Der Name ist heute fast nicht mehr üblich. Es handelt sich um vermutlich mittelalterliche Äcker, die heute vom Hochwald überwachsen sind. Sie stoßen an die Straße von Straßberg nach Burgwalden.

Insel (siehe „Hagemausgeren")

Judengasse (nur ganz selten noch zu hören), heute: Bahnhofstraße. Siehe auch Verzeichnis der Bobinger Wege, Stege, Brücken etc.

Jungholz (Pl.-Nr. 4377); gehört zum Staatsforst (beim „Grünauer") und ist leicht zu erklären.

Leitach (obere und untere Leitach), Abfall des Stadtwaldes Bobingen zum Diebel hin nach Westen, Stammwort Leite = Abhang.

In den Köpfle-Teilen (Pl.-Nr. 4199); Aufteilung und Name deuten auf späte Allmendeverteilung hin. Vielleicht darf der Name von den Köpfen der Korbweiden hergeleitet werden? Ein Untername war „Beim Johannes", weil 1896 der Oberrealschüler Ludwig Dieminger – später Bankdirektor – nach Bestehen des Abiturs eine geschnitzte Büste des St. Johannes Nepomuk zwischen zwei Weiden aufgestellt hatte. Die Figur steht jetzt an der oberen Wertachbrücke.

Kohlstatt (Pl.-Nr. 4199); vermutlich Meilerstelle der Bobinger Schmiede.

Klaffer, auch: Im Klaffet, Klaffert (Pl.-Nr. 4357); gehört zum Stadtwald Bobingen und liegt am Hang zum Obermoos. Ein quellenreicher, heute von Fichtenhochwald bestandener Waldstreifen, durch den der „Galgensteig" läuft (siehe diesen). Hier klaffern (d. h. glucker und klappern) die Quellen an windstillen Tagen deutlich höher, vor allem im Frühjahr zur Zeit der Schneeschmelze.

Kühtrieb (häufiger aber: Viehtrieb) (Pl.-Nr. 4357), gehört zum Stadtwald Bobingen, d. h. zur Wald-Allmende, welche als Weide benutzt wurde.

Ödung; so bezeichnete man das abgegrabene Feldstück beim heutigen Ziegelwerk Miehle ostwärts Bobingen und auch das humusarme Land bei der ehemaligen Kiesgrube neben der Wegkapelle in der Augsburger Straße.

Ölanger (1830 richtiger Ellinger genannt) (Pl.-Nr. 3797 bis 3814); eine auf der Karte auffallende Rodeform im alten Auengelände der Wertach westlich des oberen Dorfes. Von einem Graben umgeben, haben wir hier (Worterklärung nach Remigius Vollmann) den E-Anger vor uns, einen Anger also, auf dem allgemeine Rechte ruhen, d. h. der erste gemeinsam beweidete Dorfanger.

Ölwiesen (liegen ostwärts des Ölangers und zwischen Singold und Ort), nach den kleinparzelligen Aufteilungen zu urteilen späte Rodungsflächen.

In der Point (Beund) (Pl.-Nr. 3240½), heutiges Gebiet des Singoldangers (als Wegbezeichnung). (biunt = eingezäuntes, nicht dem Flurzwang unterworfenes Land, ahd., heute: wie die Krautgärten). Der Name ist fast nicht mehr üblich.

Kothweiher (Pl.-Nr. 4360 bis 4362), ist ein Teil des „Schmittenholzes" (siehe diesen) im Stadtwald Bobingen. Durch den Straßendamm der Straße von Straßberg nach Burgwalden wird hier ein Quellwässerlein, welches besonders in Regenzeiten anschwillt, gestaut und soll früher (südlich der Straße) einen kotigen, d. h. schlammigen Weiher gebildet haben. Heute steht manchesmal dort noch das Wasser, und der Boden ist von knietiefem Moos bedeckt.

Die Lache (Ortsteil um die Schalmeistraße, ostwärts der Singold); von der Hochstraße herein mündet hier in der Nähe eine am Ende talweite Mulde, welche das Regen- und Schneeschmelzwasser von weiter Entfernung ins untere Dorf führte, wo es in Singoldnähe ohne Abfluß in den flachen Wiesen stand und nur langsam versickerte.

Heilige Lehberg (abgeleitet von „St. Leonhard"; s. Leonhardkapelle) unterhalb des Dorfes. Beim Leh-Berg wurde Kies gegraben und auf Gemeindegrund die sehr alte St. Leonhardskapelle erbaut. Diese wurde in den Gemeinderechnungen von 1702/1703 erwähnt: „Dem Bilthauer von Lantsberg für ein neues großes Crucifix so beym Heyl. Lenh. underhalb des Dorffs aufgemacht worden . . ." (Mitteilung von X.H.)

Luß; der sehr alte Ausdruck Luß findet sich wiederholt im Lechfeldgraben. Er bezeichnet das mit Los verteilte und sehr spät in endgültigen Besitz übergangene (gewöhnlich Weide-) Land. So spricht man auch von den

Luß-Gemeindeteilen, welche mit den heutigen Gemeindeteilen südlich und nördlich der Straße Bobingen-Bannacker ostwärts der Wertach identisch sind.

Obermoos (Pl.-Nr. 4224 bis 4355); früher sumpfige, in den letzten Jahrzehnten intensiv entwässerte und nun sehr brauchbare Wiesen zwischen Wertach und Leite (mit Viehtrieb und Klaffet). Gehörte zur Allmende Bobingens. 1932 kaufte die Weidegenossenschaft eine große Fläche auf.

Nollhof (Pl.-Nr. 1191), nicht mehr bewirtschafteter Einödhof an der Nordostgrenze der Bobinger Flur. (1830 werden in der Nähe die Noll-Jauchert genannt, von denen der später erbaute Hof seinen Namen bekam, „nulle" =

kleiner Hügel, Erdknolle, mhd.) Einige kleine Buckel lassen sich hier nachweisen.

Saubühlwiesen (Pl.-Nr. 3822 bis 3842); der Name ist nur wenigen noch bekannt, da heute die Trevirafabrik Bobingen auf diesem Gelände steht. Hier wurden die Schweine des Dorfes gehütet. Nach mündlichen Überlieferungen gab es auf dieser Wiese zwölf bis fünfzehn tischhohe Bichel, „in denen die Hunnen begraben wurden"! Beachte auch: Hexenbergle! Wahrscheinlich handelte es sich um hallstattzeitliche Hügelgräber.

Schinderwiesen (Pl.-Nr. 2915 bis 2926); nördlich des Ortes gelegen, dürfen wir in diesen Wiesen den Schindanger Bobingens erblicken, zumal der „Bösmann" (Hofname von Anwesen dicht bei den Schinderwiesen) in der Nähe wohnte (vermutlich der Wasenmeister und Schinder). Heute mit Reihenhäusern bebaut.

Schmittenholz (Pl.-Nr. 4368), ein langgestreckter Teil des Stadtwaldes Bobingen, der sich bis ins Burgwalder Tal (Triebweg) hinzieht. Hier durften die Burgwalder noch weiden lassen (1830). Verbindung mit der Ehafte der drei Bobinger Schmiede kann als wahrscheinlich angenommen werden.

Schwettinger (Pl.-Nr. 3635½ bis 4045); diese heutigen Wiesen wurden nach und nach dem Auenland der Wertach abgerodet (schwette, mhd., der sumpfige Platz, wo viele Wasser fließen).

Singold (auch Sinkel); Bach am westlichen Rand des alten Ortes. Name keltischen Ursprungs und nicht einwandfrei zu klären.

Wertach (Name keltischen Ursprungs), vermutlich aus werth-ach (Fluß mit vielen Inseln) oder wird-ach (grünes Wasser) entstanden.

Am Vogelherd (Pl.-Nr. 4199); das Wiesenstück gehört teils zum Auenland, teils zu den Schwettingern. Der Vogelherd, der hier künstlich angelegt wurde (50 m langes, tischhohes Erdoval), ist erst bei der Flurbereinigung Bobingen II aufgefüllt worden (1967).

Weidach (auch: In der Weida, Weite) (Pl.-Nr. 4199); das Gelände gehört zu den gemeindlichen Wertachauen. Der Name bezeichnet das Weidendickicht in den Auen.

Auf der Wies (siehe heute: Singoldanger, siehe auch: Point), Ortsteil im unteren Dorf westlich der Singold. Als Versammlungsplatz der Bobinger Bauern (siehe Bauernkriege) überliefert.

Baumschule (ehemalige), lag mit Pl.-Nr. 2⅓ ganz im oberen Dorf am Schnittpunkt der heutigen Max-Fischer-Straße – Poststraße. Dort begannen die Bobinger Plannummern (seit 1830) mit der lfd. Nr. 1 und endeten schließlich mit Pl.-Nr. 4377 im „Grünauer Forst". Die Baumschule ist nicht zu verwechseln mit einer späteren Baumschule, welche in der Nähe des jetzigen Bobinger Altersheimes gelegen haben muß.

Brunnendreier; das war der Name für ein Lußwiesenteil in den Lechfeldwiesen. Es gab dort den „Einser" bis „Zwölfer". Diese Ziffernnamen bedeuteten zugleich die Einteilung und Unterteilung eines ursprünglich einheitlichen Wiesen- bzw. Weidestückes. Inmitten dieser einzelnen Stücke lag ein Brunnen, der aber in den Liquidationsplänen von 1830 nicht eingezeichnet, sondern nur noch durch einen von Süden nach Norden fließenden Graben (Südost zu Ost von Neuhaus) zu ahnen ist.

Wegdreier wurde ein ähnlich unterteiltes Wiesenstück genannt, welches an den bedeutenden Scheitelweg anstieß.

Schlagkolben hieß ein Acker wegen seiner Kolbenform zwischen dem unteren Oberfeld und oberen Mittelfeld.

Strizele war die Bezeichnung für ein sehr kleines Wiesenstück an den Wertachauen westlich des Dorfes (Pl.-Nr. 3312).

Bei der Steingrube wurden die Äcker im unteren Dorf bei der Kiesgrube der Wegkapelle genannt.

Sinkeläckerle; das war die Bezeichnung für einen kleinen Acker an der Sinkel unterhalb des Dorfes fast an der Inninger Grenze.

Langes Äckerle; so wurde ein langer Acker bezeichnet, der von der heutigen Augsburger Straße bis zum Haunstetter Weg führte, wobei der Acker weit unterhalb des Dorfes begann. Er war nicht länger als andere Feldstücke, wohl aber der längste für den bestimmten Besitzer. Kein Acker reichte aber völlig bis in den Lechfeldgraben, d. i. die heutige Königsbrunner Flur, sondern die Äcker wurden gewöhnlich mehrfach entweder durch Wege oder willkürlich abgebrochen, und in seltenen Fällen (!) setzte eine neue Lage den Acker mit einer neuen Plannummer nach Osten hin fort.

Stelzenacker, hatte seine Bezeichnung auch von seiner Form. Er lag südostwärts des Nollhofes.

Langschäfter Acker hieß ebenfalls wegen seiner Form so und lag im SO des Nollhofs.

Wassertaläcker, lagen in der abflußarmen Hochterrassenmulde, welche südlich der Bischof-Ulrich-Straße beginnt und sich nach Norden gegen die Grenze der Bobinger Urmark hin fortsetzt (siehe auch Bobinger Quellen und Gräben).

Trieblehen und Triebacker lassen durch Lage und Form keine Besonderheit erkennen. Eine Verbindung mit irgendwelchen Viehtriebvorgängen läßt sich zunächst nicht beweisbar festlegen. Die genannten Äcker gehörten dem Schmidbauer und lagen im oberen Oberfeld der Hochterrasse.

Untere Härtle/Obere Härtle; ein Begriff, der nicht mit „kleinem Wald" erklärt werden darf. Das Gebiet gehörte zu einem Teil der Hirtenwiesen (später auch „Hartenwiesen") und wird in seine obere und untere Partie durch den oberen

Triebweg geteilt. Durch diesen Wiesenstreifen floß früher in N-S-Richtung aus dem Wehringer Wald kommend ein kleines Wässerlein.

Stäudeleteil; überschritt man die Sinkel, so lag nördlich des Wolfsgäßchenweges ein Wiesenstück, das wegen einer kleinen OW-Heckenreihe diesen Namen trug.

Steinacker, verlief vom Ende des Felsweges bis zum Lechfeldgraben in östlicher Richtung.

Wiesplätzle; die Bobinger Wies (als Versammlungsort gedacht) ist in der Gegend des heutigen Singoldangers zu suchen. Die Wiesplätzle lagen zwischen dem heutigen Singoldanger und der Sinkel.

Felswegäcker hießen einige Äcker, welche an den Felsweg anstießen.

Mühljauchert, so wurde ein Feld nördlich des Maustafelrains zwischen Straße und Haunstetter Weg bezeichnet. Dieser Acker gehörte vermutlich früher zur Mühle. Er ist zwar schmal, liegt aber in der Lehenbreite.

Bandeläcker hießen schmalstreifige Äcker, welche vom Mitteldorf weg in Richtung Osten führten, wegen ihrer Form.

Spitzjauchert war wegen seiner Form die Bezeichnung für einen Acker im unteren Mittelfeld.

Nolljauchert oder ähnliche Ackerbezeichnungen in Verbindung mit „Noll" findet man südlich des 1830 noch nicht vorhandenen späteren Nollhofes an der Bobinger NO-Grenze.

Beim Kreuz in Lechfeld; das Wiesenstück lag in der NO-Ecke der Bobinger Mark, aber westlich der von Haunstetten kommenden Bundesstraße 17. An der Quelle des Brunnenbaches stand früher ein Steinkreuz.

Beim Kalkofen nannte man die Felder in der Umgebung der Kiesgrubenödung bei der Wegkapelle in der Augsburger Straße.

Bergstraßenacker wurden die Felder genannt, die in der Umgebung des Schneckenberges an die Straße nach Augsburg von Osten und Westen anstießen.

Obere Viehweidteile hießen die Gemeindeteile oberhalb der Straße von Bobingen nach Bannacker ostwärts der Wertach.

Lechfeldmahd mit Kuhstall; dort entsprangen mehrere Quellen, die einen Weiher füllend, zum Lech (NO) abflossen. Die idealen Weidegelegenheiten wurden wahrscheinlich durch den Bau eines 1830 nicht eingezeichneten Stalles genutzt.

Gehrenwiese wurde auch die Schinderwiese unterhalb des Dorfes genannt wegen ihrer hervorspringenden, von Singold und Dorf umschlossenen Lage.

Zwirren; so hießen ganz allgemein quer zur allgemeinen Feldrichtung Ost nach West liegende Feldzwickel (die „überzwerch" lagen), z. B. an der Abzweigung des Langen Weges von der nördlichen Straße nach Königsbrunn. Die Inneren und die Äußeren Saugräben lagen in solchen Zwirren.

Die *Ödgärten* befanden sich im Lechfeldgraben. Es müßte richtig Eggart heißen (Mundart: *Öggert*). Der mundartliche Ausdruck wurde unverstanden und verhochdeutscht wiedergegeben. Das ödliegende Brachland wurde so bezeichnet.

Lechfeldgraben hieß die Senkung der Hochterrasse in die Lechniederung. Dort lagen die Bobinger Eggarten.

Tafelacker; so wurden allgemein die Äcker bezeichnet, welche sich in der Nähe einer Tafel (z. B. der Maustafel unterhalb des Dorfes) ausdehnten. Man findet Tafeläcker in der Nähe der Maustafel unterhalb des Ortes sowie in der Umgebung des Tafelrains, d. i. der Rain, der nach der Arrondierung durch den ersten Feldweg südlich der Industriebahn ersetzt wurde.

Lußmahdle hieß ein Wiesenstück an der Ostgrenze der 1830 festgelegten Bobinger Urmark. Diese Ostgrenze stimmt jedoch nicht mit der natürlichen Grenze überein, die am Lech lag.

Saurissel hieß ein knolliger, langgestreckter Wiesenstreifen in den Lechwiesen wegen seiner Rüsselform.

Breite Plätze war die Bezeichnung für die im vergangenen Jahrhundert gerodeten Wertachauteile, auf denen z. B. heute die Hütte des „Vereins für Deutsche Schäferhunde" steht.

Breitlehenäcker oder *Breitlehen* oder *Lehenbreite;* so hießen alle Felder, die dicht beim Dorf lagen und etwa bis zu der Linie der heutigen Greifstraße reichten. Die Breitlehen gehörten den ältesten Gehöften und waren ursprünglich Urmaierbesitz.

Heilige Mitteräcker, lagen ostwärts des Heiligen Lehberges, d. h. ostwärts der Wegkapelle. Bedeutung unbekannt.

Leimgrubenacker, Beim Ziegelstadel, Ödung hießen die Felder in der Umgebung der gemeindeeigenen Ziegelei ostwärts Bobingen (heute Ziegelei Miehle).

Krautgärten sind die neueren Pointen (s. d.).

Auf der Platten lagen die Äcker nördlich des Inneren Saugrabens, weil dort ein großes Stück der Hochterrasse flach ist.

Veitenbauernmahd hieß ein Wiesenstreifen im unteren Unterfeld mit Lechfeldgraben.

Kaltenbachteile; das waren die Ölwiesenteile zwischen Dorf und Kaltenbach.

Der bucklichste Zwölfer; der Wiesenstreifen hatte eine ganz unregelmäßige Form und war bucklig.

Heuwegäcker wurden die Äcker am heutigen „Heuweg" genannt.

Holzmahd, lag im Kothweihertal. Dort versickerten früher die Wässer des Kothweiherbaches in der sehr sumpfigen Wiese, wo heute noch viele stark eisenhaltige Quellen (in Gräben abgeleitet) entspringen (heute Fugger-Wald).

Holzängerle, im Diebeltal gelegenen (heute Forsterholz bzw. Gaggstätter Privatwald).

Beutellehen und die *bischöflichen Lehenäcker,* lagen entlang der heutigen Lindauer Straße bis zur Wehringer Grenze. Sie gehören zum Urmaierbesitz.

Schneckenberg hieß der Wiesenabhang nördlich des Dorfes (zur Sinkel hin abfallend). Vermutlich zog die besondere Feuchtigkeit des Quellengebiets zahlreiche Schnecken an.

Gewann am ehemaligen Zehntstadel hieß 1830 das Feldstück, auf dem heute das Anwesen des Karosseriebauers Fehle steht. Gemeint ist der „Zehntstadel" des Klosters St. Ulrich und St. Afra (Hinweis von X. H., 1990).

Inneres Stück – Äußeres Stück; die Grenze zwischen beiden bildete die alte Begrenzung der Lehenbreite nach Osten hin, welche heute etwa dem Verlauf der Bahnlinie Augsburg – Buchloe (wenigstens beim nördlichen Ortsteil) entspricht. Stück bezeichnet einen Acker.

Schnitterweg, liegt am Rand des Abfalls der Hochterrasse zum Lechfeldgraben entlang. Er begann an der Bobinger Südgrenze und endete an der Nordgrenze. Von den Schnittern wurde er hauptsächlich zur Erntezeit benutzt, um die vielen einzelnen Ackerstreifen des jeweiligen Besitzers (vor der Flurbereinigung) erreichen zu können, ohne die noch stehende Frucht anderer Bauern zu zertreten. Am Lechfeldgraben endeten alle Felder.

Galgensteig, führte durch die Waldabteilung „Klaffet" in einem Hohlweg auf die Höhe der Leite und zum dortigen „Armenseelenschlag".

Kropfbach; er wurde wahrscheinlich nach den Kroppen (Fische, lat. gopio) benannt, die es vermutlich in dem (nun versiegten) Wasser gab.

Obere Ösch und Wiese wurde das Wiesenstück oberhalb der oberen Wertachbrücke bezeichnet, das links der Wertach an die „Esch" von Wehringen stieß (Gemeindewald Wehringen).

Triebplatz wurde die Wiese genannt, die zu den Hirtenwiesen gehört und an Viehtrieb und oberen Triebweg anstößt.

Geschwällenteil, Schwellenmähder hießen Mähder im Diebeltal, welche ursprünglich vom künstlich gestauten Diebelwasser weiherartig überspült wurden.

Breite Steigacker hieß der Acker bei der heutigen Breiten Steige.

Bäckerhölzchen gehört auch heute noch zu den Bauernhölzern zwischen Unterer Leitach und Unterem Baderholz.

Hinzu kommen nun noch viele Flurnamen, welche oft nur geringe, zeitlich begrenzte geschichtliche Bedeutung haben, teilweise nur von Hofnamen oder Familiennamen aus entstanden sind, teilweise von verschwundenen und aufgeteilten (ausgebrochenen) Anwesen stammen. Auch die Flurnamen sind zu beachten, da sich wichtige siedlungsgeschichtliche Zusammenhänge mit Hilfe dieser scheinbar bedeutungslosen Namen vielleicht einmal klären lassen.

Da gab es u. a.: Thomasacker, Mittelbräuacker, Spickel im Oberen Krautgarten, Wellenburger Äcker, Spitzdreierle (wegen seiner Form), Schnurbeinches Höfle, äußeres Lehenstück, Unterlehenacker, Zubangütle, Hl. Kreuz-Gütle, Pfarrjauchert, Oberottmarshauser Acker, Kornprosthöfle, Lehenhof, Brandweiners Acker, Bauerhoflehen, Schusterviertele, Schnallenacker (wegen seiner Form), Pfründeacker, Hämmlers Acker, Schreiners Jauchert u. v. a. m.

C Sagen, Legenden, Erzählungen

I. DIE DREI FRÄULEIN GLEICH

In ganz, ganz alten Zeiten sollen in Bobingen einmal drei Edelfräulein mit Namen Gleich gelebt haben. Ihr Wohnsitz sei das Obere Schlößchen (Bäckerei Wiedemann) gewesen, sagt man. Als ihre Eltern gestorben waren, lebten die drei eine Zeitlang einträchtig und in Frieden miteinander. Die eine war blind und konnte nie mit den beiden anderen zusammen fröhlich sein. Eines Tages beschlossen die beiden sehenden Schwestern, sich das elterliche Geld und Gut zu teilen, damit jede von ihrem Anteil leben könnte. Solches wäre freilich nicht nötig gewesen, denn Geld war im Überfluß vorhanden. Die drei Schwestern hätten davon auch ohne Teilung bis ans Ende ihrer Tage gut und sorglos leben können. Es wird deshalb wohl richtig sein, was die Sage vermutet, daß nämlich die beiden sehenden Schwestern der Blinden von allem Anfang an nichts von ihrem Erbteil geben, sie also betrügen wollten.

Nun mochte die Blinde, wie das bei solchen Menschen häufig ist, mit einem besonders feinen Gespür bemerkt haben, was die beiden anderen im Sinn hatten. Sie bat deshalb, daß man das gesamte Geld in einer Metze messen sollte. Sie wollte immer, wenn man ein Drittel eingefüllt habe, mit der Hand darüber fahren, um prüfen zu können, ob man bei der Teilung gerecht verfahre. Ihre beiden Schwestern waren zunächst nicht sehr erbaut von diesem Vorschlag, denn alle ihre bösen Pläne schienen damit vereitelt. Der Anblick des Getreidemaßes gab ihnen aber dann den Gedanken ein, daß man auch den Boden des umgekehrten Maßes, der nur einen Finger tief maß, mit Gold füllen könne. Dies müsse sich für die Hand einer Blinden genauso anfühlen, wie die richtig von oben gefüllte Metze. Und so verfuhren sie dann voller Arglist. Wenn die beiden für sich eine Metze füllten, hielten sie das Maß richtig und ließen die blinde Schwester mit ihrem Finger darüberstreichen. Diese glaubte, daß alles ehrlich zuginge. Wenn die beiden ihrer blinden Schwester die Metze zu füllen hatten, kehrten sie das Gefäß um, streuten in den Boden das Geld und hielten dem blinden Fräulein die umgekehrte Metze zur Prüfung hin.

So kam es, daß die Blinde nur einen Teil dessen erhielt, was ihr wirklich zugestanden hätte. Das war aber den beiden arglistigen Betrügerinnen noch nicht genug: Als nämlich die Arme ihr Geld verzehrt hatte, jagten sie sie aus ihrem

Besitz. Weil das Edelfräulein nicht zu betteln gelernt hatte und weil es sich allein in der finsteren Welt nicht zurechtfinden konnte, mußte es elend zugrundegehen und sterben.

Die beiden ungetreuen Schwestern hörten davon und waren tief erschrocken über ihre herzlose Untat. Sie bereuten, begannen fromm zu werden und wandelten sich zum Guten. Weil sie das Geschehene nicht mehr zu ändern vermochten, blieb ihnen nichts weiter übrig, als ihr Verbrechen bitter zu bereuen und zu ihrer Schwester im Himmel um Verzeihung zu beten.

Nachdem sie eingesehen hatten, wie schändlich dieser Betrug gewesen war, den sie an ihrer leiblichen Schwester begangen hatten, zeigten sie, wie wenig ihnen jetzt an ihrem Hab und Gut lag. Sie schenkten ihre Wälder und Fluren der Gemeinde, in der sie wohnten. Nach der mündlichen Überlieferung sollen sie auch eine Stiftung zur Erbauung der Frauenkapelle gemacht haben. So kam Bobingen in den Besitz der – inzwischen weitestgehend verteilten – Gemeindegründe (Allmende) und des nichtverteilten Gemeindewaldes.

Diese Wandersage von den drei adeligen Fräulein, welche ihr Land der Gemeinde verschenkten, reicht bis in die älteste Zeit der Entstehung des alemannischen Bobingen (6. Jahrhundert n. Chr.) zurück. Als Volkssage findet man ähnlich lautende Erzählungen in allen Siedlungsgebieten der am Ende der Völkerwanderungszeit durch Landnahmen seßhaft gewordenen, von Norden nach Süden gezogenen bäuerlichen Volksstämme. Die Inbesitznahme der von der kelto-romanischen Ur- und Restbevölkerung dünn besiedelten Gebiete wurde als hochwillkommene Schenkung unbekannter Ursache in der Überlieferung weitergesagt und in die Mythologie eingebaut.

Die drei Fräulein sind – das wissen wir heute – Wesen der vorchristlichen Götter- und Heldenwelt, nämlich die drei Nornen Urd (die Vergangenheit), Werdandi (Gegenwart) und Skuld (Zukunft), die hinter der Tarnung der Sage alle Christianisierungen überstanden haben. Man denkt noch an sie und dankt ihnen in der Sage, die das Irrationale vernünftig gemacht hat.

II. IN OPPIDO POPINGA

Mit anderen Dörfern und Städten liegt Bobingen im Kraftfeld der alten Augusta Vindelicorum. Es ist daher nicht ungewöhnlich, wenn in der Biographie eines der größten Männer Augsburgs, des heiligen Bischofs Ulrich, auch von Bobingen die Rede ist, wo die Augsburger Kirche schon vor Vollendung des 1. Jahrtausends unserer Zeitrechnung Besitzungen und Güter hatte.

rabonis qui tunc potens epi minister fuit · in op
pido pohinga uenit · & ibi cu eo prandiu sumpsit ·
Qui cu saturatus fuisse · & abire uoluisse · prefat'
rabo cogebat eu plus adbibendu · Cui peticio
ni ille contra dicere n audebat · sed uas qd illi
porrebatur accepit · dicendo · Ista sicera bibere
pmitate sci d ual niei peui adiutoriu de
maximis angustiis liberatus sum · Cuq; poculu
hausisset · & uas cu manu deorsu uerteret dixit ·
Cu ista caritate signare cert sis · quia   nullis
aduersitatis prauitas m hodie pote   rit no
cero · sed nec cladiis corpi mei uulnerare ·
Cui rato dix · Da m digitu tuu ut uideam si
culter ms tini possit uulnerare menbru · Qui
statim magna fide digitu siui porigebat · Ipse
aut adpibenso ei digito · alia manu cultrum
deuagina extrahere conabatur · ad uulneran
du digitu pnominati pistoris · ppriie fuit ma
nu eu eode cultro grande uuln infecit · digi
tuiq; adpibensii simul & cultrii festine dereliqt
& siui manu uulnerata lamentari cepit; pis
tor aut in fide efortins simus recessit ;

Textbild aus „Vita Sancti Udalrici"

eleuatus aut afratribus palatia deductus est
Cuiq; ambire cepisse· & puenisse ante altare
sci donati· qd'e situ adoccidentale parte eccle
audiuit sonitu canentiu inchoro clericox.
& infirma adhuc uoce dixit· fribus suis· ecce
audio· & loqui possu· Qui pacto ministerio di·
hec clericis adnunciauert· & ipsi uerint hec
ita cu cognoscerent capanas sonare fecerunt·
& ipsi comune dni laudare ceperunt· laudati
anneq̃ finita cu pfecta loquela & integro au
ditu donatus psatus infirmus pmeruit·
Et familia benrica similiarius qda nomine
uuernot reati pprio gram domini sui pdidit·
peo quia facta ploca cpi sibi comendata magna
incautela dissipauit· Qui cu aministris cpi ue
heniter territus maximu timore incidere· ad
sepulcru sci Odalrici pliberatione inminentis
angustie nudis pedib; inipositus· facilis q̃ credere
potuisset gram dni sui recepit· Deinde inuinctus
cu firmiter ubiq; confidens· inrecreatione sui
pamore ei alios bibere postulare consueuit·
IDEM LIUT GODUS quadi die ad domum

Des Bischofs „gewaltiger Ammann" war ein gewisser Razo, der in Bobingen wohnte und wirkte. Bei diesem Razo soll sich der in der „Vita Sanci Udalrici" aufgezeichneten Legende zufolge eines Tages der Hofbäcker Luitnot besuchsweise aufgehalten haben. Razo nötigte den frommen Mann, der sich dem hohen Gastgeber nicht zu widersetzen wagte, über den Durst zu trinken. Bevor Luitnot dies tat, rief er den Heiligen Ulrich an und empfahl sich seinem Schutz. Dadurch glaubte er sich an diesem Tage gegen jeglichen Schaden gesichert und gefeit. Tatsächlich schlug der Versuch des zweifelnden Razo, den ungläubigen Trinker mit einem Messer zu verwunden, zum eigenen Nachteil aus. Razo verletzte sich an der Hand.

„In oppido popinga" ereignete sich dieser Vorfall. Wenn wir auch nicht wissen, in welchem Jahr Razo den Luitnot unter den Tisch zu trinken und ihn zu verletzten versuchte, so wissen wir doch, daß die Beschreibung des Lebens des Heiligen Ulrich zwischen den Jahren 983 und 993 von einem Zeitgenossen des Bischofs, dem Augsburger Domprobst Gerhard verfaßt wurde. Bischof Ulrich starb im Jahre 973. Im Jahre 993 wurde diese von Gerhard verfaßte Lebensbeschreibung zum Zwecke der Heiligsprechung des Bischofs in Rom vorgelegt (s. Wattenbach-Holtzmann, Geschichtsquellen I, 2. Heft, 257). In Rom wurden vermutlich auf Veranlassung des Papstes Abschriften von der Originalschrift gefertigt. Das Original der „Vita Sancti Udalrici" ging in Rom verloren, von den ursprünglich gefertigten Kopien wurde eine Abschrift gerettet. Die Entstehung dieser Kopie wird in die erste Hälfte des 11. Jahrhunderts datiert. Diese älteste Kopie wird sorgsam von der Bibliotheque Nationale, Paris, gehütet. Eine jüngere Abschrift dieser Abschrift befindet sich im Hauptstaatsarchiv München. Sie stammt aus der 2. Hälfte des 11. Jahrhunderts.

Das Jahrbuch des Historischen Vereins für Schwaben und Neuburg (1841, S. 70) erwähnt eine andere Bobinger Urkunde, in der Bobingen genannt wird. Diese Urkunde stammt exakt aus dem Jahre 1056. Von diesem Zeitpunkt an nimmt die Zahl der schriftlichen Hinweise auf Bobingen allmählich zu. Zahlreiche Handschriften haben den Dreißigjährigen Krieg überstanden. Mit Ausnahme der Bobinger Unterlagen im bischöflichen Ordinariatsarchiv in Augsburg, welches während der Bombennächte des letzten Krieges zu 80 Prozent zerstört wurde, blieben uns zahlreiche Berichte und Urkunden aus den letzten Jahrhunderten erhalten. 65 Bände mit Grundstücksverkehrsverträgen u. ä. warten noch in Neuburg auf die Auswertung, durch welche die Ortsgeschichte Bobingen mehr noch als dies bisher geschehen konnte, aus der sagen- und legendenhaften Vergangenheit in den Blick einer konkreten Geschichtsschreibung gehoben werden könnte.

III. DIE HEXE RITT HUCKEPACK

Es ging einmal – so erzählt die Sage in Bobingen – ein Mann mit einem Schaff Getreide auf dem Rücken von Augsburg nach Schwabmünchen. Ein Schaff Getreide entspricht heute dem Gewicht von 320 Pfund. Der Mann hatte also schwer zu tragen. Als er in Inningen ankam, sprach ihn ein altes Weib an, welches eine Hexe war, und machte ihn auf die viel zu schwere Last aufmerksam. Der Starke prahlte, sie könne sich noch auf den Sack draufsetzen, er trage sie als altes Weib noch dazu. Gesagt – getan. Wie aber der Mann in Bobingen ankam, drückte ihm die Hexe das Leben ab. Zur Erinnerung an dieses Ereignis wurde in Inningen ein Steinkreuz und in Bobingen ein gleiches Kreuz erstellt. Einen kleinen, schlammigen Hohlweg, der einmal wenige Meter nördlich des Kreuzes von der Hochstraße zur Römerstraße hinunterführte, nannte der Volksmund „das Hexengäßele".

Diese Sage scheint jung zu sein; das Bobinger Steinkreuz ist jedoch viel älter. In der Überlieferung wird es als „Pestkreuz", teilweise auch als „Sühnekreuz" genannt. Bis Anfang des 17. Jahrhunderts war es bei schweren Bluttaten üblich, daß der Täter zur Sühne neben anderen Bußen ein Steinkreuz am Ort der Tat aufstellen mußte. Mit Einführung der „Peinlichen Halsgerichtsordnung" Karls V. (Constitutio Criminalis Carolina, erlassen 1532) verschwand diese Sitte allmählich.

Die mündliche Überlieferung erwähnt dieses Kreuz in der Zeit der Pest in Bobingen, welche im Dreißigjährigen Kriege von 1628 bis 1636 das Dorf Bobingen heimsuchte. Anscheinend stand dieses Kreuz aus Weilheimer Tuffstein damals schon, denn „die Pest drang bis zu diesem Kreuz vor, das untere Dorf starb völlig aus". Nur die Bewohner des oberen Dorfes überlebten mit 30 Männern und 30 Frauen diese schlimme Zeit.

Nach dieser Pestzeit siedelten sich Bauern aus Tirol, aus Bayern und aus den Staudengemeinden in Bobingen an. Man sagt, die ursprünglichen Bobinger seien blond gewesen, und die Neubauern hätten das schwarze Haar, die braune Haut mitgebracht. Diese Bauern brachten wahrscheinlich auch den Namen „Jaufmann" nach Bobingen, d. s. die Leute vom Jaufenpaß in Tirol.

Bis in die Mitte des 19. Jahrhunderts schaute das Kreuz vom damaligen Ortsrand über die Lehenbreite hinaus aufs Lechfeld. Die Straßenzeile der heutigen Hochstraße war noch nicht bebaut, die heutige Asphaltstraße nur ein unbedeutender Feldweg.

Pestkreuz an der Hochstraße in Bobingen

IV. DAS SCHWOIRMÄNNDLE

Es sei in den ersten Jahrzehnten nach dem 30jährigen Krieg gewesen, so geht die Sage, als ein Bobinger Viehhändler mit seinem Gäuwägelchen durchs Diebeltal heimwärts fuhr.

Schon seit dem Morgen unterwegs, war er gegen Abend eingekehrt, hatte in einer Dorfwirtschaft noch ein paar Zecher gefunden, und beim Kartenspiel ging der Abend rasch vorbei. Es ging bald der Mitternachtsstunde zu, als die Heimfahrt angetreten wurde. Ein gutes Stück, ehe das Sträßlein den Wald verließ, verfolgte das in der Gegend gefürchtete Schwoirmänndle den Heimfahrenden. Der Geist, als mächtige Gestalt mit wehendem Haar und leuchtenden Augen erkennbar, fuchtelte mit seinen langen Armen und schrie immer wieder: „Hoihoihoi!" Dabei krachte es hinter dem Gäuwagen her, wie wenn alle Äste des Waldes aneinander schlügen, und dem Bobinger war es, als würfe der Geist mit feurigen Tannenzapfen nach ihm. So rasch der Händler auch seinen Gaul antrieb, der unheimliche Geist folgte doch immer im gleichen Abstand. Da wurde es dem Furchtlosen zu dumm. Mit angestrafften Zügeln brachte er den Gaul zum Stehen, drehte sich auf dem Wagen um, knallte in Richtung des Geistes kräftig mehrmals mit seiner Peitsche und schrieb dann mit ihr ein Kreuzeszeichen in die Luft, worauf der Geist verschwand und Mann und Gaul sicher Bobingen erreichten. (Aus der Sammlung von Theodor Jörg, Waltenhofen).

V. VOM VENUSBERG UND UNTERIRDISCHEN GÄNGEN

Im Jahre 1938 wurde in Bobingen die den ganzen Ort durchlaufende Hausnumerierung beendet. Jede Straße erhielt einen Straßennamen und in jeder Straße wurden Hausnummern vergeben. In diesem Jahr wurde der westlich der Oberen Kapelle zur Sinkelniederung hinführende abschüssige Weg „Venusberg" genannt.

Diese an sich etwas seltsame und auf den ersten Blick historisch nicht begründete Bezeichnung knüpft an eine Erzählung an, deren Verbreitung und Weitergabe sich glaubhaft bis in die erste Hälfte des vergangenen Jahrhunderts verfolgen läßt und die hier mit allen Verballhornungen wiedergegeben werden soll.

Im Garten des Mair-Hös (Bauernhof an der Ecke Poststraße – Venusberg) stand früher ein Gott. Das war der Venus, ein Standbild. Das ist aber schon lange her, da hat man im Garten abends Feste gefeiert bei dem Standbild. Der Venus war ein nackerts Mensch.

Diese Erzählung wirkt seltsam und ortsfremd, doch sollte man sie nicht untergehen lassen. Vielleicht kann sie später einmal in einen sinnvollen geschichtlichen Zusammenhang eingefügt werden. In den Liquidationsprotokollen und Urkatastern um 1830 wird ein Venusberg nicht erwähnt. Es sind auch keine anderen Quellen bekannt, aus denen erklärbar sein könnte, warum im Garten des Bauernhofes Feste um ein Standbild gefeiert worden sein sollen. Die Deutung dieser Erzählung ist sicherlich nicht vordergründig möglich. Ohne zusätzliche Tatsachen sollte sie nicht versucht werden.

Der Venusbergweg führt mit einiger Wahrscheinlichkeit über das Gelände eines ehemaligen, urkundlich nicht erwähnten Pilgerfriedhofes des 17. Jahrhunderts hinweg. Bei Hausbauten zwischen der Oberen Kapelle und der Poststraße wurden während der letzten 50 Jahre (und beim Ausheben einer Kiesgrube) wiederholt Gebeine und Ulrichskreuze ausgegraben. Eine Verbindung zwischen Pilgerfriedhof und der Venusbergerzählung ist nicht zu erkennen. Die Venusbergerzählung dürfte älter als der abgegangene Friedhof sein.

Eine örtliche Sage ist aber selbst dann der Aufzeichnung und Übermittlung wert, wenn sie offenbar infolge der mündlichen Weitergabe von Generation zu Generation auf einige wesentliche, wenn auch entstellte Grundzüge zusammenschrumpfte. Auch eine verstümmelte Restsage kann selbst dann, wenn es sich um ein immer wieder auftauchendes und von anderen Orten her bekanntes Sagenbild handelt, doch einmal zu lokalen Untersuchungen Anstoß geben und eine Bestätigung erfahren. Unter phantasievollen Einkleidungen zeigen sich dann die realen Tatsachen. So erzählte man sich z. B. seit Jahrhunderten in einem oberschwäbischen Dorf, eine Burg bei dem Dorf sei plötzlich morgens beim Hahnenschrei untergegangen. Niemand wußte die Sage zu deuten. Erst während der letzten Jahrzehnte gelang der Nachweis, daß es sich bei der „untergegangenen Burg" um ein einmalig benutztes Marschlager einer römischen Legion handelte.

Deshalb mag auch die Erzählung nicht ohne Bedeutung sein, derzufolge von der Brauerei Deuringer zum Mittleren Schlößchen und vom Anwesen Dieminger hoch über der Poststraße zum Anwesen Gruber, Lindauer Straße, ein unterirdischer Gang von einem zum anderen Anwesen führen soll. Vor etwa 70 Jahren versuchten zwei Bobinger Oberschüler durch eine Versuchsgrabung diesen unterirdischen Gang zu entdecken. Die Bemühungen der beiden jungen Archäologen mußten erfolglos bleiben, denn einen solchen Gang hat es mit einiger Sicherheit dort nie gegeben. Die siedlungsgeschichtliche Faustregel, die bei der Untersuchung solcher Gangsagen zu beachten ist, spricht vielmehr davon, daß solche Gangsagen immer auf früher bestehende rechtliche und wirtschaftliche Verbindungen und Abhängigkeiten zwischen den genannten Anwesen hinweisen. Eine solche reale Beziehung bildet wahrscheinlich auch den Hintergrund der Bobinger Gangsage.

VI. SO GEHT'S BOBINGEN ZU

Auch dieser geschichtliche Leitslogan, Erkennungszeichen zwischen echten Bobingern in der Fremde, Spottwort bei den Bewohnern der Dörfer und Städte bis hin nach Augsburg, sollte in seiner ernsten und scherzhaften Bedeutung nicht untergehen. Das Wort wird bekanntlich von einem höhnisch-einfältigen Lächeln und einem kräftigen, bei der Zeigefingerspitze beginnenden und bis zum Ärmel reichenden Strich unter der Nase begleitet, so wie wenn sich ein einfältiger, primitiver Mann ohne Taschentuch die Nase wischen würde.

Ursprünglich soll diese Bewegung unter dem Kinn hindurch geführt und bösen Tod angedeutet haben. Damit war, so erzählt man sich, die Geste des Aufhängens gemeint, die der zum Galgen fahrende Delinquent auf die Frage, wohin denn seine Fahrt gehe, dem verdutzten Reisenden zeigte. Das Sprichwort ist in der mündlichen Überlieferung noch landauf, landab lebendig.

Von einem Galgen oder einer ähnlichen Richtstätte bei Bobingen berichtet freilich keine Urkunde. Es gibt offenbar keine schriftlichen Quellen, welche die Erzählung bestätigen könnten, welche doch sehr wahrscheinlich richtig und historisch begründet ist. Da berichtete noch 1952 der Klockerbauer Karl Weber, daß seine Großmutter – und sie habe diese Geschichte als Kind von den Alten gehört – ihm erzählt habe, die Leute, welche im Moos Heu einfuhren, hätten bei Westwind das Klappern der Knochen der im Armeseelenschlag (Pl.-Nr. 4357) Gehenkten gehört.

Um den Armeseelenschlag ranken noch zwei andere Erzählungen, die aber wohl mit der Galgensage nicht im Zusammenhang stehen: Ein Bobinger Bauer habe beim Armeseelenschlag „unrecht Gut" vergraben, und deshalb müsse er jetzt dort nachts umgehen.

Auch reite das „Wilde Gejäg" die Leitenstraße zwischen Bannacker und Straßberg entlang.

Die Erzählung vom „Wilden Jäger" findet sich als Wandersage überall und mit zahlreichen Zutaten versehen in Deutschland. Sie ist nach der Christianisierung entstanden, haftet stets an alten Straßen und deutet die letzten Spuren der vorchristlichen Mythologie an. Bei der Erklärung des Bobinger Sprichwortes hilft diese Erzählung, die Sagencharakter hat, nicht weiter. Vielleicht finden sich eines Tages urkundliche Anhaltspunkte für eine Galgenstätte westlich von Bobingen, auf deren Existenz auch folgende tragikomische Geschichte hinweisen könnte:

Ein Bobinger hatte sich wegen irgendeiner krummen Sache vor Gericht zu verantworten. Als der Tag der Gerichtsverhandlung festgesetzt war, überlegte er verzweifelt hin und her, wie er sich bei diese Sache, bei der es um seinen Kopf und Kragen ging, am besten verteidigen könne. Ihm fiel kein Ausweg, keine Ausrede ein.

Da nannte ihm ein Bekannter einen weitgereisten, erfahrenen Mann in Augsburg, der in solchen Angelegenheiten stets Rat wisse. An diesen wandte sich der verzweifelte Bobinger, schilderte ihm seinen Fall und bat um gute Hilfe. Nachdem sich der gerichtserfahrene Augsburger die Jeremiade des Bobingers angehört und er gründlich nachgedacht hatte, kam ihm ein guter Gedanke. Er riet dem Bobinger, sich einfältig und dumm zu stellen und auf jede Frage des Richters nur zu antworten: „So geht's Bobingen zu!" Gleichzeitig solle er sich mit der Hand unter der Nase entlangfahren. Der Augsburger meinte, diese Rolle könne der Bobinger am besten spielen und durchhalten.

Der Angeklagte eilte glücklich nach Hause und übte Spruch und Geste wiederholt, bis sie ihm zur zweiten Natur wurde. Immer wiederholte er: „So geht's Bobingen zu" und fuhr sich mit einem kräftigen Strich quer unter der Nase durch. Vor Gericht endlich spielte er seine Rolle so vollendet, daß der Richter voller Mitleid für den armen Tölpel ihn freisprach. Sogleich eilte unser Bobinger erleichtert und froh zu seinem Augsburger Ratgeber und berichtete diesem vom vollen Erfolg seines Bauerntheaters. Nun forderte aber der Winkeladvokat für seine Beratung unvorhergesehen ein kleines Honorar von einigen Talern, und die wollte der sparsame Bobinger nun gar nicht zahlen. Flugs probierte er das eben bewährte Rezept bei seinem Ratgeber aus, stellte sich dumm, sagte: „So geht's Bobingen zu" und wischte sich triumphierend die Nase. So hatte der kleine Gauner den großen Gauner geprellt, und da offenbar beide den Mund nicht hielten, sprach bald jedermann zwischen Bobingen und Augsburg über diesen doppelten Streich und seine Urheber.

Auf diese Weise erfuhr auch das Gericht, daß es getäuscht worden und wie das ungerechte Urteil zustandegekommen war. Beide wurden nun verhaftet und alsbald zum Tode am Galgen verurteilt. Dem Vernehmen nach sollen beide noch zur selben Stunde von Augsburg über Bobingen nach Bannacker zur Hinrichtung gefahren worden sein. So ging es für beide nun „Bobingen zu", aber in einer anderen Weise, als sie sich das gedacht hatten.

Diese Geschichte wird mit etlichen kleinen Variationen heute noch in Bobingen erzählt. Ihre Entstehungszeit ist unbekannt. Sie wirkt aber insgesamt zu natürlich, als daß es sich um eine fingierte Sage aus der Zeit der Romantik handeln könnte. Sinn und Bedeutung dieser Erzählung liegen tief in der noch nicht völlig ausgeloteten Vergangenheit Bobingens.

An der Ecke Bahnhofstraße – Hochstraße steht in einer kleinen Rasenanlage seit November 1966 ein vom Augsburger Bildhauer Sepp Mastaller in Juramarmor gemeißeltes „Bobinger Büble", das sich verschmitzt lächelnd mit dem Zeigefinger unter der Nase entlangfährt. Dieses Denkmal erinnert an jenes alte Bobinger Sprichwort.

„Bobinger Büble", Plastik, an der Hochstraße

D Bauerntradition, Bauernarbeit, Bauernnot

I. DIE BOBINGER FLUR

Panorama aus der Zeit der Bauernaufstände

Bobingen ist leider arm an Bildern aus seiner Vergangenheit. Die Votivbilder in der Liebfrauenkirche geben nur das Aussehen der alten Kapelle vor rund 300 Jahren wieder, zeigen aber kein Bild Bobingens aus jener Zeit. Es existieren keine Stiche oder Zeichnungen in Archiven. Um so erfreulicher ist es deshalb, daß im Bayerischen Hauptstaatsarchiv München (Plansammlung 2666) eine Teilansicht der alten Bobinger Flur vorhanden ist. Die Karte stammt aus dem Jahre 1570. Sie deutet die Felder auf der Hochterrasse durch Ackerstreifen, das Dorf durch vier Häuser stilisiert an. Der Ort ist nicht in seiner vollen Ausdehnung ausgezeichnet, denn auch unterhalb der Unteren Kapelle standen 1570 schon zahlreiche alte Anwesen, wie wir heute wissen. Der östliche Dorffetter (Dorfrand) ist durch einen gestrichelt gezeichneten Zaun angedeutet. Er verlief etwa im oberen Dorf entlang der heutigen Rathausstraße, weiter Am Rain entlang bis zur heutigen Koloniestraße. Das Gelände zwischen dem Dorf und der windungsreichen Singold (Sinkel) ist gerodetes Wiesenland, wobei nicht erkennbar ist, ob das Land bereits parzelliertes Privateigentum oder noch unverteiltes Gemeindeland ist. Die Point (Baind) ist in der Verwendung des ursprünglichen Wortsinnes als „umzäuntes, privateigenes Gartenland" dargestellt. (Die auf der Point stehenden kleinen Söldneranwesen („Singoldanger") dürften ihrem Baustil nach zu schließen erst später in der Barockzeit erbaut worden sein). Die Schwettinger (Schwetting) gehören ihrem damaligen Aussehen nach mit Gewißheit zum unverteilten Gemeindeland. Der Flurname „In der Kammer" jedoch ist völlig ungebräuchlich und heute in seiner Bedeutung ungeklärt. Die Wertach wird als breiter Fluß gezeichnet, der von Faschinen eingegrenzt ist. Die Brücken sind geländerlose Übergänge mit vier Pfeilern. Im Westen schließt das Bild mit der Ansicht der beiden Schlösser von Bannacker (Bonacker) und Straßberg ab.

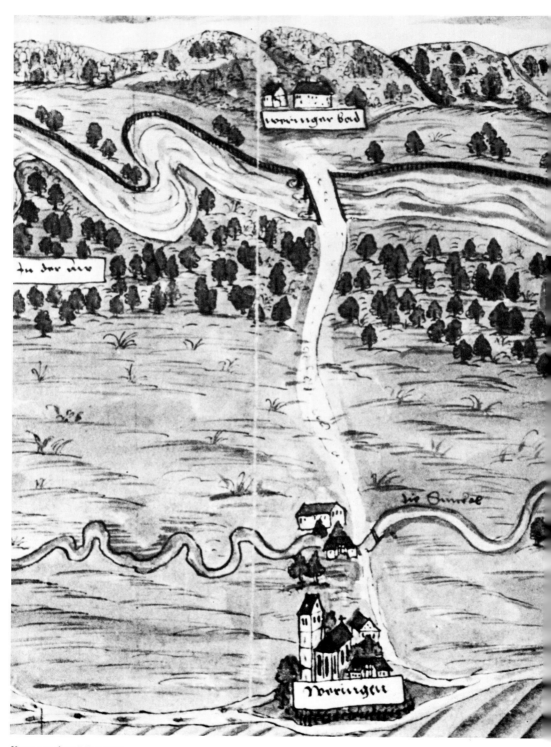

Karte aus dem Jahre 1570

Straßberg

Bonerku

der aw

Der Brgerweting

In der hemer

In der G

Bobingen

Der Zeichner legte großen Wert auf die genaue Wiedergabe der drei Bobinger Kirchen, soweit dies bei dem kleinen Maßstab möglich war. Anstelle der heutigen schmucken, 1751 erbauten Liebfrauenkirche steht noch ein einfaches Kapellchen, dessen Turm an der Nordseite errichtet wurde. Die alte Kapelle wird 1472 zum ersten Male erwähnt. Die Untere Kapelle, 1520 bis 1523 zu Ehren der Heiligen Wendelin und Wolfgang erbaut, zeigt sich noch ohne den Schmuck des barocken Dachreiters. Das Bild der Pfarrkirche in der Dorfmitte läßt erkennen, daß die von August Fischer in dem Büchlein „Bobingen und seine drei Kirchen" vertretene Ansicht über den Zeitpunkt der Erweiterung der alten Kirche im 15. Jahrhundert revisionsbedürftig zu sein scheint. Die Kirche ist 1570 noch ohne die Chorerweiterung und ohne die herausgerückte Nordwand dargestellt, und der Turm weist auch nur drei Stockwerke auf. Das Kirchendach zeigt einen heute nicht mehr vorhandenen Höhenabsatz, und die Friedhofsmauer steht ohne die Befestigungstürme, welche vermutlich erst im Dreißigjährigen Kriege erbaut wurden.

Die Karte stammt aus der Zeit, als die Reformation Luthers und die dadurch ausgelösten sozialen Bewegungen (Bauernaufstände in Schwaben und Franken, 1525) auch die Bobinger Bauern erfaßt hatten. Der Augsburger Religionsfriede (1555) beruhigte zunächst die gegensätzlichen Religionsstreiter. Holland sagte sich von Spaniens Herrschaft los; die Hugenottenkriege tobten in Frankreich. Am Ende dieser Entwicklung stand der Dreißigjährige Krieg, der auch in Bobingen Armut, Tod und Verwüstung hinterließ.

II. DIE ÄLTESTEN HOFSTÄTTEN

„item eodem die (= an eben dem gleichen Tage) hat emphangen Caspar Wildpreth ainen hofe zu Bobingen, ist genant der Spilhof bei dem undern Dantzbühl, den jetzo Ul(rich) Geßler buwet", lautet ein Eintrag im Lehenbuch des Hochstiftes Augsburg, fol. 50, aus dem Jahre 1424. An dieser Notiz über eine der urkundlich beweisbar ältesten Hofstätten Bobingens sind verschiedene Tatsachen bemerkenswert. Der Name Wildbret ist heute noch in Augsburg und Umgebung überliefert. Der Familienname Geßler hat sich anscheinend auch in Bobingen über den Dreißigjährigen Krieg hinaus erhalten, denn er ist heute noch hier vertreten. Am bedeutungsvollsten aber ist der Hofname. Die Fachwissenschaftler (Etymologen wie Schnetz, Richard Dertsch und Remigius Vollmann) führen den Ursprung des Wortes „Spilhof" übereinstimmend auf eine alte Gerichtsstätte zurück, wobei Vollmann das Stammwort „spel" = Rede, Schnetz das Stammwort „spil" = Stab = umfriedete Dingstätte in der Erklärung zugrunde legt.

Es wurde schon darauf hingewiesen, daß Bobingen in älterer Zeit ein Gericht besessen haben muß (siehe „Armeseelenschlag", „Galgensteig" und die Galgensage im Gemeindewald Bobingen). Die Überlieferung der näheren Umstände dieser Gerichtsbarkeit und der damit notwendigerweise verbundenen Gerichtsstätte ist vermutlich schon im hohen Mittelalter unterbrochen worden. Es ist ungeklärt, ob eine Beziehung zwischen diesem Gericht und dem Spilhof bestand. Das Wort „Dantzbühl" = Tanzhügel ist vielleicht dadurch zu erklären, daß oftmals im frühen Mittelalter auf den Friedhöfen getanzt wurde.

Das Lehenverzeichnis des Hofes aus dem Jahre 1544 liegt im Hauptstaatsarchiv München. 1650 befindet sich der Hof im Eigentum der Familie von Rehlingen. Im Urbar von 1678 wird der Hof zum erstenmal mit dem Hofnamen „beim Schwed", in den Urkatastern von 1830 kurz als „Schwedenhof" bezeichnet. 1952 ist er Eigentum der Familie Haugg („Alter Bauer").

Der zweite Bobinger Hof, der sich dank der Forschungsarbeiten des verstorbenen Rektors Röttinger in seiner Besitzerfolge von 1424 bis auf den heutigen Tag ergründen ließ, ist der Hof des „Maierbauern" (heute Georg Kohler, Hochstraße 29). Nach Röttinger besaß der Augsburger Bürger Heinrich Bonbrecht 1424 diesen Hof zu Bobingen. 1429 erhielt der Reichsmarschall Graf Pappenheim zu Wertingen „einen Halbhof zu Bobingen, genannt Maierhof", der auf dem Spielberg gelegen war. Der Hof wurde Eigentum des Klosters zum Hl. Geist in Augsburg, später des Klosters Maria Stern in Augsburg und ging bei der Säkularisation in das Privateigentum des Maierbauern über.

Der „Spielhof am underen Dantzbühl" lag direkt nördlich der St. Wendelinskapelle. Der „undere Dantzbühl" oder „Spielberg" ist entweder am Standort der St. Wendelinskapelle zu sehen oder dort, wo heute das Anwesen Häring (Unterer Schmied) steht (Mitteilung durch X. H.).

III. BÄUERLICHER ALTBESITZ IN BOBINGEN

Bobingen ist in seinen Grundlagen ein Bauerndorf, wie alle anderen Siedlungen an der Hochstraße. Der Ort ist heute – obwohl nur noch 1 % der Bevölkerung von der Landwirtschaft lebt – da und dort in seinem Ortsbild bäuerlich geblieben. Trotz dieser sehr alten bäuerlichen Grundlage finden wir wenige Bauernfamilien in Bobingen, die urkundlich nachweisen können, daß sie mehr als 100 oder 200 Jahre denselben Hof bewohnen oder dieselbe Sölde bebauen. Die Säkularisation brachte es mit sich, daß Güterbewegungen erleichtert und Haus- und Grundstücksspekulationen ermöglicht wurden. Darin mag eine Ursache für das Fehlen des ununterbrochenen Familienbesitzes zu sehen sein.

In Gegenden mit Einödhöfen kommt es häufiger vor, daß ein Name 200 und mehr Jahre mit dem gleichen Hof verbunden bleibt. In Bobingen aber gehört diese Geschlechterfolge zu den Ausnahmen. Leider wurde die Geschichte der Bobinger Bauernhöfe noch nicht geschrieben, da ein solches Vorhaben jahrelange intensive Forschungsarbeit voraussetzt. Die Ergebnisse einer solchen Arbeit wären für die Ortsgeschichte von unschätzbarem Wert. Allein im Staatsarchiv Neuburg lagern u. a. 65 Bände mit Bobinger Hof- und Güterverträgen u. ä. mit aufschlußreichen Angaben über Familienverhältnisse, Flur- und Waldsituationen, Flurnamen usw. Die Fülle dieses nicht durchgearbeiteten Quellenmaterials schreckt jeden oberflächlichen „Forscher" ab. Dazu kommen noch zahllose Einzelurkunden und Akten im Hauptstaatsarchiv München, in den Archiven der Klöster, die zum Teil ausgewertet und zusammengefaßt wurden. Aus diesem Grund konnte bisher nur eine Bauernfamilie in Bobingen, nämlich die des Adalbert Fischer (Bäuerle), Augsburger Straße 9, durch Eintragung in die Altbesitzmatrikel des Bayerischen Bauernverbandes geehrt werden, nachdem im Pfarrarchiv festgestellt worden war, daß sich der gleiche Hof über 200 Jahre im Familienbesitz befindet. Nach den bisherigen Feststellungen ist auch die Familie Johann Wiedemann, Venusberg 6 (Maierhös), seit Ende des 18. Jahrhunderts im Besitz dieses Hofes. Der erste Wiedemann auf diesem Hof war der – nicht von Bobingen stammende – Nikolaus Wiedemann, der vermutlich um 1770 die Agnes Fischer (geb. 31. 12. 1742), die Tochter des Bauern Josef Fischer heiratete (Mitteilung durch X. H.)

Unter den nachstehenden Anwesen, die sich 120 Jahre und länger in Familienbesitz befinden, gibt es sicherlich den einen oder anderen Hof, der gleichfalls seit 200 Jahren seine Besitzer nicht gewechselt hat. Es sind dies die Anwesen von

Metsch Theresia (Sinkelweber, Hs.-Nr. 23) seit 5. 5. 1819, Poststr. 14

Mattmer Alois (Hs.-Nr. 35), Krumbacher Str. 8

Deuringer Anton (Kirchbräu, Hs.-Nr. 44) seit 1807, Hochstr. 1

Oberdorfer Andreas (Hößensölde, Hs.-Nr. 67), Römerstr. 16 (1969 abg.)

Biehler Johann (Spinnerseffl, Hs.-Nr. 87), Römerstr. 34

Egger Karl (Mittelmühl, Hs.-Nr. 90) seit 1787, Römerstr. 53

Geirhos Hans (Sinkelbauer, Hs.-Nr. 95), Römerstr. 59

Kugelmann Maximilian (Schäffler, Hs.-Nr. 106), Römerstr. 52

Egger Jakob (Kraus, Hs.-Nr. 119), Wertachstr. 12

Jaufmann Theodor (Fischer, Hs.-Nr. 124), Schreibergasse 6

Gschwilm Benno (Lumper, Hs.-Nr. 157), Augsburger Str. 23

Fehle Hermann (Oberer Wagner, Hs.-Nr. 204) seit 1778, Hochstr. 6

Gruber Hans und Martin (Zimmermeister, Hs.-Nr. 224), Lindauer Str. 10

Ehemaliges Anwesen Inselweg Nr. 5

Ehemaliges Anwesen am Hochstiftweg

Hochstraße 61 – erbaut etwa 1760

Hochstraße 25 – erbaut etwa 1760

114

Auch in der „Trevira-Periode" sollte diese durch wenige Jahreszahlen ange-
deutete bäuerliche Tradition und die in ihr ruhende Kraft nicht übersehen und
zu gering eingeschätzt werden.

IV. DIE EINFÜHRUNG DER STALLFÜTTERUNG (1782)

1. Das Vorurteil gegen Neuerungen

Das ewig sich wiederholende Ereignis: Eine Neuerung – und sei sie noch so
vorteilhaft – wird von denen, zu deren Vorteil sie eingeführt wurde, entweder
mit äußerstem Mißtrauen betrachtet oder ganz abgelehnt. So ging es nicht nur
dem großen Friedrich mit seinen laut Regierungsbeschluß anzubauenden, bis
dato noch unbekannten Kartoffeln, sondern auch dem Fürstbischof Clemens
Wenzeslaus mit der Einführung der Stallfütterung in Bobingen. Die Scheu-
klappen einer allzu hoch bewerteten Tradition versperrten den Blick für den
Fortschritt, die Erkenntnis von der Entwicklung der Umwelt und die mögliche
Verbesserung der wirtschaftlichen Lage. Die Tradition sollte nicht etwa durch
Neuerungen abgeschnitten werden, sondern aus einer gepflegten Tradition
müßten sich Fehler der Vergangenheit erkennen und deshalb im jetzigen Geschehen vermeiden lassen. Das sind die wichtigsten Gründe für die Geschichtsforschung: Die Erinnerung an die Vergangenheit und das Gewinnen
neuer Erkenntnisse aus dieser Erinnerung, aus dieser oft bitteren Erfahrung,
und das Auswerten dieser Erkenntnisse in der wirtschaftlichen und politischen
Entwicklung der Gegenwart.

2. Die befohlene Stallfütterung

Am 29. 5. 1781 ordnete Bischof Wenzeslaus im Gebiet des Hochstiftes Augsburg die Einführung der Stallfütterung an, ein für damalige Zeit umwälzendes
Ereignis, waren doch seit Jahrhunderten das Rindvieh, die Pferde usw. nur
während der Winterzeit in Ställen untergebracht worden. Von Frühjahr bis
Herbst grasten die Herden auf den Viehweidteilen Hörele, den Hartenwiesen
und den Mooswiesen, welche zum unverteilten Gemeindeland gehörten, an
dem die Nutzanteilberechtigten einen Nutzungsanspruch hatten. 535 Tagwerk
sollten nun gerodet, verteilt und verlost werden und so in Privateigentum übergehen. Die Reaktion der Bauern war strikt ablehnend. Am 24. 8. 1781 richte-
ten sie ein Gesuch an die hochstiftische Verwaltung nach Dillingen um Aufhebung der Rodungsanordnung. Zur Begründung führten sie an, es werde
Futtermangel durch die ganzjährige Stallhaltung eintreten, es müßte mehr
Dienstpersonal gehalten werden, und der für die Wiesen benötigte Dünger
gehe den Feldern verloren.

Als der bischöfliche Pfleger zu Bobingen Stellung zum Gesuch der Bauern nehmen mußte, lachte er nur. Die Bauern hatten ihm rundheraus erklärt: „Das ist etwas Neues. Das tun wir nicht", als er ihnen den landesfürstlichen Befehl verlesen hatte. Der Pfleger berichtete, daß durch das ganzjährige Beweiden des unverteilten Gemeindelandes und durch den Bewuchs des Weidegrundes der Futterertrag für die Winterzeit so spärlich sei, daß die Pferde im Frühjahr vor Schwäche nicht einmal mehr einen leeren Wagen ziehen könnten. Die Kühe würden die meiste Zeit des Winters mit gehäckseltem Stroh gefüttert, so berichtete er, und könnten im Frühjahr kaum auf die Weide getrieben werden. Großbauern mit 12 bis 14 Stück Vieh im Stall müßten für 40 bis 50 Gulden Schmalz kaufen, weil das im eigenen Anwesen gewonnene Fett nicht ausreichte. Den schlechten Ertrag der Felder führte der Pfleger auf die mangelhafte Bearbeitung der Ackerkrume zurück. Die schwachen Pferde seien kaum in der Lage, mehrere Male im Jahr den Boden gründlich durchzupflügen. Er selbst habe, so berichtete er weiter, bei der Verwaltung des Neuhauses durch fünfmalige Bodenbearbeitung in einem Jahr einen wesentlich höheren Ernteertrag als vorher erzielt.

3. Die Widerständler

Den Hauptwiderstand gegen die Gründeverteilung leisteten die Bauern Ignaz Geißler, Simon Heiß, Michael Heiß und Pankraz Fischer. Ihr Anführer war der Stabhalter (Bobinger Gerichtsvorsitzender) Andreas Adelsberger, der eine Bittschrift mit der Unterschrift von 150 Bauern und Söldnern gegen die Einführung der Stallfütterung in Dillingen vorlegte. Adelsberger bestellte heimlich die ganze Gemeinde zu einer Protestversammlung im Amtshof des Pflegers und sagte dem Pflegsverwalter ins Gesicht, er habe die Beschlüsse der Gemeinde durchzuführen und nicht die Anordnungen des Bischofs. Für diese aufrührerische Rede wurde er mit einmaligem vierstündigem Freiheitsentzug im Torturm des Friedhofs bestraft.

Adelsberger gab keine Ruhe. In einer Eingabe im Februar 1782 schilderte er, wie die Wertach und die „Senkhold" nach plötzlichen Regenfällen über die Ufer träten und das „gemehte Futter verschwemmten" oder das Land mit Kies und Geröll zudeckten. Außerdem müßten wegen der Altwasser erst einige kostspielige Brücken zu den neuen Plätzen geschlagen werden. Der Erfolg dieser Eingabe war eine bischöfliche Untersuchungskommission, welche unter Hinterlassung einer Kostenverrechnung von 71 Gulden und 39 Kreuzern Bobingen verließ, um von Dillingen aus die Stallfütterung doch gutzuheißen.

4. Rodung und Verteilung der Weidegründe

Daraufhin wurde bis zum 7. 5. 1782 die Gründerodung und Verlosung abgeschlossen. Einige Wiesenplätze waren bei der Verteilung übriggeblieben. Diese wurden verkauft, so daß die Gemeindekasse nicht nur ihre Schulden in Höhe von 2450 Gulden loswurde, sondern darüber hinaus noch einen Bargeldbestand behielt. Als gemeinsame Weide wurde nur noch der Gemeindewald an der Leite benutzt, bis auch hier das Forstgesetz von 1852 Einhalt gebot. Die Stallfütterung hatte sich in Bobingen durchgesetzt. Die kultivierten Wiesengründe erbrachten bald so viel Futter, daß das Vieh während des ganzen Jahres im Stall gehalten und der Viehbestand vergrößert werden konnte.

In Wehringen verlief die Umstellung ohne Schwierigkeiten. Auch aus Großaitingen sind keine Proteste bekanntgeworden. Der domkapitelische Probst berichtete, daß nach der Gründeverteilung manche Bauern so viel Wiesenland hätten, daß z. B. der obere Maier sein Gras nicht in jedem Jahr mähen könne.

Die Einführung der Stallfütterung stieß dagegen in Schwabmünchen auf energischen Widerstand der Bauern. 1784 war die Rodung und Aufteilung der Gemeindegründe noch nicht abgeschlossen. Die Schwabegger weigerten sich ebenfalls zu roden. Schließlich wurde die Gründeverteilung durchgeführt, wobei jeder Anteilberechtigte zwei Wiesenteile von insgesamt vier Fünftel Tagwerk Fläche sowohl in guter als auch in schlechter Lage erhielt.

1797 stellten die Schwabmünchner Bauern den Antrag, die gemeinsame Weide auf den verteilten Gründen wieder einzuführen. Das hätte praktisch das Ende der Stallfütterung bedeutet. Der französische Einfall 1796 hatte den Einfluß des bischöflichen Pflegers gemindert, und ganz allgemein schwelten aufrührerische Gedanken unter der Landbevölkerung. Das Schwabmünchner Dorfgericht beschloß, die Wiesen nur einmal zu mähen, im übrigen aber die Gründe im Privateigentum zu belassen und die Sommerweide wieder einzuführen. Vorgetragen wurde dieser Beschluß durch die Bürgermeister Rieder und Heiß. Die Vorstellungen des Pflegers bewirkten schließlich eine Kompromißlösung zugunsten der Stallfütterung. Für die gemeinsame Beweidung des ehemaligen Gemeindegrundes stimmten die Großbegüterten, die bereits genügend Wiesen zur Heugewinnung und Winterfütterung besaßen, während die Freifrau von Hülleßem im Namen von 123 Söldnern (Kleinbegüterten) für die Beibehaltung der Stallfütterung eintrat. Aus dem domkapitelischen Erringen (heute: Langerringen) berichtete der dortige Beamte des Domkapitels, das es „eine herkulische Arbeit für die nächsten 50 Jahre" sei, sich mit den umliegenden Orten wie „Lametingen, Aichhöf, Ohmberg, Gennach, Hiltenfingen, Westerringen, Bruk, Ettringen und Sibnach" zu einigen, da diese zusammen mit den Erringern ein Mitweiderecht an dem zur Verteilung kommenden Land hatten. Die fraglichen Mäder lagen alle „im fatalen Gennacher Moos", mehr als zweieinhalb Stunden von Langerringen entfernt. Es wurden daher zunächst nur die näher gelegenen Wiesen verteilt und gerodet. Türkheim hatte erst im Jahre 1797 die gemeinsame Weide eingestellt. Die erste Gründeverteilung im Gennacher Moos wurde 1784/85 durchgeführt.

5. Die positive Entwicklung

Wenn auch die Widerstände gegen die neue Stallfütterung zunächst mannigfaltig waren, so setzte sich letzten Endes der landesherrliche Beschluß dank des Eifers der bischöflichen Beamten doch durch. Seit jener Zeit nahm der Viehbestand an der Hochstraße zu. Auf bischöfliche Anordnung erfolgte die Aussaat des ersten Klees. Die Scheunen und Städel wurden seither immer höher gebaut, so daß sich heute noch die alten, niedrigen Wohnteile der Bauernhäuser deutlich von dem neueren, höheren, rückwärtigen Stadelteil abheben. Die wirtschaftliche Lage, vor allem der Kleinbegüterten, besserte sich nach der Gründeverteilung bedeutend, und manche Familie, die jeden Winter bittere Not gelitten hatte, konnte nun – so berichtete vor allem Schwabmünchens Pfleger – mehr Vieh halten oder Heu verkaufen oder aber Getreide auf den ehemaligen Weiden anbauen. Und wie der Lauf der Dinge so ist: Die Nachkommen derer, die sich einst gegen eine Gründeverteilung stemmten, sähen es heute ganz gerne, wenn hier oder dort nochmals Gemeindeland verteilt würde.

V. BOBINGER BESTANDSAUFNAHME 1810

1. Die neuen Herren aus Altbayern

Eine Statistik verdient durchaus den Ruf, dem Nichteingeweihten nur ein trockenes Gerippe von Zahlen und Daten zu liefern, mit denen er zunächst nichts anzufangen weiß. Erst wenn der Leser diese Zahlenkolonne wieder in Beziehung zum täglichen Leben setzen kann, gewinnt er die Erkenntnis der hinter den Zahlenhaufen und Rubriken liegenden Zusammenhänge.
Kürzer läßt sich die Situation des Dorfes Bobingen am Beginn des 19. Jahrhunderts kaum darlegen, als dies in den Statistiken der Jahre 1809/10 geschah. Die Bayerische Staatsregierung machte in jenen Jahren nach dem Anschluß des schwäbischen Landes an Alt-Bayern alle Anstrengungen, die Lebensverhältnisse und das Steueraufkommen zu verbessern. Die bayerischen Beamten, die man nach Schwaben schickte, kümmerten sich um die Viehzucht, die Ziegelbrennereien, die Strohdächer und das Schulwesen. Jene berühmten

neuen Besen, die bekanntlich immer gut kehren, fegten manchen alten Traditionsstaub aus den zu großen Verwaltungsgebieten zusammengefaßten, einst winzigen Territorien.

2. Vom Strohdach bis zum Handwerk

In Bobingen standen damals 240 Häuser (Wehringen 137, Straßberg 51); im ganzen Landgerichtsbezirk Schwabmünchen, der jedoch wesentlich kleiner als der spätere Landkreis war, insgesamt 1750 Häuser. Dazu kamen in Bobingen 48 Scheunen (Wehringen 27, Straßberg 2, Landgerichtsbezirk 381). Von den Baulichkeiten waren in Bobingen 188 Dächer mit Stroh und 103 mit Ziegelplatten bedeckt. Straßberg war zu dieser Zeit bei Bobingen eingepfarrt. Es stand noch am Anfang seiner Entwicklung, wobei nach wie vor das landwirtschaftliche Schwergewicht beim Schloßgut Straßberg lag und die übrigen Einwohner als Taglöhner ihren Unterhalt verdienten oder verschiedenen Berufen nachgingen, wie sie sonst im ganzen Landkreis nicht mehr gefunden wurden (Kesselflicker, Korbflechter u. ä.).

Die Berufe, die in einer eingehenden Statistik aufgeschlüsselt wurden, hoben innerhalb des Landgerichtsbezirks den Marktort Schwabmünchen besonders hervor. Während die übrigen Gemeinden durch Beschlüsse und das frühere Zunftsystem, auch aufgrund der alten Ehaften, nur so viele Handwerker zuließen wie gerade in dem jeweiligen Dorfe benötigt wurden, finden wir in Schwabmünchen damals schon Handwerksbetriebe, die offensichtlich auf den Bedarf mehrerer Dörfer eingerichtet waren.

Bobingen hatte zu dieser Zeit einen Bader, fünf Bäcker und vier Bierbrauer. Branntweinbrenner hatten sich hier drei angesiedelt. Fischer finden wir noch zwei in Bobingen, in Schwabmünchen und Bobingen je drei Hufschmiede, in Wehringen deren zwei. Je ein Kaminkehrer wohnte in Bobingen und in Schwabmünchen, und vier Hucker trugen von Schwabmünchen und einer von Bobingen ihre Waren hinaus in die entlegensten Staudenwinkel. Hucker waren die Wandergewerbetreibenden der damaligen Zeit. In Wehringen gab es keinen Berufsmetzger, während in Bobingen zwei und in Schwabmünchen vier arbeiteten. In Bobingen lebten und arbeiteten noch drei Müller, ein Seiler, zwei Sattler, zwei Schäffler, neun Schneider, zwei Schreiner, ein Uhrmacher, zwei Wagner, drei Weber, ein Zimmermeister, neun Schuster und ein Saliterer. Einen zweiten Saliterer gab es noch in Langerringen. Die Saliterer hatten die Pflicht, an allen nur möglichen Stellen nach dem für die Pulverherstellung so wichtigen Salpeter zu suchen; sie hatten das Recht, bei diesen Arbeiten

Bild S. 120/121 Ehemaliges Anwesen Hochstraße 21 →

Ehemaliges Anwesen Hochstraße 21

sämtliche Ställe, Städel und Wohnhäuser zu betreten. Das Anwesen des Bobinger Saliters stand dort, wo heute der Stadel des Ochsenwirts steht.

In Schwabmünchen arbeiteten ferner Wachszieher, Weißgerber, Rotgerber, Ziegelbrenner, Zinngießer, Schlosser, Säckler, Nagelschmiede und Kupferschmiede, Maler, Kalkbrenner usw.

Es ist bemerkenswert, daß Bobingen 1810 noch keine eigene Ziegelei besaß. Nachdem durch Proben die für die Ziegelherstellung geeignete Bodenbeschaffenheit nachgewiesen worden war, wurde erst nach 1810 die Ziegelei Miehle errichtet, deren erste Anlage wir in den Liquidationsplänen von 1830 bereits eingezeichnet finden.

Die nüchterne Statistik schrieb, daß es im Landgerichtsbezirk Schwabmünchen nur drei Scherenschleifer und Pfannenflicker und einen Wannenmacher gab, die alle in Straßberg wohnten. Straßberg als Rodeort in seiner günstigen Lage zum Wald zog diese neuen Ansiedler an, und eine Familie, die um 1830 noch im Keßler-Leerhaus in Bobingen wohnte, war 20 Jahre später schon in Straßberg ansässig, wo ihr Name heute noch zu finden ist.

3. Statistik der Geschlechter

Auch das Aufschlüsseln der Bevölkerung wurde nicht unterlassen. So lesen wir, daß es in Bobingen bei 1243 Einwohnern (Wehringen 745, Straßberg 223) 310 Familien gab (Wehringen 167, Straßberg 82). In Bobingen standen 226 Männer 237 Frauen gegenüber (Wehringen 135/161, Straßberg (42/61). Noch größer ist die zahlenmäßige Überlegenheit des weiblichen Geschlechts in den jüngeren Jahrgängen. Dort stehen 245 männlichen Kindern 341 weibliche Kinder gegenüber (Wehringen m. 114, w. 248; Straßberg m. 48, w. 59). Der Frauenüberschuß wird später offensichtlich dadurch gemindert, daß sehr viele Todesfälle nach Geburten vorkamen. Im übrigen zeigt die Statistik der Todesursachen, daß weitaus die meisten Menschen an „Lungensucht" starben, sehr viele auch an sogenannten „Abzehrungen" oder schlicht an „Entkräftung". Dies geschah in einer Zeit, in der es zwar genügend zu essen gab, in der aber die Gesundheitspflege nach unseren heutigen Maßstäben erst in den Anfängen steckte.

Damals stand bei Untermeitingen noch die Giesenburg, von der heute niemand mehr etwas weiß, als Ansiedlung mit acht Häusern auf den Resten des Sitzes eines niederen Landadeligen. Die Wertach schlängelte sich zu dieser Zeit im ungezügelten Lauf mit vielen Wasserarmen durch die Wiesen entlang den Schwettingern. Der Geist des Mittelalters verkroch sich beim Auftauchen der ersten großangelegten Statistiken (und Bestandsanalysen, würde man heute sagen) aus den Dörfern des Lechfeldes in die Waldwinkel der Stauden, bis ihn auch dort das moderne Industrie- und Atomzeitalter mit Fernsehen, elektronischer Datenverarbeitung und dem Abreißen der letzten Strohdächer endgültig verscheuchte.

VI. BOBINGEN UM 1830

1. Säkularisation und Liquidation

Blättern wir zurück in der Geschichte der Stadt, so können wir vor allem den Liquidationsurkunden des Jahres 1830 wichtige Informationen entnehmen. Im Jahre 1803 hatte die Säkularisation (die Verstaatlichung der geistlichen Besitzungen und Rechte) in Bayern gewaltige Umwälzungen mit sich gebracht. Eine Folge dieser Umstellungen war u. a. das Steuergesetz von 1828, welches eine Festlegung und Klarstellung aller Vermögens- und Steuerverhältnisse anordnete. Diese Liquidation alter Steuerverpflichtungen wurde für Bobingen durch das königliche Rent- und Pflegamt Schwabmünchen (bis 1803 hochstiftische Straßenvogtei) durchgeführt.

Die Bewohner von Bobingen brauchten keine Feder anzurühren, da die schriftlichen Arbeiten von geübten Schreibern vorgenommen wurden. Der Rentamtmann Geiger lud die Bewohner einzeln nach Schwabmünchen, wo sie die Feststellungen des Pflegeamtes aufgrund der Bobinger Gemeindeunterlagen, Rechnungen, Kaufverträge und mündlichen Erklärungen bestätigen durften. Diese Feststellungen wurden dann durch Bürgermeister Anton Bobinger und Pfarrer Xaver Ebentheuer unterschriftlich bestätigt, wobei Pfarrer Ebentheuer die Kirchenstiftung Bobingen vertrat und der Bürgermeister Bobinger die Rechte der Gemeinde Bobingen.

2. Besitzstand und Bildungsstand

Bobingen hatte damals 37 Höfe, 2 Halbhöfe, einen Viertelhof, 128 Sölden (darunter oft recht ansehnliche wie die Kirchbräusölde oder die Kappelwirtsölde), 65 Halbsölden, 6 Leerhäuser (ohne Grundbesitz) und drei Mühlen. Zwei Schlößchen werden als landwirtschaftliche Höfe geführt, das Untere Schlößchen unter seinem Besitzer H. v. Zabuesnig als „Schlößchen". Die Hausnummern begannen im oberen Dorf bei der Füchslesölde des Leonhard Wagner mit Nr. 1 und endeten mit der Hs.-Nr. 249, die der Einödhof des Neuhauswirtes auf dem Lechfeld hatte. Die Bewohner Bobingens besaßen insgesamt 210 Nutzanteile, d. h. Ansprüche an dem noch unverteilten Gemeindeland.

Von den 40 Bauern zeichneten 34 die Liquidationsprotokolle unterschriftlich, einer mit den Anfangsbuchstaben seines Namens. Die drei Müller konnten gleichfalls schreiben. Von den Söldnern und Leerhäuslern schrieben 129 ihren Namen voll aus, einer zeichnete mit den Anfangsbuchstaben seines Namens, während 69 Söldner und 6 Bauern ihr Handzeichen in Form eines oder mehrerer Kreuze kritzelten. Von den Unterschreibenden konnten gewiß viele gerade nur ihren Namenszug schreiben.

3. Die neue Entwicklung

Unter den Bauernhöfen fallen als besonders bedeutungsvoll auf die Höfe des „Maierhans", „Veitenbauer", „Fuchsbauer", „Schmidbauer", „Zehentbauer", „Klockerbauer", „Gabrielbauer", „Maierbauer", „Rößlebauer", der „Oberschreiberhof", der „Altwirtshof" und der „Echterhof". Diese Bauern – und noch einige andere Hofbesitzer – genossen besondere Rechte, Zehntbefreiungen und Vergünstigungen wie bessere Feldlagen u. ä.
Der Hofname „Zehbauer" oder auch „Zechbauer" geht zurück auf den Hofbauern („Beständer") Michael Zech (ca. 1645 – 1681). (Mitteilung von X. H.)
1830 erstreckte sich die Gemeindegemarkung vom Burgwaldertal bis zu den Lechfeldgründen. Die Bewohner von Burgwalden durften ihr Vieh noch ins „Schmittenholz" zur Weide führen. Beim „Kuhstallzwölfer" auf dem Lechfeld weidete ebenfalls das Vieh der Bobinger Bauern und Söldner. 1836 wurden dann die ersten Häuser von Königsbrunn gebaut. Schon 1842 schied Königsbrunn aus der Bobinger Gemarkung aus. 1848 wurde das Zehntwesen zur Freude der Bauern aufgehoben und das heutige Steuersystem eingeführt.

VII. DER VEITENBAUER

1. Des Veitenbauern Tagebuch

Südlich der Einmündung der Badstraße in die Poststraße liegt der stattliche Hof des Veitenbauern, der sich seit mehr als 140 Jahren im Besitz der Familie Weber befindet. Der Hofname „Veitenbauer" geht zurück auf jenen Bauern, den das Pflegamtsprotokoll von 1630 als „Veit Wiedemann" angeführt wird (Hinweis von X. H.).
Auffallend wirkt beim Veitenbauernhof die fränkische Viereckhofform, die aber erst jüngeren Datums ist. Die Hofstatt selbst dürfte etwa zur Zeit der Hofängerrodung (rund um 1000 n. Chr.) zum ersten Mal bebaut worden sein. 1830 zählten nämlich zum Hof Anteile in den Ölwiesen und den Hofängern und viele Huben Ackerlandes auf der Hochterrasse, ferner Teile eines abgegangenen

Anwesen Veitenbauer Poststraße 16

Eschheyschen Hofes und Reste eines Schnurbeinschen Hofes. Zwei Nutzanteile unverteilten Gemeindelandes entfielen auf den Hof, dessen Eigentümer nicht leibeigen, sondern frei war.

Am 26. 5. 1800 heiratete der 1775 in Stadtbergen geborene Johann Georg Kaiser nach Bobingen auf den Veitenbauernhof, wo er 1841 verstarb. Kaiser war in unruhigen Zeiten Wachtmeister und Ordonnanz der Bürgerwehr, die nach seinen Aufzeichnungen in Bobingen bestanden haben muß. Er galt als recht belesener und schreibfreudiger Mann, dessen Aufgeschlossenheit zu danken ist, daß der Nachwelt wichtige Aufzeichnungen über die damaligen Zeitverhältnisse, wie er sie als einfacher Dorfmann sah, überliefert wurden.

So schreibt er in einem Buch: „Feuersbrunst am 16. Juli 1799 abends zwischen 7 und 8 Uhr. Drei Höf, 3 Städel, 2 Soldhäuser sind weggebrannt." Leider steht nicht verzeichnet, welcher Ortsteil von dem Unglück betroffen wurde. Im Oktober 1799 schreibt er weiter: „Die Viehseuch ist hier gewest. Mein Vater hat 10 Küh und 3 Jungstück eingebüßt." Diesen ersten Teil seines Wirtschaftstagebuchs dürfte der Jungbauer Kaiser noch in Stadtbergen geschrieben haben (Hinweis von X. H.).

2. Die Kosten von Krankheit und Tod

Der damalige Veitenbauer muß ein guter Rechner und Haushalter gewesen sein, denn er führte genau Buch über seine Ausgaben und Einnahmen. Im Jahre 1804 starb sein Eheweib Maria Theresia, und er schrieb sorgfältig auf: „Was mich der Totenfall meines Eweibs Theresia Kaiser gekost, wie folgt:

Erstlich dem Hchw. Pfarrer vor zwey herren zu
verkösten und vor seynem Debudat   = 37 Gulden 39 Kreuzer
dem Schulmeister   = 10 Gulden 58 Kreuzer
dem Totengräber, Ladernträger   = 2 Gulden 36 Kreuzer
zwey fremden Herren 6 hl. Messen   = 4 Gulden 30 Kreuzer
dem Frumessner vor 4 hl. Messen   = 4 Gulden 30 Kreuzer
der Kindsvertrag kost mich bey Amt   = 30 Gulden 3 Kreuzer
die Krank kost mich meines Eweibs   = 34 Gulden – Kreuzer
dem Bader vor die Kur und Medizin   = 24 Gulden – Kreuzer
dem Tockter (= Doktor) vor das herumfahren
und Medizin   5 Gulden 30 Kreuzer
Gott der allmächtige gäb Ihr die Ewige Ruh"

3. Der Notwinter 1816/17

Im Jahre 1804 wurde in Frankreich Napoleon I. zum Kaiser gewählt. 1803 bereits hatte der Reichsdeputation-Hauptschluß zu Regensburg die Aufhebung vieler deutscher Kleinstaaten beschlossen. Die geistlichen Herrschaftsgebiete verschwanden fast alle. Die Säkularisation nahm ihren Lauf. Mit der Ruhe der Zeit schien es wieder einmal vorbei zu sein. Im Jahre 1814 folgte dem Befreiungskrieg und den deutschen Siegen über Napoleon eine selten gekannte Not und Teuerung. 1816 schreibt der Veitenbauer: „Dieses so Traurige Jahr ist sonderbar zu merken, sodas ich es in dies Buch eintragen und zu meiner Nachkommenschaft zu bemerken wissen will.

den 1ten ist eine so algemeine Noth unter das Vieh gekomen, das manches verhungert ist.

2ten Ist die Noth auch unter die Menschen gekomen, das manche sich nichtmehr haben zu helfen gewußt und sich manche Famil sich vor dem Hunger sich mit ihren Kindern nicht mehr haben zu Retten wissen, und

3ten ist ein so unversehener Mangel in den Frichten gekommen, so das der Preis von den Kern von 23 August in der Schrand zu Augsburg 50 Gulden, die Gersten 26 Gulden, der Haber zu 14 Gulden gestiegen ist und ein so Trauriges wesen gewesen ist, so das es zum erbarmen gewesen ist, und

4ten ist es diesen Sommer so eine böse Witterung gewesen, so das die Ernde sich bis in den letzten August hinausgeschoben hat und erst am 28 August das erstemal Fesen eingefirt hat und sich die Winder-Ernd bis zum 17 September hinausgeschoben hat und ümberzu schlechte Wieterung sich zu geben hat, und was sich mit dem Haber zugeben hat, ist erst bis 24 September zu Reifen gekomen und noch dazu ümber schlechte Witterung sich zeigte".

Der Veitenbauer beschreibt dann das weitere Ansteigen der Getreidepreise und erzählt, im „mertz 1817 seynd die Getreidpeise immer in hörre (höhere) werd gestiegen, so das der arme und gemeinsame Mann nicht mehr hat Leben können sondern mit seinem ganzen Hausgesind hat betlen müssen. Und so hat es denn eine Menge Betleit (= Bettelleut) geben das man schir nicht mehr im Stande war es auszuhalten, auch seynd auch besten Dienstbothen herumgelaufen umb die Arbeit nebenzu gebetlet".

Im April sei zu Augsburg der Getreidepreis so hoch gestiegen, „das gemeine Leit sich mit lauter Haaber Brod und Haaber Mus zu sätigen mußten und das in so großer Menge, das ein Miller zu Bobingen in einer Wochen bis 40 Schaff Musmehl gebraucht hat".

Nichts konnte offenbar damals das Ansteigen der Brotpreise verhindern. Wir wissen wohl, daß die Regierung Brot- und Saatgetreide über den Gemeindevorsteher verteilen ließ, aber die Getreidepreise stiegen infolge der Verknappung weiter an.

Am „30 May 1817 war eine sehr traurige begebenheit zugetragen den man hat schon am Morgen kein Brod von keinem Bäcker mehr erhalten können und der Preis ist in der Schrand so hoch gestiegen das mancher Böck und Hucker kein Viertel von dem Gedreit Quantum haben erhalten könne". Zuletzt kostete „der Kern 105 Gulden und der Haaber 27 Gulden".

4. Die Not scheint überstanden

Erst nach der Ernte des Jahres 1817 fielen die Preise auf ihren alten Stand zurück „wobey aber noch zu merken ist, das vorher die Bronflies (Brunnenflüsse – Quellen) so hoch gestiegen seynd, das das Waser überall geflossen ist das bey mir in der Küche der Brunnen bis oben mit Wasser aufgefielt so das er immer übergelofen und ich genötiget war einen Kanal zu fürhen damit es habt ablaufen können".

Der Sommer 1818 war außerordentlich trocken, doch die Ernte brachte ein gutes Ergebnis, so daß in der Schranne zu Augsburg der Roggen nur noch 14 Gulden kostete, „so das der Arme kann damit zufrieden seyn".

Der Veitenbauer schließt seine Aufzeichnungen dieser Jahre mit den Worten: „Jeder sich zu gewarten hat nur mit Gottes Hielf die Noth sich hemmen wird.

Dieses hab ich aufzeichnen wollen von diesen so großen Theuerungs Jahren zu einem Andenken das gewies von längerer Zeit ist erlebt worden."

Zur Zeit des Georg Kaiser gab es kein Problem der Landflucht. Es gab keine Industrie im eigentlichen Sinne. Nichts zog die Landbevölkerung zu besser bezahlten Arbeitsplätzen. Die Menschen lebten primitiver, aber auch zufriedener trotz aller Krankheiten, trotz der geringen Lebenserwartung und trotz der teilweise noch mittelalterlichen Verhältnisse. Die „soziale Frage" wurde damals als gelöst angesehen, wenn der Bauer für seinen Knecht (der 1818 nur ca. 37 Gulden im Jahr verdiente neben zwei Paar Schuhen und zwei Hemden) auch in Krankheitstagen sorgte und ihm noch ein weiteres Hemd schenkte. Es war dies noch die Zeit der Ziehbrunnen und der verfallenden mittelalterlichen Friedhofsbefestigungen, von der uns Menschen des Atomzeitalters nur noch einige alte Bauernhausgiebel und die rauschenden Linden an der Liebfrauenkirche erzählen.

VIII. DER NOLLHOF

Wenn der Bobinger Bauer inmitten seiner Erntearbeit innehält und abwärts in Richtung der Inninger Flur schaut, so sieht er im glasigen Luftgeflimmer der brütendheißen Augustsonne auf einer leichten Steigung inmitten der Felder einen einsamen Hof liegen.

Doppelt einsam erscheint der Hof, von dem heute nur noch ein Teil steht, aus der Nähe gesehen. Wenige Flüchtlinge verschlug die allgemeine Wohnungsnot in diese äußerste Nordostecke der Bobinger Gemarkung, auf diesen einzigen Einödhof bei Bobingen, einen der wenigen Einödhöfe auf dem Lechfeld überhaupt.

Vielleicht gab es für das vorgeschichtliche Bobingen einmal eine Tochtersiedlung am Lechfeldgraben, so wie sie Wehringen in Oberottmarshausen, Großaitingen in Kleinaitingen und Schwabmünchen in Graben aufzuweisen haben. Im Herbst 1917 brach fast 1 km westlich von Neuhaus am Südende Königsbrunn – weit südlich vom Nollhof – beim Ackern der Boden ein, und man legte ein Steinplattengrab frei, welches neben einem männlichen Skelett Bronzewaffen und Beigaben aus der frühen Bronzezeit enthielt. Ähnliche Grabanlagen als Flachgräber aus der gleichen Zeit fand man in Sachsen, Thüringen, Nordböhmen und Mähren. Siedlungsfunde wurden bis heute in der Nähe der Grabstelle noch nicht beobachtet.

1830 dehnten sich in der Umgebung des jetzigen Hofes die „Nolläcker" und die „Nolljauchert" entlang des „Haunstetter Weges". „Nulle" – das ist das mittelhochdeutsche Wort für die kleine bewachsene Anhöhe, die hier aus dem Wassertal emporsteigt und wieder in den Lechfeldgraben abfällt.

Etwa um 1850 dürfte der Hof erbaut worden sein, gleichzeitig mit der Errichtung der dicht dabeiliegenden Ziegelei, die ihre Erzeugnisse hauptsächlich in das im Entstehen begriffene Königsbrunn lieferte. Der Hof verdankt seine Erbauung und die Stattlichkeit der ersten Anlage nicht zuletzt dem Umstand, daß der Besitzer die Schankkonzession besaß. Der staubige Feldweg nach Haunstetten machte Mann und Roß durstig, und die Einkehr auf halbem Wege war sehr willkommen. So kehrte man auf ein paar Glas Bier beim „Noll" ein, wie bald der Hofname des Bauern dort hieß.

Ähnlich günstig lag bekanntlich an der Lechfeldstraße der 1688 erbaute Einödhof (mit Schankwirtschaft) des Lechfeldwirts, später „Neuhauswirth" genannt.

Die Entwicklung der Straßenführung und die Zunahme des Verkehrs jedoch gestalteten das Schicksal dieser beiden Einödhöfe ganz verschiedenartig. Während der Wirt von Neuhaus indirekt den Anstoß für die Niederlassung am Königsbrunnen gab, die sich später als Dorf ganz von Bobingen loslöste und zur Stadt entwickelte, sah sich der Nollwirt nach der Flurbereinigung 1910/11 auf einmal von dem Weg nach Haunstetten abgeschnitten und mitten in die leeren Felder versetzt. Damit verlor der Hof seine Einnahmen aus der Gastwirtschaft und büßte an Wirtschaftlichkeit ein.

1919 spielte sich in der Nähe des Hofes eines der wenigen Wildererdramen auf Bobinger Flur ab, über das an anderer Stelle berichtet wird.

Während des letzten Weltkrieges fielen dicht bei den Gebäuden des Hofes zahlreiche schwere Fliegerbomben, so daß nicht nur die Dächer erheblich beschädigt wurden, sondern auch die Festigkeit des Mauerwerks beeinträchtigt wurde. 1946 verzog der letzte Besitzer des Hofes nach Königsbrunn.

IX. VON HIRTEN UND HERDEN

1. Der Schweinehirt

Noch im ersten Jahrzehnt des 20. Jahrhunderts spielte der Schweinehirt in Bobingen eine wichtige Rolle. Von März bis Oktober sammelte er morgens in der frühesten Dämmerung die Schweine des Dorfes durch ein Hornsignal und zog mit ihnen die heutige Hochstraße entlang zu den brachliegenden Feldern der Gemarkung Bobingens. Beim Wiesbauer und beim Zehbauer im unteren Dorf begann der grunzende Zug, der von zwei Treibern und dem Hirten begleitet wurde, die mit einem oder zwei Hunden dafür Sorge trugen, daß sich kein Schwein verlief.

Beim mittleren Müller gesellte sich der Eber zu den Sauen. Die Eberhaltung war eine alte Pflicht bestimmter Mühlenbesitzer aus den ältesten Siedlungszeiten des Ortes, die bis in unsere Zeit, wenn auch unbewußt, erfüllt wurde. Manches Mal war der Mühleber so groß und stark, daß sich selbst die Treiber vor ihm fürchteten.

Für jede Sau, die ferkelte, zahlte der Sauhalter dem Eberhalter drei Mark. Der Schweinehirt erhielt als Entlohnung von jedem Sauhalter je Monat und Sau zehn Pfund Weizen, zehn Pfund Kartoffeln und eine Mark. Damals züchteten die Bauern noch nicht so viele Schweine wie heute. Sie mußten den Schweinehirt weiter bezahlen, wenn auch die Sau nach dem Ferkeln einige Wochen im Stall blieb. Die Bauern bezahlten den Schweinehirt im allgemeinen regelmäßig. Nur, so wird erzählt, im oberen Dorf versuchte eine Bäuerin einmal, sich vor der Zahlung der fälligen Mark zu drücken und zahlte endlich mit falschem Geld. So etwas vergißt die bäuerliche Nachbarschaft lange Jahrzehnte nicht.

Ausgetrieben wurde während des Jahres auf die brachliegenden Felder und nach beendeter Ernte auf alle Felder. Im Sommer wurden die Schweine wegen der Hitze schon um 10 vormittags wieder heimgetrieben. Mit dem Weltkrieg 1914/18 hörte das gemeinsame Schweinehüten auf. Der Hirt wurde Soldat. Seine Treiber arbeiteten in der Pulverfabrik. Nach dem Kriege wurde das Austreiben im großen Stil nicht mehr aufgenommen. Nur aus dem unteren Dorf wurden einige Schweine noch mehrere Jahre in eine alte Kiesgrube nördlich von Bobingen gebracht. Die Bewirtschaftung der Felder war intensiver geworden. Mit der Motorisierung wuchs der Straßenverkehr ständig; die Hauptstraße wurde auf Kosten der idyllischen Bauernhausvorgärten verbreitert. Ein weiteres Stück dörflicher Romantik verschwand mit dem Schweinehirten und seinem alten Signalhorn.

2. Der Schäfer

Als die Menschen das Spinnen und Weben gelernt hatten, hielten sie sich das Schaf als eines der ersten Haustiere, veredelten seine Art durch systematische Zucht, bis es prachtvolle Wolle und dazu genügend Fleisch gab.

Dem Eingeweihten fällt auf, daß in unserer Zeit die Schafherden seltener und kleiner werden. Erkundigt man sich bei einem Schafhalter nach den Ursachen, so klagt er über die ausländische Konkurrenz und über den verwöhnten Geschmack der Käufer, die das teuerste Kalbfleisch dem preiswert angebotenen Hammelfleisch vorziehen.

Die Schafzucht war eine Begleiterscheinung der extensiven Landwirtschaft, die großzügig mit dem Boden verfahren konnte, die Ackerboden als Brache liegen ließ, die den Schafherden weite Ödländereien, Heiden, unfruchtbare Flußniederungen und ähnliches Land bot. So bildete schon im Mittelalter

Handwerkssymbole am Bobinger Maibaum (1965)

die Niederung des Lechfeldes die Weidegrundlage für ausgedehnte Schafherden. Augsburgs blühendes Weberhandwerk bezog seine Wolle auch von den Lechfeldschafen, und die Augsburger Metzger bekamen von dort das Fleisch fetter Hämmel und Schafe. Nahezu bis in unsere Zeit hinein finden wir deshalb zahlreiche Metzger als Schafhalter.

Ulrich von Villenbach (gest. 1458) hatte als Burggraf zu Bobingen die Hölzer und den Forst verleibdingt inne. Auf seinem Hurlacher Gut aber hielt er rund 1300 Schafe. Herden dieser Größe sind heute unmöglich, da die intensive Bodenbewirtschaftung keinen Fußbreit nutzbaren Bodens ausläßt und selbst Ödgebiete zu kultivieren versucht. Je mehr diese Kultivierung fortschreitet, um so schwieriger wird auch das Treiben der Schafe von Weide zu Weide, so daß nur noch kleine Herden getrieben werden können.

In Bobingen wurden 1787 214 Schafe gezählt, 1873 waren es 311, 1883 aber 497. 1892 ging diese Zahl auf 274 zurück, während die Autarkiebestrebungen und der gesicherte Woll- und Fleischabsatz die Zahl im Jahre 1938 auf 402 ansteigen ließ. Im Dezember 1948 wurden 233 Schafe gezählt und 1952 nur noch 194. Ungeheure Schafherden weiden dagegen in den Steppen und Plains von Australien (45 Millionen Schafe), Argentinien (40 Millionen), Neuseeland (30 Millionen) und Uruguay (15 Millionen). Das Wollangebot auf dem Weltmarkt, von dem die Bundesrepublik sich nicht ausschließen kann, ist dementsprechend groß und die Auswahl unter den Wollsorten schärfer.

Den Schäfern geht es bald wie den alten Schmieden: sie werden unmodern und sterben aus. Man sieht sie nur noch selten inmitten ihrer Herden auf den abgeernteten Feldern stehen, auf den Stab gestützt, durch Umhang und Wetterhut gegen die Witterung geschützt; im Zeitalter der Sachlichkeit muten sie wie ein Restbestand Grimmscher Märchenromantik an.

Bobingen hat heute nur noch einen Schäfer mit 200 Schafen. Dennoch scheint mit dem Schäfer nicht zwangsläufig auch die Schafhaltung auszusterben. Man kann neuerdings die Beobachtung machen, daß Landwirte, die ihren Betrieb aufgegeben haben, zu einer neuen Form der Schafhaltung übergehen, nämlich zur Koppelschafhaltung. Die Vorteile sind offensichtlich: Die Schafhaltung ist auf diese Weise auch noch neben dem Beruf her ohne weiteres möglich, da man ja keinen Schäfer mehr braucht. Außerdem wird der eigene Boden weiterhin selbst genutzt und bringt sogar mehr ein als eine Verpachtung.

E   Das ehrbare Handwerk

I. DIE GESCHICHTE DES BOBINGER HANDWERKS

1. Die frühesten Anfänge handwerklicher Produktion

In der bäuerlichen Familie liegt der Ursprung jeder handwerklichen, gewerblichen und industriellen Entwicklung. Hier müssen wir zu suchen beginnen, wenn wir den Anfängen eines Handwerks, einer manuellen Fertigung über den Eigenbedarf hinaus nachgehen wollen. Im Schoße der im Sippenverband siedelnden Einzelfamilie vollzog sich schon früh die Entwicklung besonderer Fingerfertigkeiten und rentabler handwerklicher Betätigung, deren Produkte tauschweise mit Nachbarn sowie durch ausländische Händler bis in ferne Länder umgesetzt wurden.

Als früheste Ergebnisse solcher Handwerkskunst sind die Steinbeile und zu mancherlei Zwecken geeigneten Arbeitshämmer zu nennen, die bei Bobingen gefunden wurden. Der Leser sollte selbst einmal den Versuch unternehmen, aus sprödem Stein einen jener erstaunlich glattgeschliffenen, ebenmäßigen und durchbohrten Steinkeile nachzubilden. Dann kann er begreifen, was unter vorgeschichtlicher Handwerkskunst zu verstehen ist. Zu den Funden gehören auch die Reste des handgefertigten irdenen Geschirrs mit Stempelverzierung (ein früher Versuch einer Mechanisierung!), ferner ein kleines Webgewicht aus hartem Lehm, das beim Posthausneubau gefunden wurde und das beweist, daß an dieser Stelle vor rund 4000 Jahren schon Menschen handwerklich arbeiteten.

2. Die wirtschaftlichen Grundlagen

Freilich stehen diese Funde nur im örtlichen Zusammenhang mit dem heutigen Bobingen. Die Alemannen, die sich zu Beginn des 6. Jahrhunderts n. Chr. hier niederließen, die tirolerischen Zuwanderer, die während des Dreißigjährigen Krieges die von der Pest leergefegten Häuser bezogen, und die seit dem Ersten Weltkrieg zuziehenden „Fabrikleute" und schließlich die nach dem Zweiten Weltkrieg hierhin verschlagenen Heimatvertriebenen bilden im wesentlichen die Grundlage der jetzigen Stadt Bobingen. Heute sehen wir das bäuerliche Urdorf an den Rand einer rasanten wirtschaftlichen Entwicklung gedrängt. Wir erkennen also mehr die gesteigerte Bedeutung von Handwerk, Handel, Gewerbe und Industrie am Beispiel des heutigen Bobingen. Wir erleben das Aussterben manchen alten Handwerks, die Umgestaltung dieser oder jener alten Handwerkertradition im Zeitalter maschinengefertigter Konsumgüter, die Wandlung von Handfertigkeit in neue Formen technischer Betätigung.

Werfen wir einen Blick auf die Vergangenheit des Bobinger Handwerks, so muß zunächst zugegeben werden, daß hier noch manche heimatkundliche Forschungsarbeit geleistet werden könnte, um alle Nachrichten in den zentnerschweren Bobinger Archivalien im Staatsarchiv Neuburg hinsichtlich der Entwicklung des Handwerks in Bobingen auszuschöpfen.

Wenn auch die derzeitige Kenntnis von der Handwerksgeschichte Bobingens lückenhaft und ergänzungsbedürftig ist, so setzen doch die wenigen bekannten Tatsachen manches Glanzlicht auf bisher ermittelte Fakten allgemeiner ortsgeschichtlicher Natur; daher sind sie es wert, zusammengefaßt wiedergegeben zu werden.

3. Die Müller

Zu den Berufen mit lebenswichtiger Aufgabe und ehrwürdiger Tradition gehört der des Müllers. Müller gab es in Bobingen immer drei, deren Mühlen seit eh und je bekannt waren.

Von der oberen Mühle wissen die Archivalien nur zu berichten, daß im Jahre 1661 dem Obermüller auf Antrag verbilligtes Birkenholz zur Ausbesserung seines Bachbettes überlassen wurde.

Die bedeutendste Mühle war wohl wegen des starken Wasserflusses die untere. Während des letzten Einfalls schwedischer und französischer Truppen im Dreißigjährigen Krieg brannte die Mühle nieder. Sie hatte dem Augsburger Domkapitel gehört und wurde vom Müller Balthasar Wiedemann bewirtschaftet. Sie war „der Kornprobstei bestand- und giltbar". 1646 kaufte sie der Augsburger Bürger und Mauermüller Hans Neumayer als Ruine mit Mühlrecht. Von ihm erwartete man den Wiederaufbau der Mühle und die Errichtung einer Sägemühle. Zu diesem Zweck wurde ihm kostenlos Bauholz aus der Waldabteilung „Grünauer" geliefert. Auch Giltfreiheit wurde ihm für acht Jahre gewährt. Von der Gemeinde erhielt er ein Stück Land rechts der Singold für die Sägemühle, deren Errichtung ihm auferlegt wurde, sonst sollte nach sechs Jahren die Mühle an das Domkapitel zurückfallen. Zum Bau der Sägemühle scheint es nicht sofort gekommen zu sein. Vielmehr übergab Neumayer die Mühle seinem Schwiegersohn Leonhard Reitmayer. Unter Reitmayer arbeitete dann eine Sägemühle, aber nicht zur Zufriedenheit der Gemeinde, die sich 1660 beschwerte und verlangte, der Untermüller solle wie vereinbart das Scheit um 1 Kreuzer, nicht aber um 3 Kreuzer – wie geschehen – schneiden.

Außerdem habe er vor Jahren den Wagen „worauff die Baum geschnütten werden" um 4 Schuh verkürzt, so daß man in Bobingen kein Brett länger als 15 Schuh schneiden lassen könne. Darüber hinaus verderbe er manche Bretter, weil er die Mühle schlecht bestellt habe. Das aus der Wertach hergebrachte Holz (von Flößen) fahre er nicht auf normalem Weg ins Dorf, sondern über die gemeindliche Viehweide, wo er es auch lagere. Schließlich verbringe er geschnittenes Holz an andere Orte, während man dies bisher preiswert in Bobingen verkauft hatte. Die Gemeinde beantragte, die „Sägemühlen, welche ohne daß nit viel wert", abzureißen.

1670 wird die untere Mühle als völlig baufällig erwähnt. Der bischöfliche Pfleger bittet die hochstiftische Verwaltung um Erlaubnis zum Abbruch. Es scheint auch immer wieder zu Zwistigkeiten zwischen dem Müller und der Gemeinde gekommen zu sein. Der Müller wurde als „ziemlich druzziger Mensch" geschildert. Ihm wurde durch die Hochstiftsverwaltung zur Auflage gemacht, einen Mühlknecht einzustellen und dringende Reparaturen vornehmen zu lassen. Der Gemeinde wurden für den Fall von Gewalttätigkeiten gegen den Müller hohe Strafen angedroht.

Die untere Mühle hatte einen natürlichen Vorteil gegenüber der oberen und mittleren Mühle. Neben der Mühle liefen seit unvordenklichen Zeiten „starke Bronnenwasser" (vermutlich gespeist aus den Quellen im Garten des Unteren Schlößchens), die dem Müller selbst im kältesten Winter erlaubten, wenigstens einen Mahlgang der Mühle in Gang zu halten. Die obere und mittlere Mühle lagen zu solchen Zeiten still. Der Untermüller hatte deshalb auch den hohen Abgabesatz von 9 Schilling zu zahlen. Berühmt wurde diese Bobinger Mühle, als die Augsburger im harten Winter 1442 hier und in Inningen ihr Getreide mahlen ließen, weil die Stadtmühlen eingefroren waren und eine Mehlknappheit drohte.

Im Jahre 1787 kaufte der Müller Joseph Egger die mittlere Mühle. 1790 begann er mit dem Bau einer Sägemühle. Die Konkurrenz fürchtend, beschwerte sich der Untermüller Simon Altheimer darüber. Aber die Gemeinde unterstütze den Neubau, weil der Mittelmüller wegen seiner Qualitätsarbeit bekannt geworden war und der Untermüller schlechte Bretter lieferte. Im August 1790 bewilligte die hochstiftische Verwaltung in Dillingen die Errichtung der Sägemühle, die zu diesem Zeitpunkt schon bis zum Dach vollendet war. Die Mittelmühle hatte an das St. Jakob Pfründehaus in Augsburg zu zinsen; 1685 kaufte das Hochstift Augsburg die Mittlere Mühle neben anderen Gütern von der St. Jakob-Pfründe (Steichele/Schröder, Hochstift, S. 82); sie wird heute nur noch als Sägerei betrieben.

Die Obermühle erfüllt immer noch ihre alten Aufgaben, während die Untermühle nach wechselvollem Schicksal (Großmühle, Teigwarenfabrik, Fleischwarenfabrik usw.) verschiedene Unternehmungen in ihren Mauern aufgenommen hat. Die unterhalb der Stadt arbeitende Sägemühle ist jüngeren Datums.

4. Die Bäcker

Dem Müller am nächsten und von ihm abhängig ist der Bäcker, dessen Beruf im Volksrecht der Alemannen im 8. Jahrhundert erstmals erwähnt wird. Die Bäckereigerechtigkeiten waren bis in 19. Jahrhundert hinein immer an bestimmte Häuser gebunden und konnten zusammen mit dem Haus verkauft werden.

In einer Bobinger Urkunde aus dem Jahre 1589 wird erstmals ein „Ziegelhaus mit einem Backofen" erwähnt, 1595 eine „Backküche". Von Bäckerangelegenheiten ohne besondere Bedeutung liest man in den Jahren 1601, 1639 und 1784. 1670 gehörte zur mittleren Mühle ein Haus, in dem ein Bäcker arbeitete. Durch ein Gesuch aus dem Jahr 1762 erfahren wir Näheres über die Bobinger Bäcker: Damals stellte die Witwe des Zimmermeisters Gruber den Antrag, eine neue Backstatt errichten zu dürfen. Es werde nämlich tagtäglich Brot von Augsburg und aus dem Bayerischen gebracht. Dieses Brot könne genausogut in Bobingen selbst gebacken werden. Die Pflegsverwaltung lobte zwar den verstorbenen Zimmermeister wegen seiner Verdienste, meinte aber, daß ein sechster Bäcker für ein Dorf von 2000 Einwohnern zu viel sei. Die anderen Bäcker hätten sowieso schon das Backen wegen der starken Konkurrenz eingestellt oder backten nur zeitweise. Ablehnend verhielt sich auch der „Böck und Zapfenwirth" Anton Hayder, während der Bäckermeister Martin Strauß darauf hinwies, man habe ihm bei seiner Einzünftung in Schwabmünchen vor einigen Jahren versichert, ein weiterer Bäckermeister werde in Bobingen nicht zugelassen werden. Auch die anderen Bäcker, Sebastian Schnall (der auch Zapfenwirt war), Caspar Seind und Georg Heiß, sprachen gegen die sechste Bäckerei; soviel Brot werde nicht von auswärts nach Bobingen eingeführt.

5. Die Metzger

Die Nachrichten über die Metzger in Bobingen sind in den Archivalien selten. So beantragte Jakob Strohmayer von Wehringen, der das Tobias von Rehmsche Steinhaus (Ecke Römerstraße/Zehentweg, auf zwei Söldenplätzen; Mitteilung von X. H.); für 600 Gulden gekauft hatte, im Jahre 1666 die Erlaubnis zum Betrieb einer Metzgerei und zum Ausschank von Wein und Bier. Sein Gesuch wurde durch den Pfleger befürwortet, weil es zwar genügend Bierschenken in Bobingen gebe, doch keine mit einem rechten Wirt und Metzger.

Erneut erfahren wir etwas über die Bobinger Metzger, als sich im Jahre 1732 der Metzger und Zapfenwirt Martialis Haindl aus Bobingen beschwert. Haindl stammte aus Hamel (Herrschaft Stetten) und hatte 1730 in Bobingen von Sebastian Bayer eine Metzgereigerechtigkeit und eine Zapfenwirtschaft gekauft. Neben Haindl metzgerte noch der Ehhaftmetzger Bez. Beide durften nur im Fleischhäusl außerhalb der Kirchhofsmauer schlachten und Fleisch verkaufen. Dafür hatte jeder jährlich 15 Kreuzer Grundzins an die Pfarrkirche zu entrichten. Haindl empörte sich, weil die Gemeinde es seit 40 Jahren dulde, daß Pfuscher und Stümper in Bobingen schlachteten, auswogen, verkauften und sogar Fleisch von auswärts einführten. Haindl verlor Kundschaft, als er gegen diese Schwarzarbeit wetterte. So klagte er, er habe zu Kirchweih 1731 einen Schaden von über 100 Gulden erlitten. Von altersher sei es nämlich üblich gewesen, daß sich zur Kirchweih je vier Untertanen zusammenfanden, die eine Kuh oder ein anderes Stück Vieh schlachten durften. Nun nahmen neuerdings dieses Vorrecht immer neun Personen zusammen in Anspruch, wodurch sich die Zahl der Eigenschlachtungen vergrößerte, der Kundenstamm der ordentlichen Metzger sich aber verkleinerte.

Am St. Nikolaustag quartierten sich sächsisch-gothaische Rekruten in Bobingen ein. Haindl erhielt durch den Bürgermeister den Auftrag, Fleisch- und Wurstwaren zur Belieferung der Truppe bereitzustellen. Er blieb aber auf seiner Ware sitzen, da die Pfuscher rasch selbst schlachteten und die Soldaten belieferten. Die Pfuscher wurden auf die Klagen der Metzger hin wiederholt bestraft. Bez und Haindl ließen sich bei der Metzgerzunft in Schwabmünchen eintragen. Das Fleischhäusl wird 1764 nochmals erwähnt, als der Glaser Leopold Lautenbacher die 1757 mitsamt einer Sölde ererbte Metzgereigerechtigkeit an den Metzger Rupert Höß verkaufte. Höß war 1760 von Straßberg nach Bobingen zugezogen und wurde wegen seiner einwandfreien Fleisch- und Wurstwaren gelobt. Das Fleischhäusl war zu dieser Zeit wegen Baufälligkeit nicht mehr benutzbar.

6. Die Brauer und Gastwirte

Deutschland ist seit langem in der Welt als *das* Land des guten Biers bekannt. Innerhalb und außerhalb Deutschlands stehen die Bayern verdientermaßen in dem Ruf, die besten Biere zu brauen und selbst das meiste Bier zu trinken. An der Erzeugung bayerischen Bieres waren auch immer Bobinger Brauereien beteiligt. Während sich die Zahl der Gastwirtschaften in den letzten Jahrzehnten entsprechend der Bevölkerungszahl vergrößerte, hielten sich die Bobinger Brauereibetriebe lange im althergebrachten Rahmen; sie liefern ein gutes, süffiges Bier an die Wirte der Stadt und der Umgebung. Es läßt sich heute nicht mehr einwandfrei bestimmen, wo die erste Brauerei Bobingens stand. Der allgemeinen dörflichen Entwicklung entsprechend dürfte die Lage der ältesten Bräustatt wohl in der Umgebung der Pfarrkirche zu suchen sein. Die erste urkundliche Erwähnung einer Brauerei in Bobingen stammt aus dem Jahre 1591, als Reinhard Herlisheimb, der Sohn des Bauern Ulrich Herlisheimb in Bobingen, aus Großaitingen nach Bobingen umzieht und um Übertragung einer alten Braukonzession bittet. Im Jahre 1594 werden urkundlich genannt

Reinhard Herlisheimb, Bierbauer; Melcher, Piller, Bierbauer und dazu die Wirte Mattheis Bertl, Hanns Piller, Sebastian Fischer, Hans Völk.

1603 hatte Piller wegen seines Alters das Brauen ganz eingestellt, und auch Herlisheimb braute nicht mehr, so daß sich der Augsburger Bürger Mang Weichsner um die Erlaubnis zur Errichtung einer Bräustatt in Bobingen bewarb. Zur Begründung seines Gesuchs führte er aus, die Bobinger Wirte müßten ihr Bier von auswärts beziehen. Er erhielt die Brauerlaubnis, braute auch kurze Zeit, verkaufte dann aber Bräugerechtigkeit samt Grundbesitz. 1607 erwarb der Hauptmann Hans Bartl Welser von Augsburg in Bobingen das Haus des Fischers Barthel Baumann, der an die Findelhausstiftung in Augsburg zu zinsen hatte, stellte einen Knecht ein, errichtete eine Bräustatt und begann mit dem Brauen. Er belieferte folgende Wirte: Hans Bobinger, Hans Völk, Matthias Fischer, alle von Bobingen, ferner in Wehringen den Ulrich Bestler, in Großaitingen den Hans Gabel, in Mittelstetten den Bartel Männer und in „Schwab-Menchingen" den Jakob Geiger. Zunächst besaß er nur die Brauerlaubnis, später durfte er auch vom Zapfen weg maßweise ausschenken. Die Erlaubnis der Zapfenwirte zum Bierausschank wurde jährlich verlost. 1638 beschwerte sich der bisherige Zapfenwirt Georg Lacher, weil er sich durch den Losentscheid benachteiligt fühlte.
Im Hauptstaatsarchiv München sind verhältnismäßig wenig Unterlagen über die Bobinger Brauereien und Gastwirtschaften vorhanden. Vermutlich sind viele Schriftstücke während der zahlreichen Kriege, vor allem während des Dreißigjährigen Krieges, vernichtet worden. Es ist aber auch zu bedenken, daß sich der Aktenkrieg und die Verwaltungsarbeit vor 200 bis 300 Jahren noch nicht so ausgedehnt hatten wie in unserer Zeit, so daß es bei glatt verlaufenden Verwaltungsmaßnahmen, wie dem Verlosen der Zapfengerechtsame, erst dann zu einem schriftlichen Niederschlag kam, wenn Beschwerden, Klagen oder Unregelmäßigkeiten bekannt wurden.

1652 wurden in Bobingen zwei Brauereien erwähnt, eine davon „gegen einen anderen und vil geringern orths" und die zweite in dem vom Grafen Leopold Fugger verkauften ruinösen Steinhaus. Die zweite Brauerei wurde 1652 durch den aus Krembs in Österreich über Haunstetten nach Bobingen kommenden Östele errichtet. Im hochstiftischen Erbhuldigungsakt von 1650 steht u. a. Graf Leopold Fugger als Besitzer von zwei Sölden verzeichnet, auf denen ein gemauertes Haus bei der Kirche steht. Es kann sich dabei nur um die beiden Sölden handeln, von denen eine im Jahre 1830 als „Kirchbräusölde" aufgeführt wird. Von dem ruinösen Steinhaus finden sich heute noch die alten Kreuzgewölbe unter einem Stadel der Brauerei Deuringer dicht bei der nördlichen Seite der Kirchhofsmauer.

1666 kaufte der Wehringer Gastwirt Jakob Strohmayer das Steinhaus des Tobias Rem (Mittleres Schlößchen) und eröffnete den Betrieb einer Metzgerei sowie eines Bier- und Weinausschankes. 1691 ersuchte der Bauer Jakob Fischer aus Bobingen für seinen Sohn um Kaufgenehmigung für das Bräuhaus des Georg Rieger, „Bräu zu Bobingen". Das Gesuch wurde mit dem Zusatz genehmigt, er möge die Riegersche Bräustatt von den Schulden „liberieren". Später erwarb der Brauknecht Christoph Kembacher die Bräugerechtigkeit, braute aber selbst nicht mehr. Der ehemalige Gerichtsvogt Ottmar Nägele stellte 1692 das Gesuch um Erlaubnis zur Eröffnung einer Wirtschaft mit Weinausschank in seinem Haus, welches inmitten des Dorfes an der Straße liege. Es scheint sich um ein Steinhaus gehandelt zu haben, denn 1722 bittet der Baron von Westernachsche Oberpfleger Ferdinand Josef Weyer, in dem „Schlößle" des Ottmar Nägele eine Bier- und Weinwirtschaft betreiben zu dürfen. Es wurde ihm der Ausschank für zehn Jahre befristet genehmigt, obwohl es zu dieser Zeit bereits „4 Preuen und 6 Zapfenwürthe" in Bobingen gab. Es läßt sich nicht genau feststellen, wo dieses Haus stand, in dem Weyer seine Zapfenwirtschaft einrichtete.

1696 beschwerten sich die Schwabmünchner Bierbrauer, weil die Bobinger und Gögginger Brauer (Peter Zeller und Christian Zientner, Josef Harsch und Jak. Wildegger) das Biermaß verkleinert hatten und das Bier pro Eimer um 4 Kreuzer billiger lieferten.

Von 1707 bis 1728 führte die Sabina Rößler, „Böckin und Bierschenkin", ihre Sölde mit Zapfenwirtschaft weiter, nachdem ihr Ehemann mit ihrer Schwester verschwunden war und ihr alle Schulden zurückgelassen hatte. Leider lassen sich diese einzelnen Nachrichten und Feststellungen nicht zu einer lückenlosen Folge aneinanderreihen, wie dies teilweise bei der Kirchbräusölde möglich ist.

„Die Breystatt hinter der Kirche" wird erstmals unter diesem Namen 1698 erwähnt, nachdem vermutlich schon seit 1652 dort gebraut worden war. Die Brauerei bei der Kirche war unter dem Bauer Ferdinand Beer verschuldet und wurde schließlich versteigert. Vom Gerichtsvogt Hans Zaiger und den beiden Pfarrheiligenpflegern Hannsen Zehbauer und Christian Zienten erwarb der Bäcker und Gastwirt Blasius Schmidt das Anwesen. Dabei wurde versucht, die Bräugerechtkeit von der Sölde zu trennen mit der Begründung, sie sei vor undenklichen Zeiten von der Banzauischen (oberen) Sölde beim Schloß auf die Sölde bei der Kirche übertragen worden. 1699 kaufte der Metzger Martin Strohmayer die Sölde mit Brauereirecht, obwohl eine Ausbesserung der Fensterstöcke und des Dachs sowie ein Aufmauern des Backofens nötig war. Die Besitzerfolge von dieser Zeit an bis auf den heutigen Tag ist bekannt. 1807 übernahm die Familie Deuringer Hof und Brauerei. 1900 wurde die Brauerei modernisiert und hat vor allem in den letzten Jahren durch erneute, hohe Investitionen ihre Kapazität erheblich ausweiten können. 1952 erfolgte die Verleihung einer Goldmedaille in Luxemburg für vorzüglich gebrautes, wohlschmeckendes Bier. Das Laurentiusbier wird jährlich aus Anlaß des Laurentiusmarktes gebraut (seit 1953).

Der Metzger Strohmayer, welcher die Kirchbräusölde im April 1699 übernommen hatte, war 1714 so verschuldet, daß er versuchte, das Braurecht an den Kappelwirt Völk zu verkaufen, wie er auch seine ganzen Felder verkaufen mußte, um einen Teil seiner Schulden begleichen zu können. Völk war wohl Schankwirt, aber kein Brauer. Die Handwerksmeister der ganzen Hochstraße wandten sich dagegen, daß jemand, der keine Meisterprüfung habe, sich ans Brauen wagen wolle. Die Handwerkerschaft befürchtete, es könnten Nachteile für die hochstiftische Regierung daraus entstehen. 1716 wurde die Übertragung des Rechts zum Bierbrauen trotzdem gestattet, aber es steht nicht fest, ob es zur Abtretung bzw. zum Verkauf des Braurechts kam, denn auf der Kirchbräustatt wurde weitergebraut. Josef Völk, der Kappelwirt, richtete trotzdem sein Braugerüst auf und er war der erste Kappelwirt, der Bier sott. 1733 übergab er die Brauerei an seinen ältesten Sohn Victorino. 1789 wird ein Georg Berchtenbreiter als „Cappelwürth" genannt. 1887 kam die Brauerei in das Eigentum der Familie Schempp, welche 1930 die Brauerei modernisierte und die Belieferung anderer Gasthäuser aufnahm. Bis 1920 war nur für den eigenen Bedarf gebraut worden.

In den spärlichen Unterlagen über das Bobinger Brauwesen wird 1789 noch ein Josef Mörz erwähnt, der Wirtskonzession und Brauerlaubnis beantragte. In seinem Gesuch spricht er von 4 Brauereien in Bobingen, von denen eine (1776) durch Vergantung (Konkurs) aufgelöst worden sei. Die Lage dieser Brauerei ist nicht mehr bekannt, doch wird sie nach mündlichen Überlieferungen bei den Anwesen Lindauer Straße 8 und 10 vermutet. Bei den drei anderen Brauereien handelte es sich um die Kirchbräu, Mittelbräu und den Kappelwirt. Die unterste Brauerei (Zott) wurde erst im vergangenen Jahrhundert erbaut, ihr Betrieb aber schon vor langer Zeit – wie auch die Mittelbräu – stillgelegt. Der vorerwähnte Mörz hatte zwar die Erlaubnis zum Bierausschank, durfte aber nur vier Schweine halten, keine Fuhrleute und Gäste über Nacht beherbergen und kein Braunbier ausschenken. Nachdem er die erweiterte Genehmigung erhalten hatte, fielen diese Beschränkungen fort. Es ist nicht bekannt, ob er wirklich mit dem Brauen begann. Die Bäckereigerechtigkeit, die ebenfalls auf seinem Haus ruhte, verhalf ihm zum Namen „Oberböck" (heute: Kästele, Lindauer Straße).

Das Bierbrauen ist eine bodenständige, auf dörflichem Grund gewachsene, handwerkliche Tradition, die so alt ist wie der Anbau von Getreide selbst. Die allgemeine Entwicklung hat allerdings in den letzten 100 Jahren in den Städten große Brauereien entstehen lassen, die vor allem den Exportmarkt beherrschen. Die Bobinger Brauereien standen durch ihre Verbindung mit der örtlichen Bevölkerung und einem nahe gelegenen, beherrschbaren Absatzgebiet ziemlich krisenfest im Gefüge der Gewerbe- und Industriebetriebe.

7. Die Schmiede

Über das Gewerbe der einst so wichtigen Schmiede (auf über 1300 Einwohner kamen im Jahre 1787 immerhin 320 Pferde!) konnte im Staatsarchiv nichts gefunden werden. Bekannt ist jedoch, daß es in Bobingen immer drei Schmiede gab, nämlich den Oberschmied am Kirchplatz, den Mittelschmied in der Römerstraße (oberhalb des Mittleren Schlößchens) und den Unterschmied bei der Unteren Kapelle. 1629 wird eine Sölde nördlich des Veitenbauernhofes verkauft, „da ansonsten für eine Schmidstadt gebraucht" (Pflegamtsprotokoll v. 31. 7. 1629); nördlich davon lag das „Schmidtenhäusl". Die mittlere Schmiede befand sich bis zum Ende des Dreißigjährigen Krieges an der Ecke Wolfsgäßchen/Römerstraße (Stadtarchiv Augsburg, H 117 S. 1000 ff lt. Mitteilung von X. H.). Die Untere Schmiede ist das Stammhaus der Familie des Max Fischer, des Gründers der Bobinger Bleicherei, die den ursprünglichen Anlaß zur Entwicklung der Bobinger Kunstfaserindustrie gab.

8. Die Fischer

Der Beruf des Fischers läßt sich bereits im hochstiftischen Urbar von 1498 nachweisen (Mitteilung von X. H.).

Das bischöfliche (und nach der Säkularisation dem bayerischen Staat zugefallene) Fischwasser der Wertach wurde 1779 verpachtet. Die Singold dagegen war ursprünglich ein „Freiwasser", welches zu Allmende gehörte und von jedermann befischt werden durfte. 1779 ordnete die Hochstiftsverwaltung die

Verpachtung dieses Fischrechts zugunsten der Gemeindekasse an, weil Jedermann dort fischte, manche den ganzen Tag am Wasser lagen und sogar die Kinder vernachlässigten, so daß das ehemals fischreiche Wasser ganz verödete". So lautete die Begründung, mit der ein altes Freiheitsrecht ohne aktenkundigen Widerspruch kassiert wurde. Die Gemeindekasse bezog 20 Gulden Jahrespacht von den Fischern Ignaz Holzapfel, Christian Jaufmann, Melchior Jaufmann, Andreas Schuester, Johann Georg Scheel, Ulrich Kobel und Johann Georg Selner. Für 36 Gulden konnte man das Wasser auf sechs Jahre pachten.

9. Die Schuhmacher

Von den Schuhmachern unmittelbar ist erstmals 1686 die Rede. Der Schuhmacher Hanns Hartmann, der weder ein Gesellenstück gemacht noch eine Meisterprüfung abgelegt hatte, übte in Bobingen das Schuhmacherhandwerk aus, nachdem er die verwitwete Obermüllerin Müller geheiratet hatte. Nach der in Dillingen für den Bereich des Hochstifts Augsburg erlassenen Handwerksordnung mußte ein Schuhmacher am Zunftort sein Handwerk erlernt haben, anschließend drei bis vier Jahre gewandert sein und in Städten, in denen es Zünfte gab, gearbeitet haben und mußte schließlich vier Jahre bei einem einheimischen Meister tätig gewesen sein. Darüber hinaus galt in Schwabmünchen, Wehringen, Bobingen, Inningen und Göggingen die durch die dort wohnenden Schuhmacher beschlossene Ordnung: „Es darf kein Schuhmacherknecht aufgenommen werden, es sei denn, er habe in einem der fünf Flecken bei einem Meister gearbeitet oder bei zwei Meistern drei Jahre lang."
Hartmann, der von Graben stammte, konnte nachweisen, daß trotz gegenteiliger Behauptungen die meisten Bedingungen für eine Niederlassung von ihm erfüllt würden und daß er in München gelernt habe. Vermutlich wurde ihm daraufhin die Niederlassungserlaubnis erteilt. 1830 gab es den Hofnamen zufolge – neun Schuhmacher, nämlich den „Muckenschuster" (Hs.-Nr. 46 und 85), „Kappelschuster" (Hs.-Nr. 16), „Rechenschuster" (Hs.-Nr. 33), „Schwarzenschuster" (Hs.-Nr. 47), „Schuhstannis" (Hs.-Nr. 50 und 86), „Schuhbernharts" (Hs.-Nr. 107), „Köhlerschuster" (Hs.-Nr. 110), „Schuhlerd" (Hs.-Nr. 166) und den „Gäßleschuster" (Hs.-Nr. 200). Vor zirka 100 Jahren entstand der Name „Stadelschuster", als der Schuhmacher Bobinger hoch oben im alten Zehntstadel unterhalb des Mittleren Schlößchens arbeitete. Beim Auszug der Nachkommen teilte sich der Name in den „Oberen Stadelschuster" und den „Unteren Stadelschuster". Der obere ist heute noch als Schuhmachermeister tätig. Als älteste Schuhmachermeistersfamilie galt die Familie Schlos-

ser („Rechenschuster"). Seit 1773 war stets ein männliches Mitglied der Familie Schuhmacher in Bobingen.

10. Die Bader

Ein interessanter und für das mittelalterliche Dorf wichtiger Beruf ist heute ausgestorben: der Beruf des Baders. Leider finden sich erst ziemlich spät Urkunden über den Bobinger Bader. Danach schloß die Gemeinde im Jahre 1630 mit dem Bader einen Vertrag, demzufolge ein Bauer, der das Bad benutzte, jährlich einen Metzen Roggen zu geben und eine Fuhre Holz zu leisten hatte. Benutzte er das Bad nicht, so mußte er einen Vierling Roggen bringen und eine Holzfuhre leisten. Jeder Söldner oder behauste Untertan hatte bei Benutzung einen Metzen Roggen jährlich, bei Nichtbenutzung 12 Kreuzer zu zahlen. Witwen und Witwer zahlten einen Metzen Roggen, bei Nichtbenutzung zwei bzw. 12 Kreuzer. Knechte hatten einen Metzen Gerste (oder 12 Kreuzer), Mittelknechte und Buben einen Metzen Hafer (oder 12 bzw. 6 Kreuzer) zu entrichten, die Mägde 12 Kreuzer, bei Nichtbesuch 6 Kreuzer. Ehepaare zahlten fürs Baden an Festtagen 2 Heller, für jedes Kind einen weiteren Heller. Gebadet wurde gemeinschaftlich, meist jedoch im Familienverband. Der Bader mußte sich zu guten, warmen Bädern verpflichten und sich bescheiden zeigen, oft Wasser geben, Haare scheren. Außer den gewöhnlichen Bädern waren damals zwei „Merzen- und zwei Mayenbäder" überall üblich. Die Badezeit war an Badtagen von mittags bis in die Nacht festgesetzt. Zur Tätigkeit des Baders gehörte ferner das Schröpfen, Aderlassen und Rasieren. Dieser Vertrag wurde von folgenden Gemeindemitgliedern unterschrieben: Ulrich Fischer, Jakob Echter, Jörg Gruber, Bartl Klocker, Jakob Waibl, Bastl Büßl (?) – alles Bauern, sodann Hans Jaser und Hans Bihler, Hans Lacher – Wirte, der obere Hans Brüderer, Hans Lachenmayer, Hans Hüssen (?) – Schuster und Mittelschmied Strodl. 1686 beschwert sich der Bader Conrad Bücher, die Gemeinde halte sich nicht mehr an den Vertrag von 1630. „Bauernknecht barbieren neuerdings und man hat eigene Badstuben", schrieb er. Die Gemeinde protestierte aus diesem Anlaß gegen den alten Vertrag, der überholt sei. Unterstützt wurde sie dabei vom Pfarrer, der darauf hinwies, daß ein solcher Vertrag in keiner Gemeinde an der Hochstraß anzutreffen sei. Auch führe das Nachtbaden zu Leichtfertigkeiten vor und nach dem Bad. Da Bobingen ein langes Dorf sei und das Bad sehr klein, seien manche Badbesucher die halbe Nacht unterwegs, nur um ein Bad zu nehmen. Dieser Badestreit wurde dadurch erledigt, daß die Gemeinde das Badehaus für 330 Gulden aufkaufte und den Badebetrieb offenbar einstellte.

Der Beruf des Baders war die Grundlage zur Entwicklung der Friseure, Ärzte und für die Entstehung der öffentlichen Badeanstalten. Schon früh wurde vom Bader der Nachweis gewisser Fähigkeiten und Kenntnisse verlangt. Als 1779 der Badergeselle Anton Lieble aus Ellerberg (Fugger Kirchbergische Herrschaft) die verwittibte Baderin Mayer in Bobingen heiratete, konnte er nachweisen, daß er drei Jahre in der Fremde gedient hatte, bevor er im Oktober 1787 in Dillingen vor zwei Chirurgen ein Examen ablegte. Bevor er auf solche Erklärung hin seine endgültige Zulassung für Bobingen erhielt, mußte er dem Pflegsverwalter von Pflummerer nachweisen, daß er im Besitze der drei vorgeschriebenen Bücher sei: 1. Heiser's Chirurgie, 2. Lebers „Vorlesungen über die Zergliederungskunst", 3. Plancks „Pharmazie". Der Vorgänger Liebles war der Bader und Wirt Bartholomai Mayr von Thannhausen, der die Badersölde 1687 um 9000 Gulden vom Bader Franz Buchmayer erworben hatte. Als die Franzosen 1796 Bobingen überfielen und den Amtsschreiber Greißl neben anderen Bauern schwer verletzten, versorgte ein Bader Mayr (vermutlich ein Nachkomme des ursprünglichen Besitzers des Mittleren Schlößchens) die Verwundeten.

Selbst dieser unvollständige Rückblick auf die Geschichte des Bobinger Handwerks vermittelt im Vergleich mit dem heutigen Stand einen Einblick in die gewaltige technische und wirtschaftliche Entwicklung, die den wesentlichsten Teil des Bobinger Handwerks, Handels und Gewerbes mitgerissen hat. Der Schmid handelt heute mit Traktoren und Treibstoffen, der Metzger ist – auch wenn er nicht mehr selbst schlachtet – ohne moderne Kühlanlagen nicht denkbar, Maschinen und moderne Geräte sind in allen Berufen üblich geworden.

Nicht zu übersehen ist das Schwinden mancher typisch ländlicher Erwerbszweige: Der Seiler handelt nur noch mit eingekauften und nicht selbst hergestellten Seilwaren, die Heimweber sind verschwunden, der Fischer bzw. Fischhändler kann ohne den Fischhandel nicht mehr existieren, die Mühle muß die Konkurrenz der Großmühlen fürchten. Zugleich veränderten sich die Grundlagen Bobingens, auf denen die bisherige Entwicklung grundsätzlich aufbaute: der Kleinlandwirt gibt auf und wandert in die Industrie ab, der Durchschnittsbauer konzentriert seine Arbeitstechnik und Bewirtschaftungsmethode, um im scharfen Konkurrenzkampf nicht zu unterliegen. Und die ganze Entwicklung der Stadt wird beherrscht und ist im wesentlichen abhängig von der Kunstfaserindustrie, die mit dem Handwerk nur noch die Fingerfertigkeit beim einzelnen Werktätigen gemeinsam hat, mit Handel und Gewerbe die dominierende Rolle der kaufmännischen Geschicklichkeit, alles vereinigt in einer der modernen Industriegesellschaft entsprechenden Form.

II. PREISTAFEL AUS GUTER ALTER ZEIT

Die heutigen Menschen finden kaum noch die Muße, Zweck mit Schönheit zu verbinden, wo es sich um kleine Dinge des Alltags handelt. Sie wollen keinen barocken Schnörkel und unnötigen Zierat, ja sie empfinden oftmals schon eine persönliche Note als störend. Der Mensch von heute hat es eilig. Er will auf einen Blick wissen, was geboten wird, wieviel es kostet. Man sehe sich nur einmal eines der heutigen Preisverzeichnisse an. Nüchtern und langweilig, ganz zweckgebunden, hängen sie in den Geschäften. Welchem Kaufmann würde es auch einfallen, dem Preisverzeichnis eine persönliche Note zu geben?

Wie anders sieht dagegen jenes Preisverzeichnis aus dem Jahre 1817 aus, das der verstorbene Bäckermeister Tröltsch der Sammlung heimatkundlichen Anschauungsmaterials der Stadt Bobingen stiftete. Die nicht mehr bestehende Buchdruckerei Viktor Zanna, Augsburg-Pfersee, stellte diesen anonymen Kupferdruck her, von dem es heute nur noch wenige Exemplare in einigen Museen gibt. Nach der Mißernte des Jahres 1816 stiegen die Preise an der Schranne zu Augsburg in kaum erschwingliche Höhen. Damals entstand jene Preistafel, die unter der Überschrift „Im Jahre 1817 waren die Victualien im Preise wie folgt:" beschreibt, was „im Jenner 1817 ein Schaff Kern gald". In vier Reihen stehen 25 Figuren der bäuerlichen Verkäufer und Verkäuferinnen übereinander und bieten an: Kern, Roggen, Gerste, Haber, Erbsen, Linsen, Erdäpfel, Mundmehl, Schönmehl, Nachmehl, gedrendelte Gerste, Rindschmalz, Butter, Eyer, Schwarzlaib Brod, Braunbier, Weisbier, ordinären Brandwein, Fleisch von Ochsen, Kühen, Kälbern, Schafen und Schweinen, dazu Enten, Hennen, Tauben, Milch, Weißrüben, Karpfen, Krautköpfe und Holz (Buchen, Birken, Förn, Fichten). Mehr Waren wurden in dieser Szenerie nicht verkauft. Bunt und heute unbekannt sind die Trachten der Verkäufer. Der Bäcker steht dort an seinem Stand in langer weißer Hose, Schürze, blauer Jacke und weißer Zipfelmütze. Die Bauern tragen teilweise Dreispitz, teils runde Hüte mit einer weißen Flaumfeder. Dazu zeigen sie breitgeschnürte Westen, breite lederne Leibriemen, in denen sie ihr Hartgeld versteckten, Bundhosen und darüber halblange, vorwiegend blaue Mäntel, ferner grobgestrickte Wollstrümpfe und derbe Schnallenschuhe. Die Frauen zeigen sich in bestickten Hauben, tragen enggeschnürte Mieder und weiße, bauschige Leinenblusen mit kurzen Ärmeln, über den faltenreichen, langen Röcken blaue Schürzen. Der Wirt bietet in grüner Jacke und Schirmmütze den Vorübergehenden sein Bier an, und ein Bauer weist empfehlend auf einen Stapel dicker Krautköpfe. Am Ende des Bildes zieht ein voller Erntewagen herein, gezogen von zwei kleinen Pferden der damaligen Zeit. Es sei in diesem Zusammenhang erwähnt, daß die kleinen Hufeisen, die von Zeit zu Zeit bei Erdarbeiten in

Preistafel aus dem Jahre 1817

ganz Schwaben und darüber hinaus gefunden werden, keineswegs aus der Zeit der hunnischen Einfälle stammen, sondern auf jene kleine, einheimische Pferderasse zurückgeführt werden müssen, wie sie vor 150 Jahren hier allgemein in der Landwirtschaft verwendet wurde.

Der künstlerische Gestalter jener Preistafel schreibt zum Schluß im Ausblick auf die im Sommer des Jahres 1817 bereits als vorzüglich erkennbare Ernte den Vers: „Nun schenkt und Gott auf schwere Zeit – den Überfluß an dem Getreid. – So wird sich dann mit seinem Segen – Der Hunger in dem Lande legen."

Wie wir aus den Aufzeichnungen des Veitenbauern in Bobingen wissen, brachte das regenreiche Jahr 1817 nach dem Trockenjahr 1816 eine ausgesprochen gute Ernte, und die Preisverhältnisse stabilisierten sich wieder. Es kehrte jene geschäftige Ruhe, jene zufriedene Betriebsamkeit beim Augsburger Markt ein, wie sie jeder heute wieder kennt, untermalt von zum Kauf einladenden Gerüchen und Düften nach frischem Obst, Möhren, Fisch und Fleisch, Sellerie, Laugenbrezel und Bratwürsten. Und im Sommer 1817 fanden auch die Straßberger Beerenweiblein wieder Absatz für ihre Ware, die sie bereits zu frühester Morgenstunde, um 3 Uhr in Straßberg aufbrechend, zu Fuß nach Augsburg getragen hatten.

III. DER SCHREINER FEHLE

Im Hauptstaatsarchiv in München liegt ein Gesuch des ledigen Schreinergesellen Johannes Fehle auf, in dem er sich mit Datum vom 14. 8. 1778 um Aufnahme in Bobingen bewirbt. Zugleich bittet er um Gewerbezulassung und um die Erlaubnis, die verwittibte Schreinerin Maria Klaußin heiraten zu dürfen. Fehle stammte aus dem Dorf Wolfholz (Pfarrei Hüttenwang) in der Hochfürstlichen kemptischen Herrschaft. Er hatte drei Jahre in Schwabmünchen gearbeitet, ehe er sich in Bobingen niederließ. An sich war er leibeigen, die Witwe aber frei. Die Hochstiftische Herrschaft in Kempten zeigte sich großzügig und gab Johannes Fehle einen „Freybrief" mit, durch den er – als „ehrlich und catholisch" bekannt – ein freier Mann wurde. Außerdem stellte ihm Johann Carl Engelbrecht, Graf von Sonneberg, Pfleger auf dem Schloß zu Kemnath, eine ausführliche Bescheinigung darüber aus, daß er im dortigen Kemptstiftischen Pflegeamt keinerlei Schulden hinterlasse und 100 Gulden mit in die Ehe bringe. Die Gemeindeverwaltung Bobingen mit dem Hochstiftischen Pfleger im Oberen Schlößchen befürwortete das Gesuch des Fehle und schilderte auch die Vermögensverhältnisse der Witwe Klauß, die ein Kind aus erster Ehe mitbrachte, ferner eine Sölde mit einem Wert von 700 Gulden, worauf allerdings eine Hypothek von 400 Gulden lastete, wozu noch 150 Gulden Schulden kamen. Fehle bat zugleich um Gewerbezulassung, da die Witwe Klauß auf einer Wagner- und Schreinersölde wohnte und ihr verstorbener Mann gleichfalls diesen Beruf ausgeübt hatte. Zu diesem Gesuch des ortsfremden Fehle mußten die damaligen Schreiner gehört werden, von denen der Schreiner Sebastian Greißl, ein alter Mann, dem Gesuch zustimmte, der Schreinermeister Schwarz jedoch das Gesuch erbost protestierend ablehnte. Trotzdem befürwortete der Pfleger auch die Gewerbezulassung, „da der Ort ihn wohl ernähren kann".

Johann Fehle (1816 „Oberer Schreiner") wohnte in der Römerstr. 13. Er hatte sechs Kinder, die zwischen 1774 und 1789 in Bobingen geboren wurden. Seine Linie stirbt allerdings in der darauffolgenden Generation in Bobingen aus.

„Oberer Wagner" war zur nämlichen Zeit ein Josef Fehle, der ebenfalls aus Wolfsholz stammte. Dieser heiratete am 4. 5. 1773 die Jungfrau Theresia Tehrle aus Bobingen. Von diesem Ehepaar Zehle stammen alle späteren Fehle in Bobingen ab, insbesondere die Wagner Fehle (Mitteilung durch X. H.).

IV. DIE ÄLTESTEN BOBINGER HANDWERKERFAMILIEN

Bei der Bestandsaufnahme des Bischofs von Augsburg nach dem Dreißigjährigen Krieg 1650 besaß in Bobingen ein Johann Bobinger ein Söldhäuslein im unteren Dorf, welches ins sogenannte „St. Ulrich Schusterhüble" den Bodenzins zu leisten hatte. Die Sölde (heute Singoldanger 10) hatte Bobinger am 9. 11. 1639 um 85 Gulden erworben. Er war anscheinend der einzige Namensträger „Bobinger", der die Schrecken von Pest- und Kriegszeiten überlebt hatte.

Vermutlich waren es zwei Söhne von ihm, die sich um 1675 mit ihren Familien ein ganzes Söldhaus im unteren Dorf teilten. Es lag nördlich vom sogenannten „Schwedenhof" (heute „Beim Alten Baur") auf der Ostseite der Augsburgerstraße. Die östliche Halbsölde besaß Mathäus Bobinger, ein Schneider, die westliche Hälfte war im Besitz von Georg Bobinger, einem Schuster. Er ist wahrscheinlich Begründer der über dreihundertjährigen Handwerkstradition von „Bobinger Schuh" in der Lindauer Straße 13 in Bobingen.

Sein Sohn Ulrich Bobinger übernahm Handwerk und Anwesen kurz vor seiner ersten Ehe am 5. 2. 1697 mit Maria Hartmann von Mickhausen, (+ 23. 10. 1710). Aus dieser Ehe stammen sechs Kinder, wovon 1711 noch drei am Leben waren. Ulrich heiratete am 10. 2. 1711 in zweiter Ehe Anna Mayr von Ettringen. Dieser Ehe entsprangen nicht weniger als 10 Kinder. Ulrich starb am 5. 12. 1748. Der Pfarrer nannte ihn im Sterberegister einen „Greis und wahrhaft christlichen Mann". Von seiner Gläubigkeit zeugen auch zwei von ihm gestiftete Votivtafeln in der „Lieb-Frauen-Kapelle" (1701 und 1704). Drei von fünf Söhnen übten wiederum das Schusterhandwerk aus. Daniel übernahm das Elternhaus, Bernhard heiratete 1757 die Witwe Eva Wagner in der Römerstraße 54.

Christian, genannt „Schuhstannis", geboren am 23. 12. 1714, heiratete am 26. 11. 1754 Agnes Würstle von Kleinaitingen, nach deren Tod in zweiter Ehe am 19. 5. 1767 Walburga Kastner von Unternefsried. Christian wohnte in der Römerstr. 32. Als er am 30. 8. 1768 starb, hinterließ er sechs Kinder aus beiden Ehen.

Die Schuhmachertradition wurde fortgeführt von seinem Sohn Augustin Bobinger, geboren am 25. 8. 1757 in Bobingen. Augustin verehelichte sich nach Wehringen. Nach dem Tod seiner ersten Frau Regina, geborene Wehringer, heiratete er am 21. 7. 1807 Maria Heinzelmann von Wehringen. Augustin starb am 17. 2. 1827 in Wehringen im Haus Nr. 7 im Alter von 67 Jahren.

Sein Sohn Josef, geboren am 20. 3. 1823 in Wehringen, kaufte am 5. 8. 1851 von der Witwe des Schusters Xaver Kreuter in Bobingen den ehemaligen domkapitlischen Zehnstadel in der Römerstraße unterhalb vom mittleren Schlößchen. Dort begann er nach seiner Eheschließung am 12. 8. 1851 mit Ottilie Öschay von Wehringen, das Schusterhandwerk auszuüben. Von diesem Anwesen stammt der noch heute gebräuchliche Hausname „Stadelschuster". Josef starb am 6. 2. 1890 im Anwesen seines Sohnes Georg, Hochstraße 44.

Sohn Franz, Schuhmachermeister, geboren am 11. 2. 1855, heiratete am 26. 7. 1880 die Wirtstochter Philomena Haas von Bobingen und kaufte 1887 das Anwesen Lindauer Straße 13, früher „beim oberen Schwarzbauern" genannt, nun „beim oberen Stadelschuster". Franz starb sechzigjährig am 18. 6. 1915. Sein ältester Sohn Xaver, geboren am 27. 7. 1881, ebenfalls Schuhmachermeister, hatte am 1. 5. 1913 mit der Landwirtstochter Franziska Geßler den Bund für's Leben geschlossen und führte das Schusterhandwerk weiter. Am 10. 9. 1951 verunglückte er tödlich. Kurz vorher hatte er an seinen Sohn Ludwig übergeben. Ludwig, geboren am 28. 2. 1915, heiratete am 24. 4. 1948 Theresia Veh von Bobingen.

Am 9. 9. 1954 eröffnete er ein Schuhgeschäft. In der Schusterwerkstatt wurden seit diesem Zeitpunkt außer ein paar Sonderanfertigungen nur noch Reparaturen durchgeführt. Nach Ludwigs frühem Tod am 28. 2. 1964 führte seine Frau das Geschäft weiter. 1973 wurde ein Neubau begonnen und am 12. Oktober 1973 hielt „Bobinger Schuh" Einzug in die neuen Räume. Derzeitiger Besitzer und Chef von „Bobinger Schuh" ist Xaver Bobinger, der Sohn von Ludwig, geboren am 7. 2. 1949, ein gelernter Schuster – wie seine Vorfahren.

Bis 1744 finden wir in den Gemeinderechnungen von Bobingen noch einen „Glaser aus Burgwalden" erwähnt, welcher die Fenster im gemeindlichen „Armhäusl" oder in der Turmwohnung des Lehrers am Kirchhof einzuglasen hatte. Seit 1722 leben und arbeiten aber die Glaser Lautenbacher in Bobingen. Laut Pflegamtsprotokoll vom 28. 2. 1722 kauft ein Melchior Lautenbacher, Glaser zu Schwabmenchingen, den öden Platz Wolfsgäßchen 7 vom Bader und Wundarzt Zacharias Kapeter für 257 Gulden. Seine Söhne Xaver und Leopold erlernen ebenfalls das Glaserhandwerk. Xaver übernimmt 1759 das elterliche Anwesen. Leopold heiratete am 24. 1. 1757 die Metzgerstochter Anna Maria Bez. Aus dieser Ehe gingen zwischen 1758 und 1770 fünf Töchter und ein Sohn hervor. Dieser Sohn mit Namen Nikolaus (geb. 1760) kaufte das Anwesen Römerstr. 5 (auf dem heute die Glaserei Lautenbacher steht) vermutlich Anfang 1794 von Elisabeth Dempf, Witwe des Baders und Chirurgen Johann Dempf. Er heiratete am 3. 2. 1794 die Klara Knoll von Wald. Das Ehepaar hatte dreizehn Kinder. Sechs der Kinder starben früh. Zwei Söhne (Alexander, geb. 1807, und Anton, geb. 1812) wurden Glaser. Anton blieb auf dem väterlichen Anwesen. Alexander heiratete 1832 die Veronika Bühler und wohnte im Haus Römerstr. 56 (Mitteilungen von X. H.).

Das Glaserhandwerk wurde nur von der Linie des Alexander Lautenbacher fortgeführt. Er hatte drei Kinder, von denen der Sohn Benno Glaser und Zinngießer wurde. Dieser Benno Lautenbacher ist der Großvater des jetzigen (1973) Glasermeister Georg Lautenbacher. Er baute das Haus Nr. 187 1/2 (heute Hochstraße 62). Das neuerbaute Stammhaus der Familie fiel durch Heirat und Erbschaft an den Glasermeister Georg Lautenbacher zurück, nachdem es 1914 an die Mühle Schnell verkauft worden war.

Der Heimatforscher Xaver Holzhauser (X. H.) hat dieses bemerkenswerte Zeugnis von Familienbeständigkeit und Handwerkertradition anhand der Aufzeichnungen des Pfarrarchivs ermittelt.

V. BOBINGEN ALS WIRTSCHAFTLICHER MITTELPUNKT (1952)

1. Handwerker in Bobingen

Die Kunstseidefabrik, deren bauliche Anfänge auf die Initiative Max Fischers (Bleichereibesitzer) im Jahr 1877 zurückzuführen sind, ist heute einer der Hauptfaktoren in der Wirtschafts- und Kommunalpolitik Bobingens. Daneben seien nicht das einheimische Handwerk und der Handel vergessen, welche den ländlichen Bedürfnissen entsprechend im Lauf der Zeit allmählich gewachsen sind und deren Wurzeln immer noch im ruralen Untergrund haften. Die Zahl der Handwerksbetriebe hob Bobingen früh unter den anderen Orten des Lechfelds hervor.

Im Jahre 1788 weist Bobingen 61 verschiedene Handwerksbetriebe auf, von denen allein die Maurer und Zimmerer insgesamt neun Arbeitskräfte beschäftigten. Alle anderen Betriebe jener Zeit müssen als reine Familienbetriebe angesehen werden. 1910 zählen wir 55 selbständige Gewerbetreibende und Betriebe, die 221 Arbeitnehmer beschäftigten. Die Ziegeleien gaben 53 Menschen Verdienst, und die Kunstseidefabrik beschäftigte bereits 111 Bobinger Arbeiter, aber noch mehr von auswärts (insgesamt etwa 300). Die alten Berufe der „Brunnenmacher" und des „Tierausropfers" waren damals nicht mehr registriert.

Vor 1945 zählte man in Bobingen 286 Gewerbetreibende aller Arten (einschließlich der freien Berufe). Nach dem Inkrafttreten des Gesetzes über die Gewerbefreiheit vergrößerte sich diese Zahl bedeutend. Nach 1950 wurden allerdings einige unrentable Kleingewerbe (einschließlich Wandergewerbe) wieder abgemeldet.

Alle diese Handwerksbetriebe und Gewerbetreibenden sahen und sehen ihre Aufgaben mehr oder weniger in der Befriedigung örtlicher Bedürfnisse. Auswärtige Aufträge wurden nach Augsburg abgezogen, zum Teil auch nach Schwabmünchen, dem Mittelpunkt des Lechfeldes.

2. Der Einfluß der Industrialisierung

Erst die Industrialisierung versetzte Bobingen in die Rolle eines zentralen Ortes, dessen Arbeitsrhythmus der Pulsschlag im Leben der Umgebung ist. Welchen Verlauf diese Entwicklung seit dem Jahre 1935 nahm, zeigen die beiden Karten. Es wurden zu ihrer Zusammenstellung zwei Zeitpunkte ausgewählt (1935 und 1950), an denen jene bekannte hektische Betriebsamkeit der Kriegsjahre noch nicht in Erscheinung getreten war und die Folgen des Zusammenbruches von 1945 bereits überwunden schienen. Die Karte von 1950 läßt den Arbeiterpendelverkehr von Augsburg, Göggingen und Haunstetten außer acht. 1950 strömten täglich 857 Arbeitnehmer aus den umliegen Ortschaften nach Bobingen, und zwar aus

Großaitingen	164	Arbeitnehmer
Hiltenfingen	11	"
Langerringen	25	"
Lamerdingen	23	"
Mittelstetten	35	"
Obermeitingen	17	"
Reinhartshausen	40	"
Schwabmünchen	112	"
Straßberg	251	"
Wehringen	167	"

Ehemalige Kunstmühle an der Singold

Kunstseidefabrik Bobingen (etwa 1925)

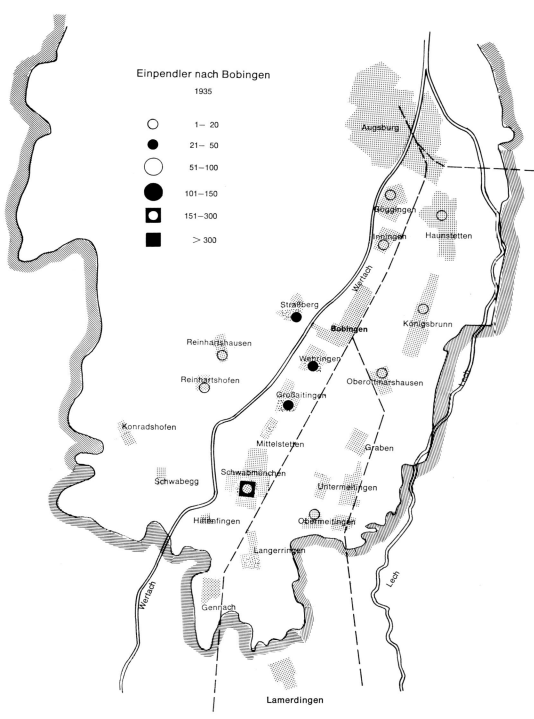

Einpendler nach Bobingen

1935

○ 1— 20

● 21— 50

○ 51—100

● 101—150

◨ 151—300

■ > 300

Augsburg

Göggingen

Inningen

Haunstetten

Wertach

Straßberg

Bobingen

Königsbrunn

Reinhartshausen

Wehringen

Reinhartshofen

Oberottmarshausen

Großaitingen

Konradshofen

Mittelstetten

Graben

Schwabegg

Schwabmünchen

Untermeitingen

Hiltenfingen

Obermeitingen

Langerringen

Lech

Wertach

Gennach

Lamerdingen

154

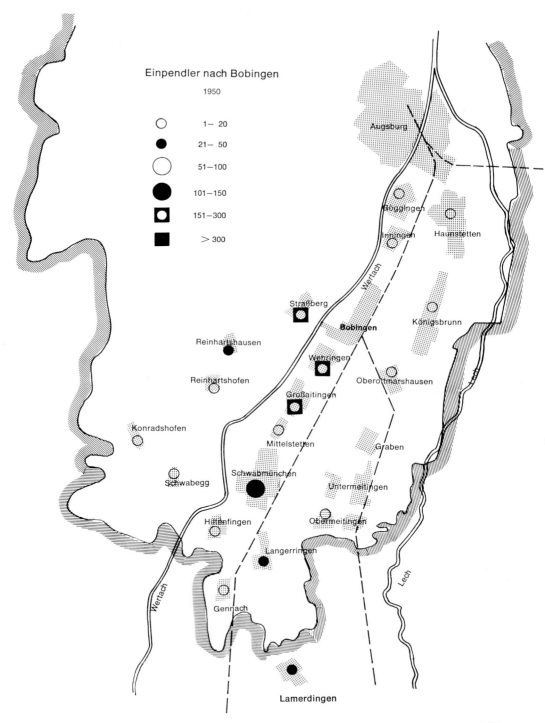

Einpendler nach Bobingen

1950

○	1— 20
●	21— 50
○	51—100
●	101—150
▣	151—300
■	> 300

Augsburg

Göggingen

Inningen

Haunstetten

Straßberg

Bobingen

Königsbrunn

Reinhartshausen

Wehringen

Reinhartshofen

Oberottmarshausen

Großaitingen

Konradshofen

Mittelstetten

Graben

Schwabegg

Schwabmünchen

Untermeitingen

Hiltenfingen

Obermeitingen

Langerringen

Wertach

Lech

Gennach

Lamerdingen

155

Diese Zahlen sind bis heute weiter angestiegen. Im Jahre 1950 arbeiteten 196 Arbeitnehmer aus Bobingen in Augsburg und 49 in Göggingen.

Es soll hier nicht auf den nachweisbar günstigen wirtschaftlichen Einfluß auf die gesamte Umgebung eingegangen werden, der z. B. Straßberg von einer armen Waldler- und Söldnersiedlung zum schmucken Arbeiterdorf werden ließ, sondern auf die ständig wachsende Bedeutung der Mittelpunktlage Bobingens. Es sei allerdings auch darauf hingewiesen, daß sich die ungeschützte Hochterrasse, über die die Ortsverbindungsstraße Bobingen – Königsbrunn führt, als ausgesprochen „verkehrsfeindlich" erwies, ein Zustand, der sich durch die schlechten Wegeverhältnisse noch verschlimmerte, so daß (1950) kein Arbeitnehmer von Königsbrunn ständig in Bobingen arbeitete.

Es wird darauf zu achten sein, daß der Wohnungsbau weiterhin forciert wird, damit der täglich aus- und einpulsende Menschenstrom eines Tages seine Sammlung in Bobingen finden wird. Da es bequem ist, in der Nähe seiner Arbeitsstelle einkaufen zu können, sollte die örtliche Handwerkerschaft und die Geschäftswelt den wenigen guten Beispielen (Schuster, Kufner, Schrall, Heider u. a.) folgen und ihre Schaufensterscheu überwinden. Wenn dann noch die Baulücken im Ortsbild geschlossen wären – hier muß an die Einsichtigkeit der Grundstücksbesitzer appelliert werden –, dann könnte Bobingen seiner Aufgabe, nicht nur industrieller Schwerpunkt, sondern auch wirtschaftlicher Mittelpunkt der näheren Umgebung zu sein, gerecht werden.

F   Geschichtliche Einzelpersonen

I. BOBINGER HEXEN

1. Die Epidemie des Hexenaberglaubens

Gegen Ende des Mittelalters breitete sich in Deutschland epidemieartig eine besondere Art des Aberglaubens aus: der Hexenaberglaube! Durch Kirche und Wissenschaft unterstützt, konnte sich der Glaube an die Zauberkräfte zahlreicher mit dem Teufel, dem „bösen Feind" in Verbindung stehender Menschen in sinnlosen Verfolgungen, Urteilen und Hinrichtungen austoben. Bis vor rund 250 Jahren waren Tausende und Abertausende von Frauen und Männern (anfangs der einfacheren Stände, schließlich auch der gehobeneren) dem furchtbaren Vorwurf, Hexen oder Hexer zu sein, verteidigungs- und hoffnungslos ausgeliefert. Regelmäßig endete das Verfahren mit dem Feuertod des „geständigen" Opfers. Gestand einmal ein Verdächtiger trotz ärgster Folterpein nicht, so hieß es, nur der Teufel könne ihm die Kraft zum Widerstehen verliehen haben, und der Bedauernswerte wurde trotzdem verbrannt.

Unsere engere Heimat blieb ebenfalls nicht frei von diesem offiziell vertretenen Aberglauben. Es scheint so, als ob sich gerade diese niedrigste aller Aberglaubensarten hier bis heute wie ein schwelendes Feuer unter einer dünnen Decke naturwissenschaftlicher Logik und Vernunft verborgen hält, von Zeit zu Zeit entdeckt durch die Justiz oder die Volkskunde. Die Nachkommen jener harmlosen Menschen, die im Jahre 1730 in Bobingen und Wehringen in den Verdacht gerieten, Hexen zu sein, „etwas zu können", leben heute noch in beiden Ortschaften. Ihre Familiennamen seien daher hier verschwiegen.

2. Das Hexengerücht in Bobingen

Nach den Akten des Hauptstaatsarchivs München wurde dem Straßvogtei- und Verwaltungspfleger von Schwabmünchen, Jacob Joseph de Bally berichtet, ein Bobinger Schuhmacher namens Kilian Sch. werde der Sodomie mit einer Kalbin und einer Stute beschuldigt und dessen Schwester Maria habe ihr neugeborenes Knäblein durch Eindrücken der Schläfen getötet und im Herd-loch verbrannt. Diese beiden Vorwürfe veranlaßten am 9. Feburar 1730 die er-ste Vernehmung in Gegenwart des Straßvogteiverwalters als Gerichtsherrn, zweier nicht namentlich genannter Schwabmünchner Bürger und des Ge-richtsschreibers Ignatius Doler. Der Täter gab auf einfaches Befragen sowohl die Sodomie als auch die Blutschande mit seiner Schwester zu, ahnte aber so-fort das Schlimmste, als man ihn ohne erkennbaren Anlaß nach Hexerei be-fragte, und bestritt jegliches Wissen über Hexenwerk. Der Wasenmeister Mathäus Scheller zu Großaitingen (Sohn des Scharfrichters und Wasenmei-sters Mathäus Scheller zu Ziemetshausen) sagte in seiner Vernehmung aus, er habe das zur Sodomie benutzte Pferd ordnungsgemäß in Großaitingen getötet.

3. Das peinliche Verhör

Vier Tage nach der ersten Vernehmung schritt man zum „ersten peynlichen Constitutum" unter Beteiligung des Schwabmünchner Eisenmeisters Michael Amann. Der Bobinger wurde dem Scharfrichter vorgestellt, der ihn in die Fol-terkammer führte, wo ihm die Folterwerkzeuge gezeigt und in ihrer furchtba-ren Wirkung erklärt wurden, um ihm einen Vorgeschmack von dem zu geben, was ihn erwartete. Dann wurde ihm das Torturkleid angelegt und er auf den Bock gespannt, jedoch als Vergünstigung zunächst „ohne hölzerne Spitz". Drei „wohlgemessene Streich" sausten auf ihn nieder, und er wiederholte nochmals, wie er sich mit Vieh und Schwester vergangen habe. Als er nach den peinlichen Einzelheiten gefragt wurde, verstummte der Mann verständlicher-weise, aber vier „rechtschaffende Streich" ließen ihn – nachdem er ein „schröckliches Geschrei" erhoben hatte – in seinem Geständnis fortfahren. In diesem Geständnis, immer wieder unterbrochen durch insgesamt zehn Schläge mit der Zuchtrute, gestand er weitere scheußliche Einzelheiten, gab die „Schwängerung der Stute" zu und räumte schließlich ein, das Pferd sei im-mer unruhig geworden, sobald er den Stall betreten habe. Schließlich habe man „geistliche Mittel" verwendet, indem sein Vater das Pferd des öfteren mit heiligem Wasser aus Baringen bespritzt habe.

4. Das Geständnis der Schwester

Nach eineinhalbstündiger Vernehmung unter Anwendung der leichten Folter wankte Sch. zerschlagen in seine Zelle in der „Geyerburg" (Geigenburg) zurück. Seine Schwester Maria wurde daraufhin nicht nur wegen des Inzests, sondern auch unter Verdacht der Hexerei vernommen. Und nun nimmt die Katastrophe ihren Verlauf: Die Schwester gesteht zunächst den Kindsmord.

Sie sei von der Nachbarin aus dem Anwesen des Veit Oberdorfer durch ein durchsichtiges Glasfenster beobachtet worden, wie sie – als alle Hausbewohner zur Kirche gegangen waren – die halbverbrannte Kindsleiche auf dem Mist verscharrte. Dann gab die Maria eine zweite Schwangerschaft und schließlich die Verbindung mit dem Teufel zu. Die vermutlich schwachsinnige Maria Sch. gestand, sie sei vom bösen Feind am Erlenberg bei Augsburg zum ersten Male angesprochen und verführt worden; auch im Gefängnis wollte sie von fünf Personen nächtlich besucht und mit Speisen versehen worden sein.

5. Die Folterung der Schwester

Als Maria keine weiteren Angaben mehr machte, wurde sie der gleichen Prozedur unterworfen, wie zuvor ihr Bruder. Der Schreck beim Anblick der blutigen Ruten veranlaßte sie zu dem Geständnis, sie habe das Hexenwerk von der Bäuerin M. in Wehringen erlernt. Diese Bäuerin trage die Schuld an dem schweren Unwetter, das vor 20 Jahren 30 Häuser in Obermeitingen zum Einsturz gebracht hatte. Als die Angsterfüllte auf den Bock gespannt wurde, hat sie „schröcklich geschrien" und sofort weitere Personen namentlich angegeben, die mit dem Teufel im Bunde stünden.
Bei einer weiteren Vernehmung gab sie dann praktisch alles zu, was man von ihr erfahren wollte: Ja, sie habe einen Pakt mit dem Teufel geschlossen und den Vertrag mit ihrem Blut unterzeichnet. Sie gab auch die Hingabe an den Teufel an und wollte beobachtet haben, wie die Bäuerin M. aus ihren Kühen die Milch der Kühe der Nachbarin molk und wie diese Bäuerin mit ihrem Mann auf dem Wiesbaum zum Hexentanzplatz bei Augsburg flog. Als sie dann auf den Bock („mit Spitzen") gespannt wurde, beschuldigte sie plötzlich ihren ehemaligen Arbeitgeber, er habe auf dem Felde bei Wehringen seine Tochter ermordet und habe schließlich die Hebamme, welche durch ein falsches Todeszeugnis zur Mitwisserin geworden sei, durch Anzünden des Bettstrohs, während sie im Kindsbett lag, ebenfalls umgebracht. Nach weiteren Streichen mit den „im Hl. Drei-Königs-Wasser gewässerten Ruten" schilderte sie weitere unsinnige Einzelheiten. Vor der dritten Vernehmung, die gütlich versucht werden sollte, bat das gequälte Weib um Weihwasser und den St.-Johannes Segen, fiel aber dann plötzlich ohnmächtig vom Stuhl.

6. Das Hexenmal

Bei der vierten Folterung gestand sie, wo sie das Hexen gelernt habe: Sie habe sich auch mit anderen Hexen zwölfmal auf dem Venusbergl gleich bei der Stadt

Augsburg zum nächtlichen Tanz getroffen. Das Bergl liege vor dem Klinkertor, werde allgemein der Schindbühl genannt und sei nur zwei Steinwurf von dem Pferseer Weg über die Wertach entfernt. Dann nannte die Unglückselige weitere Namen von Bobinger Familien. Schließlich fragte man sie nach dem stigma diabolicum, jener vernarbten Wunde, aus der das Blut gezogen wurde, mit dem der teuflische Pakt unterschrieben worden sein sollte. Sie wurde so lange mit Ruten geschlagen, bis sie sich in ihren Schmerzen an einen kleinen Schnitt am Finger erinnerte. Diese Narbe wurde vom Scharfrichter mit der Visitiernadel untersucht, und als die Nadel in der Narbe ohne Schmerz steckenblieb und etwas Blut kam, während die übrigen Partien des Körpers auf Nadelstiche schmerzempfindlich reagierten, wurde dies als Beweis für ein echtes Teufelszeichen angesehen.

7. Die Aussagen eines Schwachsinnigen

Die Geständnisse der Maria aus Bobingen bewogen schließlich zur Vernehmung des siebzehnjährigen Bauernsohns Zacheus M. aus Wehringen, der als schwachsinnig bekannt war.

Auf einfaches Befragen gab dieser die unsinnigsten Vorkommnisse an, die heute jedem vernünftig denkenden Menschen als absolut unmöglich erscheinen. Er bezeichnete seine Mutter als Haupthexe, die auch für das Unwetter vor drei bis vier Jahren bei Inningen und Göggingen verantwortlich sei, wobei seinerzeit alle Feldfrüchte zerschlagen und einige Gebäude in der Umgebung abgebrannt waren. Das Gewitter war damals auch nach Bobingen gezogen, so erfährt man, aber durch den dortigen Herrn Dechanten zurückgetrieben worden (!). Der Schwachsinnige berichtete mit offensichtlichem Vergnügen über Hexensabbate, über Succubus und Incubus, über Ritte auf Besen, Gabeln, Wiesbäumen, über Hexen- und Giftmedizinen in nicht enden wollender Fülle.

8. Foltern, Räuchern, Strecken

Danach wurde nochmal die Maria Sch. aus Bobingen gefoltert, nachdem die Ärmste unter Hinzuziehung einer Hebamme im Wohnzimmer des Eisenmeisters am ganzen Körper nach Hexenmalen untersucht und ihre Empfindlichkeit mit der „bewährten Malefiznadel" festgestellt worden war. Sie wurde benediziert und mit bewährtem Hexenrauch dreimal angeräuchert. Sodann wurde sie für 15 Minuten auf dem Bock gestreckt. 25 Streiche prasselten auf den hilflosen Körper. Als man sie herunterhob, so berichtet das vergilbte Protokoll, wurde sie gefragt, ob die Streiche wehgetan hätten, worauf sie zu lachen begann . . .

Durch diese Untersuchungen und Aussagen gerieten insgesamt zwölf Personen aus Bobingen und Wehringen in den Verdacht der Hexerei, der Verunehrung von Hostien, der Heirat mit Geistern, des Schad- und Todzaubers. Im Februar 1730 waren alle Ermittlungen abgeschlossen.

Hier enden die Akten. Die mündliche Überlieferung berichtet, im Jahre 1730 seien die letzten fünf Bobinger Hexen in Schwabmünchen verbrannt worden, aber dokumentarische Nachweise konnten zur Bestätigung dieser Aussagen bisher nicht gefunden werden. Die Sterberegister der Pfarreien Schwabmünchen und Bobingen geben keinen Hinweis über den Tod der letzten Hexen und Hexer.

II. AMTSSCHREIBER GREISSL UND DIE FRANZOSEN

1. Die gewalttätigen Gäste

Im Jahre 1951 wurde eine neue Straße im Osten Bobingens „Greiselstraße" genannt und damit das Andenken eines Mannes geehrt, der in bitterer Notzeit versuchte, das Schlimmste von Bobingen und seinen leidgeprüften Einwohnern fernzuhalten und dabei selbst schwersten körperlichen Schaden erlitt. Die Unterlagen des Hauptstaatsarchivs München berichten über die Taten dieses Mutigen:

Benedikt Greißl war als Amtsschreiber der Pflegsverwaltung Bobingen beschäftigt. Pflegsverwalter war der Hofrat von Pflummerer in diesen Jahren, in denen als Folge der französischen Revolution französische Truppen in Deutschland einfielen.

Am 22. August 1796 erschien nachmittags eine Einheit französischer Husaren in Bobingen. Der Pflegsverwalter befahl seinem Schreiber, den Soldaten entgegenzureiten, sie willkommen zu heißen und bei guter Laune zu halten. In der Mitte des Dorfes traf der eilends dorfabwärts reitende Greißl auf die Franzosen, die ihn mit gezogenen Pistolen zum Amtshaus, dem Oberen Schlößchen (heute: Bäckerei Wiedemann) begleiteten. Dort forderten die Offiziere schleunigst Hafer für die Pferde und Fleisch, Käse, Wein und Brot für ihre 30 Soldaten. Vorsorglicherweise und in Erwartung unwillkommener Gäste hatte der Hofrat am Vortage Brot backen und in Augsburg Branntwein einkaufen lassen, und so konnte er die wilde Rotte beim Oberbäck (heute: Gastwirtschaft „Sonne") verpflegen lassen. Nach etwa einer Stunde kehrten die Husaren zum Amtshaus zurück und verlangten die Herausgabe des Pferdes von Greißl. Von Pflummerer gab ihnen ein schlechteres, aber die pferdekundigen Husaren erkannten den Tausch und „haben den Sabel gezochen und das Pferd mit ungestime gefordert", wie Greißl in seinem späteren Bericht wörtlich schreibt. Während die einen daraufhin das richtige Pferd suchten und fanden (es gehörte der Witwe des vorhergehenden Pflegsverwalters), forderten die anderen Weißwäsche vom Pflegsverwalter. Als er seinen Bestand mit ihnen teilen wollte, nahmen sie ihm mit Gewalt alles weg. Sie kündigten außerdem eine Einquartierung von 3000 Soldaten und 1000 Pferden an und forderten für diese Truppe ein Hafergeld von 60 Louisdors. Sie ließen sich aber durch von Pflummerer auf 122 Gulden herabhandeln und verließen dann das Dorf in Richtung Wehringen. Nach einer weiteren Stunde erschienen „zwei Patrioten" (wie Greißl die Angehörigen der französischen Truppe bezeichnete) und forderten nochmals Geld für Einquartierungen. Sie waren schon durch die Zahlung von 11 Gulden zu beruhigen und verließen bald den Ort.

2. Die Flucht des Pflegeverwalters

Die Frau des Pflegeverwalters lamentierte, jammerte und drängte ihren Mann, er solle sofort das unsichere Bobingen verlassen und eine Wohnung in der sicheren Stadt aufsuchen. Dem Hofrat gingen daraufhin die Nerven durch. Er rief einen Bauern herbei, der gerade die Ernte einführen wollte, und ließ sich in Richtung Augsburg fahren. Da sie den Weg über Göggingen und Inningen durch französische Truppen versperrt fanden und weil sie bei Haunstetten ein großes Heerlager wußten, flüchtete die Familie durch den Lech in Richtung München und kehrte erst zwei Jahre später wieder nach Bobingen zurück.

Kurze Zeit nach der wenig rühmlichen Flucht des Pflegsverwalters marschierten aus Richtung Straßberg eine Menge Franzosen heran und lagerten sich am Ufer der Singold entlang. Ein großer Teil der Truppe fiel in das Dorf ein und plünderte Bauern und Handwerker auf den Straßen und in den Häusern aus. Wo ein Bobinger die Herausgabe seines Geldes oder anderer Wertsachen verweigerte, wurde er durch Kolbenhiebe und drohende Bajonettspitzen zur Aufgabe seines Widerstandes gezwungen. Daraufhin flohen die meisten Einwohner in die Dickungen der Wertachauen, wo sie sich verbargen.

3. Greißl übernimmt die Verantwortung

Greißl übernahm in dieser Stunde die Amtsgeschäfte des Pflegsverwalters. Seine Hilfskraft war der Untervogt von Wehringen, der in einem Nebenhaus beim Oberen Schlößchen wohnte. Ferner zog er die Sechser heran, die er in seinen Berichten namentlich nennt: Kaspar Schmid, Wendelin Bobinger, Johannes Kroabs, Joseph Schellhorn und Kaspar Oberdorfer.

Plötzlich erschienen neue Horden französischer Soldaten im Hof des Amtshauses, setzten Greißl Bajonette auf die Brust und forderten Bargeld von ihm. Als Greißl einen kleinen Geldbetrag in der Kanzlei holen wollte, folgten ihm einige Soldaten, erblickten dort die Geldschreine der St. Wolfgangskapelle (St. Wendelin) und der Pfarrkirche von Wehringen, zertrümmerten die Truhe durch Kolbenhiebe und verschwanden mit dem Geld. Greißl beließ die Räume in ihrer Unordnung, versteckte aber die übrigen Geldkassen, vor allem die Kasse der Bobinger Pfarrkirche und der Frauenkapelle. Diese und die anderen Kassen verteilte er auf alle Winkel des alten Hauses. Gerade damit fertig geworden, erschienen erneut 20 oder 30 Marodeure und forderten erneut Bargeld. Diese Plünderer wurde Greißl durch Vorweisen der erbrochenen Geldtruhen rasch wieder los, aber nachfolgende Plünderer stahlen ihm dann seine eigene Weißwäsche bis zum letzten Bettuch und Hemd.

4. Das Amtshaus wird geplündert

Darauf blieb es ruhig im Dorf bis 23.00 Uhr. Die Sechser waren zu dieser späten Stunde um Greißl versammelt. Auch der Säckelmeister (Geldverwalter) Lorenz Miehle hatte sich im Schlößchen eingefunden, als im unteren Dorf wiederum das Plündern durch neue Truppen begann. Durch die Stille der Nacht trug der Schönwetterwind aus Nordosten die Schreie der gepeinigten Bauern zu den Lauschern im Amtshaus und das Fluchen und Gröhlen der betrunkenen Soldateska. Schließlich schwoll der Lärm im oberen Dorf an, und dann hatten die Plünderer das abseits liegende Amtshaus hinter seinen abwehrenden Mauern entdeckt. Es wurde lärmend Eintritt verlangt und am Hoftor gepoltert. Greißl öffnete, nachdem die Plünderer versichert hatten, sie suchten nur Heu und Hafer für ihre Pferde. Während die Sechser als Wegweiser durch die nachtschwarzen Gassen des Dorfes und als Geiseln mitgehen mußten, schlichen sich zwei Franzosen einer anderen Einheit an Greißl heran, schleppten ihn in den Wurzgarten und forderten Geld von ihm. Anschließend erbrachen sie die Schränke des Pflegsverwalters und die dabei gefundene Waisenkasse und verschwanden mit deren Inhalt von 926 Gulden.
Greißl und der Untervogt verkrochen sich auf diesen Schrecken hin zwischen den Stangenbohnen im Garten und sahen keine Möglichkeit, dem Plündern Einhalt zu gebieten. Erst am nächsten Tage, als der französische General Tholme in Straßberg weilte, konnte Greißl eine Schutzwache von 50 nicht plündernden Soldaten erbitten, und die weitere Ruhe des Dorfes schien gesichert zu sein.

5. Vorboten des neuen Unglücks

Aber fast vier Wochen später sollte sich das Unglück in noch schlimmerer Form wiederholen: Am Nachmittag des 15. September erhob sich plötzlich ein Geschrei auf der Viehweide, als ob Franzosen die dort grasenden Schweine wegtreiben wollten. Als nämlich zwei Franzosen das untere Dorf betreten hatten, feuerte der Unterschmied Alois Fischer (der Vorfahr des Gründers der Bobinger Bleicherei Max Fischer und Urahn des derzeitigen Schmiedemeisters Häring) zwei Warnschüsse in die Luft und lief den beiden Bürgermeistern Schmid und Schellhorn zu Hilfe. Zu dritt ging man den Franzosen entgegen, die barschen Tones Hafer, Fleisch, Heu und Bier forderten. Die drei Bürgermeister boten ihnen aber nur Heu und Bier an und dies nur gegen eine Requisition des Generals Moreau. Wutschnaubend verließen die beiden Vorboten kommenden Unheils das Dorf.

6. Der Überfall bei Nacht

Die Schutzwache war inzwischen aus finanziellen Gründen und auf Bitten des Hochstifts Augsburg von 50 Soldaten auf 7 Mann verringert worden. Greißl befürchtete daher eine erneute Plünderung des Dorfes, obwohl Bobingen als Mitglied des Schwäbischen Kreises mit den Franzosen einen Waffenstillstand geschlossen hatte und eigentlich nicht als Feindesland betrachtet werden durfte. Greißl ließ alle männlichen Einwohner bewaffnen und bei Nacht vor dem Dorf große Feuer anzünden. Er selbst ritt mit dem Gerichtsdiener auf Patrouille. Dabei geriet er den im Schutz der Nacht herbeigerittenen französischen Reitern direkt zwischen die Säbel. Man fiel sofort über ihn her, als man ihn bewaffnet sah, und säbelte ihn vom Pferd. Er wurde „ganz zu Schand und Krüppel geschlagen – obwohl der Bader beglaubigt – noch nicht ganz tot".
Greißl erlitt schwerste Säbelwunden am rechten und linken Arm und eine Stichwunde in der Seite. Drei Finger der linken Hand wurden ihm abgeschlagen, und er blieb für tot auf dem Acker liegen. Die übrige Bobinger Mannschaft aber war Hals über Kopf ins Dorf geflüchtet, wobei die Franzosen hinter den Fliehenden herschossen. Wen die nachsetzenden Reiter in die Finger bekamen, schlugen sie mit ihren Säbeln zusammen. Gegen 21.00 Uhr erreichten sie das Amtshaus und forderten stürmisch Einlaß. Die Bürgermeister Kroabs und Miehle und der Bauer Josef Linder öffneten nicht, worauf die Franzosen sich anschickten, die Eingangstür zum Hausflur mit Gewalt einzuschlagen. Dabei erblickte ein Soldat den Bürgermeister Kroabs durch ein Fenster neben der Tür und tötete ihn durch Kopfschuß. (Der Name Kroabs lebt heute noch als Hofname weiter auf dem früheren Haus-Nr. 115, heute

Brunnenstraße 4.) Die Hausinsassen versteckten sich daraufhin auf dem Dachboden und lauschten furchterfüllt auf die Rammstöße an der Haustür. Mit ihnen hatten sich die Pflegamtsköchin und eine Magd versteckt. Nach einer Stunde gab die Eingangstür nach, und die Versteckten waren rasch gefunden. Während die Männer ins Erdgeschoß getrieben wurden, hörten sie vom Dachboden die furchtbaren Schreie der beiden Mädchen, deren Schicksal eindeutig war.

7. Plünderung und 20 Verletzte

Am nächsten Morgen bot Bobingen den Anblick eines vollkommen ausgeplünderten Dorfes. Es teilte damit das Schicksal Haunstettens, wo bei einer Totalplünderung ebenfalls ein Mann getötet worden war. Auch Wehringen wurde in jener Nacht nicht verschont. Der Bericht des damaligen Bobinger Pfarrers Anton Weckerle gibt eine traurige Übersicht über das Resultat jener Nacht, in welcher der Amtshof in Bobingen vollkommen ruiniert wurde. Sämtliche Türen, Fenster, Türschlösser u. ä. waren zerhackt und zerschlagen. Im ganzen Dorf waren Frauen, Mädchen und Kinder geschändet worden, wobei auch siebzigjährige Frauen nicht verschont blieben, die man auf viehische Art fast zu Tode trieb.

Der Bader und Wundarzt Ignaz Mayer (damals Besitzer des Mittleren Schlößchens) ritt am nächsten Morgen sofort nach Augsburg und brachte dem Bischof seine Klagen vor. Er könne die schweren Wunden Greißls bei einer evtl. notwendigen Amputation nicht allein versorgen, aber bei der unsicheren Lage getraue sich kein Augsburger Arzt aufs Land hinaus. Endlich gelang es nach gemeinsamem Zureden, den Chirurgen Hintermaier zum Verlassen des verhältnismäßig sicheren Augsburg zu überreden. Greißl war nicht transportfähig und mußte über ein Jahr – zuletzt in Augsburg – das Bett hüten.

Während der Bader Mayer zehn Verwundete in Bobingen verband, von denen neun schwere Kopfverletzungen durch Säbelhiebe erlitten und einer einen steifen Arm behalten hatte, versorgten sich acht weitere verletzte Bobinger daheim mit Hausmitteln und leichten Verbänden. Der Bader Bobinger verband vier Verwundete.

8. Der neue Pflegsverwalter

Am 22. 9. 1796 traf dann der junge Thomas Häfelin aus Sonthofen als stellvertretender Pflegsverwalter zu Fuß in Bobingen ein. Er fand noch 20 Männer bettlägerig und den Amtshof in völliger Verwüstung. Voller Tatkraft übernahm er die Leitung der Pflegschaft und kehrte – allseits geachtet und gelobt – nach

Sonthofen zurück, nachdem der geflüchtete von Pflummerer unter vielen Entschuldigungen nach zwei Jahren wieder auftauchte und seine Dienststellung erneut übernahm. Während Greißls Kosten für die Wiederherstellung der Gesundheit und die durch die Plünderung erlittenen Schäden ersetzt wurden, mußte sich von Pflummerer einem Dienststrafverfahren unterwerfen, welches mit einem Gehaltsentzug von drei Monaten und der Übernahme der Kosten für den Ersatzpfleger Häfelin noch glimpflich für ihn ausging.

Greißl lebt sei dieser Zeit weiter als der Held von Bobingen, der mit menschenmöglichen Mitteln versuchte, das Unheil des Krieges von der Einwohnerschaft und deren Hab und Gut fernzuhalten, und dabei hervorragenden persönlichen Mut bewies.

9. Der Bericht des Pfarrers

Domvikar Birle, Augsburg, hat aufgrund der Berichte des damaligen Pfarrers Weckerle die „Schreckenstage in Bobingen" wie folgt beschrieben:

Die stets kirchlich und gut katholisch gesinnte Gemeinde hörte am 22. August, wo die ersten französischen Reiter kamen, mit Entrüstung, daß dieselben im Gasthaus „Zur oberen Schnalle" aus geraubten Kelchen tranken und so die heiligen Gefäße verunehrten. Als aber eine Anzahl Franzosen aus dem Walde bei Straßberg hervorbrach, in Bobingen plünderte und viel Frauen schändlich mißhandelte, war der Jammer grenzenlos. Den ganzen Nachmittag des 22. August dauerte die Plünderung. Der Pfarrhof ward dreimal ausgeplündert. Der Pfarrer A. Weckerle flüchtete vor den Mißhandlungen des Feindes in den Stadel des Nachbarn und versteckte sich im Stroh. Es folgte eine fürchterliche Nacht. Man hörte nichts als das gräßliche Geschrei der mißhandelten Einwohner, namentlich der Frauen und Kinder. Das Kläglichste war, daß keiner dem anderen helfen konnte.

Am 24. August früh zog der zügellose Feind über den Lech nach Bayern ab, suchte aber 4 Wochen später bei seinem Rückzug Bobingen noch furchtbarer heim. Am 15. September kam die erste französische Patrouille und verlangte eine Lieferung von Haber. Der Amtsschreiber Greißl aber verweigerte sie und entgegnete auf die Drohung mit Plünderung: „Kommt nur! Wir fürchten euch nicht. Wir werden euch warm empfangen." Sofort befahl der kecke Amtsschreiber, daß jede Haus 2 oder 3 bewaffnete Wächter stellen solle, und die Bobinger, eingedenk der erlittenen Schreckensnacht, gehorchten. Sie wollten sich diesmal mit den Waffen in der Hand dem französischen Raubgesindel entgegenstellen. Gegen Abend marschierte die ganze Bobinger Mannschaft vor das Dorf und zündete eine Menge Feuer an – eine Kriegslist, um den Feind glauben zu machen, die Kaiserlichen seien da. Alle waren entschlossen, die herankommenden Franzosen totzuschlagen. Abends um ½ 9 Uhr rückte der Feind heran. Als er die Wachfeuer bei Bobingen gewahrte, machte er halt, lud die Kanonen und schickte hundert Reiter voraus, um zu sehen, was da wäre. Als die Reiter herankamen und die bewaffneten Leute um die Feuer sahen, ritten sie auf dieselben zu. Der Amtsschreiber ritt ihnen als Führer in voller Waffenrüstung entgegen, was den Feind erbitterte. Vom Pferde gehauen blieb er in seinem Blute liegen, worauf die Bauern in den Flecken flohen, wohl einsehend, daß sie solcher Übermacht nicht gewachsen seien. Die Reiter hieben und schossen auf die Flüchtigen ein und verwundeten mehrere. Sie ritten zum Amtshause, demolierten es und befahlen, alle Häuser zu öffnen. Als der Bürgermeister dies kühn und entschlossen verweigerte, fiel ein Schuß und er fiel tot zu Boden.

Es folgten nun drei entsetzliche Tage für Bobingen. Nachdem alle Häuser ausgeraubt waren, rückte am 20. September der Rest der französischen Armee ein, und das Rauben und Wüten begann von neuem. Der Pfarrer sperrte den Kirchhof ab und flüchtete sich auf den Kirchenboden, stürzte aber dort in der Dunkelheit in eine Vertiefung und brach sich den Arm aus dem Gelenk. Er schleppte sich in sein Haus. Während ihm der Arm eingerichtet wurde, durchwühlten französische Nachzügler zum letzten Mal seinen Pfarrhof. Am Abend kamen die Kaiserlichen und wurden von den Bobingern wie rettende Engel begrüßt."

III. XAVER BOBINGER, KRETTENBUB AUS BOBINGEN

1. Das Heimatrecht des Erzwilderers

Gewiß wird sich kein Dorf, keine Stadt um den traurigen Ruhm bemühen, einen berühmten Verbrecher in den eigenen Mauern großgezogen zu haben. Die objektive Geschichtsforschung aber darf andererseits dafür sorgen, daß auch einem Galgenvogel noch nach über 200 Jahren das Heimatrecht belassen wird, wenn er dieses nachweist. Und Xaver Bobinger hat seinen Anspruch, als Bürger von Bobingen anerkannt zu werden, posthum nachweisen können: er stammt tatsächlich aus Bobingen, wenn auch vor einigen Jahren noch Grund bestand, daran zu zweifeln. Die Akten seines Strafprozesses, die 1952 in dem mehrere Kilogramm schweren Aktenstoß über Matthias Klostermayer, „vulgo der Bayrische Hiasl genannt", gefunden wurden, beweisen dies einwandfrei. Dieser Aktenstoß lag sorgfältig behütet neben Tausenden von anderen alten Akten über Bobingens Vergangenheit im Hauptstaatsarchiv München.

Es läßt sich nicht leugnen: unter dem Namen „Schneiderhansel", meistens aber „Krettenbub" genannt, ist unser Mitbürger Franz Xaver Bobinger unseligen Angedenkens neben dem Bayrischen Hiasl seinerzeit zu einer traurigen Berühmtheit geworden. Es ist jener Xaver Bobinger, der am 10. April 1732 als in Bobingen getauft in den dortigen Pfarrmatrikeln verzeichnet steht. Seine Eltern waren Johann und Ursula Bobinger. Johannes Bobinger war von Beruf Schneider (Hausname „Schneiderhansl") Er wohnte laut Pflegamtsprotokoll am Platz des heutigen Anwesens Poststr. 30, seit dem 20. 2. 1714. In zweiter Ehe war er verheiratet mit Ursula Strohmayr. Aus beiden Ehen stammten dreizehn Kinder. (Mitteilung von X. H.). Bei seinen Brüdern suchte Xaver später wiederholt Unterschlupf, wenn ihn sein unstetes Treiben für Stunden oder Tage nach Bobingen verschlug.

2. Die Flucht aus Bobingen

Als er 21 Jahre alt war, sollte er wegen eines Sittlichkeitsverbrechens zu Zuchthaus verurteilt werden, aber er zog die Flucht der harten Freiheitsstrafe vor. Er hatte das Flechten von Weidenkörben gelernt (daher sein Spitzname „Krettenbub"), und so fiel es nicht auf, wenn er sich während des Sommers viel in den

Mißhandlung des Gögginger Amtsboten durch den Bayerischen Hiasl

Lechauen aufhielt und Weiden schnitt. Im Winter aber zog er durchs Land bis hinauf ins Allgäu und bot seine Ware zum Verkauf an. Das bescheidene Einkommen aus der Krettenfertigung genügte dem jungen Hitzkopf nicht. Hinzu kam die Gesellschaft lockerer Burschen, die er in Augsburg, seinem häufigsten Aufenthaltsort, um sich versammelte.

Bald war Bobinger als Wilderer bekannt. Das Fleisch der erlegten Tiere verkaufte er gewinnbringend an Augsburger Gastwirte und Privatleute. Wie der Jäger Schöne aus Wahlberg (Waldberg) aussagte, hielten sich die Wilddiebe hauptsächlich in Oberottmarshausen im sogenannten „Schlößl" auf und bei einem gewissen Holzapfel, ferner beim „Husarenwirt" in Graben und bei den zwei Wirten beim Kirchlein auf dem Lechfeld (heute: Klosterlechfeld). Er hatte immer drei bis vier seiner Kumpanen bei sich.

3. Siebzehn Jahre Wildererdasein

17 Jahre lang konnte Xaver Bobinger, der mit allen Wassern gewaschene und von allen herrschaftlichen Jagdhunden gehetzte Wildschütz, sich allen Nachstellungen entziehen. Mehrere Haftbefehle warteten zuletzt auf ihn. Die hochstiftischen und burgauischen Pflegeämter sammelten Belastungs- und Beweismaterial gegen den Flüchtigen, das ihn schließlich den Kopf kostete.

Bobinger heiratete, aber von seiner ersten Ehe wurde nicht mehr aufgrund der Akten bekannt, als daß seine Frau Maria hieß und von oberhalb Mindelheim stammte. Eines Nachts verfehlte sie vor Augsburg einen Steg über einen der zahlreichen Lecharme, stürzte in den Lech und ertrank. Xaver Bobinger war dabei anwesend und wollte sie retten, wie er später seiner zweiten Frau Agathe erzählte, welcher er zu Lebzeiten seiner ersten Frau schon schöne Augen gemacht hatte. Diese zweite Frau hatte er beim Augsburger Engelwirt Josef Steindler kennengelernt, als die aus Allmannshofen stammende Söldnerstochter dort in Dienst stand. Er bedrängte nach dem Tod seiner ersten Frau das Mädchen Agathe, ihn zu heiraten, und versprach ihr, sie wollten ins Wittenberger Land ziehen, wo die Weidenkörbe besser bezahlt würden. Nach der Heirat blieb das Paar trotzdem in Schwaben. Seine Frau Agathe wohnte bei der Mutter des Xaver in Bobingen und gebar dort ein Kind, welches seinen Vater aber nur selten sah, denn Bobinger geriet immer mehr in die Untiefen seines lichtscheuen Gewerbes.

Als 1770 Agathe Bobinger festgenommen und in Augsburg wiederholt vernommen wurde, erklärte sie immer wieder, von den Wilddiebereien ihres Mannes nichts gewußt zu haben. Sie mußte aber zugeben, daß ihr Mann ihr durch einen gewissen Mögele aus Großaitingen einen Rehbock und einen Fasan nach Augsburg hatte bringen lassen.

Die Jagdwilderei, die damals mit der Todesstrafe bedroht wurde, führte zwangsläufig auch zur Nichtbeachtung anderer Gesetze, zu Gewalttätigkeiten und Widersetzlichkeiten. Xaver Bobinger scheint jähen Blutes gewesen zu sein, denn die Akten berichten, wie er eines Abends mit dem Dienstknecht Kusterer aus Bobingen, in Oberottmarshausen beim Bauern Störhas bedienstet, in Streit geriet, wie er den Knecht und dessen Bruder vor dem Wirtshaus noch verfolgte und später den allein heimkehrenden Bruder überfiel. Bauern eilten jedoch zu Hilfe. Der Knecht aber erhielt einen so gewaltigen Schlag mit einem Prügel über die Schulter, daß er einige Zeit arbeitsunfähig war. In der gleichen Nacht jagte Bobinger noch einen Schuß durchs Fenster in die Schlafkammer des Knechts. Kusterer warnte später seinen Bruder in Bobingen durch einen Brief, in dem er schrieb: „Der Feri ist schon meh beim Holzapfel und drot dir und mir."

4. Der Feind der Jäger

Beim Caspar Reich in Oberottmarshausen verbarg der Wilderer oftmals Gewehr und Wildbret. Beim Schneider Georg Ertle in Lamerdingen hielt sich der ständig durchs Land Ziehende wiederholt auf. Dort verzehrte er einmal zu Fastnacht einen im Moos geschossenen Rehbock zusammen mit einem Prittrichinger Deserteur, der sich ihm angeschlossen hatte. Der Schneider gab eine Beschreibung von Bobinger ab, die zur Fahndung benutzt wurde: Er sei „ein von Fuß auf wohl proportionierter und von mittlerer Größe starker Mensch, etwas klatzkopfert mit gelbbraunen Haaren, eine erhobene Nase, worin ein Hüb."
Während seine Frau sich durch Nähen und Waschen ihren Lebensunterhalt sauer genug verdiente, zog er ständig durchs Land, eine Gefahr für jeden Jäger und Beamten. Am 5. Mai 1759 erschoß er bei Ettringen den kurfürstlich bayrischen Oberjägersjungen Menrad Lichtenthaler; zumindest war er dieses „homocidum" verdächtig.
Dem Jägerknecht Johann Stegmüller von Bannacker hieb er auf offener Straße zwischen Bergheim und Bannacker den Flintenriemen auf der Achsel ab, setzte ihm den bloßen Hirschfänger an den Hals und begleitete ihn ein Stück des Weges mit gespanntem Gewehr und der Drohung, er werde ihn erschießen, wenn er sich umsehe.
Er hatte zusammen mit seinen Kumpanen den herrschaftlich waldischen Weihermeister und den Amtsknecht in Schnerzhofen einige Stunden lang in einem Beckenhaus eingesperrt und sie bedroht.
Er überfiel einen unschuldigen Mann in Scherstetten und schlug ihn in Gegenwart seiner fünf Kinder mit dem Seitengewehr zusammen.

Er war als Begleiter des Bayrischen Hiasl beim Zusammenstoß der Bande bei Schlingen beteiligt, wobei ein Soldat der Irseeischen Streife verwundet wurde.

Er zwang einen Mann, einen Fasan in den Augsburger Posthof zu bringen, wo sich die Wilderer meistens aufhielten, und er war bei den Wilddieben, die den waldischen Jägersknecht bei Köngishausen mißhandelten.

Er nahm am Verprügeln des Angelbergischen Jägers teil, dem er Flinte und Seitengewehr wegnahm; er überfiel mit sieben anderen den Jäger von Muttershofen wiederholt im Wald; er bedrohte auf offener Straße einen Soldaten der Augsburger Stadtwacht mit dem Seitengewehr.

Im Punkt 12 des Urteils wurde der Überfall auf den Untervogt von Großaitingen abgehandelt. Dort hieß es:

12. Den Untervogt von Großaitingen, welcher ihne zu Ottmarshausen vor 2. Jahren aus obrigkeitlichen Befehle beyfangen solle, eine gute Zeit darnach auf öffentlichem Weege bey der Ruckkehr von Dienstverrichtungen in Kameradschaft eines anderen Wildpretschützen, mit gespanntem Gewehr überfallen, hinach mit bloßem Seitengewehr auf denselben gewaltthätig zu, letzlich auch den Daumen und 2. Finger abgehauen hat, obschon Krettenbub von dem mißhandelten anfänglich, ihme zu schonen, mit aufgehebten Händen, ja von denen 2. anwesenden Männern, und dem einten Wildschützen selbst gebetten wurde.

Mit dieser Vergwaltigung nicht zufrieden, gienge Inquisit mehrmalen auf den Untervogt loß, risse ihm die Flinten aus der Hand, schosse sie in die Höhe, nach einem versetzt derben Stoß sangende:

Er solle sich ab diesem spiegeln, und künftig auf keinen Wildpretschützen mit Gewehr ausgehen, auch denenselben Thätlichkeiten erweisen, seinem Schwager aber dem Waasenmeister von Großaytingen bedeuten, er solle sich nur richten, indeme er ihne sicher, und sobald er solchen antreffe, ohne Gnad, und Barmherzigkeit entweders in Stuck zerhauen, oder todschiessen werde.

Gestalten auch, als ein sehr beschwerender Umstand deme beitrittet, daß Krettenbub von ermelten Waasenmeister, welcher mit bey der zu Ottmarshausen versuchten Arretirung ware, und wobey jener verwundet wurde, durch einen zugeschickten Zettl mit beigefügt-gefährlichen Trohungen die Cur-Kösten per 9 fl 37 kr erpresset."

5. Das Ende unter dem Richtschwert

Als man den untersetzten, starken Bobinger am 16. Januar 1770 in einem „Gartenhaus" bei Augsburg (d. h. in einem Haus außerhalb der Stadtbefestigung inmitten der dort angelegten Gärten) trotz seines Sprungs aus dem dritten Stock dieses Hauses festnehmen konnte, wurde kurzer Prozeß mit ihm

Urgicht!

Xaveri Bobinger 4. bis 45. jährigen Alters, verheuratheten Standes, von Bobingen an der Hochstraße gebürtig, ware schon viele Jahre unter dem Namen des Krettenbuben, als einen Erzwilderer bekannt, und wurde endlichen nach mehrern fruchtloßen Streifen, den 16.ten Jenner abhin in einem Gartenhause zu Augspurg, wo er sich mittelst eines von dem dritten Stock herunter gewagten Sprunges flüchten wolte, gefänglich angenommen, zur Untersuch- und Bestraffung an das Kaiserl. Königl. Oberamt der Reichsgefürsteten Marggraffschaft Burgau ausgelieferet, sofort theils nach des verhaften gütlicher Geständniß, theils nach denen eingelangt obrigkeitlichen Erfahrungen, und nach Aussage dern eigenen Lastergespanen folgendes erhoben,

1. Daß er sein Geburts-Ort, zu Ausweichung einer Puncto Fornicationis angekündeten Strafe, fruhzeitig verlassen, und sich vollkommen auf das wildpreetschiessen verleget habe. Gleich er dann theils allein, theils auch in Kameradschaft des baierischen Hiesels, und andern Wilddieben in denen Marggraffschaft Burgauisch-Churbaierisch-Hochstüft Augspurgisch-Fürstlich Kemptisch-und andern Försten einen ungemeinen Schaden verursachte, so daß er Krettenbub für den ältest- und schädlichsten Wilddieben, ja für den Lehrmeister des baierischen Hiesels selbsten mit gutem Grund gehalten wirdet.

Zu der nach allerhöchst-Kaif. Königl. auch des Hochlöbl. schwäbischen Kreises-Verordnungen so hoch- und bey Todesstrafe selbst verbottenen Wilddieberey kommen die wieder verpflichtete Diener,

gemacht. Der „Erzwilderer" wurde dem Kaiserl. Königl. Oberamt der Reichsgefürsteten Markgrafschaft Burgau in Günzburg ausgeliefert. Das Jagdrecht
und die Gerichtsbarkeit Burgaus reichten bekanntlich bis zum westlichen Wer-
tachufer. Die gedruckte Anklageschrift, welche uns überliefert ist, bezeichnet
den Bobinger als den ältesten und den schädlichsten aller Wilddiebe, der sogar
noch den Bayrischen Hiasl übertroffen habe.

Das Urteil wurde am 14. 9. 1770 gefällt und in kurzer Zeit vollstreckt. Die peinlichen Halsgerichtsbarkeiten der damaligen Zeit machten mit Verbrechern
noch nicht so viel Umstände wie die Gerichte in späteren Zeiten. Bobinger
wurde geköpft, sein Körper unter dem Galgen in Günzburg verscharrt, sein
Haupt aber zur Abschreckung anderer Wilderer und Übeltäter auf den Galgen
gesteckt.

IV. MAX FISCHER

1. Mayerhös

Zwei Straßen in Bobingen sind nach Männern benannt, die Bedeutendes für
ihre engere Heimat geleistet haben. Die Greiselstraße hat ihren Namen nach
jenem Amtsschreiber erhalten, der am 15. September 1796 durch entschlosse-
nes Eingreifen und geschickte Organisation das Dorf vor plündernden Franzosen zu schützen versuchte und dabei sein Leben riskierte. Max Fischer legte
während der kriegsfreien Zeitspanne der Gründerjahre durch den Bau der
Bobinger Bleicherei im Jahre 1877 mit kaufmännischem Geschick und Wage-
mut jene Grundlagen, auf denen sich im Lauf der Zeit die heutige Trevirafabrik Bobingen (mit Nebenbetrieben) entwickeln konnte. Nach ihm ist die
Max-Fischer-Straße benannt.

Als in den Jahren 1937 und 1938 die Benennung der Bobinger Straßen durch-
geführt wurde, erinnerte sich der Gemeinderat dieser beiden bedeutenden
Männer. Damals erhielt die Ortsverbindungsstraße Bobingen – Straßberg den
Namen „Max-Fischer-Straße". Nur wenige Benutzer dieser Straße wissen, daß
Max Fischer, der zugezogene Bleichereibesitzer aus Illertissen, aus Bobingen
stammte.

Der Bauer Josef Fischer heiratete 1736 die Witwe des Bauern Matheus Sem-
blacher, welcher der „Mayerhös"-Bauer war. Die Bäuerin starb nach knapp
dreijähriger Ehe am 17. 1. 1739. Aus dieser Ehe stammten zwei Söhne, nämlich
Vitus (geb. 15. 6. 1737) und Anton (Geburtsdatum nicht bekannt). Drei Jahre
später heiratete der Mayerhös die Anna Maria Fischer und lebte mit ihr dreißig Jahre auf diesem Hof. Aus der zweiten Ehe entstammten (wahrscheinlich)
die Kinder Mathäus (geb. 11. 9. 1740), Johann Baptist (geb. 21. 10. 1741),

Agnes (geb. 31. 12. 1742), Zachäus (geb. 22. 8. 1744), Martin (geb. 10. 11. 1745), Maria (geb. 18. 3. 1747), Michael (geb. 24. 9. 1748), Christian (geb. 17. 12. 1749), Maria (geb. 5. 12. 1751), Mathias (geb. 31. 1. 1753), Viktoria (geb. 21. 12. 1754), Adam (geb. 22. 12. 1759).

Der Älteste heiratete mit 21 Jahren 1762 die achtzehnjährige Maria Jung und verstarb nach 19 Ehejahren 1781 im Alter von 40 Jahren. Sechs Kinder entstammten dieser Ehe, nämlich Johann Georg 1764, Aloys 1765, Caspar 1766, Maria Barbara 1771, Wendelin 1774, Agnes 1781.

Der zweitgeborene Sohn Aloys wurde anläßlich seiner Eheschließung im Jahre 1802 mit der Tochter Viktoria des Thoma-Bauern Deuringer aus Bannakker als „Unterer Schmied" zu Bobingen geführt. Er heiratete die 26jährige Bauerntochter, als er selbst 37 Jahre alt war, und starb im biblischen Alter von 84 Jahren; seine Frau wurde 55 Jahre alt.

Die Ehe des Aloys Fischer war mit neun Kindern gesegnet (Wendelin 1802, Maria Viktoria 1804, Johann Nepomuk 1806, Michael 1808, Joseph 1810, Maria Josepha 1812, Alois 1814, Maria 1816, Franziska Romana 1819). Der Heimatforscher Xaver Holzhauser fand diese genauen Daten im Pfarrarchiv Bobingen.

2. Die Fischers in Illertissen

Hier interessiert nur das Schicksal des Johann Nepomuk Fischer, der sich 1834 als Achtundzwanzigjähriger in Illertissen mit der siebenundzwanzigjährigen Käsehändlerswitwe Theresia Aschmer verheiratete. (Sein um zwei Jahre jüngerer Bruder Michael übernahm die väterliche „Untere Schmiede" in Bobingen.) Anläßlich seiner Eheschließung in Illertissen wurde er als „Söldner und Tierarzt" bezeichnet.

Nach dem Tode seiner ersten Frau Therese (1837) heiratete er noch im gleichen Jahr die Tochter des Bästis-Bauern, die sechsundzwanzigjährige Walburga Mayer in Illertissen und, als diese nach neunjähriger Ehe am Nervenfieber verstarb, in dritter Ehe deren Schwester, die zu dieser Zeit einunddreißigjährige Maria Anna Mayr.

Die sechs angeheirateten Kinder seiner ersten Frau aus deren erster Ehe sind hier ohne Belang. Aus seiner ersten Ehe gingen drei Kinder hervor (Johann 1834, Alois 1836, Theresia 1837), aus zweiter Ehe sechs Kinder (Maria 1838, August 1839, Viktoria 1841, Kreszenz 1842, Maximilian 1844, Adolf 1846) und aus dritter Ehe weitere sechs Kinder (Gustav 1848, Christian 1849, Viktoria 1850, Paul 1852, Engelbert 1853, Walburga 1855).

Anwesen Mayerhös, Venusberg Nr. 6

3. Max Fischer in Bobingen

Hier interessiert allein das Schicksal des zweitjüngsten Sohnes aus der zweiten Ehe. Dieser am 30. 4. 1844 geborene Maximilian Fischer heiratete am 16. 8. 1877 im Alter von 33 Jahren in Bobingen die neunzehnjährige Viktoria Tränker. Aus Anlaß der Eheschließung wurde ihm durch Gemeinderatsbeschluß vom 26. 7. 1877 das Heimatrecht in Bobingen verliehen. Seine Frau, die Tochter eines ehemaligen Metzgermeisters und Wirts aus Riem, des späteren Schloßgutsbesitzers von Straßberg, stammte aus Haidhausen.

So war Max Fischer in die Heimat seiner Vorfahren zurückgekehrt. Die familiären und persönlichen Beziehungen zwischen den Fischers aus Bobingen und denen aus Illertissen dürften angesichts der damals üblichen Verbindung der Großfamilie und Sippe sowieso stets bestanden haben.

Noch 1877 begann Max Fischer bekanntlich mit dem Bau der Bleicherei Bobingen, und zwar dort, wo er frisches Wasser und große Wiesen fand, d. h. südlich des Ortes in den Saubühlwiesen. Schon 1872 hatte er dort Wiesengelände gekauft. Er konnte dabei auf die Erfahrungen zurückgreifen, die sein Vater als Bleichereibesitzer in Illertissen erworben hatte. Diese Bleicherei bestand bis 1899. Max Fischer, der als großer, starker Mann beschrieben wird, der gern auf die Jagd ging, regelmäßig in der kalten Singold badete und mit seiner lebenslustigen Frau allseits beliebt war, verstarb 1897 im Alter von 52 Jahren in Bobingen. Seine Frau gab die Bleicherei zwei Jahre später auf, verzog nach Augsburg und verstarb dort 1912 im Alter von 54 Jahren.

Max Fischer hatte zwölf Kinder (Adelheid 1878, Reinhold Michael 1879, Rosamunda Maria 1881, Maria Viktoria 1882, Maximilian 1883, Viktoria Adolf 1885, Maria 1887, Paul 1889, Elise 1889, Adolf 1891, Johann Nepomuk 1892, Hermann 1894).

G   Von Jägern, Wilderern und einsamer Pirsch

I. HERBSTNACHT ÜBER DEN SCHWETTINGERN (1952)

Die Sonne hat die Hälfte ihres tiefsten Jahresstandes in diesen Tagen erreicht. Das Wetter wird kühl, und die Bauern sorgen am Abend dafür, daß keine Kartoffeln unbedeckt von der Nacht überzogen werden. Das Land wartet auf den ersten Frost als frühen Gruß eines kühlen Herbstes. In dieser Nacht malt der Mond den schwarzen Schattenriß der Liebfrauenkirche mit dem Zackenkamm der hohen Pappelspitzen an den schwarzblauen Himmel, streicht mit silbernem Stift über die Weidenbäume am Ufer der Sinkel, über die schwarzen Äste, die nebelnaß und schwer gegen die Wasserfläche hängen oder jahresmüde zum Boden nicken.

Aus dem kalten Wasser des Baches steigen Nebel, lassen Bachrand und die Baumstämme in weißem Brodem versinken, fließen wie Waschküchendunst, jedoch voller Kälte über den Kaltenbach und den Kropfbach zum Dorf hinüber, überlassen dem Mond nur die Baumkronen und die Hausdächer. Nichts mehr ist zu sehen von der weitoffenen Lieblichkeit der mehr als ein Jahrtausend alten Angerfläche der Ellinger. Das Land wartet auf den Herbst, den Bruder des Winters.

Auf den Schwettingern zwischen Sinkel und Wertach sind die Wiesen überraschend frei von Nebel und die Sicht ist klar. Schwettinger ist der Wortbedeutung nach der Anger, auf dem viele Wasser zusammenfließen. Der stolpernde Schritt spürt bei Nacht tastend die Mulden und Rinnen, Falten und längst überwucherten Gräben doppelt deutlich und ahnt die Rinnsale im Strombereich der ehemals wilden Wertach. Die Bodenwelle des „Vogelherdes" duckt sich nebellos in den Wiesen. „Im Förchen" und im „Dreckwinkel", unter den Bäumen hervor, streicht die Luft fast lau und lind wie in sommerlichen Nächten übers Gesicht, voller Harz- und Waldgeruch.

Von der Fabrik surrt der leise summende Ton hochtouriger Maschinen herüber, und vom Werk II bringt der Wind einen leichten Geruch nach Bittermandeln. Hinter den hellerleuchteten Fenstern finden die Nacht, die Stille und der Herbst keinen Ort, wo sie sich einnisten könnten, so wie zwischen den kleinen Häuschen auf den „Breiten Plätzen", die ganz von schwarzer Stille eingehüllt

sind. Jenseits der Straßen wuchten aus dem Dunkeln die vieläugigen Wohnblocks auf dem Grund der alten „Köpfelteile", auf der Grenze zwischen zeit-
und ruheloser Arbeit im Werk II und der Waldruhe in der „Weidach".

Das feuchte, mattglänzende Asphaltband der modernen Straße nach Straßberg wird stumpfgrau, wo es im Schotterbelag vor der Wertachbrücke endet.
Die Früchte der Apfel- und Birnbäume, die hier entlang der Straße stehen,
stiehlt niemand, denn der Langfinger wäre bestraft, müßte er das saure Obst
verzehren.

Wie ein Urtierrücken streckt sich die Brücke aus den flachgleitenden Wertach-
nebeln. Mag diese Betonbrücke auch erst ein paar Jahrzehnte stehen – die
Übergangsstelle selbst ist uralt, immer wieder erneuert von den Bobingern,
die ihre Weidegründe zu beiden Seiten des Flusses hatten, immer wieder gefährdet durch die Wasser der Wertach. „. . . die obere Prugg abgeraumt, so mit
Holz und Wurz überschwemmt . . . Predder aus der Segmil for die obere Prugg
. . . das Beschläch bei der oberen Prugg gemacht . . .", so lauten Jahrhunderte hindurch die Eintragungen in den Bobinger Gemeinderechnungen und
geben Zeugnis von der Bedeutung der Brücke, die immer befahrbar bleiben
mußte.

Tief unter den eisernen Traversen rauschen die grünen, nun gezähmten Wasser
aus den Bergen. Nebel um Nebel steigt aus Schaum und Gischt des Wassers,
das sich gurgelnd am Brückenpfeiler bricht und teilt und erst bei der nächsten
Schotterbank wieder findet. Von den Weiden lösen sich gelbe Blätter und fallen taumelnd zu Boden – Abschied des Sommers und Gruß des Herbstes zugleich.

II. WILDERER BEI BOBINGEN

1. Der Mord am Jäger Taschner

Wer die Wertachauen bei Bobingen durchstreift, dem werden die zahlreichen
Hochsitze am Rand der Blößen und der Au auffallen. Der Pächter des Bobinger Jagdreviers Karl Achberger aus Bobingen benutzt diese Hochsitze weniger
zum Abschießen, sondern vielmehr zur hegenden Beobachtung des Wildbe-
standes. Mit dieser Tierliebe steht der Jäger im Gegensatz zum Wilderer, aus
dessen Abwehr und Bekämpfung sich seit Jahrhunderten zahlreiche Konflikt-
stoffe und ungezählte menschliche Tragödien ergeben. Die Lieblichkeit der
Wertachau erinnert den Spaziergänger nicht mehr daran, daß auch dieser nur
wenige hundert Meter breite Plenterwaldstreifen vor wenigen Jahrzehnten
noch der Schauplatz eines echten Wildererdramas gewesen ist.

Am Abend des 16. Mai 1916 trug der Westwind den Schall von fünf Schüssen aus den Wertachauen zum Ortsrand Bobingen. Keiner der Menschen, die die Schüsse hörten, dachte sich Schlimmes dabei. Es war bekannt, daß die Jagd an den Augsburger Industriellen Martini verpachtet war, der seinen Jägern ziemliche Freiheit ließ.

Erst als am nächsten Tag der Jäger Taschner immer noch nicht von seinem Pirschgang zurückgekehrt war, begann die Suche nach ihm. Schließlich fand man ihn mit einem Oberarm- und einem Herzschuß tot auf. Sein Hund lag in der Nähe, durch Schrotschuß erledigt. In der Nacht war unglücklicherweise ein Wolkenbruch niedergegangen und hatte alle Spuren am Tatort und in der Nähe verwischt. Es ließ sich aufgrund der wenigen Anzeichen noch rekonstruieren, daß der Wilderer den Jäger heimtückisch von rückwärts erschossen haben mußte, um dann auch den Hund durch einen Schrotschuß auszuschalten. Als Taschner zu Boden stürzte, brach der Schaft seines Gewehrs ab. Der Mörder feuerte mit dem abgebrochenen Gewehr zwei Schrotschüsse ab und verschwand spurlos.

Die sofort aufgenommenen Ermittlungen der Kriminalpolizei führten zu keinem Erfolg. Nach Beendigung des Ersten Weltkrieges wurden 1919 die Ermittlungen nochmals aufgenommen. Auswärtige Kriminalbeamte und Wilderer-Spezialisten mischten sich wochenlang unter den Kreis der verdächtigen Personen. Es erfolgten zwar mehrere Festnahmen in Inningen und Göggingen, doch mußten die Festgenommenen nach kurzer Zeit wieder aus der Untersuchungshaft entlassen werden. Der heimtückische Mord am Jäger Taschner blieb bis auf den heutigen Tag ungeklärt. Der Mörder kann noch unter uns leben, unerkannt, vielleicht gezähmt durch das Alter, vielleicht belastet durch die Gewissensqualen langer Jahrzehnte.

2. Ein Mordversuch

Bereits im Jahre 1912 wurde im Gemeindewald von Wehringen ein Mordversuch an einem Jäger verübt. Auf der Pirsch zwischen dem Hochwald und einem Jungholz fiel plötzlich ohne vorherigen Anruf aus dem Jungholz ein Schuß, und ein Rehposten durchschlug den Oberschenkel des Jägers. Es fiel noch ein Schrotschuß, doch war für diesen die Entfernung zu groß, so daß der Jäger nur durch ein einzelnes Schrotkorn leicht verletzt wurde. Der heimtückische Schütze konnte unerkannt im dichten Jungwald entkommen und wurde nie ermittelt.

3. Der Schußwechsel beim Nollhof

In einem dritten Fall gelang jedoch die Überführung des Wildschützen und seine Verurteilung. Es war im Juli 1919, als ein Jäger zwischen Bobingen und Königsbrunn auf seinem Jagdstuhl im Roggenfeld saß. Plötzlich hörte er einige Schüsse fallen, schließlich einen Schuß in nächster Nähe. Ein angeschossenes Reh flüchtete an ihm vorbei, verfolgt von dem Wilderer, der sich plötzlich auf Feldbreite dem ansitzenden Jäger gegenübersah. „Halt – ablegen!", schrie der Jäger und riß sein Gewehr hoch. Auch der Wilderer hob sein Gewehr, aber der Jäger war um den Bruchteil einer Sekunde schneller. Die Schrotladung des Jägers traf den Wilderer und riß ihn zu Boden.

Im Fallen aber zog der Wilderer am Abzugshahn seines Jagdgewehrs und, obwohl der Streukegel des Schrotschusses nach oben gerichtet war, traf ein einziges Schrot die Stirn des Jägers, durchschlug den Stirnknochen und warf ihn bewußtlos nieder. Die Schwester des Wilderers hatte den Schußwechsel gehört und suchte, als ihr Bruder nicht heimkehrte, nach ihm. Sie fand den Bruder wie den Jäger auf dem Acker liegend, transportierte ihren Bruder sofort in ein Augsburger Krankenhaus und kümmerte sich nicht um den schwerverletzten Jäger. Dieser wurde erst nach 22 Stunden gefunden, lebend, aber erschöpft. Aufgrund seiner Angaben wurde der Wilderer überführt und abgeurteilt. Der Jäger, der infolge der Verletzung wichtiger Gehirnpartien teilweise gelähmt blieb, setzte 1920 seinem Leben durch Selbstmord mit Schrotschuß ein Ende.

4. Ein kleiner Fisch im Kartoffelacker

In den zwanziger Jahren konnte ein Wilderer aus Bobingen überführt und verurteilt werden, nachdem es einem Jäger gelang, zu beweisen, daß der Wilddieb als Arbeiter einer Baukolonne in den Wertachauen die Zwischenpausen zu einem gelegentlichen Schuß auf eines der zahlreichen Rehe benutzte. Das dazu verwendete neue Jagdgewehr fand sich bei der Bauhütte unter Brettern versteckt.

Ein anderer Wilderer dieser Jahre wurde auf den Feldern von einem Jäger durchs Fernglas beobachtet. Als der Jäger sich im halbhohen Roggen näherschlich, bemerkte ihn plötzlich der Wilderer und flüchtete trotz der Aufforderung zum Halten und Waffenablegen. Beim vorsichtigen Weiterpirschen hinter dem plötzlich verschwundenen Wildschützen her fand der Jäger zwar ein neues, in einer Kartoffelfeldfurche verscharrtes Kleinkalibergewehr, aber es gelang ihm nicht zu beweisen, daß der in diesem Augenblick „zufällig" des Weges kommende Mann mit der Sense der gesuchte Wilderer war, der die Waffe auf der Flucht vergraben hatte.

5. Das Alibi des Wilderers

1931 hatte das Wildererunwesen in der Umgebung von Straßberg einen Höhepunkt erreicht. Weder die Bemühungen der Privatförster von Hardt und Burgwalden noch die Anstrengungen des staatlichen Revierförsters von Straßberg oder der Gendarmerie von Bobingen erbrachten irgendwelche Aufklärungserfolge gegen die Wildererbanden. Schließlich wurden die Ordnungsorgane durch einen Hinweis von einem geplanten Pirschgang der Wilderer verständigt. Als sie im „Jansenwald" bei Großaitingen (heute Siedlung „Gnadental") ansaßen, um das zweibeinige Wild anlaufen zu lassen, konnten sie zwar einen Wilderer festnehmen, aber der zweite entkam. Der in Straßberg wohnende Hauptwilderer hatte sich als schlauer Fuchs, der das Gras wachsen hörte, schon am Tag vor dieser Aktion krankgemeldet und ins Bett gelegt. Sein Alibi war nicht anzugreifen. Trotzdem untersuchte man auch das Anwesen dieses Verdächtigen, jedoch ohne Erfolg. Obwohl alle Förster, Jäger und Gendarmen wußten, daß sie hier den Rädelsführer der Wilderer vor sich hatten, mußten sie zunächst ohne Beweismittel abziehen. Nach einigen Tagen erschien ein erneutes Angebot von Jägern und Gendarmeriebeamten in diesem Straßberger Haus und durchsuchte das ganze Anwesen nochmals aufs gründlichste. Es war inzwischen ermittelt worden, daß irgendwo in der Wildnis des Gartens ein alter Brunnenschacht verborgen sein müsse, der seit der Anlage der zentralen Wasserversorgung überflüssig und daher zugedeckt worden war. Diesen Brunnenschacht sollte der Wilderer angeblich als Abfallgrube benutzen, d. h. in ihm die Überreste und verräterischen Spuren seiner Wildereien verschwinden lassen. Schließlich hatte man den sorgfältig abgedeckten und mit Gras überwachsenen Brunnen gefunden. Eine heruntergelassene brennende Laterne zeigte durch ihr Weiterbrennen die Gasfreiheit des Schachts an. Ein beherzter Rottmeister ließ sich an einem Strick in den finsteren Schlund hinunter. Aus der übelriechenden Brühe am Grund des Brunnens sammelte er einige Reh- und Fasanenköpfe in einem Eimer und hatte so das lange gesuchte Beweismaterial zusammen. Im Haus hatte man indessen außer einem Jagdgewehr noch einige Rehbockgehörne gefunden. Die Wildschützen waren zu keinem Geständnis zu bewegen, wurden aber aufgrund des Beweismaterials zu empfindlichen Strafen verurteilt. Selbst die Ausrede, die Rehköpfe stammten aus früheren Wildereien, wegen der sie bereits bestraft worden seien, konnte durch die Untersuchung der frischen Rehgehirne vom Fachmann widerlegt werden.
Bei einer späteren Razzia wurden nochmals Waffen im Straßberger Wasserturm gefunden und wiederum fühlbare Strafen verhängt.

6. Acht Straßberger Wilderer

Die Methoden des Wildern bei Bobingen und Straßberg reichten damals von der „harmlosen Ährenleserin", die im Korb verborgen ein verkürztes Schrotgewehr trug und manchen raschen Schuß auf einen aufgestöberten Hasen anbrachte, bis zu systematischen Treibjagden durch mehrere Wilderer.

Auch nach dem Zweiten Weltkrieg konnten wieder Jagdwaffen bei einem der Wilderei Verdächtigten in Straßberg sichergestellt werden, doch wurde dieser Fall vor einem mit den örtlichen Gegebenheiten nicht vertrauten Militärgericht wegen verbotenen Waffenbesitzes verhandelt – und endete mit einem Freispruch.

Im Jahre 1949 wurde eine achtköpfige Bande jugendlicher Wilderer, die sich mit Schußwaffen aus den Beständen eines bei Straßberg in den letzten Kriegswochen aufgelösten Volkssturmbataillons versorgt hatte, nach fast einjähriger Vorarbeit ausgehoben. Rund 40 Polizeibeamte beteiligten sich an den schlagartig durchgeführten Hausdurchsuchungen, die eines Morgens um 6.00 Uhr begannen. Es konnte der Beweis erbracht werden, daß diese nicht ungefährliche Wildererbande Hunderte von Rehen und anderes Wild im Lauf der Jahre erledigt und zum Teil an einen Augsburger Hehler geliefert hatte. Während der Ermittlungen wurden interessante Einblicke in die Mentalität dieser Wilderer möglich, deren Vorfahren von den Bewohnern der anderen Dörfer noch als die „Siedigen" und die „Schlangenfänger" beschimpft worden waren.

Seither ist es ruhiger im Bobinger Wald geworden. Das Forstpersonal wurde besser bewaffnet und organisiert. Wildern lohnt sich heute nicht mehr. In unruhigen Zeiten mag das alte Wildererblut wieder durchbrechen. Außerdem soll über einem bestimmten Hauseingang in Straßberg noch eine russische Maschinenpistole liegen, welche seinerzeit nicht gefunden werden konnte . . . Aber das sind sicherlich nur Gerüchte.

III. DIE HIRSCHBUCHE

Wenn auch Hecken und Raine, die wilden Obstbäume und die früher zahlreichen Wacholdersträucher („krummen Bäumle") von der Hochterrasse infolge der Jahrhunderte dauernden Kultivierungsarbeiten verschwanden oder in den Wertachwiesen ausgereutet wurden, hat dafür an anderen Stellen in Bobingen der vom Religiösen her angeregte, sonst so nüchterne Bauernverstand wieder für neu gepflanzte Bäume gesorgt, die heute im würdigen Alter mit buschigen Kronen das Ortsbild lebendig aufgliedern und grün durchwirken. Aber auch die Bäume in den Bauerngärten und die Kastanien vor den Wirtshäusern haben ein ehrwürdiges Alter, ebenso die Linden an der Liebfrauenkirche, die jetzt über 200 Jahre alt sein dürften, ebenso die hohen Kastanien auf dem alten Kirchhof und die Linde an der oberen Wertachbrücke.

Prächtig und weit stehen die Wälder an der Leite und zeigen dem Waldläufer das, was er in der Stadt nie mehr findet. Tausende und Abertausende schlanker Riesen wachsen Jahr für Jahr Millimeter um Millimeter in Breite und Weite, überschatten den Diebelbach und sind Zuflucht für das zahlreiche Wild. Seit Generationen von kundiger Forstmannshand gehegt und gepflegt, stehen die Stämme im Schmittenholz bis zum Burgwalder Tal oder schauen von der Höhe der Leite nach Westen über die Wälder, die zur Bobinger Gemarkung gehören. Dort im Westen des Waldes steht der Riese unter den Bäumen Bobingens, auf robust-gesundem Stamm eine ungeheuer weite Krone: die Hirschbuche. Es ist gewiß kein Zufall, daß diese Buche an der Stelle steht, wo früher die Grenzen mehrerer Wälder zusammentrafen, wo die Grenzlinie des Bischofswaldes auf die bäuerlichen Lehenswälder traf. Als im Dreißigjährigen Krieg die wütende Soldateska die verängstigten Bauern in die stark befestigten Friedhöfe trieb, als die Höfe in Flammen aufgingen, da mag diese Buche schon als kräftiger Baum dem Winde getrotzt haben. Heute ist ihr Stamm, der nur von mehreren Männern umspannt werden kann, wie ein Fels mit der Erde verbunden, verwurzelt und eingeschlagen in den Waldboden, dessen Schicksal er seit Jahrhunderten teilt.

Die Äste der Buche sind so stark wie anderenorts ausgewachsene Bäume, und jeder Ast scheint ein Eigendasein zu führen.

In der Rinde eingeschnitzt sieht der Wanderer den Kopf eines Hirsches. 1848 wurde hier das letzte Rudel Hirsche aus der Waldabteilung Grünauer zusammengetrieben und abgeschossen. Seither blieben die Tiere mit dem stolzen Geweih aus unseren Wäldern verschwunden.

Die Hirschbuche, dieser Gigant unter den Bäumen unseres Waldes, trägt schon den Todeskeim in sich. Vor Jahrzehnten wurde einmal ein Hauptast vom Sturm abgerissen und zerschmettert. Menschenhand versuchte die klaffende Wunde zu glätten, aber trotzdem zeigt sich an dieser Stelle, daß die hohe Zeit dieses Riesen vorüber ist: der Aststumpf verwittert und fault allmählich. Eines Tages wird sich der Baumschwamm einschleichen, und nach vielleicht weiteren 100 Jahren werden nur noch die Alten den Enkelkindern im Wald die Stelle zeigen, wo die letzte Urwaldbuche im Bobinger Wald stand.

IV. IN DER DÄMMERUNG NACH BURGWALDEN (1952)

Noch streift der Waldkauz klagend über die Wipfel der Fichten, und in den nachtschwarzen, dunklen Waldgründen brechen grunzend die Rotten der Sauen, während sich brunstige Rehböcke auf den Wiesen jagen, als wir die

Straße am Berg hinaufsteigen und hinter uns im hellen nordöstlichen Schimmer schon den jungen Tag ahnen. Geröllig ist der Weg; Jahrhunderte alt und zerfahren von Karren fleißiger Bauern biegt er sich in schwerfälliger Kurve durch die Waldschlucht die Leite hinauf, die Wiesen, den Baumgarten, das Schloßgut und die Siedlerhäuser zurücklassend.

In den Kronen der Laubbäume schlagen die ersten Finken und locken. Auf der anderen Seite der Kuppe rauscht das Wasser des Schluchtbaches talwärts zu den Weideflächen, von denen die Sage weiß, daß sich dort die Straßberger Waldfräulein, elbische Wesen, nachts versammelten.

Hinter Nußbäumen und Buchen schimmern die gelbgetünchten Mauern des Schlosses, ein verhältnismäßig junges Gebäude auf altem Siedlungsgrund. Unter Platanen und Eichen genesen die Kranken aus der Stadt, die hier in der klaren, ozonreichen Waldluft auf ihre Gesundung hoffen.

Am Straßberger Berg ist der Ort, wo die Erwachsenen heute noch „Räuber und Schandarm spielen", denn es ist zwar bequem, den holprigen Schloßbergweg mit dem Fahrrad hinabzufahren, wenn auch seit 1913 verboten. Und so versucht es jeder einmal in der Hoffnung, nicht gerade von einem Gendarmen erwischt zu werden. Der alte, fast zur Legende gewordene Gendarm, der seinem ständigen Ausspruch „Bal i mi nit däusch" auch seinen Spitznamen verdankte, pflegte die jungen Wachtmeister hier besonders scharfzumachen, während er selbst beim „Oberen Wirt" in Straßberg hinter seinem Märzenbier saß.

Vorbei an der breiten, mit großen Flußsteinen altertümlich gepflasterten Schloßauffahrt führt der Weg aus der Waldschlucht über die große Waldlichtung, auf deren südlicher Hälfte Straßbergs Häuser, Städel, Kirche, Friedhof, Schule, Wiesen und Felder liegen. Gleich am Dorfeingang steht inmitten eines prächtigen Obstgartens das Forsthaus der Staatlichen Revierförsterei Straßberg. Ihm gegenüber steigt hinter der Gastwirtschaft „Zum Reichsadler" der Höhenweg in Richtung Bannacker zum Wald an.

Nördlich des Dorfes liegen auf halbem Hang – fast am Rande des Gemeindewaldes Bobingen – die braunen, niederen Baracken des Umsiedlerlagers, dessen Bereich infolge der zahlreichen neuerbauten Wohnraumeinheiten in Bobingen durch Abreißen der schlechtesten Baracken verkleinert werden konnte. Das Lager liegt bereits auf Bobinger Boden.

Die kleine Feldkapelle zu Ehren der Mutter Gottes dicht dabei ist eine Stiftung des ohne Nachkommen verstorbenen Straßberger Viehhändlers Josef Zerrle (Kammändle) aus dem Jahre 1894. Der Stifter gab auch das Geld für das Straßberger Kriegsgefallenenehrenmal gegenüber der Schule. Heute wird die Kapelle von den Spenden frommer Bürger unterhalten.

Nach Westen fällt der Weg leicht zum Diebelbach hin ab. Die Straße wird zum Damm, die den Diebel zu inzwischen längst verlandeten Weihern staute, so daß die Fischweiher den jeweiligen Schloßbesitzer mit herrlichen Karpfen und mit Forellen versorgten, die es früher im ganzen Diebel gab. Auf einem alten Stich aus dem Jahre 1711, welcher das Schloß und das Dorf Straßberg darstellt, sind die Weiher nicht mehr eingezeichnet, sondern damals mähten auf den „Weihermähdern" schon die Taglöhner für den Schloßherrn. Ein ähnliches Schicksal würden die Burgwalder Weiher in unseren Tagen erleben, würden nicht die Wasser immer wieder systematisch gesammelt und gestaut. Die wenigen Einfamilienhäuser, die hier an der Diebelstraße stehen, haben die Postanschrift „Bobingen, Waldstraße", denn sie wurden auf Bobinger Grund und Boden erbaut, obwohl sie von Bobingen ca. vier Kilometer, von Straßberg aber nur wenige hundert Meter entfernt liegen.

Diebelabwärts zweigt ein Weg zu den nun von Fichten bestandenen „Geschwellen Mähdern". Dieses Gelände gehörte ursprünglich gleichfalls zu den Diebelweihern und war Eigentum der Gemeinde Bobingen. So sagt uns eine Rechnung aus dem Jahre 1700 im Bobinger Gemeindearchiv genau, welche „Zehrung" (heute sagt man „Brotzeit") den „Mahderer, Recher und Fuhrleut" gegeben wurde, als man die „Gschwellen hinter dem Straßberg" einheuerte.

Dort, wo der Wald den Weg aufnimmt, steht ein Votivkreuz, das von einem Straßberger Viehhändler aufgestellt wurde. Hier steigt der Weg an ins „Schmittenholz", das Bobinger Gemeindeholz, welches seinen Namen nach den Schmieden erhielt, die vermutlich dort ihr Holz für die Herstellung der Holzkohle schlagen durften. Eine große Waldfläche fiel hier dem Bombennotwurf amerikanischer Bomber zum Opfer (1945). Oder sollte das unvollendete Werk III oder das auf Hochtouren arbeitende Werk II des IG-Farbenkonzerns an der Wertach das Ziel gewesen sein? Des einen Schaden ist des anderen Nutzen; es gab dadurch in den Nachkriegsjahren billigen „Anbruch" als Winterholz.

Unweit von diesen Kahlflächen entfernt zeugen „Hochäcker", die bis an die Straße vorstoßen, davon, daß dieses Land im frühen Mittelalter nicht von Wald bestanden, sondern landwirtschaftlich genutzt war.

Zum „Kothweihertal" hinunter führt der Weg weiter. Wieder dämmt die Straße eine längst vertrocknete Weihermulde, in der heute nur noch knietiefe, weiche Moospolster und einige Birken von dem Sumpf Zeugnis geben, auf dem noch vor 150 Jahren Seerosen wuchsen. Unterhalb dieses „Kothweihers" sprudeln am Hang entlang rotbraun gefärbte, eisenhaltige Quellen im „Baderholz", die hier den Kothweiherbach, ein dünnes Wässerlein, bilden und in den Diebel einmünden.

Den letzten Hang steigen wir empor, bevor der Weg steil ins Burgwalder Tal abfällt. Das Schmittenholz wird auf diesem Teil des Weges eingeengt durch den Kothweiherkopf, der zum Staatsforst gehört, und den Fuggerschen Wäldern, die von der Revierförsterei Burgwalden betreut werden.

Der alte Rodeort Burgwalden hieß früher „Atenhofen" und führt seinen jetzigen Namen erst seit dem Jahre 1506, als der kaiserliche Rat Ambrosius Höch-
stetter Attenhofen als Lehen erhielt und inmitten des oberen Weihers ein statt-
liches Wasserschloß erbauen ließ.

Nun sind wir fast die ganze Südgrenze der Bobinger Waldmarkung entlangge-
wandert, wie dies seit Jahrhunderten die Bobinger Sechser, ehrenhafte Männer aus alteingesessenen Bauerngeschlechtern, in jedem Jahr tun. Aber wir erhalten nicht wie die Feldgeschworenen früherer Jahrhunderte eine genau fest-
gelegte, handfeste „Zehrung" auf Gemeindekosten, sondern unser Lohn für
die gar nicht beschwerliche Morgenwanderung ist ein Blick von der Höhe des
Kothweiherkopfes ins stille Burgwalder Tal mit seinen blauen, langgestreckten
Weihern. Auf einem der Weiher taucht ein kleiner Haubentaucher unermüd-
lich. Irgendwo jenseits des Baches gibt es eine Reiherkolonie in den Baumwip-
feln. Ab und zu fliegt einer der großen Vögel mit schwerem Flügelschlag in den
Schilfrand der Teiche.

Aus den Kaminen des Weilers kräuselt ein leichter, bläulicher Rauch, verteilt
sich träge zwischen den schwarzgrünen Talflanken. Die Luft schmeckt nach
Holzfeuer und nach feuchtem Waldboden. Irgendwo in der Nähe müssen
Schwammerl stehen.

Nun ist kein Laut mehr zu hören. Selbst die Vögel sind verstummt. Das Tal, die
bewachsenen Dämme, die hingeduckten Hausdächer, die barocke Kapelle,
die Wälder bis zum Horizont, der Bach mit den heimlich-unheimlichen Kreb-
sen und die Wiesen mit den zauberhaften Laubfröschen, die an jedem Gras-
halm hängen und die Kinder das Wundern lehren . . .? Beginnt hier die heile
Welt der guten alten Zeit? Gab es die gute alte Zeit überhaupt?

V. VOM BOBINGER VOGELHERD

1. Der Vogelfang allgemein

Das Vogelstellen, als unwaidmännischer Massenfang heute noch in Italien
praktiziert, war im Mittelalter als höfischer Jagdsport sehr beliebt. Mit dem
Niedergang des Adels übernahmen auch andere, gesellschaftlich niedere
Stände diese Art des Waidwerks. Der Bauer freilich wurde zu solchem Tun
nicht zugelassen, wenn auch die Vogelspeise auf seinem Acker angerichtet
wurde, hielten ihn doch solche Spielereien von der Arbeit ab, der er ausschließlich und pflichtgemäß – entsprechend der damaligen Sozialordnung –
nachzugehen hatte.

Aus Protokollen über die Verteilung der Vogelfangplätze an der Hochstraß hören wir zum erstenmal etwas über den Vogelfang. Aus dem Jahre 1614 ist ein Streit zwischen den Inhabern eines Lerchenloses, den Augsburger Bürgern Rehlinger und seines Schwagers Geizkofler, Lehen-Inhaber des Priester-Hofes, bekannt. In den Jagdakten des Jahres 1717 werden verschiedene benachbarte und Augsburger Bürger benannt, welche am Bartholomäustag ein Lerchenlos in der Bobinger Feldflur erhielten. Im hinteren oberen Sommerfeld bekam ein Herr Alexus Brentan, im oberen mittleren Sommerfeld das Augsburger Forstamt einen Platz. Mitglieder der Familien Rehlinger, Langenmantel usw. werden unter den weiteren Losinhabern erwähnt.

1729 beschwerte sich der Forstmeister Steeb über den Pflegsverwalter, der ihm das Lerchenlos nur noch gegen Zahlung von 50 Gulden jährlich überlassen wolle, obwohl ihm dies bisher gegen eine nur geringe Zahlung von 5 Gulden jährlich an den Vogt zu Bobingen überlassen worden war. Der Pfleger verteidigte sich damit, er sei immer Inhaber dieses Lerchenloses gewesen, habe dieses aber freiwillig dem Forstmeister überlassen. Die Akten lassen nichts über den Streitausgang erkennen, doch scheint zugunsten des Forstmeisters entschieden worden zu sein, wie späteren Vorgängen entnommen werden kann.

Im Jahre 1738 beschwerte sich die Pflegsverwaltung in Bobingen, weil bei Abgabe der Lerchenlose nicht die Augsburger Patrizier, sondern deren Jäger allein erschienen. Vierzehn Personen wurden für die Besorgung eines Lerchenplatzes eingesetzt. Auch darüber wurde geklagt, daß die Jäger mit (offenbar unstatthaften) Hochgarnen fingen und außerdem zu viel Garn und Netze verwendeten, so daß man eine Verödung der Lerchenjagd befürchtete. In diesem Aktenstück werden die Lerchenfangverträge von 1625 und 1652 erwähnt, die abgeschlossen worden waren, weil die Bauern und Handwerker „an der kleinen Straß" (Lechfeld-Abhangstraße) morgens und abends mit Flinten und Hunden ohne Rücksicht auf die Wintersaaten auf die Felder liefen und alle Vögel abschossen, die sie antrafen.

2. Der Vogelherd in den Wertachauen

1780 hatte der Pfleger erneut die Abräumung der Viehweide (Kultivierung) befohlen. Betroffen waren die Wiesen zwischen Dorf und Wertach, welche heute arrondiert sind. Der Nichtvollzug wurde mit 1 Gulden und 30 Kreuzer Strafe bedroht. Die Bauern, welche keinen Vorteil in dieser Neuerung sahen, steckten sich hinter den Augsburger Forstmeister, damit dieser gegen die Kultivierungsarbeiten, durch die er selbst in seinen Jagdmöglichkeiten beschränkt wurde, agieren konnte. Der Forstmeister beschwerte sich also, daß die Gemeinde die Vogelweide eingeschlagen habe, die ihm „in partem salarii" (als Teil seiner Jahreseinkünfte) verliehen worden wäre. Dadurch sei ein großer Schaden an seinem Vogelfang entstanden.

Der Pfleger wies in seiner Stellungnahme darauf hin, daß die Gemeindehölzer rechts und links der Wertach aus unzähligen Birken und Tannen bestehen, zwischen welchen das dürre Holz 10 Schuh (!) hoch liege, so daß kein Vogel hindurchschlüpfen könne. Von der Rodungsanordnung seien solche Plätze, genannt Schwettinger, betroffen, welche als Folge der Nachlässigkeit der Untertanen nur Dornenstauden trügen. Als diese Dornen abgebrannt worden seien, hätte sich der Pächter der Vogelweide, das löbliche Forstamt, einen Schaden eingebildet. Dabei habe doch selbst der Burgausche Jäger nichts gegen die Rodungen (links der Wertach) eingewendet. Und selbst der Wellenburger Jäger habe nur ergebnislos protestiert. Das Forstamt hatte vermutlich keinen Erfolg mit seiner Beschwerde. Die jagdlichen Interessen mußten hinter den Bestrebungen, von den überholten Methoden einer extensiven Landwirtschaft abzukommen und eine intensivere Bewirtschaftung zu betreiben, zurückstehen. Das Flurstück „Am Vogelherd" wurde gerodet.

3. Ein Flurname erinnert . . .

Dieser damals rechtlich umstrittene Vogelfangplatz lebt heute noch in dem Flurnamen „Am Vogelherd" weiter, mit dem eine relativ kleine Wiesenecke am Ostrand der Wertachauen bezeichnet wird. Bis zur Flurbereinigung 1968 im Bobinger Wiesenland war hier eine etwa 55 m lange und 25 m breite, fast ovale, tischhoch über dem übrigen Niveau liegende und offensichtlich exakt eingeebnete Fläche zu erkennen, die zwischen Wasser, Weide, Wald und Wiesen vorzügliche Fangmöglichkeiten bot. Bei der Flurbereinigung wurde die Mulde um diesen Fangplatz herum eingefüllt, da man die ortsgeschichtliche Bedeutung dieses Platzes nicht mehr kannte.

H Im Schutz des Kreuzes

I. DIE PFARRER IN BOBINGEN

1. Die Einheit von Dorf und Kirche

Die Geschichte Bobingens ist untrennbar und in langen Jahrhunderten nicht unterscheidbar rechtlich und tatsächlich, früher auch wirtschaftlich, stets aber religionsgeschichtlich und psychologisch mit der Entwicklung der Kirche verbunden.

Mit „Kirche" sind in der Vergangenheit nicht nur die (katholische) Pfarrkirche St. Felizitas, die Liebfrauenkirche (Obere Kapelle) und die Wendelinskapelle (Untere Kapelle) gemeint, sondern auch der Gesamtbestand der weltlichen und geistigen Macht der „Kirche" als Institution, welche durch den Pfarrer in Bobingen vertreten wird.

Diese Pfarrer sind in ihrer Gemeinde nicht nur Diener Gottes, sondern meist auch Freunde und Helfer der Bauern gewesen, aus deren Reihen sie normalerweise entstammten. Sie waren deshalb stets hochgeachtet und verehrt.

Niemand hat die Geschichte der Bobinger Pfarrer so gut beschrieben – und damit zugleich einen unentbehrlichen Beitrag zur Ortsgeschichte geliefert – wie der Augsburger Domvikar Birle im Jahrgang 1885 der Zeitschrift „Der Wahrheitsfreund". Sein Bericht wird durch die von Xaver Holzhauser nachgetragenen Daten ergänzt.

2. Frühe Patronatsrechte

Schon im Jahre 1012 zog das Kloster St. Ulrich den Zehnten von zwei Huben (Höfen), und im Jahre 1071 gab Bischof Embriko eine Hube an das Stift St. Gertrud in Augsburg. Nach einem alten Urbar von St. Ulrich besaß dieses Kloster schon um diese Zeit das Patronatsrecht von Bobingen. Demnach war Bobingen schon im 11. Jahrhundert eine Pfarrei. Die Bischöfe gaben ihre meisten Güter in Bobingen teils an Klöster (St. Ulrich, Hl. Kreuz etc.), meist aber an ritterliche Dienstmänner zu Lehen, deren Geschlecht durch drei Jahrhunderte in den Urkunden erscheint. Um das Jahr 1140 bezeugen die Ritter Otto, Debo und sein Sohn Konrad die Schenkung des Gutes Engelshof durch Bischof Konrad an das Kloster St. Georg. Um 1169 – 1200 erscheinen der Canonicus Luitfried, Agnes und ihr Sohn Diether von Bobingen. Im Jahre 1209 fiel Ritter Heinrich von Bobingen als Dienstmann des Bischofs Siegfried im Kampfe mit römischen Bürgern vor Rom.

Während der Blütezeit des Rittergeschlechts von Bobingen erscheint das Patronatsrecht im Besitz der Bischöfe. Im Jahre 1225 übergab jedoch Bischof Siegfried III. die Pfarrei Bobingen, d. h. Kirchensatz und Patronatsrecht, an das Kloster Hl. Kreuz im Tausch gegen dessen Güter in Hammel (siehe Braun, Hist.-Topogr. Beschreibg. S. 164).

Im 14. Jahrhundert verschwinden die Ritter von Bobingen. Werinher von Bobingen, Hartwik und sein Bruder Friedrich von Bobingen erscheinen anno 1343 das letzte Mal urkundlich. Zahlreiche Augsburger Bürger, wie die Hangenor, die Forster, die Welser, die Rebhuhn, sowie die Klöster St. Ulrich, Hl. Kreuz, St. Katharina, St. Ursula, erscheinen im Lehenbesitz der Güter, Gefälle und Zehnten des Ortes. Im 15. Jahrhundert setzen sich die Edlen von Freyberg in Bobingen fest. Kaspar von Freyberg und die Gemeinde stiften am 13. November 1472 mit Bewilligung des Probstes von St. Ulrich und von Hl. Kreuz die Frühmesse, was Bischof Johann bestätigte (Braun, Geschichte der Bischöfe 3, Seite 80).

Das Kloster Hl. Kreuz erwarb im 16. Jahrhundert immer mehr Güter in Bobingen, ließ aber die Pfarrpfründe so herabkommen, daß die Pfarrer sich kaum noch halten konnten. Sie beschwerten sich beim Bischof und beschuldigten das Kloster, den Widdumhof an sich gezogen zu haben. Um die Pfarrei in besseren Stand zu bringen, zog Bischof Otto im Jahre 1550 das Patronatsrecht von Bobingen wieder an sich und vereinigte mit ihr das Frühmeßbenifizium. Trotzdem wurde es nicht besser. Im Jahre 1561 klagte der Pfarrer über Mangel an Einkommen. Der Bischof forderte nun am 5. November 1561 den Probst vom Hl. Kreuz auf, etwas zur Aufbesserung der Pfarrei Bobingen zu tun, weil sein Kloster den Widdumhof und andere Güter der Pfarrei entzogen hätten. Der Probst Antonius erklärte sich am 13. Juli 1573 bereit, dem Pfarrer jährlich 25 fl. zu reichen, verstand sich jedoch infolge bischöflicher Anmahnung zu jährlich 40 fl. (Bischöfliches Archiv).

3. Pfarrer in Bobingen

Erstmals im Jahre 1180 wird in einem Streit um das Eigentumsrecht an der Kirche in Atenhofen (Burgwalden) zwischen St. Ulrich und St. Georg ein „Pfarrer von Bobingen" (allerdings ohne Namennennung) angeführt, der die Burgwal-

Feldumgang

Fronleichnamsprozession

dener Kirche als Filialkirche in Anspruch nahm (1). Conradus, plebanus de Bobingen, also der erste namentlich bekannte Pfarrer von Bobingen, wird 1278 erwähnt (2) und 1328 der Pfarrer Ulrich Altheimer, der Leutpriester zu Bobingen, (3) Mitbruder von Hl. Kreuz. Chunrat, der Priester von Bobingen ınd Wohlgemuet Johannes, werden im Jahre 1367 genannt (4, 5). Die Aufzählung ist lückenhaft, die Reihenfolge nur unvollständig zu rekonstruieren. Erst im Jahre 1498 wird wieder ein Pfarrer namens Hans Gölß (vermutlich auch Johann Geltz) und zeitnahe ein Pfarrer Sigmund Knautzer aufgeführt (6).

1513 steht ein Wolfgang Decker als Pfarrherr verzeichnet (7), dem wohl der Pfarrer Silvester Mauser 1520 folgte (8). Ab 1533 versah der Pfarrer Gallus Zerlin die Seelsorge des bis dahin rein katholischen Dorfes (9).

Im Jahre 1533 wurde Pfarrer Johannes Karpf eingesetzt (10). Über ihn heißt es: „Von den in Augsburger Dienste tretenden Geistlichen auf dem Lande, die bisher dem „Papsttum" angehangen und sich nun zur Predigt des Evangeliums bereit finden ließen, kennen wir mit Namen . . . Hans Kerpf in Bobingen". Und weiter wird berichtet: „Die in den Diensten des Rates stehenden Geistlichen auf dem Lande, die bereits früher zeitweise hatten flüchten müssen, waren auf Betreiben des Bischofs schon im März 1547 zur Messe zurückgekehrt; die sich dessen geweigert, mußten es im Herbst tun oder von ihren Pfarreien weichen, in welchem Falle der Rat, so gut es ging, für sie Sorge trug." Bezogen auf den Pfarrer Karpf, den nachweislich ersten Protestanten in Bobingen, wird kurz festgestellt: „Auf Hans Kerpf, pfarrers zu Bobingen, supplication (d. h. Bittschrift) ist erkannt, dieweil er das babstumb verlassen, die wahr, christlich religion angenomen und sein kellerin geehlicht hat, daß ime an füglichen orten soll undergeholfen werden, damit er sein narung und aufenthaltung haben möge"(12).

Dem Pfarrer Johann Schrempf (1549) (13) folgen 1557 Christian Stintzenberger und 1560 Gallus Mack (14) sowie Bernhard Rott im Jahre 1564 (15).

Die Zeiten wurden unruhig und die Pfarrer blieben nur wenige Jahre in Bobingen, so der Pfarrer Leonhard Schneider (1568 – 1572) (16). Johann Fischer (1572) (17), Martinus Mayr (1573 – 1576) (18) und der von Altdorf kommende Pfarrer Gallus Schill (1576 – 1578) (19). Der Pfarrer Bernhard Rott (20) war von 1578 bis 1587 in Bobingen tätig, begleitet (1585) von dem Geistlichen Georg Mayr. Pfarrer Rott wurde „wegen Exzessen" abgesetzt. Der Nachfolger Jakob Heiß von Memmingen blieb nur zwei Jahre (bis 1589) im Amt und wurde dann versetzt (21). Es folgten Michael Ranek, von Weilheim kommend, (22) in den Jahren 1589 – 1594, dann Michael Ruef (1594 – 1600) (23), Georg Stiegelmayr von Walleshausen bis 1605 (24) und Georg Stenglin (1605 – 1609) (25). Am 18.9.1596 schrieb Pastor Ruef dem Bischof, daß die St. Wolfgangskapelle profaniert sei und als „Holzlege" verwendet werde. Durch Frau von Rehlingen und andere Guttäter sei sie aber nun renoviert, ausgemalt, mit Kirchenparamenten versehen und zum Gottesdienst wieder hergestellt worden.

Der 1598 zum Priester geweihte Johan Flexlin kam 1616 von Dillingen nach Bobingen und übernahm die Pfarrei. 1618 aber hielt der Pfarrer von Meitingen in Vertretung einen Gottesdienst, während wohl Flexlin „ad seminarium" abwesend war, und von 1618 bis 1620 hatte Thomas Schaff, der aus Wallerstein kam, die Leitung der Pfarre übernommen (27). In den Jahren 1620 bis 1623 wird ein Pfarrer Daniel Mügglin genannt. 1623 ist wieder Johann Flexlin Pfarrer in Bobingen. Domvikar Augustin Birle berichtete 1885 aufgrund der Unterlagen des Diözesan-Archivs, im Jahre 1628 habe die Pest furchtbar in Bobingen gewütet.

4. Pfarrer im Dreißigjährigen Krieg

Die Seuche ergriff den Pfarrer und raffte seine Magd hinweg. Da seit 1550 die Frühmesse mit der Pfarrei vereint, also kein Frühmeßner da war, starben die Leute massenhaft ohne geistlichen Beistand an der Pest. Der bischöfliche Siegler forderte durch Schreiben vom 28. Oktober 1628 die Guardiane der Barfüßer und Kapuziner auf, einen Ordenspriester zur Versehung der Pfarrei nach Bobingen zu schicken. Ersterer redete sich aus, daß sein Orden zu wenig Leute habe, um bei dieser gefährlichen Krankheit einen der Gefahr auszusetzen. Der Kapuzinerguardian schrieb, er müsse zuerst den Provinzial fragen. Das konnte natürlich nicht abgewartet werden. Das Generalvikariat sandte nun den Pfarrer Georg Huber von Winkel, der sofort mutig und tapfer auf dem Erntefeld des Todes in Bobingen erschien. Nach wenigen Tagen ergriff ihn die Pest und schon nach 10 Tagen war er eine Leiche. Nach 6 Wochen schickte der Generalvikar den unerschrockenen jungen Pfarrer Hans Vögelin von Schwabegg. Am 2. Adventssonntag 1628 hielt er den ersten Gottesdienst. Als er kam, waren bereits 200 Personen „sine luce et cruce" (ohne den Trost der hl. Religion) gestorben, wie er selbst schreibt. Als die Pest aufhörte, gelobte die Gemeinde, daß an den Vorabenden vor Weihnachten, Neujahr und Hl. Drei Könige der Pfarrmesner nach der Vesper mit geweihtem Rauch die Häuser im Dorf ausräuchere und dabei ein gewisses Gebet aus dem Rituale bete. Währenddessen wurde die große Glocke geläutet und von den Einwohnern gebetet um Abwendung der Pest. Dafür erhielt der Mesner für das erste und zweite Mal von jedem Haus einen Laib Brot, das dritte Mal von den Bauern 2 – 3 Kreuzer, von den Söldnern 1 Kreuzer oder 4 Heller. Anno 1754 wurde dieses Häuserausräuchern von der fürstbischöflichen Regierung verboten (Bischöfl. Archiv).

Die Bobinger waren mit ihrem neuen Seelsorger Hans Vögelin sehr zufrieden. In einer Bittschrift baten Stabhalter und Sechser und die ganze Gemeinde im Jahre 1629 den Bischof, den leibesgebrechlichen Pfarrer Flexlin abzuschaffen und den Hans Vögelin als Pfarrer in Bobingen zu bestätigen. Obwohl Vögelin die Pfarrei gar zu gern gehabt hätte und Pfarrer Flexlin durch die Pestkrankheit leiblich und geistig stark geschwächt war, mußte Vögelin im Sommer 1629 doch fort. Flexlin blieb weiter Pfarrer, da aber die Beschwerden gegen ihn sich mehrten, erhielt er im Jahre 1630 das Frühmeßbenefizium Pfaffenhausen.

Die Hailligen-Rechnungen (Kirchenrechnungen) für das Rechnungsjahr 1628/29 wurden bereits von Georgius Wall, „plebanus ibidem", also einem zweiten Pfarrer, in Bobingen unterschrieben (30). Der von Günzburg gekommene Priester wurde offenbar 1630 eingesetzt und blieb bis 1633 Pfarrer in Bobingen (31). Es starb – nach Birle – „im November 1633, mitten im Elend des Schwedenkrieges". Sein Nachfolger wurde Johann Georg Merz, der von Augsburg kam und erst 1632 zum Priester geweiht worden war (32). In einem Schreiben vom 23. Mai 1634 schilderte er dem Bischof, was er in Bobingen während der zwei Kriegsjahre alles ausgestanden und daß er mit seinen vom Feind ausgeplünderten Pfarrkindern in großer Armut lebe.

Noch schlimmer erging es dem Pfarrer Merz im Sommer des Jahres 1634. Was er gelitten, schreibt er am 15. Dezember 1634 dem Bischof Heinrich mit den Worten: „Obwohl ich mitten unter den Feind und reißenden Wölfen gesessen, oftmals von ihnen gefangen, geplündert, hin- und hergeschleppt, unlängst in einen tiefen Weiher, darin ich bis in die zwo Stunden lang bis an den Mund gestanden, von ihnen zur Errettung des Lebens gesprengt worden, dennoch bin ich niemalen flüchtig geworden, sondern alle-zeit beständig blieben." Pfarrer Merz fährt fort: Trotzdem habe er alle Tage die Heilige Messe gelesen, aber für seine schwere Mühewaltung weder Geld noch Getreide erhalten. Letzteres hätten die schwedischen Soldaten auf dem Felde vor der Zeit abgefrezzt. Was er sonst noch an Habseligkeiten – etwa 70 fl. wert – gehabt, das hätten ihm seine neuen Pfarrkinder (Einwohner aus Bayern und Tirol) nächtlicher Weile gestohlen, weshalb die anderen Pfarrkinder zur Ersetzung des Schadens wöchentlich für den Pfarrer „das liebe Almosen" von Haus zu Haus gesammelt hätten, damit er bei ihnen möchte erhalten werden. Schließlich bittet Pfarrer Merz den Bischof, er möge ihm doch behilflich sein, vom Hl. Kreuz die ihm schuldigen 40 fl. zu erhalten.

Im Pestjahre 1635 verschwindet auch er. Die große Pfarrei war ohne Hirten. Am 21. Mai 1635 klagte Bischof Heinrich dem Domprobst von Augsburg, daß die ganze Hochstraße bis Schwabmünchen ohne Seelsorger sei, und am 10. August desselben Jahres schreibt Generalvikar Zeiler: Ein alter Bauersmann habe ihm heute (10. August) gesagt, in Bobingen seien nicht mehr als 30 Mann und ebenso viele Weiber vorhanden. Nur 4 Jauchert seien mit Gerste angesät, wovon der Pfarrer den Zehnt haben möge – „das klöckt aber nicht!", fügte er bei, weshalb man sich mit Bestellung eines Pfarrers noch gedulden müsse (33).

5. Die neue Gemeinde

Nach zwei Jahren hatte sich der Flecken wieder so weit durch Einwanderungen aus Tirol und Bayern erholt, daß im Jahre 1635 wieder ein eigener Pfarrer in der Person des Mathias Sapper bestellt werden konnte. Aber alles war sehr ärmlich bestellt. Nach dem Visitationsbericht von 1646 hatte die Kirche zwar 4 Altäre, aber nur einen vergoldeten Kelch und einen zinnernen in der Frauenkapelle. Zu Ostern kommunizierten 140 Ledige und 222 Verheiratete. Die Bevölkerung, welche anno 1635 kaum 100 Menschen zählte, war also nach 12 Jahren bereits wieder nahe an 500 angewachsen. Vor dem Kriege zählte der Flecken freilich mehr als 1300 Seelen.

Sapper war aus Dillingen gekommen und wurde 1642 nach Ziemetshausen versetzt. (Er starb 1646; sein Bruder Jakob erwarb 1636 eine Bräustatt im mittleren Dorf (in unseren Tagen Gastwirtschaft Escheu (34).

Ein Bader Johann als Pfarrverweser wird dann im Pflegamtsprotokoll vom 21.6.1646 als Zeuge beim Verkauf des St. Gertraud-Hofes genannt („Pfarrverweser ufm Thumbstüft alhier").

Der Dreißigjährige Krieg, der 1648 zu Ende ging, hatte einen Niedergang der Wirtschaft und der Verwaltung zur Folge. Die Unterlagen über die Folge der Pfarrer in Bobingen sind unvollständig oder doch widersprüchlich. So ist nicht ganz klar, ob der 1646 eingesetzte Pfarrer Josef Lacher (36) bis 1652 in Bobingen blieb oder ob 1649 der Geistliche Gregor Simnacher Pfarrer in Bobingen war oder nur hier gelegentlich als Zeuge oder Abwesenheitsvertreter handelte (38).

1652 kam aus Oberneufnach der Pfarrer Georg Gastel, der drei Jahre die Gemeinde betreute, gefolgt von Pfarrer Johann Georg Wolf (1655 – 1659), der 1654 zum Priester geweiht worden war und aus Augsburg kam (40). Zwei Jahre blieb der 1659 zum Priester geweihte und von Augsburg gekommene junge Priester Wolfgang Lotter (1659 – 1661). Simon Huber von Mering, der 1661 zum Priester geweiht worden war, übernahm 1661 – 1669 die kleine, aber sich allmählich wieder vergrößernde Schar der Katholiken in Bobingen (42). Der 1669 – 1669 in Bobingen verantwortliche Pfarrherr Michael Sutor war 1659 zum Priester geweiht worden und hatte vorher (1660 – 1664) den Pfarreien Niederraunau und Illereichen (1664 – 1669) vorgestanden (43). Der (nach Angaben im Diözesan-Archiv) promovierte Georg Engelsdorfer (zum Priester geweiht am 31. 3. 1669) kam von Frankenried nach Bobingen und versah von 1673 bis 1676 die Stelle des Pfarrherrn (44). Der Geistliche Christoph Vesenmayr scheint nur als Pfarrverweser von Februar bis Ende Juni 1676 in Bobingen gewesen zu sein, gefolgt von dem rührigen, von Utzeringen (?) kommenden Pfarrer M. Georg Ganzenmiller (Priester seit 1658), der von Juli 1676 bis 1700 Pfarrer in Bobingen war (46).

6. Das neue Pfarrhaus

Im Jahre 1660 und 1666 wurden endlich das Dachwerk des längst baufälligen Pfarrhofes und der Stadel durch Beiträge der Zehntherren notdürftig repariert, aber im Jahre 1674 war alles wieder so vergangen, daß der Pfarrhofbau nicht länger aufgeschoben werden konnte. Es ward beschlossen, das sogen. Gienger'sche Steinhaus (an der Straße, wo heute (1885) der Pfarrhof steht) um 725 fl. zu kaufen und mit den Congruenzbeiträgen der Decimatoren zum Pfarrhof einzurichten. Die Adaptierungskosten beliefen sich auf 710 fl., so daß der neue Pfarrhof einen Aufwand von 1435 fl. erforderte.
Der alte Pfarrhof, nördlich der Kirche, ungeschickt und ungesund gelegen (am Abhang gegen die Sinkel hin), wurde vom Schulmeister Ernst Bauhagen um 430 fl. gekauft. Die 14 Decimatoren – deren hauptsächlichste waren der Bischof, das Domkapitel, die Klöster St. Ulrich, Hl. Kreuz und St. Ursula, das Spital, die Jakobspfründe, die H. H. Fugger, Rehlingen, Hemann etc. – steuerten 555 fl. bei, und der Pfarrer nahm beim Priesterhospital ein Darlehen von 450 fl. auf, das er in jährlichen Absatzfristen von 20 fl. tilgte. Im Jahre 1692 brach neben dem neuen Pfarrhof ein Brand aus, legte den Stadel in Asche und beschädigte Türen und Kreuzstöcke des Pfarrhauses, so daß Pfarrer Ganzenmüller abermals die Decimatoren um Congruenzbeiträge anrufen mußte.

7. Das Frühmeßbenefizium

Im Jahre 1695 stiftete Pfarrer Ganzenmüller zur Frühmesse, die wegen Mangel an Einkünften längst nicht mehr besetzt werden konnte, 2000 fl. Die Gemeinde übernahm das Kapital und sollte dem Frühmeßner jährlich 100 fl. auszahlen. Erst nach dem Tode des Stifters sollte das Frühmeßbenefizium besetzt werden. Der Frühmeßner sollte an Sonn- und Feiertagen zu geschickter Stunde in der Kirche die Hl. Messe für die armen Seelen lesen lassen; dafür hatte er von der Gemeinde 52 fl. und für die Wochenmesse in der Frauenkapelle 30 fl. zu erhalten, außerdem 6 Klafter Holz im Anschlag um 24 fl. Das ganze Einkommen belief sich nebst einem Wohnhause an der Sinkel nach der Passion von 1812 auf 207 fl. – damals also ein wahrer Hungerposten!

Das Frühmeßbenefizium wurde bei der Stiftung durch Kaspar v. Freyberg anno 1472 ziemlich gut dotiert. 3 1/4 Jauchert Äcker, verschiedene Gilden und Gefälle, durch Zustiftung des Heinrich Rehlinger anno 1487 6 Tagwerk Mahd, bildeten die Fundationsgüter. Dazu kamen unter Frühmeßner Gangolf 1532 noch 2 fl. Ewiggeld auf St. Gallentag, anno 1534 noch 10 fl. Ewig-Zins von dem edlen und reichen Ulrich Burggrafen zu Glött; und anno 1614 stiftete Dr. Veit Kroll 1000 fl. zur Frühmesse, wovon der Frühmeßner jährlich 50 fl. erhalten sollte. Das Kapital dieser Zustiftung scheint wie die Kroll'sche Jahrtagsstiftung im Schwedenkrieg verlorengegangen zu sein. Die Fundationsgüter der ʻFrühmesse wurden bei deren Vereinigung mit der Pfarrei anno 1550 mit den Einkünften der Pfarrei confundiert, so daß von der ganzen Frühmeß-Stiftung nach dem Schwedenkriege nur mehr der Name bestand und die Pfarrer beim allmählichen Anwachsen der Bevölkerung sich zuweilen Kapläne hielten, die sich dann gern „Frühmeßverweser" nannten (Bischöfl. Archiv).

Der zweite Stifter des Frühmeßbenefiziums, Pfarrer Georg Ganzenmüller, war am 12. Januar 1700 nach 24jähriger Pfarramtsführung gestorben. Ihm folgte der 1681 zum Priester geweihte Johann Ignaz Mayer (1700 – 1718), der 1718 zum Dekan ernannt wurde. Er lebte in Bobingen von 1700 – 1718 (47). Er kaufte im Jahre 1705 laut Akten ein „Schlößle" von Anna Katharina Voit, geb. Sulzer, samt Garten und den 2 sogenannten Laubenberger Gilthöfen, verkaufte es aber im Jahre 1718 wieder, als er die Pfarrei verlassen mußte. Da es vor und noch lange nach dem Schwedenkriege außer dem Oberen und Unteren „Schlößle" noch mehrere Schlößchen oder sogenannte „Herrenhäuser" in Bobingen gab, ist schwer zu bestimmen, welches Dekan Mayer innegehabt.

Der 1718 eingeführte Pfarrherr Christian Klotz (Priesterweihe 1703) stammte aus Elbigenalp/Tirol. Er war „ein Vetter" zum Kirchbräu Josef Zientner, dessen Frau ebenfalls aus Elbigenalp stammte. Am 4.12.1737 starb Dekan Klotz in seiner Gemeinde (48). Sein Nachfolger Johann Jakob Landolt (Priesterweihe 1717) kam von Hechingen und stand der Kirchengemeinde von 1737 bis 1744 vor. (Er starb am 5.12.1766 und wurde in Augsburg begraben) (49).

Bedeutendes für Bobingen leistete Johann Baptist Ehnle, der am 15.9.1744 eingeführt wurde und bis zu seinem Tod am 8.2.1761 die Gemeinde betreute. Er war Priester seit 1710 und hatte vor Bobingen eine Pfarrstelle in Neusäß (50). Er veranlaßte den Neubau der heutigen Liebfrauenkirche.

Liebfrauenkirche

Ehnles Nachfolger war Dr. theol. Franz Xaver Kucher (Priester seit 1749 oder 1750), der von Biberbach kam und von 1761 bis 1785 (zuletzt als Dechant) in Bobingen der Pfarrei vorstand (52). (Am 17.5.1770 starb Salome Kucher, eine Verwandte oder wahrscheinlich die Mutter des Geistlichen). Pfarrer Anton

Weckerle (Pfarrer von 1785 – 1797) war schon von 1782 – 1785 Frühmesser in Bobingen. Als 1796 die französischen Truppen nach Bobingen kamen, „erlebte er Schreckliches" (Birle). Was er am 24.8.1796 und dann nochmals Mitte September auszustehen hatte, berichtete er am 10.11.1796 an das Generalvikariat in Augsburg. Sein Versuch, 1791 ein christliches Schauspiel zu Ehren der Hl. Felizitas, der Kirchenpatronin, in Bobingen einzuführen, scheiterte. Er starb am 13.3.1803 in Bobingen (53).

Ebenso scheiterte Pfarrer Ferdinand Andreas Mayerhofer (54) 1801 mit einem Versuch, die bischöfliche Erlaubnis zur Veranstaltung eines Passionsspieles zu erhalten. Mayrhofer, der 1797 von Dillingen gekommen war, blieb Pfarrer bis zu seinem Tode in Bobingen (26.1.1814).

9. Das Gelübde und die Passionsspiele

Oberammergau und Waal sind die beiden bekanntesten Orte in Süddeutschland, die seit Jahrhunderten die Tradition von Passionsspielen pflegen. Bis heute erfüllen diese Gemeinden Gelübde, die ihre Vorfahren einst in größter Not und Bedrängnis ablegten. Im 18. Jahrhundert standen diese beiden Orte keineswegs allein da. Die Bürger zahlreicher kleinerer und größerer Gemeinden hatten ähnliche Gelübde abgelegt, darunter auch die Bobinger.

Die Gemeinde hatte sich nach mehreren verheerenden Viehseuchen zwischen 1742 und 1747, begleitet von Wetterkatastrophen und Ungezieferplagen, die zu existenzbedrohenden Ernteausfällen führten, „mit einem Gelübde samentlich verpflichtet", jährlich die „schmerzhafteste Leydens, und Sterbens Geschicht unsers göttlichen Erlösers J. X. (genannt den Passion) öffentlich vorzustellen, . . . damit der allgütige Gott die Feldfrüchte hierorts vor Schaur, Hagel, Ungeziefer gnädigst bewahren wolle". Dazu bedurfte man jedoch der Zustimmung des Landesherrn, des Bischofs von Augsburg, denn Bobingen war hochstiftisches Herrschaftsgebiet.

In einem Brief des bischöflichen Generalvikariats in Augsburg vom 25.3.1748 wurde dem damaligen Bobinger Pfarrer Johann Bapt. Ehnle „auf dessen Bericht vom 16. (März) über das bittliche Ansuchen der Gemeindt alda" die Erlaubnis mitgeteilt, „die vorhabende Passions-Comoedi an dem Palm- und grünen Donnerstag spiehlen zu därfen, . . . jedoch aber daß alle Unordnung, undt Ungebühr darbey vermeidet, der Anfang darmit gleich nach dem Ordinari-Gottesdienst gemacht, solche zumahlen annoch beym Dag geendigt, und nit in die Nacht hinauß gezogen werdten . . ." Der Pfarrer sollte zuvor auch „die Composition sothaner Vorstellung durchlesen, und so einrichten, daß niths Ungleiches unterlauffen möge, solte aber gegen Verhoffen die geringste Ungebühr darbey passieren, so würdet man solhe alsbalde abstellen."

Unklar ist, wo die Spiele aufgeführt wurden. Es könnte, wie in anderen Orten auch, eine Bühne im Innern der Pfarrkirche aufgebaut worden sein. Denkbar wäre jedoch auch eine Aufführung unter freiem Himmel im Kirchhof oder im Pfarrgarten. Angesichts der relativ unsicheren Witterung im Frühjahr und der Tatsache, daß die Bobinger Passionsspiele 22 Jahre ohne Unterbrechung dargeboten wurden, darf man eher einen für Darsteller und Publikum Schutz bietenden Ort wie die Pfarrkirche vermuten.

Daß am Palmsonntag und Gründonnerstag in Verbindung mit dem Passionsspiel Jahrmärkte in Bobingen stattfanden, wie Jaufmann vermutete und mit kommunalpolitischem Argumentationsmut im Antrag zur Markterhebung Bobingens im Jahre 1952 anführte, darf nach den gründlichen Recherchen durch Xaver Holzhauser (1990) zur Geschichte der Passionsspiele als unrichtig angesehen werden. (X. Holzhauser schrieb auch die hier wiedergegebenen Untersuchungsergebnisse.)

Weder in den Bobinger Gemeinderechnungen noch in den Kirchenrechnungen sind Ausgaben im Zusammenhang mit den Passionsspielen verzeichnet.

Es ist zu vermuten, daß eine sogenannte Bruderschaft die Trägerschaft übernahm. Leider sind die Bruderschaftsrechnungen aus dieser Zeit nicht mehr vorhanden, ebensowenig die Texte der Bobinger Spiele.

Anscheinend mußte die Erlaubnis zum Spiel immer wieder von neuem beantragt werden, denn unter den im zweiten Weltkrieg verbrannten Akten des Ordinariatsarchivs befand sich auch ein Schriftstück vom 6.3.1760, in dem die Aufführung neuerlich genehmigt wurde.

Zehn Jahre später erhielt der Bobinger Pfarrer und Dekan Franz Xaver Kucher ein Schreiben des Generalvikariats vom 7. Juni 1770, in dem die weitere Aufführung des Bobinger Passionsspiels untersagt wurde. Das Generalvikariat handelte auf Weisung von Fürstbischof Klemens Wenzeslaus. Dieser hatte am 3. April 1770 „gnädigst anbefohlen, daß in allhiesigem Bistum die Fasten-Comoedien abgestellet werden sollen." Am selben Tag wurde auch die Bobinger „Passions-Comoedie nur mehr für dieses Jahr gestattet."

Das Verbot traf die Bobinger Gemeinde hart. Welche Mittel gab es denn sonst in dieser Zeit, um sich vor Schicksalsschlägen zu bewahren? Jede Woche ließ die Gemeinde eine Messe zur Erhaltung des Viehs lesen. Die Gemeinderechnungen berichten immer wieder von Ausgaben für Prozessionen an bestimmten Tagen in Bobingen und für regelmäßige Kreuzgänge nach Augsburg, Friedberg, Klosterlechfeld, Inningen, Großaitingen. Daneben gab es oft spontane Kreuzgänge, Messen oder Andachten aus unterschiedlichen Gründen: „um das Feld" zur Abwendung des Ungeziefers, zur Wendelins- und Liebfrauenkapelle mit der Bitte um einen erspießlichen Regen. Die Bauern beteten um gute Ernte, für das Abwenden von Krankheiten und Viehseuchen, wegen des hohen Schnees und wegen der großen Kälte. Wenn Ungeziefer und Mißernten zur Bedrohung wurden, ließ man Erde von Bobinger Feldern nach Augsburg zu St. Ulrich fahren und dort segnen, um sie dann feierlich wieder auf der Bobinger Flur zu vergraben. Aus demselben Grund wurden die Felder mit heiligem St.-Ulrich-Wasser besprengt. Gegen starken Mausbiß half der St.-Magnusstab, den ein Geistlicher von Füssen brachte und dann in feierlicher Prozession die Felder und Wiesen benedizierte. Ohnmacht gegenüber Naturkatastrophen und zugleich tiefe Volksfrömmigkeit kamen darin zum Ausdruck. Fürstbischof Klemens Wenzeslaus sah darin eher Auswüchse eines blühenden Aberglaubens und verfügte Einschränkungen.

Die Bobinger hatten nach dem Verbot ihres Passionsspiels im Jahre 1770 begreiflicherweise große Angst vor den nachteiligen Folgen des gebrochenen Gelübdes. Sie wurden kurz darauf in erschreckender Weise darin bestätigt: 1771 brach eine verheerende Viehseuche aus. Im Frühjahr 1772 starben circa 10 Prozent der Bevölkerung an einer Seuche; am 30.8.1772 wurden 11 Anwesen durch eine Feuersbrunst eingeäschert. Im Jahre 1774 wurden viele Schafe räudig. 1779/80 wird wieder von einer Viehseuche berichtet. 1783/84 kam es zu einer Feuersbrunst, bei der fünf Häuser abbrannten. 1790/91 dezimierte noch einmal eine Seuche den Viehbestand. Die Bauern sahen einen Zusammenhang zwischen dem gebrochenen Gelübde und den als göttliche Strafe empfundenen Tiefschlägen.

Man kann es den Bobingern nicht verdenken, daß sie nun versuchten, das Verbot der „Fasten-Comoedien" zu unterlaufen. Man bat den Fürstbischof, ein geistliches Schauspiel zu Ehren der Kirchenpatronin St. Felizitas und ihrer sieben Söhne aufführen zu dürfen. Zuvor hatte sich die Gemeinde der Zustimmung und Unterstützung von Pfarrer Weckerle und des Bobinger Pflegamtsverwalters Couven versichert, die „nach genohmener Einsicht . . . unser Vorhaben mittelst gegebener Erlaubnüs nicht nur allein ganz billigten sondern an solch alenfahlsiger Producierung wahres Vergnügen zu haben sich eußerten."

Das Ordinariat lehnte ab. Die „unterthänig gehorsamste Gemeindt Bobingen und in derselben Nahmen Mathias Fischer Burgermeister und Matheus Heiß" unternahmen einen zweiten Versuch und legten ihre Beweggründe schriftlich dar: man habe auf Grund der Einwilligung von Pfarrer und Pflegamtsverwalter geglaubt, „keine widrige Befehlen mehr zu vernehmen" und deshalb bereits „den einstweilig erforderlichen Cöstenaufwandt" gemacht, so daß nun bei Nichtaufführung der Gemeinde „ein großer Schaden recht unverdientermaßen zugehe." Darüber hinaus sehe man sich „öffentlichen Spötteleien ausgesetzt", da die Vorbereitungen schon so weit gediehen seien. Man wolle mit dem Schauspiel, das ja auch schon in Füssen, Zusmarshausen und Göggingen mehrmals zur Aufführung gekommen sei, den „Landmann" und die „Dorfjugend" zur Nachahmung des heiligen Lebens der Kirchenpatronin bewegen, und gerade letztere „mit der Zubereitung auf das Schauspiel nüzlicher und auferbaulicher, als mit Ergötzungen in einzlen und machesmal gefährlichen Zusammenkünften" beschäftigen. Deshalb möge man die Aufführung „wenigstens für dißmal" hochgnädig gestatten. Eine Inhaltsangabe wurde beigelegt. (Die Texte sind im Zweiten Weltkrieg verbrannt).

Das Ordinat ließ sich nicht umstimmen, teilte Pfarrer Weckerle am 24.12.1791 mit, er habe „dem Mathäus Fischer Bürgermeister, und Mathäus Heiß von Bobingen . . . zu bedeüten, wie daß ihnen . . . in diesem ihrem Gesuch nicht willfahret werden könne."

Das Unglück hielt an: 1793/94 wurde Bobingen wieder von einer Viehseuche heimgesucht. Ein „rauher und lang anhaltender Winter mit folgenden starken Wassergüssen" gefährdete 1794/95 Aussaat und Ernte. In den nächsten Jahren hatte Bobingen Kriegslasten unvorstellbaren Ausmaßes zu tragen: die Summe aller gemeindlicher Ausgaben im Rechnungsjahr 1794/95 betrug 1573 Gulden, die Summe der Ausgaben für Unterbringung und Verpflegung von Truppen in den Jahren 1796 – 98 10476 (!) Gulden. Dazu kamen Schäden durch Plünderungen und Verwüstungen. Frauen wurden geschändet, Männer verwundet oder getötet, wie der auf Wache stehende Bürgermeister Johann Kroabs, der im oberen Schlößchen von einem französischen Soldaten durch ein Fenster erschossen wurde. Außerdem herrschte eine Mäuseplage, die nur durch den „St. Magnusstab" gelindert werden konnte.

Die Bobinger schrieben diese Schicksalsschläge letztendlich „der so lange unterbliebenen Passions Vorstellung" zu. Im Spätsommer 1801 baten sie Pfarrer Mayrhofer, sich für die Wiedereinführung der Passionsspiele einzusetzen. Der Pfarrer schrieb am 3. September an den Bischof einen Bittbrief, dessen Entwurf sich im Pfarrarchiv Bobingen befindet und der auf Grund seiner Aussagekraft hier mit nur geringfügigen Kürzungen wiedergegeben werden soll:

„Laut gnädigem Vicariats Decret de 25t Mart. 1748 ist auf bittliche Vorstellung des damaligen Pfarrers Ehnle der Gemeyndt Bobingen erlaubet worden, die schmerzhafteste Leydens, und Sterbens Geschicht unsers göttlichen Erlösers J. X (vulgo den Passion) öffentlich vorzustellen.

Zu dieser öffentlich-jährlichen Vorstellung hat sich die Gemeyndt laut Aussag noch lebender Männer (welche dabey Persohnen hatten) mit einem Gelübde samentlich verpflichtet, wie dieses aus alten Passions Exemplarien nicht undeutlich kann geschloßen werden: damit der allgütige Gott die Feldfrüchte hierorts vor Schaur, Hagel, Ungeziefer gnädigst bewahren wolle.

Mit dankbarester Schaden Abwendung von Feldfrüchten durch incirca 22 ununterbrochen Jahre hat Gott hiesiger Gemeyndts Gelübdten, und Wünschen gnädigst entsprochen.

Da aber laut höchst gnädigsten Befehl im Bistum Augsburg die Passions Vorstellungen abgestellet worden: ist selbige auch allhier auf empfangenes Vicariats Decret de 7^t Juny 1770 bis der zeit schuldig gehorsamst unterblieben.

Nun haben mich Ortspfarrer mehrere Gemeyndts Männer wiederhollt, so denn auf zusamen künftliche Unterredung die sammentliche Gemeyndt angegangen um neu-höchst gnädigste Erlaubnus unterthänig gehorsamst bittlich einzulangen ermeldten Passion alljährlich wiederum öffentlich vorstellen zu därfen.

Weßwegen weil mich die ganze Gemeyndt ihres allgemeinen Wunsches, ihres unwandelbaren Willens, und ihrer bestnuzlichen Absicht sattsam überzeüget hat: so getraue ich mir Eure Churfürstl. Durchlaucht . . . um neuhöchst gnädigste Erlaubnus im Namen der ganzen Gemeyndt unterthänigst gehorsamst zubitten, und vertrösten uns solch allerhöchste Gnad desto zuverlässiger zu erhalten als

1mo hiesige Gemeyndt theils das von ihren Vorfahren gemachte Gelübdt erneuernd erfüllen will, theils ihre Absicht an den Feldfrüchten vor Schaur, und Hagel . . . in Zukunft bewahret zu werden zuversichtlich zu erreichen hoffet.

2do das große Elend, und Uebel (nb. der Viehseüche) (womit die Gemeyndt schon zum 3^t mal bis zum Aushausen jüngst beschädiget wurde) der so lange unterbliebenen Passions Vorstellung zuschreibet: auch in Folge nicht anderst darvon bewahret und verschonet zu bleiben hoffet, als durch neuerliche Passions Vorstellung worzu selbe sich einmüthig, und einstimend verpflichtet.

3^{tio} die lebhafte Vorstellung der Leydens, und Sterbens Geschicht J. X. bey gemeinen Leüthen (wie hierorts) nuzlichern, tiefern und längern Eindruck in denen Herzen macht, welches um so mehr nothwendig ist, als

4to wegen bösen Beyspielen, und Religionsgleichgültigkeit in diesen Zeiten der Unglauben, Sitten Verderbnus um sich greiffen: im Gegentheile aber zuläßig, ja nuzlich ist den gemeinen Mann (der weit mehr durch das sichtbare, als das geistige gerühret, und geleitet werden kann) in seiner alten Religionsandacht, und Glauben zu erhalten

5to Sünden, und Laster, als heimlich, und öffentliche unzuläßige Zusamenkünften, Worte, Werke, Ehrabschneidungen, unnüze, schädliche Schwäzereyen, Haaß, und Feindschaft unterbleiben werden.

Weil die mehrere mit Erlehrnung ihrer Persohnen-Stelle winters zeit beschäftiget sind: frühlings, und anderer Zeiten aber zu Haus, im Acker, da, und dort (laut Zeugnus alter Leüthen hierorts) verdienstlich, erbaulich, und freudig sich unterredet haben, und wiederum so unterreden können. Da

6to heur von den Gemeyndten Langeringen, Großaittingen Comoedien schon sind aufgeführet worden, und in Schwabmünchen demnegstens aufgeführet werden, so vertröstet sich allhiesige Gemeyndt um so mehr und gewisser auch die schmerzhafteste Leydens, und Sterbens Geschicht Jesu (zur allgemeinen Freund der umliegenden Nachbarschaft) aufführen zudärfen. Endlich

7^timo wir uns befleißen werden durch ganz untadelhafte Passions Vorstellung die Ehr Gottes, und den geistlichen Nuzen unseres Nebenmenschen bestmöglich zubefördern. Dahero

8vo sowohl von mir, als der Gemeyndte der gehörige Bedacht, und strengste Obsorg wird genohmen werden, daß nicht nur in Specie von hiesigen Pfarrangehörigen alle Mißbräuche, und in convenitiae omnis generis geyseytiget sondera auch von Auswärtigen vermieden werden.

Schlüßlich will ich mehr weitwendige Bittursache ganz beseytigen und im Namen meiner Pfarrs Gemeyndt E. Churfürstl. Durchlaucht unterthänig gehorsamst gebethen haben höchst gnädig zubewilligen gedachten Passion hierorts alljährlich zur Fasten, oder wegen verschiedenen Umständen andern dienlichen Zeit öffentlich vorstellen zu därfen.

Welche erneuerliche Passions Vorstellung zu begutachten die Gemeyndt theils das dasige hochfürstl. Pflegamt laut unterthänig-gehorsamster Beylage- bittlich angegangen hat, theils vest entschloßen ist, fußfällig Bittende an Euer Churfürstl. Durchlaucht abzuschikken, so fern sie Gemeyndt in Rücksicht meines Bittschreibens, und pflegamtlichen Guttachtens nicht mit allerhöchster Erlaübniß sollte begnadiget werden Womit ich mich . . . zu allerhöchsten Gnaden, und Bittserhörung in allertiefester Ehrfurcht empfehle.

Bobingen den 3^t 7bris 1801   Andr. Ferdinand
                                Mayrhofer Pfarrer allda . . .“

Generalvikar Anton Nigg schrieb am 5. September an Pfarrer Mayrhofer: „Der H. Pfarrer wird anmit wegen seines Nahmens der Pfarr Gemeinde eingelangten Gesuches um Erlaubnis zur Wiedereinführung der Passionsspielen aus bewegenden Ursachen abgewiesen.“

So einfach ließen sich die Bauern in Bobingen nicht abspeisen. „Fußfällig Bittende“ trugen nun ihr Anliegen bei „höchster Stelle“ vor. Vergeblich: am

10. Oktober kam das endgültige Aus. Pfarrer Mayrhofer, der sich so sehr für seine Bobinger eingesetzt hatte, handelte sich eine scharfe Zurechtweisung durch den Generalvikar ein:

„Vicariatus Officis war es ganz unerwartet, daß der H. Pfarrer um Wiedereinführung der Passions Spielen in Bobingen, nachdem er mit solchem Gesuche am 5ten 7bris 1. J. abgewiesen wurde, eben dieses an höchste Stelle brachte, und zum Beweggrunde unterstellte, als wenn sich die Pfarrgemeinde zur Wieder Aufführung dieser durch hohe Ordinariats Verbothe abgebrachte Spiele vermög Gelübdes verbunden hielt, und durch dessen Erfüllung vor künftigen Gemeindsüblen als Viehseuche, Schauer, Hagel, Ugezifer verwahret zu werden hoffen könnte. Von einem verständigen Seelsorger sollte man sich ehender versehen, daß er seinen Pfarrgenossenen dergleichen Irrwahn zu benehmen, und sowohl richtigere Religions-Begriffe, als eine reinere Andachtsneigung beyzubringen sich angelegen seyn lasse.

Solches wird demnach von dem H. Pfarrer zugleich mit dem Unterhalt erwärtiget, daß man sich nicht mehr beygehen lassen solle, die vorhabliche Wiedereinführung der Passionsspielen in Bobingen unter was immer für einem Vorwandte zu unterstützen.“

10. Die abgegangene St. Laurentiuskapelle

Außer der Frauenkapelle am oberen Ende des Dorfes und der St. Wolfgangs- und Wendelinskapelle im unteren Dorf gab es früher am äußersten Nordende eine St. Leonhardskapelle, dort, wo heute eine Feldkapelle steht.

Einhundert Schritte oberhalb des unteren Schlößchens stand die St. Laurentiuskapelle, die bei den Gläubigen sehr beliebt war. Die Kapelle gehörte zum unteren Schlößchen. Das Grundstück, auf dem das „Steinhaus“ stand, reichte damals bis zum Schreibergässele. Sie war dem Heiligen Laurentius gewidmet, der auf Befehl des Kaisers Valerian (253 – 260) als Christ auf einem Feuerrost zu Tode gemartert worden war. Die St. Laurentiuskapelle stand wohl schon im Jahre 1579, denn in diesem Jahr wird als Inventar der „Capelle im Garten“ aufgeführt „Ain schön gemalter Altar mit drey fligeln vonn Öelfarben gemalt und mit vergülten leisten und seilen“. Als der damals 41 Jahre alte Fuggersohn Octavian Secundus 1590 das Untere Schlößchen mit der Kapelle erwarb, zahlte er nicht nur 5000 Gulden für Haus und Grund, sondern hatte extra 100 Gulden für die Ablösung des „feinsten Inventars“ der Kapelle zu zahlen. Die im Nachlaßverzeichnis von 1600 (nach dem Tode des O. S. Fugger) erfaßten Kostbarkeiten gingen wohl in den Wirren des Dreißigjährigen Krieges verloren.

Wendelinskapelle

Den beiden Glocken der Kapelle (laut Birle „hochgeweihte Loretto-Glok-
ken") schrieben die Bauern eine wundertätige Kraft zu. Wenn sie bei Gewitter
geläutet wurden, seien sie imstande, die „Gewitter zu verteilen", wie Birle berichtete.
Als 1663 der Augsburger Bürger David Rem von Quirinus von Rehlinger das
Anwesen gekauft hatte, wurde ihm auf Antrag vom Bischof bewilligt, in der
Kapelle Messen lesen und das kleine „Glögglein" früh, mittags und abends
läuten zu lassen.
Unter dem Schlößlebesitzer Baron von Zech (1762 – 1773) las der Zech'sche
„Hofkaplan" alle Tage die Messe in der Kapelle. Das Laurentiusfest wurde
hier feierlich begangen und durch die ganze Octav auch Nachmittag Andacht
gehalten.
Es heißt dann – bei Birle – weiter, am 10.8.1810 habe Pfarrer Mayrhofer zum
letzten Mal das Laurentiusfest in der Kapelle gefeiert. 1811 bat der damalige
Schlößlebesitzer von Zabuesnig das bischöfliche Ordinariat um Erlaubnis, die

BOBINGEN (BEI AUGSBURG). K

Pfarrkirche und Schulhaus (später Rathaus)

Kapelle abbrechen und in der Nähe des Schlosses neu errichten zu dürfen. Die Kapelle sei baufällig und liege zudem mehr als 100 Schritt vom Schlößchen entfernt. Er erhielt die Erlaubnis zum Abbruch. Aber noch 1822 wird die Kapelle in einem Pfarrvisitationsbericht erwähnt (Mitteilung von X. H.) und 1835 wurde darin noch Messe gelesen. Irgendwann zwischen 1835 und 1840 veranlaßte dann ein Bezirksamtsinspektor („der liederliche Binzer") den Abbruch der Kapelle, von der seit dem Dreißigjährigen Krieg nur noch der sehr baufällige Chor gestanden hatte. Pfarrer Ebentheuer berichtete, dieser Kapellenrest sei „theils aus Haß gegen das Religiöse, teils aus Not" abgebrochen worden. Die beim Abbruch gewonnenen Balken wurden im Neubau der Werkstatt des Schäfflers Kugelmann eingebaut. Die Kapelle wurde nicht wieder aufgebaut.

Die Säkularisation hat nicht nur das bischöfliche Pflegeamt samt Pfleger, Verwalter und Amtsschreiber beseitigt, sondern in ihren Nachwirkungen auch das Ende der verschiedenen Schlößleherrschaften herbeigeführt. Der Pfarrsprengel Bobingen, der in alter Zeit vom Lech bis Burgwalden reichte, erstreckte sich 1885, als Birle seinen Bericht schrieb, außerhalb nur noch auf die Kuratie Straßberg, seitdem die Kolonie Königsbrunn zur Pfarrei erhoben wurde. Auch das Gut Neuhaus gehörte noch zur Pfarrei Bobingen, obwohl es mitten in der neuen Pfarrei Königsbrunn lag.

11. Bis zur Gegenwart

Nahezu 40 Jahre war der am 11.5.1814 eingeführte Geistliche Franz Xaver Ebentheuer verantwortlich für die katholische Kirchengemeinde. Von 1823 – 1853 war er auch als Distriktsschulinspektor tätig (55). Auch sein Nachfolger, Pfarrer Leonhard Hörmann, der von Augsburg gekommen war, übte lange Jahre (1853 – 1870) sein Amt aus und war ebenfalls (von 1866 – 1868) Distriktsschulinspektor (56). Unter seiner Verantwortung wurde die der Hl. Felizitas geweihte Pfarrkirche restauriert. Am 2.1.1870 kam von Glött der Pfarrer Martin Schmid (bis 1881 in Bobingen).

Es folgten die Pfarrer Johann Baptist Happach (12.9.1881 – 1906), der von Moorenweis gekommen war; Franz Servatius Holzmann (25.4.1906 – 1918); Alois Brugger (1919 – 1932) und schließlich für 25 Jahre der spätere Geistliche Rat (und Ehrenbürger von Bobingen, 1947) Oskar Müller.

Seine Nachfolger waren Johann Stegmann (1957 – 1971), der zuvor Pfarrer in Straßberg und Benefiziat in Bobingen war, gefolgt von Dr. theol. Konrad Lachenmayer (bis 1978), der die Renovierung der Liebfrauenkirche veranlaßte, und schließlich Pfarrer Franz Schmid (ab 1978), unter dessen Leitung die Pfarrkirche und die Wendelin-Kapelle renoviert wurden. (Um die Renovierung der St. Wendelinskapelle hat sich Frau E. Ferber herausragende Verdienste erworben.)

II. DER FREYTHOF UND DIE ST. FELIZITASKIRCHE

1. Vor- und frühgeschichtliche Begräbnisstätten

Der alte Kirchhof von Bobingen, der „Freythof", wie ihn die alten Urkunden nennen, ist der ehrwürdige Mittelpunkt der Stadt. Hier wurden bis zum Jahre 1927 schier endlose Generationen von Bobinger Bauern und Handwerkern bestattet. Zwar erfolgten die Beerdigungen dort nicht seit dem Jahre 500 n. Chr., wie das neue Steinkreuz vor dem Sakristei-Eingang aussagt, aber doch seit etwa dem 8. Jahrhundert, nachdem die Alemannen sich dem Christentum zugewandt hatten. Die um den Beginn des 6. Jahrhunderts eingewanderte alemannische Bevölkerung bestattete ihre Verstorbenen wie auch in anderen Dörfern entlang der historischen „Hochstraß" im kalkreichen Lößlehm der Hochterrasse, so daß sich dort heute hier und da noch gut erhaltene Gebeine in Reihengräbern finden lassen. Ein Gräberfeld unbekannter Größe wurde z. B. im Jahre 1941 beim Ausheben einer Flakstellung auf dem Acker des Bauern Dreier („Altenwirt"), Pl.-Nr. 950, unterhalb der Stadt in der Nähe der Bahnlinie angeschnitten, und zwar genau dort, wo der heute noch als Buckel im Feld erkennbare ehemalige Haunstetter Weg das Ackerstück durchquert.
Begräbnisstätten der vorschwäbischen Bevölkerung aus der Bronze-, Hallstatt-, La Tène- und Römerzeit finden wir im Baderholz, auf der Höhe des Leitenberges westlich der Bobinger Siedlung, früher bei der Trevirafabrik („Hexenbergle") und im Bereich der Ziegelei Föll. Sie befanden sich außerdem auf dem Wiesengelände, auf dem heute das Freibad liegt.

2. Der Freythof im Dreißigjährigen Krieg

Die Heiligenrechnungen von St. Felizitas der Jahre 1590/91 berichten, daß „ein neuen Gatter under dem undern Thor, auch ein neue Thir, wie man auf den Vorlauf geet, daselbsten die Stieg" repariert bzw. erneuert wurden. In den Abrechnungen für 1605/1606 wird das Dachdecken „des Mesners Turm, darauf er wohnt" erwähnt. Wände und Türen wurden ausgebessert und zum Kachelofen 90 grüne Kacheln geliefert. 1614/1615 wird der „Bau uf den Thurm an der Kirchhofmauer" in Rechnung gestellt.
Der Kirchhof wurde also schon sehr früh als befestigter Ort instandgehalten. Die Arbeiten an den Türmen der Befestigungsanlagen wurden aus Kirchenmitteln bezahlt, wie die Rechnungen aus den Jahren nach 1618 zeigen. Anscheinend gab es vier Türme, nämlich die Türme, in denen Wolf Lacher und Simon Kapfer wohnten, den Turm des Kramers Ulrich Stegmann und den „Wohnturm" des Schulmeisters. Zu anderen Zeiten wohnte auch der Mesner in einem Turm (1620) und der Untervogt (1656) (Mitteilung von X. H.).

Zuverlässige Nachrichten über den Bobinger Freythof gibt es erst aus der letzten Zeit des Dreißigjährigen Krieges. Der auf einer nasenartigen Erhöhung angelegte, befestigte Raum um die Kirche diente damals den Bobingern zum Schutz vor plündernden, mordenden und schändenden Soldaten fremder Heere. Bekannt ist die Verteidigung des Friedhofs kurz vor dem Ende des großen Krieges im Jahre 1646 gegen schwedische Söldner. Die verzweifelte Lage der Einwohner wird offensichtlich, wenn man weiß, daß der Ort damals nur 362 Erwachsene zählte, von denen lediglich ein Teil kampffähig gewesen sein mag.

Die Friedhofsmauern waren damals bedeutend höher als heute. Nach zeitgenössischen Berichten betrug der Durchmesser der Mauer 1,50 Meter, ihre Höhe 19 Schuh (wobei der Ausgangspunkt der Messung allerdings nicht genannt wird). Das große Mauerviereck war entlang der Landstraße (Hochstraße) 165 Schuh, zur Kirchbräusölde (Deuringer) 50 Schuh, auf der Südseite 54 Schuh lang. Je ein Torturm stand an der Süd- und Westseite der Anlage. Die Türme waren rund 6 Meter höher als die Mauern, also 12 bis 13,50 Meter hoch. Der Turm an der Südseite trug ein Satteldach, der westliche Turm (mit der Lehrerwohnung) hatte ein vierseitiges Helmdach.

3. Der Verfall der Befestigung

Als in der friedlicheren Zeit des 17. und 18. Jahrhunderts die Befestigung nicht mehr erforderlich war, wurden die Mauern nicht ausgebessert und verfielen nach und nach. Der Friedhof wurde in der Folgezeit nur noch im Zusammenhang mit der Bobinger Schule erwähnt. In den Türmen befanden sich die Wohnung des Lehrers, der zeitweilig zugleich Mesnerdienste versah, und der Unterrichtsraum.

1682 beantragte die Gemeinde, dem Lehrer eine Tür zu genehmigen, die von seiner Turmwohnung gleich auf den Friedhof führen sollte, damit er in Notfällen und Feuergefahr schneller die Glocken läuten könne und nicht außen um den Friedhof herumlaufen müsse. Der Antrag wurde vom Pflegamt abgelehnt. Zu den Bezügen, die der einzige Lehrer damals bezog, gehörte u. a. die „freie Wohnung auf dem Kirchhof", d. h. in dem Schul-Turm, der von der Gemeinde und der Pfarrkirchenstiftung je zur Hälfte unterhalten wurde. Ferner mußte er jeden Samstag über den Freythof das Libera singen, wofür er zweimal im Jahr etwas Mehl, das die „Beackerten" freiwillig zur Kirche brachten, als Gegenleistung erhielt.

Die Zeiten schienen ruhiger zu werden. Die Befestigungsmauern waren daher nutzlos geworden und wurden baufällig. In den Heiligenrechnungen von 1704/1705 werden nochmals Arbeiten an der „Schlacht neben den Pfeilthuren", das

Neudecken eines Turmes (auf der Ostseite?) und das Abbrechen der „Schieß-
mauer" erwähnt (Mitteilung von X. H.).

Im Jahre 1762 drohten von der 165 Fuß langen Friedhofsmauer an der Land-
straßenseite 125 Schuh einzufallen. Im April 1962 stürzten auf der Westseite 70
Schuh Friedhofsmauern ein. Die „Mauer gen Mitternacht", zum „Kirchenbräu" hin, war ebenfalls in einer Länge von 50 Schuh ganz vergangen. Der
daran anstoßende Torturm (über der Auffahrt an der heutigen Römerstraße?)
wurde als „eine große, aber unnötige und wegen seines augenscheinlichen Al-
tertums und zeigenden Kluften gefährliche Maschine" bezeichnet. Der Turm
sollte befestigt oder abgetragen werden; 1785 stand er immer noch dort. Diese
Mängel wurden bei einer Inspektion durch den Pfleger Erasmus Schmid, den
Joh. Jos. Fendt (vermutlich Unterpfleger) von Wehringen, die beiden Kirchen-
pfleger Franz Geirhos und Augustin Fischer, den Zimmermann Johann Gruber und die Maurermeister Johann Georg und Kilian Holzapfel festgestellt.
Man beschloß, die Kirchhofsmauer aufzubauen, aber vier Fuß niedriger zu
halten. Die Steine für diesen Bau sollten aus dem Abbruch des Torturmes gewonnen werden, die auch zum Bau eines Ölberggewölbes dienen sollten. Für
die Sakristei war ein Plattendach anstelle eines Ziegeldaches vorgesehen.

1765 bewohnte der Schulmeister eine einzige Kammer im westlichen Turm, die
zudem viel zu eng war. Eine Erweiterung war wegen der Enge des Turmes ausgeschlossen. Das Fundament des Turmes war „ziemlich vergangen", und oben
zeigte sich eine Spalte von sechs Schuh Länge. Zur gleichen Zeit heißt es, der
mittlere Kirchhofsturm (an der Südseite) drohe einzustürzen, wenn nicht die
Mauer unterfangen werde; ein zu Beginn des Jahrhunderts auf dem Friedhof
errichteter Anbau sollte mit dem Turm verbunden werden. Wie morsch und alt
das Gemäuer war, zeigte folgendes Ereignis: Als im Jahre 1768 ein Knecht wegen einer schweren Straftat in einem der Turmgewölbe eingesperrt und mit
Ketten festgeschlossen worden war, wuchtete er die Kette los, durchschabte
mit dem Ketteneisen die bröcklige Wand und entkam.

1797 war das Turmgewölbe anscheinend wieder ausbruchsicher. Damals wurde
nämlich der Bobinger Bürgermeister Wendelin Bobinger wegen eines unehrer-
bietigen Briefes an die hochstiftische Verwaltung mit einem halben Tag Turm-
haft bestraft. Zu dieser Strafe kam es folgendermaßen: Das Ausräuchern zu
Neujahr, am Dreikönigstag und am Vorabend von Weihnachten – ein alter,
abergläubischer Brauch zum Vertreiben böser Geister und Hexen – war im
Jahre 1797 als „ärgerlicher Mißbrauch" erstmals durch das Pflegamt untersagt
worden. Der Schulmeister Schlosser, der bisher das Ausräuchern besorgt
hatte, legte Beschwerde gegen dieses Verbot ein, weil er dadurch einen Ein-
kommensverlust erlitt. Er forderte zum Ausgleich seines Verlustes von der Gemeinde die jährliche Zahlung von 14 Gulden. Auf Anweisung der hochstifti-

schen Regierung wurde ihm diese Summe vom Bürgermeister bei der Rechnungslegung im Mai vor versammelter Gemeinde ausbezahlt. Weil aber der Bürgermeister Bobinger in einem Brief gewettert hatte: „Die Regierung kann nicht anordnen, daß aus unseren Sekkeln etwas bezahlt wird", wanderte er für zwölf Stunden in das Turmgewölbe.

4. Der Teilabbruch der Friedhofsmauer

Nachdem 1781 die Normalschule eingeführt worden war, wurde ein Anbau an das Schulhaus auf dem Friedhof genehmigt, um die 130 Schüler und Schülerinnen unterbringen und unterrichten zu können. 1828 wurde die Friedhofsmauer auf eine geringere Höhe abgetragen. Die großen Ziegelsteine fanden beim Ausbau der beiden Häuser Verwendung, die aus den Turmbauten entstanden. Der westliche Turmbau erhielt 1865 sein heutiges Aussehen. Der alte Friedhofsbrunnen, ohne dessen frisches Wasser der Platz nicht längere Zeit zu verteidigen gewesen wäre, wurde zu einer nicht mehr genau zu ermittelnden Zeit nach dem Ersten Weltkrieg (nach 1927?) zugeschüttet.

5. Die Reparaturen an der Pfarrkirche

Bobingen hatte den Dreißigjährigen Krieg mehr schlecht als recht überstanden. Das ist aus allen bisher ausgewerteten Quellen zu entnehmen. Ausgeplündert, abgebrannt, ausgestorben, von Soldateska und Pest nicht verschont, lag das Dorf verödet da, nach und nach besiedelt und belebt von den Zuwanderern aus Tirol, Bayern und aus den Staudendörfern.
Die Gemeinde- und Kirchenkassen waren leer. Daher unterblieben nicht nur die Reparaturen an der Friedhofsmauer, sondern auch am Kirchenhaus selbst. Aus dem Jahre 1693 wird berichtet, daß man die Reparatur der Kirche für dringend notwendig halte. Ein Jahr später hieß es dann, das Regenwasser beginne auf die Kirchenstühle zu tropfen.
1718 waren die Kirchen von Inningen, Großaitingen, Göggingen und Wehringen schon repariert, während in der Bobinger Kirche noch das Glas aus den Bleifassungen der Fenster fiel und sich das Holzgetäfel von der Wand löste.
1719 besichtigten deshalb die Decimatoren (die Grundherrschaften, welchen den Zehnt erhielten) die Pfarrkirche und beschlossen einen Unkostenbeitrag von 1100 Gulden zur Reparatur. Man befürchtete damals den Einsturz des Glockenturms.
Die Reparaturen – soweit sie überhaupt durchgeführt wurden – scheinen keine andauernde Besserung des Bauzustandes gebracht zu haben. 1762 heißt es, das Gips- und Tafelwerk hänge in der Kirche von der Wand herunter und drohe

vor allem auf der Wetterseite auf die Beter zu fallen. Das Dach der Sakristei sei vergangen und es regne hinein. Im südwestlichen Teil des Langhauses fiel das Kirchendach an zwei Stellen in einer Größe von sieben bis acht Schuh in das Kirchenschiff hinunter. Außerdem hatte der Saliter (der das Recht zur Salpetergewinnung an jedem Ort hatte) die Mauer arg zerbrochen.

Es bedurfte noch vieler und erheblicher finanzieller Anstrengungen, um die Schäden, welche als Spätfolgen des Dreißigjährigen Krieges noch einhundert Jahre später auftraten, zu beheben. Die wirtschaftliche Lage Bobingens besserte sich erst im Laufe des 18. Jahrhunderts. Es ist nicht mehr festzustellen, wie und wann die geplanten Ausbesserungen durchgeführt werden konnten. Die Unterlagen im Bischöflichen Ordinariatsarchiv sind verbrannt, die Akten des Pfarrarchivs harren noch der Auswertung.

III. DIE LIEBFRAUENKIRCHE UND DIE ULRICHSKREUZE

1. Pilger- oder Pestfriedhof?

In der Bobinger Sammlung heimatkundlichen Anschauungsmaterials sind zwei sogenannte Ulrichskreuze inventarisiert, die der Sammlung freundlicherweise durch die Finder, Herrn Schreinermeister Köhler, Fraunhoferstraße, und Frau Maria Herrmann, Venusberg, zur Verfügung gestellt wurden. Beide Kreuze, die aus Messing flach gegossen sind und eine Höhe von 4,5 und 4,3 cm haben, dürften über 300 Jahre alt sein. Sie wurden in der Nähe der Oberen Kapelle (Grundstück Kreupl-Herrmann) bei Erdarbeiten in den Jahren 1921 und 1950 gefunden und zusammen mit gut erhaltenen Skeletten, die in Ost-West-richtung bestattet lagen, ausgegraben.

Ein Friedhof ist an jener Stelle weder mündlich noch urkundlich überliefert. Auch von einem in geordneten, friedlichen Zeiten angelegten Pilgerfriedhof ist nichts bekannt. Ob sich dort einmal ein „Sonderfriedhof" (etwa für die Bestattung von Pesttoten) befand, ist durch nichts zu beweisen. Wahrscheinlicher ist, daß in den wenigen bisher gefundenen Gräbern Pilger beerdigt wurden, die während der Wallfahrt nach Bobingen verstarben. Die Ulrichskreuze könnten dazu einen Hinweis geben.

2. Die Wallfahrtskirche

Die Liebfrauenkirche, dicht bei der Fundstelle der Ulrichskreuze, hat ihre eigene uralte Geschichte, die möglicherweise im mythischen Dunkel der zu Ende gehenden Völkerwanderungszeit verschwimmt. Es wird erzählt, die drei adeligen Fräulein, welche der Gemeinde den Wald schenkten, hätten zur Sühne für das ihrer Schwester zugefügte Unrecht auch „eine Stiftung zur Erbauung der Frauenkapelle" gemacht (zitiert nach Rupert Holzhauser).

Im Glockenturm der Liebfrauenkirche hängt heute noch eine Glocke mit der Jahreszahl 1451. Diese Glocke stammt vermutlich aus der alten Frauenkapelle, die im Jahre 1472 erstmals urkundlich erwähnt wird, wie A. Schröder (1913, S. 90) in einer Diözesanbeschreibung anführt. „Man nannte sie früher Maria-Hilf-Kirche und das Muttergottesbild allda galt als gnädig". Zu solchen Heiligtümern wallfahrten die frommen Christen zu allen Zeiten.

Aufgrund des von Kaspar von Freyberg und der Gemeinde am 13.11.1472 gestifteten Frühmeßbenefiziums hatte ein „Frühmesser" an jedem Samstag „in der Kapelle" eine Messe zu lesen. Diese Kapelle war bereits eine ansehnliche, ländliche Kirche, wie Rupert Holzhauser anhand der Darstellungen auf alten Votivtafeln (aus der Zeit zwischen 1700 und 1750) zu rekonstruieren vermochte.

Frauenkapelle Bobingen bis 1749 (nach Ruppert Holzhauser)

Der 1744 nach Bobingen gekommene Pfarrer Johann Baptist Ehnle bezog sich auf eine bereits 1740 erteilte bischöfliche Genehmigung zum Umbau der Kapelle und begründete 1747 in einem erneuten Gesuch die Notwendigkeit zu einem Neubau der Kapelle. Er schrieb, daß „besagte Capellen . . . immer mehr, und mehres vergeht, . . . daß man würkhlichen bey einfallendem Ungewütter wegen eintringendem starkhen wündt und schnee kaum mehr sicher celebrieren kan, nebenbey auch allerdings beförchten muess, es möchte unversechens an deren Frauen Festis, wo das geträng allzeit sehr gross und vülle leuth wegen Enge der Capellen ausserderselben thür verbleiben müssen, die gar zu ruinos und alte Bohrkirchen zusammen fallen und grosses Unglickh darbey entstehen . . .“ könne.

Mit Schreiben vom 23.4.1749 berichtete der Bobinger Pflegamtsverwalter, es seien jüngst „. . . 5 große Balkhen oder hölzer von freyen stuckhen auf das Chorgewölb heruntergefahlen“. Es sei zu befürchten, daß „der noch ybrige Tachstuehl, welcher sehr übl schlecht und gefährlich bestellt . . ., ebenfalls demnechstens volgen und etwan unter der Hl. mess oder sonsten zur zeit, da die leüth Ihre Andacht darin pflegen, vorberiehrtes Chorgewölb völlig zusamen schlagen derffte . . .“

Die Kapellenstiftung verfügte damals über einen Bestand von 10 805 Gulden; die Neubaukosten sollten 4727 Gulden betragen. Am 16.12.1748 genehmigte der Bischof den Neubau.

Die neuerrichtete Kirche konnte am 12.10.1751 benediziert werden. Das Gnadenbild, das zwischenzeitlich in der Pfarrkirche St. Felizitas aufgestellt war, wurde am 17.10.1751 in feierlicher Prozession in die Liebfrauenkirche zurückgebracht. In dieser neuen Kirche erinnert ein Deckenfresko in vier Durchblicken an die von den Gläubigen erhoffte Wunderkraft der Gottesmutter und an den Dank für Errettungen aus Lebensgefahr: ein Mann wird aus einem Brunnen gezogen, ein Arbeiter stürzt von einem Baugerüst und überlebt, ein Mensch übersteht eine Feuersbrunst, eine Ertrinkende wird gerettet.

Die Wallfahrtskirche war – wie Spruchschilder mit Zitaten aus der Lauretanischen Litanei zeigen – eine „Zuflucht der Sünder“, ein „Trost der Betrübten“, eine „Hilfe der Christen“ und ein „Heil für Kranke“. Und die Gottesmutter „morbos et vulnera sanat“. Sie heilt Krankheiten und Wunden.

Kranke, hoffende, Gelübde erfüllende Pilger strömten nach Bobingen. Im Jahre 1967 gab es noch 72 Votivtafeln aus dem 18. und 19. Jahrhundert in dieser Kirche. (Mit dem Ende der sechziger Jahre wurden keine Votivtafeln mehr gestiftet.)

Ein Mirakelbuch wie in anderen Wallfahrtskirchen gab es in Bobingen nicht. Die Wunderhoffnungen der Gläubigen zeigten sich mittelbar: in der großen Pilgerzahl, in den zahlreichen Votivtafeln, welche Hilfen testierten, und im

Tragen der Ulrichskreuze. Die Pilger stammten hauptsächlich aus den Dörfern südlich von Bobingen. Der Einzugsbereich umfaßte etwa 15 Kilometer. Rupert Holzhauser hat die Wallfahrtsfrequenz anhand des „Stockgefälles" (der Opferstockgaben) der Liebfrauenkirche untersucht. Daraus ergibt sich, daß ungefähr seit Anfang des 17. Jahrhunderts die Häufigkeit der Wallfahrten und die Zahl der Wallfahrer mit leichten Unterbrechungen ziemlich beständig zunahm. Die Wallfahrten erreichen einen Höhepunkt um 1700. Gegen 1730 nahm das Stockgefälle wieder ab, um erneut gegen 1750 stark anzusteigen. Von da an bis etwa 1800 ist ein steter Abwärtstrend zu registrieren (Säkularisation!), von dem sich die Wallfahrt nicht mehr erholte. Nach 1820 wurde der Opferstock wegen der geringen Einnahmen eine Zeit lang nur in unregelmäßigen Abständen geleert. Nach 1876 wurde das Opferstockgefälle nicht mehr erfaßt, weil wohl das Aufkommen zu gering blieb.

3. Wallfahrtsandenken und Schutzamulett

Aus den Jahren um 1700 dürfte das größere der Bobinger Ulrichskreuze stammen, das auf der urkundlich nicht nachweisbaren Begräbnisstätte westlich der Liebfrauenkirche gefunden wurde. Bisher wurden in ganz Süddeutschland (einschließlich Schweiz und Österreich) 1391 Ulrichskreuze gezählt, aber nur 21 von der gleichen Art wie das ausgeprägtere der beiden Bobinger Kreuze. Die Ulrichskreuze waren zunächst Wallfahrtsandenken und Erinnerungszeichen an das St. Ulrichskreuz, welches sich als kostbarstes Kleinod in der Schatzkammer der St. Ulrichskirche in Augsburg befindet. Der innere Teil jenes Kreuzes ist ein besonders großer Kreuzpartikel, von dem man annimmt, daß ihn der Bischof Ulrich auf einer seiner Romfahrten als päpstliches Geschenk erhalten hat.

Die Legende erzählt freilich, daß dieses Kreuz als „Crux victoralis" (Siegeskreuz) während der Ungarnschlacht auf dem Lechfeld am 10. August 955 dem Hl. Ulrich durch einen Engel überreicht worden sei. Die meisten Ulrichskreuze haben daher auf der Vorderseite eine Darstellung jener Ungarnschlacht, in der Bischof Ulrich in vollem bischöflichen Ornat neben Kaiser Otto reitet.

Das erste der Bobinger Ulrichskreuze zeigt diese Szene aus der Ungarnschlacht. Auf kleinstem Raum, aber deutlich und ausgeprägt, sprengen von links die deutschen Ritter mit Helm, Federbusch und gezogenen Schwertern auf ihren Streitrössern heran, angefeuert durch Fanfarenbläser im Hintergrund. Blutig muß die Schlacht gewesen sein, denn der Goldschmied, der das Kreuzlein arbeitete und im rechten Kreuzbalken mit IN zeichnete, konnte nicht umhin, am Boden zwei gefallene deutsche Ritter darzustellen. An der

Ulrichskreuze

Spitze des deutschen Heeres stürmt Bischof Ulrich, an seiner linken Seite Kaiser Otto, auf dessen Haupt die Reichskrone sitzt. Um das Haupt des Bischofs ist ein feiner Heiligenschein zu sehen. St. Ulrich greift mit hocherhobenen Armen nach einem Kreuz und einem Kranz, welche ihm ein am Himmel schwebender Engel reicht. Auf der rechten Kreuzseite sind Ungarn mit Spitzbärten und Pelzmützen zu sehen, die teils ihre Pferde schon zur Flucht gewendet haben, teils aber noch in Verteidigung ihre krummen Säbel schwingen. Stürzende Pferde im Vordergrund, ein ungarischer Bogen, Speerspitzen und das Banner des Reiches im Hintergrund runden die eindrucksvolle Schlachtendarstellung ab. Nach Prälat Friesenegger (†), dem Spezialisten der Ulrichskreuzforschung, hat der nicht genau identifizierte Stempelschneider I N, der auch das Bobinger Ulrichskreuz herstellte, zwischen 1678 und 1717 die meisten Weihemedaillen geprägt. Sein Zeichen ist auch auf den meisten Ulrichskreuzen zu finden. Wahrscheinlich handelte es sich um einen Jakob Neuß, der aus Holland kommend nach Augsburg zuzog, dort 1692 heiratete und 1717 verstarb.

Lebt man die von Friesenegger ausgearbeiteten Merkmale einer Altersbestimmung zugrunde, so könnte das ausgeprägtere der beiden Bobinger Ulrichskreuze aus dem Jahre 1698 (oder danach) stammen. 1698 wurden die heilige Digna und die vier Bischöfe aus dem Grabe erhoben, bekleidet und auf den Altar der Allerheiligenkapelle gestellt und schließlich dort beigesetzt. Von der Art des schöneren Bobinger Ulrichskreuzes sind – nach Friesenegger – bis 1936 21 Stück an verschiedenen Orten gefunden und in Augsburg registriert worden.

Am Fuß des Kreuzes ist der Benedictussegen mit den Anfangsbuchstaben seiner Worte wiedergegeben (Crux Sancta Sit Mihi Lux – Non Draco Mihi Dux Vade Retro Satana – Numquam Suade Mihi Vana Sunt Mala – Quae Libas Ipse – Venena Bibas). Auf der Rückseite sind vier Heilige aus Augsburg und Schwaben dargestellt, und zwar St. Witerpus (Wichpert), der im Jahre 739 von Papst Gregor III. zum Bischof von Augsburg ernannt wurde; im linken Kreuzarm steht St. Nigarius (Nidgar), der als Bischof von Augsburg ab 815 bekannt ist, rechts ist Adalbero (Bischof von Augsburg von 887 bis 909) zu sehen und im Fußteil St. Thosso (Tozzo), der in der Legende des Hl. Magnus als sein Reisebegleiter genannt wird. In der Kreuzmitte liegt St. Digna, eine der Mägde der Mutter von St. Afra.

Das zweite Ulrichskreuz ist in seiner Ausgestaltung wesentlich einfacher. Es zeigt auf der Vorderseite eine Ansicht der Stadt Augsburg unter Betonung des Rathauses, des Perlachs und der verschiedenen Augsburger Kirchen; rechts vom Perlach Hl. Kreuz, die Domkirche, St. Salvator, St. Stephan, St. Georg; links vom Perlach ist das Rathaus zu erkennen und neben einigen kleineren Türmen St. Moritz und St. Ulrich. Zwischen zwei Spitzwinkeln der Stadtmauer und des Stadtgrabens erkennt man das Jakobertor. Im Vordergrund deuten Schanzen und Gräben Stadtbefestigungen an. Im Kreuzfuß steht „Episcopi Augustani". Auf der Rückseite ist kaum erkennbar eine Kreuzigungsszene wiedergegeben und darunter die Inschrift „Crux S. Vdalrici" (Kreuz des Hl. Ulrich). Da das Rathaus im Jahre 1620 erbaut wurde, kann dieses Kreuz nur aus der Zeit danach stammen.

Vielleicht birgt der Bobinger Boden noch mehr solcher Kreuze, insbesondere westlich der Liebfrauenkirche. Bei weiteren Funden wäre es ein Zeichen guten Bürgersinns, wenn die Finder das bisherige lobenswerte Beispiel nachahmen und solche Fundstücke der Sammlung heimatkundlichen Anschauungsmaterials der Stadt Bobingen zur Verfügung stellen würden.

IV. ST. SEBASTIAN

1. Die Pest in Augsburg

Wenn sich die katholischen Gläubigen in Bobingen am 20. Januar jeden Jahres, am Sebastianitag, zu einem feierlichen Gottesdienst versammeln und wenn eine Woche später eine Betstunde zu Ehren des Heiligen gehalten wird, so erinnert diese fromme Sitte an jene schreckliche Zeit, in der Bobingens Einwohnerschaft durch die Schwarze Pest dezimiert wurde.

Aus einem Augsburger Kalender aus dem Jahre 1614 wissen wir, daß in Augsburg schon 1389 die Schwarze Pest wütete. Im Jahre 1467 starben 11 000 Augsburger am „Schwarzen Tod". Im Jahre 1520 gab es dort 3000 Pesttote – eine für damalige Zeiten ungeheure Zahl. Bobingen blieb in jenen Jahren anscheinend von der Pest verschont.

Gartende Soldaten, fahrendes Volk oder schwedische Truppen mögen während des Dreißigjährigen Krieges die Pest nach Bobingen gebracht haben: im Jahre 1628 sprang plötzlich der Schwarze Tod von Gehöft zu Gehöft, schlich sich in die Sölden. Die Folgen sind bekannt.

2. Die Pest und St. Sebastian

In der Kunst des Mittelalters wurde die Pest durch schwarze Pfeile dargestellt, die Gott vom Himmel auf die sündige Menschheit herabschleudert. Unter einem St. Sebastiansbild an der Orgelempore der Kapelle auf dem Staffelberg bei Staffelstein/Ofr. steht geschrieben:

> „St. Sebastian mit Deinem Pfeil
> von Pestilenz uns Kranke heil."

St. Sebastian gilt seit den Pestjahren 680 (Pest in Rom), 1575 (Pest in Mailand) und 1599 (Pest in Lissabon) als Patron gegen Pest und Viehseuchen, da das Erlöschen der Pest in jenen Städten seiner Fürsprache zugeschrieben wird.

In Narbonne (im heutigen Frankreich) geboren, in Mailand zum Soldatenberuf erzogen und ausgebildet, wurde Sebastian Befehlshaber der kaiserlichen Leibwache des römischen Cäsaren Diokletian (284 bis 305 n. Chr.). Wegen seiner christlichen Gesinnung, mit der er im Gegensatz zu den Anschauungen des Kaisers stand, ließ ihn dieser im Jahre 288 von Bogenschützen erschießen und, nachdem Sebastian – ohne tödlich getroffen zu sein – heimlich von christlichen Freunden gerettet worden und wieder genesen war, in der Rennbahn seines Palastes mit Keulen erschlagen.

Wegen der Darstellung der Pest in Gestalt von schwarzen Pfeilen wurde Sebastian, der ja mit seinem Körper ebensolche Pfeile aufgefangen hatte und trotzdem wieder genesen war, als Pestheiliger verehrt. Man errichtete in und nach Pestzeiten zu seinen Ehren Standbilder und Kapellen, so z.B. die St. Sebastianskapelle in Großaitingen. Die Überlebenden schlossen sich zu Bruderschaften zusammen und legten Gelübde ab, die sie Jahrhunderte hindurch streng beachteten.

3. Das Gelübde der Bobinger

Als die Pest in Bobingen erlosch (1635, also nach sieben Jahren), gelobten die Bobinger Bauern, an den Vorabenden vor Weihnachten, Neujahr und Hl. Drei Könige durch den Pfarrmeßner nach der Vesper mit geweihtem Rauch die Häuser im Dorf ausräuchern zu lassen. Das Gelübde wurde auch gehalten. Während der Ausräucherung wurde die große Glocke geläutet, der Meßner sprach ein bestimmtes Gebet aus dem Ritual, und die gesamte Einwohnerschaft betete um Abwendung der Schwarzen Pest und der Viehseuchen. (Der Meßner erhielt dafür beim ersten und zweiten Mal von jedem Haus einen Laib Brot, beim dritten Ausräuchern von den Bauern 2 bis 3 Kreuzer, von den Söldnern einen Kreuzer oder 14 Heller.) 1754 wurde das Häuserausräuchern durch die fürstbischöfliche Regierung verboten. Die St. Sebastiansbruderschaft, die sich an manchen anderen Orten bis auf den heutigen Tag erhalten hat, und sei es in Form von Schützenvereinen, die gleichfalls St. Sebastian als Schutzpatron haben, löste sich in Bobingen vollkommen auf. An die Bruderschaft erinnern nur noch der feierliche Gottesdienst am Sebastianstag und die Betstunde. Beides sollte für „ewige Zeiten" in Bobingen zur Erinnerung an jene furchtbare Seuchenzeit eingehalten werden, wie das Gelübde versicherte.

4. St. Sebastian beim Altenwirt

Die St. Sebastianskapelle (nun: Marien-Grotte) am Sebastiansweg, Ecke Bischof-Ulrich-Straße, wurde erst nach einer Roßseuche in der Mitte des vergangenen Jahrhunderts vom Besitzer des Anwesens erbaut.

Die älteste, greifbare Beziehung, die in Bobingen in Erinnerung an die Hochzeit der St. Sebastianverehrung heute noch besteht, stellt die St.-Sebastian-Statue dar, die von der Giebelwand des „Altenwirtshofes" (heute: Hans Dreier, Hochstraße 25) auf die alte „Hochstraß" hinabschaut. 1763 schnitzte ein unbekannter dörflicher Künstler den Heiligen aus weichem Holz und gab ihm trotz bäuerlicher Einfachheit noch einen Hauch des ausklingenden Rokoko mit.

Barockkreuze in Bobingen (Stand 1953)

Kappelwirt   Augele   Klockerbauer

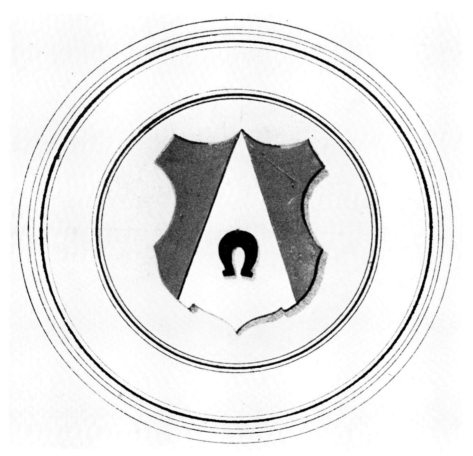

Bobinger Gemeindewappen (1837)

I   Von Sechsern, Sekklern und der Gemein

I. DAS BOBINGER WAPPEN

1. Das Recht zur Wappenführung

Lange vor der Zeit, als die ersten Wappen der adeligen Geschlechter in Gebrauch kamen, wurden Urkunden zum Beweis ihrer Echtheit und der Richtigkeit ihres Inhaltes sowie zum Beweis der Ausfertigung durch die in ihr erwähnten Personen von diesen mit einem Siegel versehen. Das Siegelwesen des Mittelalters hat daher weitgehend die Heraldik beeinflußt wie auch die Münzbilder, die Formen und Symbole der alten Heeres- und Feldzeichen. Schließlich trug auch die Kennzeichnung der bemalten und verzierten ritterlichen Kampfschilder ihren Anteil zum Entstehen des Wappenwesens bei.

Das Führen eines Wappens war ursprünglich ein Vorrecht des hohen Adels. Die Begeisterung des Mittelalters für Symbolik und Mystik erweiterte mit dem Niedergang des Rittertums den Kreis der zum Führen eines Wappens und Siegels Berechtigten beträchtlich. Die Wappensucht der Spätgotik, der „Wappensport" des Barocks weiteten die Kreise der wappenführenden Personen aus. Nur die Masse der Grund- und Leibhörigen blieb vom Wappen- und Siegelrecht ausgenommen.

2. Die Entwicklung der Gemeindewappen

Was die Gemeindesiegel anbelangt, so tauchen solche erst im 13. Jahrhundert vereinzelt in den zu wirtschaftlicher Blüte und finanzieller und politischer Macht gelangten Städten auf. Im allgemeinen wurde das Recht zur Siegelführung durch landesherrliche Gnadenakte erteilt. Bis dahin wurden die Schriftstücke der Gemeinden durch die privaten Siegel der adeligen Richter, Vögte, Amtmänner – oder wie in Bobingen durch die Pflegsverwalter – bestätigt. Fanden sich unter den (vor allem klösterlichen) Urkunden aus Bobingens früher Blütezeit prächtige, große Siegel der Klöster, Klosterherren und adeligen Zeugen, so führten die Bobinger Pflegsverwalter, soweit sie adeliger Herkunft waren, ihre eigenen großen, recht eindrucksvollen, künstlerisch ausgeführten Siegel, die heute noch im Hauptstaatsarchiv München unter den 500 bis 700 Jahren alten Pergamenturkunden zu sehen sind.

Der wichtigste Bestandteil eines jeden Gemeindewappens ist das symbolische Wahrzeichen. Dies ist im Bobinger Wappen das Hufeisen, das nicht im Wappensinne als „redendes Zeichen" aufzufassen ist, nicht mit einem adeligen Geschlecht im Zusammenhang steht und auch nichts mit dem Ortsnamen zu tun hat. Das Hufeisen soll vielmehr an zwei Tatsachen erinnern, nämlich daß erstens während der Ungarnschlacht auf dem Lechfelde und damit wenigstens teilweise auf Bobinger Grund gekämpft wurde, und daß zweitens die Bobinger Bauern im 18. Jahrhundert wegen ihrer ausgedehnten Fluren und ihres Pferdereichtums bekannt waren.

Hufeisenfund aus der Bobinger Flur

Wie bereits geschildert, haben die immer wieder gefundenen kleinen Hufeisen nichts mit jener Ungarnschlacht auf dem Lechfeld vor mehr als 1000 Jahren zu tun. Sie stammen vielmehr von den kleinrassigen Pferden, welche Bobinger Bauern vor rd. 200 Jahren hielten. Nur so ist die Häufigkeit ihres Vorkommens zu erklären.

3. Bobinger Wappen und Siegel

Die Geschichte des Bobinger Gemeindesiegels begann mit einem Kuriosum: die Rural-Gemeinde Bobingen besaß und führte nämlich von 1807 an für die Dauer von dreißig Jahren ein Dienstsiegel mit der Aufschrift „Koenigl. Baier. Markt Bobing" ohne zur Führung dieses Siegels befugt zu sein.

Die Gemeinde hatte am 11. Mai 1807 unter Bürgermeister Stephan Schorer ein Gesuch um „Concession einiger Jahrmärkte" schreiben lassen und bei der Königlich Bayerischen Landesdirektion eingereicht. In der Rechnung für dieses Gesuch wird Bobingen bereits als „Marktgemeinde" angesprochen. Eine Notiz im Regierungsprotokoll 2031 v. 5. 6. 1807 weist unter der laufenden Nummer 20 auf diesen Vorgang hin (Staatsarchiv Neuburg; nach Mitteilung durch die zeitweilige Stadtarchivarin in Bobingen, Anja Brandstetter 1987).

Tatsächlich war Bobingen damals nicht Markt. Das läßt sich schon aus dem Umstand schließen, daß die Gemeinderechnungen keinerlei Einnahmen aus „Standgeld" verzeichnen.

„Dem Landgericht Schwabmünchen" war dieser Antrag dann zugeleitet worden – aber er fand in der Folgezeit dort keine weitere Erwähnung mehr. Trotzdem scheint die Gemeinde fest mit der Genehmigung zum Abhalten von Märkten gerechnet zu haben. Deshalb bestellte sie ein neues Dienstsiegel, ohne die Erlaubnis der Regierung abzuwarten. Der Petschaftstecher Paulus Rosa aus Augsburg fertigte das Siegel ausweislich der Rechnung vom 23. 8. 1807 (in den Gemeinderechnungen von 1806/07, Q 203). Das Gemeindesiegel wurde während der nächsten Jahrzehnte ohne Beanstandung durch die Aufsichtsbehörden verwendet. Einer der vermutlich letzten Abdrücke dieses Gemeindesiegels wurde 1987 in der Abrechnung der Bobinger Armenfürsorge für das Rechnungsjahr 1835/36 gefunden.

Am 15. 8. 1835 wurde ein neues Amtssiegel mit der Aufschrift „Verwalt. d. Landgemeinde Bobingen" gekauft. Es wurde bis 1844 verwendet. In den Gemeinderechnungen ist für das Rechnungsjahr 1834/35 eine Rechnung „für ein neues Gemeindesiegel mit Kästchen" über drei Gulden und 18 Kreuzer enthalten.

Am 23. 3. 1837 gab der „unterthänigste und gehorsamste Gemeindevorsteher Bobinger" auf Verlangen des Königlich-Bayerischen Landgerichts Schwabmünchen Auskunft über das Bobinger Gemeindesiegel und das Wappen. Anton Bobinger begann seinen Bericht mit der enttäuschenden Feststellung, daß – in Bobingen – über die Entstehungsgeschichte des Gemeindewappens keine Urkunde vorliege.

Mangels anderer Quellen mußte der Gemeindevorsteher auf die Methode der „mündlichen Überlieferung" zurückgreifen, die auch in unseren Tagen eine beliebte Forschungsmethode zum Ausfüllen jener Wissenslücken darstellt, welche die offizielle, große Geschichtsschreibung nicht schließen kann. Er ließ sich von dem „alten Bauern" Anton Geißler berichten, wie es zur Einführung des Gemeindewappens gekommen sei.

Danach hatte der „höchstselige" Fürstbischof Clemens Wenzeslaus von Augsburg „vor etwa 80 Jahren" (?) angeordnet, daß „jede Gemein in seinem Lande sich eines eigenen Abzeichens bedienen müsse, um Grenzsteine, Grenzpfähle, Weidesäulen und auch sämtliche Feuer- und andere Gemeinderequisiten zu bezeichnen". Dieser landesherrlichen Anordnung folgte auch Bobingen. Die Entstehungsgeschichte des Bobinger Gemeindewappens dürfte damit ziemlich genau zu bestimmen sein, da Clemens Wenzeslaus von 1768 bis 1812 Bischof in Augsburg war.

Der alte Bauer Geißler lieferte als Zeitzeuge auch eine Erklärung für das Hufeisen im Bobinger Wappen. Für Bobingen habe der Bischof, weil diese Gemeinde eine der ausgedehntesten Feldfluren besitzt – und daher eine bedeutende Bauernschaft mit vielen Pferden zählt, ein Hufeisen als Mark zu führen angeordnet. Von jener Zeit und von diesem Umstand nun schreibe sich auch der Gebrauch des Hufeisen-Gemeindesiegels von Bobingen her. Die Gemeindeflur Bobingens war damals 4048,01 Hektar groß.

Eine Agricole Statistik im Staatsarchiv Neuburg zählte im Jahre 1830 308 Pferde (1808: 330 Pferde, 1787: 320 Pferde) in Bobingen. Daher trug diese Begründung auch für den Gemeindevorsteher Bobinger „viele Wahrscheinlichkeiten an sich". Auch das Königliche Staatsministerium des Innern scheint dem alten Bauern aus Bobingen Glauben geschenkt zu haben.

Vor der Neuverleihung des Wappens durch König Ludwig I. am 29. 9. 1837 veranlaßte das Reichsheroldsamt die Ausgabe einer verbesserten, durch die Farben weiß-blau auf die bayerische Landeszugehörigkeit hinweisenden Form des Wappens. Mit der Entschließung des kgl. Staatsministeriums des Innern vom 30. 10. 1837 (Nr. 24124) wurde die Erlaubnis zum Führen des Wappens mit folgendem Begleitschreiben erteilt:

> „Seine Majestät der König geruhen, der Landgemeinde Bobingen auf deren unterthänigste Bitte die Führung ihres früheren Wappens zu bewilligen, welches nach der anruhenden verbesserten Zeichnung aus einem Schilde mit einem Hufeisen zu bestehen hat, als Andeutung der Erinnerung an die in deren Gemarkung teilweise gekämpfte Hunnenschlacht vom Jahr 955."

Der Hofgraveur Neuß in Augsburg stach 1838 das erste Dienstsiegel der Gemeinde mit dem abgeänderten Wappen.

Gemeindewappen und Gemeindesiegel wurden im Laufe der Zeit wiederholt verändert, ohne sich im Kern wesentlich zu wandeln. Nach den bisherigen Erkenntnissen dürften etwa fünf bis sechs verschiedene Siegel nach und nach verwendet worden sein. Das Marktsiegel ist während der unruhigen Tage des Kriegsendes 1945 „in Verstoß geraten" und wurde erst viel später wieder aufgefunden. Es ist heute eines der wertvollsten Erinnerungsstücke der Stadt.

Bei der Vorbereitung der Anträge zur Markterhebung Bobingens im Jahre 1953 hoffte mancher Bürger, mit Hilfe dieses Siegels nachweisen zu können, daß Bobingen schon vor über 150 Jahren Marktrechte besessen haben müßte. Das war aber ein Trugschluß. Anderenorts waren die Bobingen betreffenden Urkunden und Akten vollständiger erhalten als am Ort selbst – und so konnte das Marktsiegel nichts beweisen.

Noch in den fünfziger Jahren wurde mehr oder weniger gründlich nach diesem Spiegel gesucht, weil man sich von seinem Wiederauffinden viel versprach.

Amtssiegel „Koenigl. Baier. Markt Bobing"

Bei der systematischen Suche nach einem Abdruck dieses verschwundenen Gemeindesiegels tauchte dann in den Unterlagen des Staatsarchivs Neuburg – und zwar in den Akten, welche anläßlich der Verteilung der Bobinger Wertachauen in den Jahren 1833 und später entstanden – dieses eigenartige Marktsiegel auf. Auch in einer Akte des Jahres 1830, welche die Ablehnung der Verteilung des Gemeindewaldes beinhaltete, fand sich unter mehreren gemeindeamtlichen Schriftstücken der langgesuchte Stempel.

Die in dieser Zeit an die Bobinger gerichteten amtlichen Schriftstücke der Regierung des Oberdonaukreises verwendeten als Anschrift stets nur die Adresse „Gemeindeverwaltung Bobingen". Auch die Schreibweise des Wortes Baier. (= Bayerischer) mit „i" und nicht wie es üblich war mit „y" und der nicht übliche Wegfall der beiden Endbuchstaben „en" des Ortsnamens Bobingen wurden weder von den Bobingern noch von amtlichen oder privaten Stellen nachgeahmt und übernommen. Dieses Siegel war und blieb eine geschichtliche Kuriosität in der Zeit, in der sich die schwäbische Provinz an Altbayern anzupassen versuchte, und ein an den Interessen seines Dorfes orientierter Bürgermeister die beste Lösung für Bobingen anstrebte.

II. DIE BOBINGER SEKKELMEISTER

1. Die sparsamen Verwalter

Nicht das grelle Licht welterschütternder Ereignisse, Schlachten, Entdeckungen, Eroberungen oder Erfindungen erhellt das Dunkel der Geschichte kleiner Städte und Dörfer. Es sind vielmehr die kleinen Streif- und Glanzlichter, welche das Leben und Treiben vergangener Jahrhunderte und die Sorgen und Nöte der damaligen Bürger erkennen lassen, die zeigen, daß zu allen Zeiten z. B. das Geld in öffentlicher Hand in Bobingen gut verwaltet wurde. 1609 forderte ein eifriger Amtsknecht den, wie er sagte, üblichen Satz von 60 Kreuzern für das Ein- und Ausschließen einer bestraften Person in den Stock. Das schien den Bobingern zu hoch bezahlt. Sie beklagten sich darüber. Sie brachten vor, es würden Dienstboten für geringe Verbrechen in den Stock gespannt. Das vertreibe die „tauglichen Ehalten". Ihre Bitten um Ermäßigung der Gebühr blieb genau so ergebnislos wie das Gesuch um Herabsetzung der harten Bestrafung für den Fall einer außerehelichen Schwängerung.

Erfolglos blieb auch die an die hochstiftische Verwaltung 1608 gerichtete Klage über die Besitzer der „Lusthäuser und Schlösser" in Bobingen. Diese zögen fremde Leute von auswärts ins Dorf und es sei zu befürchten, daß man später für die eigenen Dorfgenossen nicht mehr ausreichend Wohnraum habe. Der harsche Bescheid der Verwaltung lautete, man habe nichts gegen fremde Zinsleute, wenn sie katholischen Glaubens wären und sich als Hauspfleger anständig betrügen. Die verdächtigen und anderenorts vertriebenen Zinsleute aber sollten durch ortsansässige Untertanen ersetzt werden.

Auch eine weitere Beschwerde aus dieser Zeit blieb ohne das gewünschte Ergebnis. Die Gemeinde wehrte sich gegen die Reparaturkosten für die Kirchturmuhr mit dem Hinweis, die „Hailligen" (d. h. die Kirchenkasse) habe stets die Uhrreparaturen bezahlt. Dazu gab der Pfleger am 20.5.1609 eine Stellungnahme ab, aus der hervorging, daß immer die Gemeinde für die Instandhaltung der Kirchenuhr gesorgt habe, während die Kirchenkasse nur die Kosten für das Baumöl und die Zehrung der Sechser getragen habe. Auch in Inningen unterhalte die Gemeinde die Kirchenturmuhr, in Wehringen, Aytingen, Schwabmenchingen, Gennach und Ehringen jedoch die „Hailligen". – Bobingen mußte zahlen.

2. Brückenzoll bei Bobingen

Die Gemeindeverwaltung versuchte nicht nur Ausgaben zu sparen und mögliche Ausgaben für fremde, unterstützungsbedürftige Leerhäusler zu vermeiden, sondern war auch bemüht, die Einnahmen zu mehren oder doch notwendige Ausgaben möglichst abzudecken. So kam man auf den Gedanken, einen Brückenzoll einzuführen.

Die Pflegamtsbeschreibung von 1787 bezeichnet die Wertach als einen kleinen, aber sehr schädlichen Fluß, „der jährlich wenn er anwachset, seinen Rinnsal ändert, die Ufer übersteiget und dadurch den daran liegenden Gemeinden sehr schädlich ist und wenn er angeschwollen, reißt er sehr stark und beschädigt gemeinlich die darauf gebauten holzenen Brucken". Der Unterhalt der Wertachbrücken kostete also jährlich nicht unbedeutende Summen. Alle Versuche, die Wertach durch Abgraben zu begradigen oder einfach durch Faschinen zu begrenzen, brachten nur Teilerfolge. Deshalb lag der Gedanke nahe, wenigstens die Unkosten für die Brückenunterhaltung durch einen Brückenzoll abzudecken. Die Wehringer Bauern, welche im März 1822 die obere Wertachbrücke bei Bobingen befahren wollten, staunten nicht schlecht, als ein Beauftragter der Bobinger Gemeindeverwaltung ihnen für die Überquerung der Wertach einen Brückenzoll abfordern wollte. Grollend trieben sie ihre Gespanne nach Wehringen zurück. Der nächste Beschluß der Gemeindeverwaltung Wehringen forderte nun beim Befahren der Wehringer Wertachbrücke durch Bobinger Bauern ebenfalls einen Brückenzoll in gleicher Höhe.

Was dem einen recht war, sollte dem anderen billig sein. Aus diesem Grunde scheint sich weder der eine noch der andere Brückenzoll lange gehalten zu haben. Er verschwand sang- und klanglos aus der Verwaltungspraxis.

3. Straßenzoll beim „Neuhaus"

Das Neuhaus, Wirtshaus und Bräustatt auf dem Bobinger Lechfeld, beherbergte bis zur Säkularisation die Beauftragten des domkapitelischen Propstamtes Großaitingen. Sie erhoben hier von Durchreisenden, welche die schnurgerade Reichsstraße von Augsburg nach Tirol benutzten, eine Wegegebühr. Dem Propstamt (Großaitingen) oblag dafür die Straßeninstandhaltung.

Weigerten sich Fuhrleute, den verlangten Zoll zu bezahlen, so griffen die Bobinger Sechser ein, da Neuhaus der niederen Bobinger Gerichtsbarkeit unterstand. Die Fuhrleute wurden verhaftet, nach Bobingen transportiert und dort mit einer Geldstrafe belegt, falls sie es nicht vorzogen, doch noch rechtzeitig bei der Straßenzollstation Neuhaus zu bezahlen.

Brückenzölle und Wegeabgaben wurden später allgemein aufgehoben. Nur für die Benutzung privater Wege und Brücken (wie z.B. lange Jahrzehnte für das Überqueren des Lechs bei Schwabstadl über eine von einer Gesellschaft unterhaltene Privatbrücke oder für das Befahren sogenannter Mautstraßen in Österreich) werden gelegentlich noch Abgaben erhoben.

4. Gemeindeschreiber und Sechser

Die Tradition kassenwalterischer Geschicklichkeit und Sparsamkeit wurde also schon vor Jahrhunderten durch die Verwaltungspraxis der Bobinger Sekkelmeister begründet. Keine Unterlagen spiegeln diese umsichtige Sparsamkeit so genau wieder, wie die ab 1700 vorhandenen Gemeinderechnungen, die im Archiv der Stadtverwaltung lagern.

Dem interessierten Leser bereitet das fremde Schriftbild zunächst einige Schwierigkeiten. Mit etwas Mühe jedoch erschließt sich dem geduldig suchenden Heimatfreund aus den vergilbten Seiten eine Zeit, die zwar historisch zur Neuzeit zählt seit dem Tage, als irgendjemand fern über dem Meer einen neuen Erdteil entdeckte, in der aber tatsächlich die mittelalterlichen Rechte, Pflichten und Gebräuche noch lebendig waren. Die Gemeinderechnungen lassen mehr erkennen, als nur die jährlichen Ausgaben Bobingens vom Jahre 1700 an.

Damals war ein Georg Geirhos der Gemeindeschreiber. Geirhos beschrieb genau, welche Abgaben z.B. „Johann Sedelmaier, Lechfeldwürth", an die Gemeinde zahlte. Der Lechfeldwirt hatte (später) die Hausnummer 249 und besaß einen halben Nutzanteil an den noch unverteilten Gemeindegründen. Er war vom Frondienst befreit, zahlte aber dafür eine jährliche Abgabe an die Gemeinde.

Eine bedeutende Rolle spielten zu jener Zeit die „Sechser", welche wahrscheinlich die Hälfte des alten, niederen Dorfgerichts bildeten, das als Zeichen seiner Macht den Stock zeigte. Die Sechser wurden mit fast allen exekutiven Aufgaben in der Gemeinde betraut, während die administrativen Notwendigkeiten durch den hochstiftischen Pflegsverwalter und die Schreiber erledigt wurden. Der Gemeindevorsteher und der Sekkelmeister (Kassenverwalter) gehörten zu den Sechsern. Die Sechser vertraten einst auch die Stelle des heutigen Gemeinderates und berieten sich gemeinschaftlich in allen die Allgemeinheit betreffenden Fragen. Der zusammen mit den Sechsern oft genannte Stabhalter war der siebte Mann der Sechser, der Vorsitzende des vollständigen einst wohl zwölf Personen umfassenden Dorfgerichts.

5. Frühe Spesenrechnungen

Die mit gemeindlichen Arbeiten beschäftigten Personen konnten sich wohl auf gemeindliche Kosten sattessen, aber eine weitergehende Entlöhnung oder gar ein festes Gehalt (z. B. für den Gemeindevorsteher) gab es nicht. Andererseits ließ die halbehrenamtliche Tätigkeit im Gemeindedienst den Beteiligten genügend Zeit, ihre eigene Sölde oder den Hof zu bewirtschaften bzw. ein Handwerk auszuüben.

Daß die Gemeinde der Viehzucht ihre besondere Aufmerksamkeit angedeihen ließ, zeigte das häufige Auswechseln der Gemeindshagen (Stiere). Die alten Hagen wurden entweder verlost, verkauft oder geschlachtet, manchesmal auch vertauscht. Ein Stier kostete im Jahre 1700 etwa 10 Gulden.

Die Sechser und der Stabhalter erhielten auch eine „Zöhrung einer Beschällerreys halber" und „als die Hirt gedingt und protokolliert wordten".

Bevor die Kühe „ins Holz" (Viehtrieb und Klaffet) getrieben wurden, hatte man „zuvor das Moos eingeheuert". Die Sechser kümmerten sich außerdem um die Neuwahl des Schmalhirten, als der alte Gänse- und Entenhüter im Jahre 1703 gestorben war.

Auch der Herr Rentmeister vom Hochstift Augsburg sorgte sich um das Vieh und das Weidewesen, wie 1704 „Georg Schreiber, Pauer und Sekkelmeister allhier" schrieb: „Vom Herrn Rentmeister ist der Augenschein auf der Viehwaidt umbs ganze Dorff herumb eingenommen worden."

6. Reparaturen an Straßen und Brücken

Viel Sorge verwandten die Sechser auf die Instandhaltung der Wege, Stege, Straßen und Brücken. So liest man: „Bei oberer Prugg Tannen zugelegt" . . .

. . . „bey der underen Prugg verschiedenen Orths Thannen eingelegt" . . . „die undere Prugg abgeräumt so mit Wurz und Holz überschwemmbt" . . . „bey der oberen Prugg die Pfähl geschlagen" . . . „bey oberer Prugg das Beschläch gemacht".

Der Baumeister aus Burgwalden, das damals schon Fuggerisch verwaltet wurde, lieferte dazu das Bauholz, da aus dem Gebiet des heutigen staatlichen Gemeindewaldes nach einem jahrhundertelangen Viehverbiß aller jungen Baumtriebe nur kurzes, verkrüppeltes Brennholz geliefert werden konnte. Erst nach Einführung des Bayerischen Forstgesetzes im Jahre 1852 wurde mit der systematischen Forstkultur begonnen, deren Bemühungen heute reiche Früchte tragen. Die „Segmill aus der Statt (lieferte) etliche Predder", so daß „die Prugg zum größten Theil nothdürftig ausgelegt" wurde. Von den Zimmerern, die beim Brückenbau mitarbeiteten, sind namentlich immer wieder genannt „Zimmermaister Leonhard Gruber und sein Gesöhl".

Der Oberschmied Hessele Thoma erhielt 2 Gulden für „gemachte ringsum Schurz auf die Pfähl und sonsten unterschiedlich gemachten gearbeit gutgethan". Immer wieder liest man in den Rechnungen von zerschlagenen Balken, von angeschwemmtem Treibholz, welches die tosende Wertach im Frühjahr talwärts führte. Aber auch die Sinkelbrücken wurden ständig erneuert und ausgebessert und „die Gräb umb die Khrauttgärtten aufgethan und geräumbt" . . . „Thannen innen Moosgraben geführt" . . . „item das Segmillpruggel abgetragen und annerer Epsbaum eingezogen" (Brücke bei mittlerer Mühle) und der „Steg beim Khaltenbach und beim Viehtapaur gemacht". Die „Klammer und Nögel für den langen Steg und die Khrauttgärtten" lieferte der untere und der mittlere Schmied. Die Krautgärten waren gegen das Weidevieh durch geflochtene, dichte Zäune mit türartigen Eingängen geschützt.

Die „Senkholt" wurde damals schon von den gemeindlichen Wegmachern ausgemäht. Auch ein „Abgraben und Abzaunung der Wertach" wird erwähnt, vermutlich einer der vielen Versuche, durch Verringerung der zahlreichen Wertachschleifen, Durchgraben der Erdhindernisse und Befestigung der Ufer eine erste Flußkorrektion zu erzielen. 1711 wird von ähnlichen Abgrabungen an der Sinkel oberhalb des Kaltenbachs berichtet.

Die Wegmacher und die Sechser bauten auch die Straßen und Wege in Bobingen. Das geschah freilich in jener bekannt primitiven Art, indem man die Wege „beschötterte" oder „die Lach beim Dempfen" und „die Lach beim Gabriel" (= heute Weber, Augsburger Straße, „beim Endrös") mit grobem Schotter zuwarf. So wurde auch die „Straßberg Gassen gewegert" und der „Weg bei der Steingrub gemacht". Diese Straßenbautechnik wurde bis in die Gegenwart beibehalten.

Obwohl die Rechnungen der Jahre 1716 bis 1742 fehlen, bieten die übrigen Bände genügend interessantes Material. So wird berichtet, daß die Nutzung des unverteilten Gemeindelandes unter Leitung der Sechser durch die „Recher, Mähder und Fuhrleuth" geschah. Genutzt wurden zur Heugewinnung „die zway Heuweg" und „die Geschwellen hinderm Straßberg". Die dortigen Wiesenflächen gehörten gleichfalls zu den unverteilten Gemeindegründen, von denen jeder Anteilberechtigte einen Nutzen hatte. Der Nutzen entstand dadurch, daß das dort gewonnene Heu verkauft und die erlösten Beträge der Gemeindekasse zugewiesen wurden. Dadurch verringerten sich – bei gefüllter Kasse – die Abgaben für den einzelnen Nutzungsberechtigten. Das „Waidenholz" wurde durch Stabhalter und Sechser besichtigt und abgegeben, gleichfalls das „Leuthaholz".

7. Kriegslasten und Frondienste

Die Lasten des Spanischen Erbfolgekrieges, in dem Bayern auf der Seite des französischen Königs Ludwig XIV. stand, bedrückten auch Bobingen, und die Ausgaben, welche direkt oder indirekt mit dem Krieg zusammenhingen, wuchsen ins Unerträgliche, zumal die Pflichten gegenüber dem bischöflichen Landesherrn weiterhin erfüllt werden mußten.

Kurz und knapp berichten die Rechnungen aus jener Zeit: „Für den Herrn Fourier der hochstiftischen Soldaten Haaber geholt". „Kgl. Danischer" und „Schellenbergsche Reuter 3 Tag und Nacht verpflegt = 496 Gulden 50 Kreuzer". Will man einen Maßstab für die Höhe der Unkosten, so muß man wissen, daß man für die gleiche Summe ca. 49 alte Gemeindestiere hätte kaufen können. Die Ausgaben, die der einzelne Quartiergeber hatte, wurden bei der Gemeindekasse wieder eingefordert. Die Gemeindeverwaltung hatte zu zahlen, gleichgültig, woher sie die Mittel auftrieb. Die Listen der Quartierleistungen liegen noch als Anlagen in den alten Rechnungsbüchern.

Im Haus des Pflegsverwalters (Oberes Schlößchen) logierten die Offiziere und Stäbe der durchziehenden Truppen, für deren „Pagage" und Transportmittel Männer, Buben und Knechte von Bobingen eine Strecke weit abgestellt werden mußten. Die Ausgaben für diese durchziehenden Truppen schöpften eines Tages das Gemeindesäckel leer, und so mußte die Gemeinde im Jahre 1703 zum ersten Mal eine neue Steuer auflegen „zur Bestreit' und Begleichung der Nachtquartier".

Beim Jahresabschluß 1702 schrieb der Gemeindeschreiber: „Als im verschienen Frühling Ihro hochverehrter, gnädigster und hochwürdigster Herr allhier über Nacht logiert, hab' damahlig die Sechser auswärts verzehrt . . ." Gemeint ist ein Besuch des bischöflichen Landesherrn. Bei solchen Anlässen hatten die Sechser als Repräsentationspersonen den Bischof zu begleiten.

Außerdem waren die Bobinger Bauern wie auch die Bauern in anderen Dörfern zu Fuhrleistungen verpflichtet. Diese Rottfuhren brachten die Fuhrleute z. T. weit übers Land, sehr zum Leidwesen der Bauern, die oftmals inmitten der dringendsten Arbeiten beansprucht wurden. So heißt es Jahr für Jahr in den Rechnungen: „Für die Abführung gedachter hochstiftischer Pagage und Reisewagen samt den hergegebenen Reitpferden ist das ganze Jahr hindurch zursambt gerechterweise bezahlt worden . . ." Immer wieder wurde „die hiesige Pauernschaft wegen ihrer hochstiftischen Pagage und Wagen vielfältig maltriert". Einmal wurden die „khurbayerische Pagage näher an Ulm gefahren" und „ärgste Strapazen durch die Fuhrleute erduldet".

8. Lieferungen, Einquartierungen, Betrüger

Rottfuhren und Kriegsdienste überschnitten sich, wenn z. B. der Untervogt, dessen Dienstbereich hauptsächlich Wehringen und Oberottmarshausen war, wegen Lieferungen an die französischen Truppen nach Augsburg reiten mußte, wenn Stroh, geflochtene Schanzen und Naturalien nach Augsburg transportiert werden mußten oder wenn französische Grenadiere diese Materialien in Bobingen abholten. „Item ist Heu und Haber zu der französischen Konvoy in Oberhausen geliefert worden", heißt es an einer Stelle. Einige Wochen später erhält „die kaiserliche Armee, als sie von Augsburg kam, 49 Gulden 26 Kreuzer" und „der kaiserliche Adjutant 16 Gulden 30 Kreuzer". Aus einer anderen Rechnung geht hervor, daß die Gemeindekasse dem französischen Marschall Villars ein „salve guardi Geld" zahlte, d. h. eine Bezahlung erfolgte für eine Schutzwache für Bobingen bzw. für die Loskaufung von der Brandschatzung. Nach Abzug der Franzosen ließen sich die kaiserlichen (österreichischen) Schutzwachen bezahlen. Trotzdem wurden dem „salve guardien" selbst Mantel, Sattel, Steigbügel und Zaumzeug gestohlen, als die Kaiserlichen Bobingen plünderten (1703). Die Gemeinde mußte dem Bestohlenen die Ausrüstungsgegenstände ersetzen. Ob der Diebstahl nicht eine abgemachte Sache war? Glaubten doch die Soldaten zu allen Zeiten nebenbei ihr Geschäftchen auf Kosten der „dummen Bauern" machen zu können. So kehrten eines Tages 15 bayerische Reiter beim Wirt Martin Strohmayer ein, erhielten „Brodt, Brandtwein und Fleisch" und gaben sich als „Sicherheitswachen" aus. Von den verlangten 100 Gulden zahlte ihnen jedoch der durch die schlechten Erfahrungen gewitzigte Säckelmeister nur die Hälfte aus, und damit waren die Reiter auch zufrieden.

Kurze Zeit darauf mußten wieder französische Sicherheitswachen verköstigt werden. Zur Unterstützung der beiden Nachtwächter aus dem oberen und unteren Dorfteil von Bobingen wurden verschiedene Einwohner herangezogen, für die ein „Wachtheusl" gebaut wurde. Namentlich genannt sind in den Rechnungen Georg Waldkürchner und Bärtl Brugger. Am 26. 5. 1703 quartierten sich „2 Compagnien khurbayerischer Husaren" in Bobingen ein. Etwas später kampierte ein Regiment kaiserlicher Husaren, welches von Italien kam, bei Haunstetten und beanspruchte Lieferungen von Lebensmitteln und Futter von den Dörfern der Umgebung. Einige Monate später hatten die Franzosen in Augsburg eine Garnison errichtet, die von Bobingen aus mit Brennholz beliefert werden mußte. So ernährte das Land die Armeen der jeweiligen Okkupanten, denn auch Khurbayerns Soldaten waren damals Fremdlinge im hochstiftischen Gebiet, da das Königreich Bayern erst 100 Jahre später von Napoleons Gnaden gegründet wurde und sich dann den heutigen Regierungsbezirk Schwaben einverleibte.

Die Fuhrleute, welche die Lieferungen und Bagagetransporte durchführen mußten, waren auf den oft wochenlangen Reisen allerhand Überraschungen ausgesetzt. Die Gemeinderechnungen berichten hier und da ganz trocken darüber: „Zwei Männer mit Vorspannpferden in den Schwarzwald" oder „Vorspannpferde bis Ulm".

9. Arrestgeld, Lösegeld, Notgeld

Wie in jedem Krieg, so zogen auch zu Beginn des 18. Jahrhunderts viele entwurzelte Menschen umher. Die Unsicherheit im Lande scheint groß gewesen zu sein. Die Gemeindeverwaltung sorgte als Polizeiorgan mit Hilfe der Sechser als Exekutive für das ordentliche Betragen der Reisenden und für die Überwachung der landfremden, gefährlichen Elemente, soweit es sich um Zivilisten und einzelne Soldaten handelte. So wurden 1703 „zwei Kerl in arrest genommen, als man die Fuhrleuth auf dem Lechfeld in arrest genommen".

Andererseits ließen die Gemeindeväter die auswärts in Not geratenen Bobinger nicht im Stich. So zahlte die Gemeindekasse zur Auslösung des Balthasar Heider, der während eines Transportes von Vorspannpferden nach Ulm dort arrestiert worden war, 20 Gulden Lösegeld.

Die Lieferungen in das „Fort Augsburg" beanspruchten die Bauern so sehr, daß sich der Besitzer der mittleren Mühle gezwungen sah, ein Pferd von „Panackher" (Gut Bannacker) auszuleihen, weil es im Dorf kein Pferd mehr zu leihen gab, obwohl Bobingen wegen seines Pferdereichtums berühmt war.

10. Das Tagebuch des Gemeindelebens

Adelige Offiziere, wie Captain Alexander de Nettelhorst, Captain de Sternfels, Baron de Lodi und der kaiserliche Obrist Comte de Saint Germain, drückten ihre breiten Siegelringe mit Wappen in den heißen Siegellack und hinterließen am Fuß der Aufstellungen über Reiseverpflegung und Mundportionen Zeichen jener Zeit, in der Peter der Große im Osten sein Reich festigte und Schweden seine Gebiete in Deutschland aufgeben mußte.

So ritten und marschierten die bunten und fremden Truppen Jahr für Jahr durch Bobingen. An irgendeiner Ecke Europas brannte es immer. Jeder stritt ab und zu gegen jeden. Es war dies die Zeit des Prinzen Eugen von Savoyen. England besetzte 1704 Gibraltar. Die Kriege fanden immer nur im Sommer statt, im Winter mußten die Dörfer die Truppen beherbergen und verpflegen. Das Land mußte den Krieg ernähren. Es war keineswegs eine gute alte Zeit.

Die Gemeinderechnungen lassen wie Tagebücher die Lage der Bauern erkennen. Die äußere Form der Gemeinderechnungen war anspruchslos. Auf dem üblichen großen Papier wurden die einzelnen Einnahme- und Ausgabeposten in einem einzigen Buch in der Reihenfolge ihrer Entstehung aufgeführt. Die Einnahmen bestanden aus Geldern, die durch Landverpachtung eingenommen wurden, aus eingehendem Grundzins, aus gelegentlichen Verkäufen (z. B. eines alten Gemeindestiers).

Der Säckelmeister legte im Mai jeden Jahres vor der versammelten Gemeinde öffentlich Rechenschaft über die Kassenentwicklung ab, nachdem er zuvor alle Unterlagen dem Pflegsverwalter zur Kontrolle und Genehmigung unterbreitet hatte.

Erst in der zweiten Hälfte des 19. Jahrhunderts wurde ein hauptamtlicher Gemeindekassier eingesetzt.

III. DIE SECHSER

1. Überrest des niederen Dorfgerichts?

Eine besondere Rolle im bäuerlichen Alltag des Dorfes spielten die bereits erwähnten Sechser, sechs aus den Bauern des Dorfes gewählte ehrenwerte Männer. Die Pflegamtsbeschreibung des Jahres 1787 sagt über sie: „Bobingen und Wehringen haben je ein eigenes Gericht, welches aus 12 gewählten Gemeindemännern besteht. Unter diesen Zwölfen ist einer der Vorsteher, welcher den Namen Stabhalter führt. Dieser Name kommt daher: Bey versammleten Gericht hat er einen Stab vor sich liegen und wan neue gerichtsleuthe oder Bürgermeister erwöhlet werden, müssen dieselben nach althergebrachter gewohnheit auf diesen Stab ihre Eyd ablegen.

Alle Jahr treten sechs von diesen Gerichtsleuthen aus dem Gericht, zuvor aber werden sechs neue erwöhlet. Die sechs Bürgermeister bleiben zwei Jahr, sämtliche Gerichtsleuthe und Bürgermeister müssen von dem Pflegsamt confimieret werden.

Dieses Gericht hat unter Autorität und Vorsezung des Amts alle Gemeinsangelegenheiten zu untersuchen und zu beratschlagen; der Stabhalter lasset das Gericht zusammenrufen, worüber er aber zuvor um die amtliche Erlaubnis anhalten muß.

Die Bürgermeister haben die Gemeinseinahm und Ausgab zu besorgen und hierüber vor Amt jährlich im May ihre Rechnung abzulegen, welche dann nach Heil. Dreyfaltigkeit der versammelten Gemeind vorgelesen wird, auch müssen dieselben die Gemeindshölzer, die Gemeindsgründe, Baulichkeiten, alle Brücken und Steegen gemeindswegen besorgen und unterhalten. In Baulichkeiten, Holzabgabe und Veräußerung der Gemeindssachen ohne Vorwissen und Erlaubnis des Amtes und des Gerichtes dürfen dieselben nichts unternehmen."

Die Entstehung dieses niederen Dorfgerichts liegt im urkundenlosen Dunkel der Geschichte. Lediglich die „Sechser" spielen als Hälfte des alten Gerichts eine gewisse Rolle.

Vom 18. Jahrhundert an werden einige exekutive Tätigkeiten der Sechser beschrieben, die sicherlich nichts mit der ursprünglichen Gerichtsbarkeit zu tun hatten, aber immerhin als hoheitliche Funktionen angesehen werden können.

2. Für Sicherheit und Ordnung

Zu den Aufgaben, welche die Sechser zu erledigen hatten, gehörte z. B. die Betreuung des Weideviehs bzw. die Beaufsichtigung des Auftriebs im Frühjahr. „Als man dem Weidevieh die Höra abgeschnütten . . ." „. . . haben die damit Occupierten – Pflegsverwalter, Stabhalter und Sechser – verzöhrt . . .". Das Abschneiden der Hörner sollte im Frühjahr während des Auftriebs die Verletzung des Rindviehs untereinander und die Verletzung der Hirten verhüten. Beim Abschneiden der Hörner legten die Sechser auch selbst Hand mit an. Sie erhielten für diese und ähnliche Arbeiten keine feste Besoldung, sondern nur eine „Zehrung", eine oder mehrere Mahlzeiten für die Dauer der Arbeit, als Entgelt.

Die Sechser sorgten für einen guten Straßenzustand und für die Instandhaltung der Brücken und Stege über Sinkel und Wertach. Sie verteilten das Weideholz und das „Leuthaholz". Sie berieten die Steuern und Abgaben und sammelten sie auch ein. Einmal im Jahr – zu Christi Himmelfahrt – legten sie vor versammelter Gemeinde Rechenschaft ab über die Geldbewegung der Gemeinde.

Wurde hoher Besuch erwartet, so mußten ihm die Sechser entgegenreiten, ihn begrüßen, für seine Bewirtung und Unterbringung im Dorfe sorgen und ihm bei der Abreise bis zum nächsten Dorfe Geleit geben. Sie kümmerten sich um das Eintreiben der Kontributionen und Brandschatzungen in Kriegszeiten und organisierten in unruhigen Zeiten die Nachtwachen. Sie nahmen Festnahmen vor, transportierten die festgenommenen Personen und kassierten die Geldstrafen für die Gemeindekasse. Ein Teil ihrer Polizeiaufgaben endete mit der Einverleibung des ehemals kirchlichen Besitzes in das neue größere Bayern. Der bayerische Gendarm und das königliche Landgericht Schwabmünchen traten an ihre Stelle.

3. Die Hüter der Grenze

Damit ist der Katalog der Sechseraufgaben noch nicht erschöpft. Eine sehr wichtige Tätigkeit bestand in der Überwachung der gemeindlichen Flurgrenzen. Diese verliefen im Osten irgendwo am Lech, der damals noch ohne Regulierung mit vielen Armen durch die Schotterniederung floß und nahezu jährlich seinen Lauf etwas veränderte. Im Westen endete der Gebietsanspruch ursprünglich irgendwo im Urwald – keiner weiß mehr genau, wo die Grenze lag. In geschichtlich nachweisbarer Zeit bildete die Grenze das Burgwalder Tal. Die Nord- und Südgrenzen waren wohl sehr früh verpfählt und damit festgelegt, obwohl auch hier sicherlich durch die Wertachhochwasser etliche Unsicherheiten geschaffen worden sein mögen.

Die Tätigkeit der Sechser kann in erster Linie aus den Gemeinderechnungen des 18. Jahrhunderts ersehen werden. Daneben gibt es noch das Tagebuch über die Verrichtung der Feldgeschworenen, dessen erster Eintrag vom 16. 12. 1868 datiert. Diese Feldgeschworenen sind als die Rechtsnachfolger der Sechser insoweit anzusehen, wie sie als ortskundige Männer die Gemeindegrenzen zu kontrollieren, über den Zustand der Grenzzeichen zu wachen und sie zu heben oder zu erneuern haben.

1868 werden als Feldgeschworene namentlich genannt: Rupert Hering, Michael Gruber, Alois Stölzle, Josef Heider und Johann Schlosser. Der Name des sechsten fehlt.

Zur Abmarkung wurden seinerzeit noch Eichenpfähle verwendet, die eine Gesamtlänge von zwei Metern hatten und hoch über die Erde ragten. Der zuständige königliche Bezirksgeometer nahm damals schon exakte Grenzvermessungen vor, wobei ihm die Feldgeschworenen zur Hand gingen und die Abstände von Pfahl zu Pfahl schriftlich festhielten. Im Jahre 1873 wurden erstmals

Grenzsteine (an der Strecke Bobingen – Landsberg) gesetzt. Unter dem damaligen Bürgermeister Oberdorfer ließ auch der junge Fabrikbesitzer Max Fischer die Abmarkungen an einigen seiner Grundstücke vornehmen.

Wie aus den Protokollen hervorgeht, verfuhren die Bewohner Bobingens zu dieser Zeit mit dem unverteilten Gemeindegrund ziemlich großzügig. Sie errichteten auf Gemeindegrund Hütten und Städel, gruben die gemeindeeigenen Wiesenraine ab und vergrößerten auf diese Weise stillschweigend ihren eigenen Grundbesitz. Sie öffneten sogar auf Gemeindegrund eine Kiesgrube, ohne die Gemeindeverwaltung vorher um Erlaubnis zu fragen. Die Feldgeschworenen hatten darüber zu berichten.

Bei Grenzbesichtigungen gab es entlang der Inninger und Wehringer Flur kaum Beanstandungen. An der neuen Königsbrunner Grenze jedoch, so ist zu lesen, waren Jahr für Jahr die meisten Eichenpfähle durch die „Kolonisten" entwendet und als Brennholz verheizt worden. Die Gemeinde Bobingen mußte in jedem Jahr ganze Wagenladungen mit Eichenpfählen in Richtung Königsbrunn fahren, um ihre Grenzen neu zu markieren. Deshalb wurden hier auch die ersten Grenzsteine gesetzt, die nicht mehr verfeuert werden konnten.

An der Wertach zwischen Inningen und Bobingen wurden Grenzpfähle wiederholt mitsamt dem Grund von den Hochwassern weggespült. Im Straßberger Grenzbereich wurde zwar nicht über Grenzverletzungen, wohl aber über die zahlreichen Forstfrevel geklagt. So schlugen die Straßberger, die damals verächtlich die „Siedigen" oder die „Schlangenfänger" (Rühfel) genannt wurden, ganze Gassen in den Bobinger Wald, um das gestohlene Holz besser abfahren zu können.

1889 wurde erstmals die Grenzmarkierung mittels dauerhafter Grenzsteine vorgeschlagen. Ein Jahr später wurde die Gemeinde gesetzlich zur Verwendung von Grenzsteinen verpflichtet und nunmehr das durchgesetzt, was einst der Fürstbischof Clemens Wenzeslaus schon begonnen hatte. Die Grenzsteine tragen das Bobinger Hufeisen als Wappenzeichen. An Grenzstellen, bei denen die Gebiete von drei Gemeinden zusammentreffen, stehen seither dreieckige Granitsteine mit den Anfangsbuchstaben der jeweiligen Gemeinde auf der entsprechenden Seite.

Es war immer üblich, daß ein neugewählter Gemeinderat beim Amtsantritt die Grenzen der Gemarkung Bobingen umwanderte, begleitet von den Feldgeschworenen, damit jeder, der für das Gemeinwesen verantwortlich handelte und mitbestimmte, auch den räumlichen Umfang seiner Verantwortung überschauen konnte.

Die geheimen Zeichen, mit denen die Feldgeschworenen die richtige Lage eines Grenzsteins markierten (und noch markieren), werden freilich nur dem

Nachwuchs mitgeteilt, dessen Gedächtnis früher bei wichtigen Grenzsteinen durch eine leichte Ohrfeige zur Erinnerung gestützt wurde.

IV. ZWEI BOBINGER SCHLÖSSCHEN

1. Siedlungsgeschichtliche Fragen

Betrachtet man den alten Ortsteil von Bobingen, wie er zwischen Hochstraß und Sinkel gewachsen ist, so fällt auch dem Fremden alsbald auf, daß es in Bobingen drei alte Kirchen und drei sogenannte „Schlößchen" gibt. Bei Untersuchung der „Ehaften", d. h. der dinghaften Rechte, welche mit dem Besitz bestimmter Grundstücke verbunden waren, zeigt sich ebenfalls eine Dreiteilung dieser Rechte: es gab drei Mühlen, drei Schmieden, drei Brauereien, drei Tafernen usw. Wenn auch sehr viele Tatsachen für eine siedlungsgeschichtlich gewachsene Dreiteilung des alten Dorfes sprechen, so wirkt doch verwirrend, daß es zwischen dem oberen und unteren Dorf einen großen Hof gab, der anscheinend durch besondere Vorrechte einstmals ausgezeichnet gewesen sein mußte. Zwei bedeutende Diagonalwege führten von ihm weg nach Osten über die Breiten auf die Felder hinaus (siehe Mayerweg). Und es wirkt verwirrend, wenn man feststellt, daß sich zumindest in einer frühen Phase der Siedlungsgeschichte eine Zweiteilung des Dorfes vollzog: die um die Kirche herum angesiedelten Höfe, welche Besitz an der frühesten Wiesenrodung, den Ellinger (Ölanger), hatten, teilten sich mit neuen, jüngeren Höfen in die kleineren Rodungsflächen der Hofänger beim unteren Dorf. Man lese hierzu den Beitrag „Auf der Suche nach Pobos Hof", in: Georg Fritz, Bobinger Hofnamen, Bobingen 1969, S. 43 ff. Hier bieten sich noch manche Ansätze für siedlungsgeschichtliche Untersuchungen.

2. Der Sitz der Amtsverwaltung

Das Obere Schlößchen (Bäckerei Dominikus Wiedemann), hat am wenigsten von seinem ursprünglichen Schloßcharakter bewahrt. Vermutlich in der Renaissance gebaut, finden wir es 1614 im Besitz des Dr. Veit Krell von Grimmenstein. Ab 1642 wohnten dort die bischöflichen Rentmeister. Gegen Ende des 17. Jahrhunderts geht es in den Besitz des Philipp Jakob Mayer über, des Vaters des späteren Augsburger Weihbischofs Johann Jakob Mayer. 1830 wird als Besitzer die Freifrau von Egger aus Augsburg genannt.
Dieses Obere Schlößchen mag heute das unscheinbarste der drei Bobinger Schlößchen sein. Sein Dachstock ist relativ jung und war anscheinend früher

steiler in seinem Aufbau. Die Backsteinmauer, die Haus, Garten und Hofraum umschloß, wurde abgetragen. Nur im Keller und in der Küche zeigen Kreuzgewölbe die alte Bauform.

Der mündlichen Überlieferung nach war das Obere Schlößchen Gerichtssitz. Richtig ist sicher, daß die niedere Gerichtsbarkeit wie in den meisten schwäbischen Dörfern in den Händen der Dorfgemeinschaft lag, welche 12 Geschworene wählte. Auch die dörflichen Steuern wurden von solchen Gerichten beschlossen. Die Gerichtssitzungen sollen im Oberen Schlößchen abgehalten worden sein. Aus den Gemeinderechnungen des 18. Jahrhundets ist zu entnehmen, daß das „Mai-Ding" oder auch „Mayenrecht" im Oberen Schlößchen zusammenkam und daß dabei auch Rechnung gelegt wurde. So heißt es zur Begründung einiger Ausgaben in den Gemeinderechnungen von 1715: „Item die Mägde im Schloß wegen Ausputzung der Amtsstuben nach dem Mayenrecht . . ."

Der Sage nach soll das Obere Schlößchen der Wohnsitz jener drei adeligen Fräulein mit Namen Gleich gewesen sein, welche den armen Leuten in Bobingen ihre gesamten Ländereien vermachten. Es ist bisher nicht geklärt, warum diese Wandersage gerade mit diesem Schlößchen verbunden ist, denn sie entstand wahrscheinlich schon in den ersten Jahrhunderten nach der alemannischen Landnahme Ende des 6. Jahrhunderts und ist daher viel älter als das heute stehende Haus.

Oberes Schlößchen, Poststraße 22.

Unteres Schlößchen, Römerstraße 73.

3. Das Untere Schlößchen

Dieses Steinhaus hat seinen ursprünglichen Stil am besten erhalten. Es wurde in der Renaissance als Wohnhaus erbaut, in einer Zeit also, in welcher der aus seiner mittelalterlichen Beklemmung erwachende Mensch seine Liebe zur Geschichte, aber auch zum Diesseits, zur Natur, zum Landleben entdeckte. Anton Welser, Bürger zu Augsburg, erwarb 1543 eine Sölde, die man „Frühmessers Sölde" nannte, um 240 Gulden, und 1544 eine weitere anschließende Sölde um 255 Gulden. Auf beiden Grundstücken baute er ein Steinhaus mit einfachem Grundriß und schlichten Formen, eben das später so genannte „Untere Schlößchen". Dieses Haus vererbte er seinen Söhnen Mathäus und Markus Welser (letzterer der Vater des Historiographen Markus Welser des Jüngeren). Nach dem Tode des Markus Welser gehörte das Anwesen seinem Bruder Mathäus Welser allein.

Am 5. 7. 1590 verkaufte dieser das Steinhaus für 5100 Gulden an Octavian Secundus Fugger zu Kirchberg und Weißenhorn. Den Schloßcharakter erhielt das schlichte, bürgerliche Landhaus aber erst durch den Anbau des halbrunden Turmes an der Gartenfront zur Barockzeit. Schriftliche Nachweise über die genaue Anbauzeit wurden bisher nicht gefunden. Der Halbturm steht vor dem westlichen Wirtschaftseingang, dessen Vorraum mit Steinplatten belegt ist. Von dort führt eine geräumige Treppe ins Obergeschoß. Eine andere Treppe führt in die Kellerräume, wo sich in einer Seitennische ein versteckter Brunnen verbirgt, der heute noch bis oben mit klarem Wasser gefüllt ist. Der Brunnen wird offensichtlich von einer für Bobingen sehr hoch liegenden Quelle gespeist. Im Garten des Schlößchens sprudeln am Grund eines rechteckigen, künstlich gegrabenen Weihers Quellen, die bisher noch nie versiegten.

Die vorhandenen Grundstücksverträge lassen erkennen, daß 1648 Friedrich Fugger das Schlößchen an den Augsburger Bürger Quirin Rehlinger veräußerte. Anscheinend hatte das ungeschützt im Dorf liegende Schlößchen die unruhige Zeit des Dreißigjährigen Krieges einigermaßen überstanden. 1650 wird es in der bischöflichen Erbhuldigungsakte als eines von sechs Steinhäusern in Bobingen genannt, die nur zu Wohnzwecken dienten. Die Erben des Quirin Rehlinger verkauften es 1663 um 300 Gulden an David Rem. 1669 erwarb es der bayerische Oberst J. B. Freiherr de la Poippe durch Tausch und Kauf von Georg Rem „samt Garten und Oekonomiegebäude".

1681 erstand das Augsburger Hochstift das Anwesen für den zwölffachen Preis um 3650 Gulden und verkaufte die Baugründe an seine Untertanen. Das Schlößchen, wie es nun allgemein genannt wurde, unterstand (nach Steichele) dem bischöflichen Maier, der seinen Hof dort hatte, wo heute die Anwesen Schorer und Kohler an der Hochstraße stehen (gegenüber der Einmündung des Mayerweges).

Um die Mitte des 18. Jahrhunderts kam es in den Besitz des Freiherrn von Stein, von dem es 1762 der Baron von Zech kaufte. Baron von Zech schätzte das Schlößchen sehr und sorgte für die Verbesserung seines baulichen Zustandes. Zehn Jahre später erwarb es auf der Gant (Versteigerung nach Konkurs) der ehemalige Fuggersche Oberamtmann Sauer, dessen Witwe 1791 das Anwesen erbte. Am 29.1.1813 wurde der bereits erwähnte Gutsbesitzer von Zabuesnig Eigentümer des Schlößchens und blieb es bis 1835. Längere Zeit gehörte es dann dem Eigentümer der Kunstmühle in Bobingen (Untere Mühle). Schließlich wurde es von dem Buchhalter Max Schnitzlein erworben, als die Mühle in Liquidation geriet. (Die Verwaltung der Kunstmühle hatte das Schlößchen zu Wohnzwecken benutzt). 1938 kaufte die Gemeinde Bobingen das historische Haus und verwendete es als Kinder- und Mütterheim.

1945 wurde das Haus in den Wirren des staatlichen Zusammenbruchs bei Kriegsende ausgeraubt. Rechtlich trat an die Stelle des Kinderheims das „Bobinger Jugendzentrum e. V." an der Pestalozzistraße. Infolge der Wohnungsnot in den ersten Nachkriegsjahren mußte das Schlößchen von mehreren notdürftig untergebrachten Familien bewohnt werden. Das Fehlen der in einem Wohnhaus normalerweise vorhandenen Nebenräume, die dazu zwangen, z. B. die steinplattengedeckte Eingangshalle im Erdgeschoß als Abstellraum zu benutzen, führte dazu, daß das Schloß völlig herunterkam. Es gab damals etliche Leute, welche das Haus zu einem Wohnhaus umbauen wollten. Andere sprachen sich für den Abbruch des sanierungsbedürftigen Hauses aus. Die Vergangenheit war tot, die Wurzeln zur neueren Geschichte und damit zur älteren Vergangenheit des Dorfes wurden gekappt, abgeschnitten. Nur die Gegenwart, der kleine, geschichtslose Handbedarf des Alltags, schienen das Maß aller Dinge zu werden. Damals war es Oberverwaltungsrat Albert Amann, der „Sekkelmeister" des modernen Bobingen, der um die Erhaltung des Unteren Schlößchens kämpfte und die weniger Einsichtigen daran erinnerte, daß andere Märkte und Städte jährlich Hunderttausende zur Erhaltung ihrer historischen Gebäude, Stadtmauern, Befestigungsanlagen u. ä. ausgeben.

Schließlich wurde beschlossen, das Untere Schlößchen in ein „Haus der Bäuerin" umzuwandeln, ein Plan, der durch den Zufluß von Subventionen erleichtert wurde. Die gut erhaltene Bausubstanz zeigte sich beim Durchbrechen eines neuen Eingangs auf der Westseite. Das Untere Schlößchen hat seine bescheidene, aber dauernde Rolle in der Geschichte Bobingens noch nicht ausgespielt.

V. VOM KRAXENTRÄGER ZUR MODERNEN POST

1. Abseits der frühen Postgeschichte

Die Geschichte der Post beginnt in Bobingen eigentlich erst im 19. Jahrhundert, also 350 Jahre nach der Einrichtung erster Briefbeförderungsstationen

für Heeres- und Verwaltungszwecke in der Steiermark und Tirol. 1489 wurde die erste Post in Deutschland eingerichtet auf Befehl des Kaisers Maximilian I. So heißt es in der Memminger Chronik: „In diesem Jahr 1490 fiengen die Posten an bestellt zu werden auf Befelch Maximilian I., des römischen Königs, von Österreich biß in Niederland, in Frankreich und nachher Rom."
Und weiter: „Es lag alleweg 5 Meil weg ein Post von der andern, einer zwar zu Kempten, einer zu Bleß . . . und muß allwegs ein post des andern warten und dobald der ander zu ihm ritt, so blies er in ein Hörnlein, das hört ein bott, der in der Herberg lag und mußt gleich auf sein. Einer mußte all Stund ein Meil, das ist zwei Stund, weit reiten oder es ist ihm am Lohn abgezogen, und mußten sie reiten Tag und Nacht."
Seit dem 15. Jahrhundert führten die Postkurse ständig über Augsburg. Ein Brief von Brüssel nach Innsbruck benötigte im Sommer fünf Tage. Im 16. Jahrhundert war die Zustellung durch die Post zwar langsamer, aber auch billiger, als die Zustellung durch reitende Boten. Im 16. und 17. Jahrhundert wurde in Augsburg einmal wöchentlich die Post geliefert. Das Reichspostamt befand sich in einem Anwesen vor dem Wertachbrucker Tor. Die ersten Taxischen Postlinien gingen über Spötting bei Landsberg, Igling, Hurlach, Neuhaus, Haunstetten nach Augsburg. 1635 wurde von einem Reitpostkurs berichtet, der über Augsburg, Memmingen nach Wangen und Lindau führte.
Bobingen wurde von der allgemeinen Postentwicklung nur wenig berührt. Privat wurde sehr wenig geschrieben, weil die Zahl der Analphabeten und Schreibungewandten nicht unbeträchtlich war. Überörtliche Beziehungen irgendwelcher Art bestanden zwischen den autarken Bauernwirtschaften des Ortes kaum. Amtliche Schriftstücke wurden durch einzelne Boten und Reiter befördert. Üblich war auch die Briefbeförderung durch sogenannte „Metzgerposten". Das waren Metzger, die ins Gäu fuhren und dabei aus Gefälligkeit Briefe mitnahmen. Oder ein Bote brachte die in Augsburg hinterlegten Briefschaften gelegentlich einer Fahrt nach Bobingen einmal in der Woche mit.
Bobingen war damals ein postalisch unbedeutender Ort. Daher wurde es auch nicht durch den Verfall der Taxisschen Reichspost im 18. Jahrhundert berührt. Am 28. 2. 1808 verzichtete Karl Alexander Fürst von Thurn und Taxis auf die ihm im Übereinkommen mit König Maximilian Joseph von Bayern am 14. 2. 1806 verliehene Regie des Postwesens in Bayern. Ab 1. 3. 1808 wurde die Post in staatliche Regie übernommen.
Das Oberpostamt Augsburg zählte damals 46 Postanstalten (1834 waren es 48, 1950 insgesamt 1200 Ämter). 1808 standen hier 39 Postbeamte im Dienst. (Als die Oberpostdirektion Augsburg aufgelöst wurde, beschäftigte sie 6000 Personen.)
Schwabmünchen besaß damals schon eine Postexpedition. Die Postexpeditionen waren von Privatpersonen besetzt, mit denen die Post Verträge abge-

schlossen hatte. 1810 wurden erstmals bei den Oberpostämtern und Postämtern in Bayern „Briefaufnahmeschachteln" aufgestellt, die sich nicht überall bewährten, so daß 1842 die Aufstellung nur innerhalb von Häusern vorgesehen wurde.

Auch das „schöne Dorf" Bobingen (so wurde es in einem Schreiben des Oberpostamtes an die Königl. General Post Direktion vom 6. 1. 1812 bezeichnet) profitierte vom organisatorischen Aufschwung unter bayerischer Leitung in der nun einsetzenden Epoche.

2. Die erste „Briefsammlung"

In dem erwähnten Brief wurde berichtet, daß in Bobingen „täglich mehrere Briefschaften vorkommen, die zur Zeit den Postillionen mitgegeben werden, welche bei der Passage die Briefe ihren Unterhändlern übergeben. Von diesen Orten – der Brief nennt noch Göggingen, Inningen usw. – verschleppen die Boten, Fuhrleute und Kraxenträger die Correspondenz nach und über Augsburg." Dieses Geschäft des Unterhändlers versah seit etwa 1797 in Bobingen der als zuverlässig gelobte Jacob Kleiber, der sich auch bereit erklärte, die einzurichtende Briefsammlung (der erste Anfang einer Briefpoststation) zu übernehmen. Bobingen wurde ausgewählt, weil es auf halber Strecke zwischen Augsburg und Schwabmünchen liegt. Das nächste Schreiben (in der von Herrn Karl Höchstätter, früher Bobingen, angelegten und dankenswert zur Verfügung gestellten Dokumentationssammlung) datiert vom 5. 9. 1837. Darin ging es um die Einrichtung einer „Mittelstation" zur Entlastung der Postställe von Schwabmünchen und Augsburg in Bobingen. Die General-Administration der Königlichen Posten entschied ein Jahr später gegen dieses Vorhaben, da die eingesetzten Eilwägen die festgesetzte Fahrzeit von 2 Stunden und 45 Minuten auch ohne Pferdeablösung einhalten könnten.

3. Die Brief- und Fahrpostexpedition

Ab 1. 9. 1847 trat laut Dekret der General-Verwaltung der königlichen Posten und Eisenbahnen vom 26. August 1847 in Bobingen eine Brief- und Fahrpostexpedition „in Wirksamkeit". Von dort aus konnte man unmittelbar mit Augsburg, Buchloe, Kaufbeuren und Schwabmünchen Briefpakete und Fahrpostkarten wechseln. Zum Bestellbezirk gehörten die Orte Inningen, Neuhaus, Oberottmarshausen, Straßberg und Wehringen. Erst mit der Einrichtung einer Postexpedition in Göggingen im Jahre 1851 wurde Inningen dem Gögginger Bestellbezirk angegliedert.

Postkutsche um 1820

Seit 1849 wurden in den Eisenbahnzügen sogenannte fahrende Speditionsbüros eingerichtet, sog. „Bahnposten". Im selben Jahr wurden die ersten deutschen (bayerischen) Briefmarken eingeführt. Bald waren die bayerischen Briefmarken (Einkreuzermarke in schwarzer, Dreikreuzermarke in blauer und die Sechskreuzermarke in brauner Farbe) überall im Gebrauch. Dadurch steigerte sich der Briefumlauf. 1845 gab es in allen Städten hölzerne Briefkästen, die jedermann Tag und Nacht zugängig waren. 1860 erhielt jede Gemeinde anläßlich der Einführung des Landbotendienstes einen Briefkasten.

Der Zustellbezirk Bobingen wurde 1860 auf die Orte Kleinaitingen, Graben, Mittelstetten, Großaitingen, Reinhartshausen, Reinhartshofen, Burgwalden und Straßberg sowie auf den neuen Ort Königsbrunn ausgedehnt. Nach Burgwalden und Reinhartshofen ging im Monat etwa je ein Brief. Dieser konnte wegen der schlechten Wegverhältnisse nur im Sommer zugestellt werden. Im Winter wurde die Post für Reinhartshofen in Großaitingen, für Burgwalden in Straßberg abgelegt.

Für alle die genannten Orte wurde die tägliche Postzustellung gefordert. Es würden dort auch Zeitschriften und Zeitungen gehalten und außerdem komme öfters Geld und Briefpost an, weil in diesen Orten auch Kuh- und Schmalzhandel betrieben werde. Den großen Zustellbezirk konnte der eine Postbote (namens Kramer) mit einem Hilfspostboten nicht bewältigen. Deshalb wurde ihm erlaubt, den Söldner und Flurwächter Sebastian Rauch „gegen Cautionsleistung und auf Haft und Gefahr und Kosten des Postboten Kramer" zur Besorgung der zweimaligen Lokalzustellung in Bobingen einzustellen. Die Bezahlung erfolgte aus den Zustellgebühren.

1862 wurde ein Hilfspostbote namens Hartmann erwähnt. Für die Postzustellung in Hard und in Burgwalden wurde eine Bestellgangzeit von sechsdreiviertel Stunden zugebilligt.

4. Die Postzustellung in Königsbrunn

Schon 1860 ging die meiste Post in das junge Dorf Königsbrunn, das postalisch wie folgt beschrieben wird: „1600 Einwohner, 2 Stunden lang, 1 Stunde breit, 5 Stunden im Umkreis". Für die abseits der Hauptstraße wohnenden Neusiedler wurde die Post im katholischen Schulhaus niedergelegt, wo sich der Lehrer Igel und der Gemeindediener um die dort zum Versenden abgelegte Post kümmerten. Erst 1872 wurde dort eine offizielle Postablage eingerichtet, die durch den Lehrer Igel betreut wurde, wofür ihm ein Jahresgehalt von 60 Gulden zustand, während er 200 Gulden Kaution hinterlegen mußte. 1873 übernahm der Lehrer Strobel die Postablage, die 1875 in eine Postexpedition umgewandelt wurde, während er selbst in den Postdienst überwechselte. Zugleich dehnte der Poststall Augsburg seine Fahrten bis nach Königsbrunn aus. (1879 wurde auch eine neue Postexpedition in Inningen eingerichtet, welche nur die Ortszustellung der Post übernahm, während Bergheim und Bannacker nach wie vor von Göggingen aus begangen wurden.)

5. Die stillen Helfer

Der Bobinger Postbote erhielt ein Jahresgehalt von 376 Gulden. Davon mußte er 72 Gulden an den von ihm zu besoldenden Hilfspostboten abführen. 1864 wurde die Einstellung eines zweiten Postboten bewilligt, der etwas geringer besoldet wurde. Das Gehalt wurde vierteljährlich ausgezahlt und setzte sich aus Teilentgelten für Lokalbestellung, Zeitungsbestellung, Landbestellung, dem eigentlichen Gehalt (von 200 bzw. 150 Gulden), dem Monturgeld und der Ortszulage zusammen. Für Sonntagszustellungen nach Großaitingen wurden nochmals 60 Mark (Schreiben von 1883) gezahlt.

1884 wurden als Postboten Leo Kraus und Constantin Walter genannt. 1889 übernahm der Expeditor Neumayer die Postverwaltung in Bobingen und konnte sich 1891 über die Einschaltung eines Morseapparates in die Staatstelegraphenleitung freuen. Als er 1894 als Oberexpeditor nach Bruck versetzt wurde und die Geschäfte an den Verweser-Adjunkt Albert Schempp übergab, waren die Postzustellung nach Großaitingen bereits ausgegliedert und Hard, Reinhartshausen und Reinhartshofen dem Zustellbezirk Großaitingen zugewiesen. 1896 übernahm der Expedient Helmer die Geschäfte. Seine Postboten waren die Bobinger Brüder Leo Kraus und Alois Neumayer. Johann Kraus ist Hilfspostbote.

Was 1899 noch als Gerücht durch den Ort geisterte, stellte sich zu Beginn des neuen Jahrhunderts als Realität heraus: es wurde die Errichtung einer Postagentur im Ortsinnern von Bobingen vorgeschlagen unter Beibehaltung der im Bahnhof untergebrachten Postexpedition. Zur Begründung wurde angeführt, daß unter Berücksichtigung des nicht unbedeutenden Postverkehrs (bei rd. 2000 Einwohnern), der Niederlassung eines Heilpraktikers, der Eröffnung von Pensionen das vorhandene Personal auch durch die weite Entfernung zum Bahnhof überlastet sei. Der durchschnittliche Tagesdienst des Postboten in Bobingen lag damals bei 11 Stunden und 45 Minuten. Es bedeutete eine Erleichterung, als 1901 in Oberottmarshausen sowie Straßberg und Wehringen je eine Postagentur eröffnet und zugleich für Bobingen eine dritte Postbotenstelle bewilligt wurde.

6. *Die Entwicklung zur neuen Post*

Nur allmählich zeigte sich bei der Verbesserung der öffentlichen Dienstleistungen, daß der Marsch ins 20. Jahrhundert begonnen hatte. 1901 häufen sich die Klagen über die räumliche Unterbringung des Post- und Bahndienstes im Bobinger Bahnhofsgebäude, denen nur ein einziger, gemeinsamer Schalter zur Verfügung stand. Auch der infolge des Aufbaus der neueröffneten Kunstseidefabrik zu erwartende Postverkehr dürfte weitere Belastungen bringen, so berichtete eine damalige Stellungnahme, welche die Trennung von Post- und Bahndienst empfahl. Zwar wurde 1903 das erste öffentliche Telefon in Bobingen installiert, die Schaltermisere im Bahngebäude wurde aber zunächst nicht behoben, dann jedoch durch Einrichtung eines gesonderten Postlokals im Bahnhof gemildert.

1906 wurden „die bisherigen täglich zweimaligen Karriolfahrten" nach Straßberg eingestellt und nur noch täglich zweimal und sonntags einmal Botengänge dorthin durchgeführt.

Nach dem 1. Weltkrieg wurden 1923 die Bemühungen um eine Modernisierung und größere Bürgernähe der Post wieder aufgenommen. Aber erst 1929 erfolgte die Trennung von Post- und Bahndienst und die Verlegung der Postagentur in das Ortsinnere. Im Haus Nr. 41 – später Römerstr. 5 – wurden zwei Räume angemietet. Die erste Posthalterin wurde Frl. Anna Schnell, welche den Dienst am 21. 7. 1929 aufnahm und bis zu ihrem Tode am 29. 1. 1946 versah. Am 6. 11. 1950 wurde von der Gemeinde Bobingen ein Baugrundstück in der Ortsmitte an der Bahnhofstraße erworben, welches zuvor aus dem Areal des katholischen Pfarrhauses herausgetrennt worden war. Der dort stehende historische Pfarrstadel wurde abgerissen, das Grundstück baureif gemacht. 1954/55 wurde dort das heutige Postgebäude errichtet.

VI. DIE GESCHICHTE DER BOBINGER SCHULE

1. Der älteste Nachweis im Pfarrarchiv

Als Kaiser Karl schon der Große genannt wurde, lernte er mühsam das Schreiben, dessen er bis ins Mannesalter hinein unkundig gewesen war. Lesen und Schreiben wurden – in Deutschland – zu jener Zeit nur in den Klosterschulen gelehrt. Als das Hochschul- und Volksschulwesen in den Städten später schon einen verhältnismäßig hohen Stand erreicht hatte, lag der Schulbetrieb auf dem flachen Lande noch sehr im argen. Der Lehrerstand war gering geachtet und schlecht bezahlt, so daß der Lehrer, um nicht zu verhungern, zahlreiche Nebenbeschäftigungen aufnehmen mußte oder – wie es in einigen Gegenden Usus gewesen sein soll – mit dem Holzlöffel in der Rocktasche links oben jeden Mittag zu einem anderen Bauern zum Mittagessen gehen durfte.

Wie schon Röttinger, der 1945 verstorbene Rektor der Volksschule Bobingen bei der Bearbeitung der Bobinger Schulgeschichtsquellen festgestellt hatte, datiert die älteste Nachricht über die Bobinger Schule bzw. über einen Bobinger Lehrer namens Michael Schick, Mesmer aus dem Jahre 1588. Der Lehrer wurde an sich stets durch die Gemeinde besoldet. Da er zugleich auch Organist und Meßner war, tauchten die für ihn gezahlten Gebühren („für das tenebrae Singen") auch in den Kirchenrechnungen, den sogenannten „Heiligen Rechnungen" auf, deren älteste aus dem Jahr 1588 im Pfarrarchiv Bobingen erhalten ist.

2. Der Lehrer im Friedhofsturm

Erst im Jahre 1682 hören wir – nach den Unterlagen des Bayer. Hauptstaatsarchivs in München – wieder von einem Bobinger Lehrer, der im alten Turm an der Westseite des damals noch befestigten Bobinger Kirchhofs wohnte. Er stellte damals einen erfolglosen Antrag, von seiner Turmwohnung einen direkten Zugang zum Friedhof zu erlauben, damit er bei Feuersbrünsten oder ähnlichen Notfällen die Glocken schneller läuten könne.

1738 beklagt sich der damalige Schulmeister, daß seit 30 Jahren nichts mehr an dem „Heiligenhaus" (Meßnerwohnung) ausgebessert worden sei, daß der obere Boden im Turm fast nicht mehr betreten werden könne, daß Kreuzstöcke, Scheiben und Bleistreifen zu erneuern wären. Die Gemeinde hatte in den vergangenen Jahren beim Turm einen kleinen, vom Friedhof aus zugänglichen Bau errichtet, der nur dem Unterricht diente und damit die Urzelle der Bobinger Schulgebäude war.

3. Die Besoldung des Lehrers

1741 beklagte sich der Schulmeister und Meßner Sebastian Egger, daß Bauern und Söldner ihm nicht mehr geben wollten, was ihm nach alter Observanz zustehe. Die Lehrer hätten immer Brot und Geld bekommen, wenn sie am Vorabend des Weihnachtsfestes, zu Neujahr und am Hl. Dreikönigstag die Häuser ausräucherten (ein Brauch, der bis in die Pestzeit während des Dreißigjährigen Krieges zurückreicht). Diese Gaben und das zu Allerheiligen und Allerseelen übliche Mehl und Brot werde ihm nicht mehr in früherer Quantität gegeben. Der Lehrer war aber auf diese Naturalgaben dringend angewiesen, wollte er nicht buchstäblich verhungern. Nach einem abschriftlich vorhandenen Pflegamtsprotokoll von 1681 bezog der Schulmeister für seine Lehrerdienste:

a) freie Wohnung auf dem Kirchhof,
b) aus dem Bischofswald (heute Staatsforst Straßberg)
   4 Klafter Holz, 4 Schober Borzen,
c) 2 Kreuzer Angeld pro Schulkind,
d) 1 Scheit Holz pro Schulkind und Woche.

Es ist klar, daß er nur existieren konnte, wenn er zusätzlich alle Bezüge als Meßner erhielt. Er bezog im einzelnen:

1. 4 Mahlzeiten jährl. von der Pfarrkirchenstiftung,
2. wegen „Singung des sogenannten tenebrae und dem Läuten der großen Glocke" 24 Kreuzer,
3. für Waschen und Säubern der Kirchenwäsche 1 Gulden und 30 Heller,
4. für Salz, das im Weihwasser und bei Kindstaufen gebraucht wird, 1 fl. 30 h,
5. für benötigte Besen 17 h 4 kr,
6. vom jährlichen Kirchenbrot 30 Laib,
7. für das Aufziehen und Richten der Kirchenuhr 4 Metzen Kern, 7 Metzen Roggen,
8. für das bisher kostenlose Orgelschlagen wird die Zahlung von 8 fl. (fl = Florentiner = Gulden) empfohlen,
9. von der Liebfrauenkapelle von gestifteten Jahrtagen 5 fl. 4 h 8 kr und 1 Mahlzeit an Kirchweih,
10. von der St. Wolfgangskapelle von den gestifteten Jahrtagen 24 kr,
11. für den Choral an St. Wendelin und St. Wolfgang 18 kr,
12. von der löbl. Bruderschaft Corporis Christi (bei wöchentlicher Bruderschaftsmesse und monatl. Prozession) 6 fl. jährlich,
13. „Bruderschaftsrechnungen und 15 Chorröck zu waschen" 45 kr,
14. für das alljährliche 48stündige Gebet 30 kr,
15. wegen Aufrichtung des Bruderschaftsornats 30 kr,

16. Schlagung der Orgel für die Bruderschaft 1 fl. 30 kr (diese Zahlung wird ihm jetzt unter einem Vorwand verweigert).

Von der Gemeinde wurden ihm gezahlt:

1. für die Haltung der Frühmesse an Sonn- und Feiertagen 6 fl.,
2. f. d. Kreuzgang am 11. 5. nach Augsburg 15 kr,
3. f. d. Kreuzgang zu des Herren Ruh nach Friedberg 30 kr,
4. f. d. Kreuzgang am St. Peter- und Paulstag nach Inningen 15 kr,
5. 2 Kreuzgänge nach Maria Hilf auf dem Lechfeld, zusammen 30 kr,
6. 1 Kreuzgang am St. Wendelinstag zur St. Wolfgangskapelle 15 kr,
7. 1 Kreuzgang am Fest der unbefleckten Empfängnis zur Liebfrauenkapelle 15 kr,
8. 1 Feldprozession am Tag der Erscheinung des Herrn 45 kr,
9. 1 Prozession am Feste Corporis Christi 45 kr,
10. „wegen der in dieser Oktav habenden vielen Bemühungen" 45 kr,
11. 52 hl. Messen zu je 4 kr = 3 fl. 28 kr,
12. 1 schlechten Krautteil,
13. 1 Leitenhaufen oder zwei „füderte schlechte Gemeindsholz", zu dem aber der jeweilige Meßmer den Macherlohn mit 40 kr und den Fuhrlohn mit 30 kr zu zahlen hatte.
14. Für das Wetterläuten sind ihm von jedem Feldlehen 2 wintrige und 2 sömmrige Läutgarben (1 Veesen, 1 Roggen, auch Gersten und 1 Haabergarbe) zu geben im Werte von
Veesen = 3 fl. 2 h; Roggen = 1 fl.; Gerste = 1 fl. 2 h; Haaber = 2 fl. 2 h.

Der Schulmeister erhielt in seiner Eigenschaft als Meßner für jede Votivmesse in Bobingen 4 Kreuzer, für jede Hochzeit mit Orgelschlagen 30 und ohne Orgelspiel 15 Kreuzer. Ferner bezog er

a) für eine Kindstaufe in der Kirche 4 kr,
b) für eine Kindstaufe in den Häusern 8 kr,
c) von jeder Kindsböterin 1 Laib Brot (Bäuerin) oder 3 kr (Söldnerin).

Starb ein Kind und trug die Hebamme die Leiche ans Grab, so hatte der Bauer dem Meßner das Grab zu machen und ihm für 2- bis 5jährige Kinder 1 Laib Brot und 10 kr (Söldner nur 15 kr) zu geben.

Wenn ein Kranker versehen wurde, erhielt der Meßner 4 kr, die gleiche Summe bei der Hl. Ölung, während er für das „Scheidungsläuten" 6 kr bekam und für das Abholen eines Toten 14 kr. Für jedes Begräbnis, aber auch jeden Fastengottesdienst bezog er von Bauern und Söldnern je 1 Laib Brot, 1 kr und 1/2 Vierling Schönmehl (helles Mehl). Abgabepflichtig waren jedoch nur die Bauern und Söldner, welche mehr als einen Jauchert Land besaßen. Die Anwesensbesitzer mit weniger als einem Jauchert zahlten 1 Laib Brot, 1 kr und 1/4 Vierling Schönmehl. Anwesensbesitzer ohne Acker gaben 1 Semmel und 1/4 Vierling Mehl.

Für den Gesang am Grabe, Aufstellung des Totengerätes, das Grabläuten und das Libera-Singen erhielt er 10 Pfund Kern, 4 bis 6 Pfund Butter, 1/2 Pfd. Flachs, 1 Laib Brot, 1 Semmel, 1/2 Vierling Schönmehl. Auch damals gab es schon eine Beerdigung nach Klassen, d. h. nach der Höhe der Bezahlung. Für das „Siebent- und Dreißigstgeläut" und die Jahrmesse erhielt der Meßner wieder 30 kr. Er klagt allerdings darüber, daß ihm diese „Funeralkosten" immer wieder „difficultiert" würden.

Am Weihnachts-, Neujahrs- und Hl.-Dreikönigs-Abend war der Meßner verpflichtet, unter dem Geläute der großen Glocke von Haus zu Haus zu gehen und die Häuser auszuräuchern, wobei ihm Bauern und Söldner beim ersten Rundgang 1 Laib Brot, beim zweiten 2 kr und ein Stück Brot und die gleiche Gabe beim dritten Rundgang aushändigten. Die Söldner gaben immer 1 oder 1/2 kr. Auch für das Läuten während Allerheiligen und Allerseelen wurde ihm pro Anwesen 1 Brot gegeben.

Er hatte ferner die Glocken beim „Maienrecht" (Abrechnung der Gemeindekasse in Anwesenheit der stimmberechtigten Dorfgenossen) zu läuten sowie zur Frühmesse um 6 Uhr morgens.

Diese Besoldungsordnung wurde für den Lehrer Sebastian Egger vom Pflegamtsverwalter Julian Schmid bestätigt und erneuert.

4. Die Winterschule

1765 bewohnte der damalige Lehrer nur noch eine Kammer im Turm. Die Mauern des Turms waren ziemlich brüchig und zeigten im Oberteil einen Spalt von 1,80 m Länge. Eine weitere Kammer für den so dringend benötigten Schulknecht konnte nicht eingebaut werden, da der Turm einzustürzen drohte. Der Bobinger Maurermeister Georg Holzer schlug zur Festigung des Turms eine Verbindung zwischen Turm und Schulgebäude vor.

Der im Turm wohnende Lehrer Anton Kraus bat 1776 um eine Erhöhung seiner Meßnerbezüge zur Bewältigung der Kirchenwäsche und zum Ersatz seiner Violinsaiten. Der gleiche Lehrer berichtete 1771, daß er allen Kindern – auch den armen, welche ihr Schulgeld nicht zahlen konnten – „Unterricht in Lesen und Schreiben und den christcatholischen Nothwendigkeiten" erteile, daß ihm aber durch das Unterrichten der armen Kinder ein Wesentliches an Schulgeld entgehe. Auf seinen Antrag hin wurde ihm eine Gehaltsaufbesserung von 12 Gulden jährlich bewilligt, welche zu 1/3 die Gemeinde, zu 1/3 die Kirchenkasse und zu 1/3 die bischöfliche Kammer zu Dillingen bezahlte. Aus dem Gesuch geht hervor, daß Unterricht in Bobingen nur von Martini bis Ostern gehalten wurde, also nur während des Winters.

Vor Kraus hatte ein Lehrer Schmid unterrichtet, der sich die Schulmeister-stelle von Kraus um 400 Gulden abkaufen ließ. Der wollte nun die gleiche Stelle an einen Nachfolger aus Gunderingen (?) veräußern, aber diesem waren die Einnahmen der Bobinger Lehrerstelle zu gering; so folgte Friedrich Schlos-ser als Lehrer. Schlosser beklagte sich wiederholt, er könne von seinen Ein-künften kaum leben, und bat um Bewilligung einer zusätzlichen Getreideabga-be, die ihm von dem zu Martini anfallenden „Hailligengetraid" auch zuge-teilt wurde.

5. Die Einführung der Normalschule

Erzbischof Clemens Wenzeslaus führte 1780 die Normalschule ein. 1781 wur-den in Bobingen 130 Schüler und Schülerinnen von einem einzigen Lehrer un-terrichtet. In Wehringen unterrichtete der Lehrer 60–70 Kinder in seiner Wohnstube, da die Gemeinde kein eigenes Schulhaus besaß. Zur gleichen Zeit wird berichtet, daß die Bobinger Friedhofsmauer teilweise eingefallen war, daß Stücke des stark schadhaften Kirchendachs ins Kirchenschiff gefallen wa-ren und der blanke Himmel auf die Betenden herabschaute. Der Bobinger Friedhof mit seinen befestigten Anlagen aus der Zeit des Dreißigjährigen Krie-ges befand sich im Zustand des Totalverfalls.
Der Lehrer Schlosser hatte mit erheblichen Schwierigkeiten zu kämpfen, woll-ten doch einige Eltern ihre Kinder nicht während des ganzen Jahres in die Schule schicken. Der Schulmeister mußte allwöchentlich dem Pflegamtsver-walter im oberen Schlößchen eine Liste der Schulversäumnisse vorlegen, der die widerspenstigen Eltern mit der Zahlung von 17 Kreuzern bestrafte. Die Folge war, daß die Zuwendungen der Bestraften an die Bobinger Pfarrkirche, soweit sie dem Meßmer zustanden, ausblieben bzw. nicht abgeliefert wurden. Der Pflegamtsverwalter stand ganz auf der Seite des pflichtbewußten Lehrers und ließ ihm z. B. als Ersatz für das Einkommen aus dem damals verbotenen Häuserausräuchern jährlich 24 fl. aus den gemeindlichen Mitteln zuweisen.

6. Das bayerische Schulsystem

Unter der bayerischen Herrschaft wurde die Schulpflicht noch strenger ge-handhabt. 1808 war endlich als zweite Lehrkraft ein Schuladstand (Hilfslehrer mit Namen Johann Martin Ferdinand Fefeuerle) in Bobingen tätig, der sich durch verteilen von Rottlisten für die Gemeinde ein Zubrot verdiente. 1828 wurde ein neues Schulhaus auf der Südseite des Friedhofs erbaut, während die alte Turmwohnung des Lehrers bis 1865 als zusätzliches Armenhaus verwen-det und dann völlig eingerissen wurde. Anstelle des Turms wurde die Lehrer-wohnung auf der Westseite des Friedhofs erbaut.

1815 ordnete die kgl. Regierung des Oberdonaukreises (Vorform des heutigen Regierungsbezirks Schwaben) die getrennte Unterrichtung von Knaben und Mädchen in der Feiertagsschule an. Vor rund 100 Jahren wurden öfters Befreiungen vom Schulbesuch durch die Distriktsschulinspektion für ärmere Kinder vom 12. Lebensjahr ab ausgesprochen. Diese mußten dann jedoch bis zu ihrem 18. Lebensjahr die Sonntagsschule besuchen. 1860 erteilte ein Hilfslehrer in der Mittagspause diesen Schulbuben, die meistens als Hirtenjungen arbeiteten, Unterricht gegen 1 Gulten monatlich. 1822 wurden je Woche auch 4 Stunden Unterricht im Singen und Musizieren erteilt.

Im Gemeinderatsbeschluß vom 24. 6. 1836 wird erstmalig eine Baumschule erwähnt, als der Arbeiter Michael Marchtel zur Unterstützung des Lehrers mit den Gartenarbeiten auf Kosten der Gemeinde beauftragt wurde. Die Obstbaumzucht war durch kgl. Verordnung vorgeschrieben worden, und weil die Lehrer die sorgsamsten Hände auf schulischem Gebiet hatten, vertraute man ihnen auch die „Baumschulen" an. Die Bobinger Baumschule lag ostwärts des Pfarrgartens; der Grund war schottrig. Außerdem wurden immer wieder die jungen Obstbäume gestohlen, so daß die Baumschule in den Schuldienstgarten (lt. Gemeinderatsbeschluß v. 16. 10. 1850) dicht beim Friedhofsbrunnen (Pl.-Nr. 230 1/2 mit 15 Dezimalen), später in den Armenhausgarten im oberen Dorf verlegt wurde. Noch später übernahm die Gärtnerei Stengele die Versorgung des Dorfes mit leistungsfähigen Obstbäumen. Es darf hier nicht vergessen werden zu erwähnen, daß z. B. ein Obstzehnt in Bobingen nie entrichtet werden mußte, was auf die ziemlich späte Entwicklung eines rentablen Obstbaues schließen läßt.

Im Gemeinderatsprotokoll vom 18. .8. 1839 heißt es, daß der Lehrer je Schüler und Woche zwei Kreuzer erhalte und pro Feiertagsschüler 1 Kreuzer. Da der Lehrer während der Erntearbeiten nicht unterrichtete, wurde er auch nur für 40 Wochen im Jahr bezahlt.

1857 wurde das siebte Schuljahr eingeführt. Am 12. 12. 1858 wird im Sitzungsprotokoll des Gemeinderats verzeichnet, daß dem Schuladstand kein Holzbezug zustehe, aber „man empfindet es als billig, daß ihm im Winter einmal täglich eingeheizt werde". Die Zeiten des „armen Dorfschulmeisterlein" und seiner Geringachtung waren noch lange nicht vorüber.

In den höheren Klassen wurde zu jener Zeit durch den Benefiziaten wöchentlich zweimal Religionsunterricht erteilt, während in den unteren Klassen der Lehrer in biblischer Geschichte unterrichtete. 1862 wurde die zweite Hilfslehrerstelle in Bobingen eingerichtet. Die Gemeinde steuerte jährlich 100 Gulden (nach der Geldumstellung = 171,43 Mark) zu seinem Gehalt bei (!). 1883 wollte der Gemeinderat auf Antrag von neun Vätern eine allgemeine Schulgeldfreiheit in Bobingen einführen, dieser Beschluß wurde jedoch offensichtlich vom kgl. Bezirksamt Schwabmünchen nicht genehmigt. Seit 1883 unterrichteten erstmals zwei Hilfslehrerinnen in Bobingen.

1865 war der letzte Turm der Friedhofsbefestigung eingerissen und an seiner Stelle die neue Lehrerwohnung errichtet worden. Die Lehrerwohnungen im Schulhaus an der Südseite des Friedhofs wurden aufgelassen und drei Schulräume eingerichtet, ferner ein Raum für die Gemeinde-Registratur und für die Sitzungen des Gemeinderats vorgesehen. Noch mußte die Kirchenstiftungskasse für den Unterhalt des Lehrerhauses aufkommen. Als deren Mittel (1882) durch die großen Reparaturen an der Pfarrkirche völlig erschöpft waren, trug die Gemeindekasse freiwillig die Hälfte der anfallenden Reparaturkosten.

Am 3. 4. 1887 wurde die Einrichtung eines vierten Schulzimmers beschlossen, nachdem die Regierung von Schwaben die Einstellung einer vierten Lehrkraft angeordnet hatte. Eingestellt wurde Norbert Schuster, der Sohn des Lehrers Joh. Nepomuk Schuster, der auch vier Stunden Zeichenunterricht in der Woche erteilte. Schon im Schulvisitationsbericht von 1849 war erwähnt worden, daß „drei Knaben Zeichenunterricht" erhielten. Am 5. 12. 1891 wurde eine Hilfslehrerstelle in die zweite ordentliche Lehrerstelle umgewandelt. Lt. Beschluß vom 5.1.1899 übernahm die Gemeinde endgültig die Baulast für die Lehrerwohnungen.

Um die Jahrhundertwende begann die Entwicklung Bobingens zum Industrieort. Die Zahl der Kinder und Schulteilnehmer stieg ebenfalls an. Im Jahre 1900 hatten Bobingens Schulklassen folgende Schülerzahlen aufzuweisen:

1. Klasse 55 Schüler   5. Klasse 42 Schüler
2. Klasse 42 Schüler   6. Klasse 41 Schüler
3. Klasse 40 Schüler   7. Klasse 36 Schüler.
4. Klasse 45 Schüler

Die Bevölkerungszahl vergrößerte sich durch das Anwachsen der „Fabrikbevölkerung" weiterhin. 1903 wurde daher der Wechselunterricht eingeführt, weil die Schulräume für einen geschlossenen Unterricht nicht mehr ausreichten. Am 24. 1. 1904 faßte man deshalb erstmals den Plan zum Neubau eines größeren Schulgebäudes, aber es dauerte doch noch zwei Jahre, bis dieses Gebäude ostwärts des gemeindlichen Feuerwehrhauses errichtet wurde. Den Bauplatz verkaufte der Käsereibesitzer Ulrich Eisenschmid, den Bauplan entwarf der Amtstechniker Niedermeier (Schwabmünchen). Um einen Zugang von der Hauptstraße zum Schulhaus zu erhalten, wurde das Haus Nr. 202 1/3 erworben und abgerissen. Es stand in der Mitte der heutigen Pestalozzistraße. Die Schulden, welche beim Bau des Feuerwehrhauses 1878 entstanden waren, waren 1904 getilgt. Die Kosten für den Neubau der Schule sollten ca. 40 000 Mark betragen. Da viele Bobinger Bauernhöfe wegen der niedrigen Getreidepreise verschuldet waren, beschloß der Gemeinderat, einen Unkostenbeitrag zum Schulbau in Form eines Lokal-, Malz- und Bieraufschlags zu erheben. Gegen den Protest der betroffenen Gastwirte und Bierbrauer konnte sich dieser Beschluß aber nicht durchsetzen.

7. Die neue Schule

Am 5. 11. 1906 wurde der Schulhausneubau mit vier Schulsälen und einer Hausmeisterwohnung in Gegenwart des Bezirksamtmanns Freiherr von Lutz eingeweiht. Im gleichen Jahr wurde eine sechste Lehrerstelle eingeführt. Ebenfalls 1906 wurden erstmalig Kartenblätter für den Unterricht bestellt, und am 16. 11. 1907 wurde die Einrichtung einer landwirtschaftlichen Winterschule beschlossen. Diese Schule hatte eine Vorgängerin in der seit 1868 bestehenden landwirtschaftlichen Fortbildungsschule, in der von November bis März (Dienstag und Freitag von 19.00 bis 21.00 Uhr) unterrichtet wurde.
Wichtig für den Schulbetrieb war, daß 1893 die Trennung des Meßnerdienstes vom Schuldienst erfolgte. Die Meßnerstellvertretung lag schon seit 1875 in den Händen des Zimmermanns Anton Ried. Seither blieb der Meßnerdienst für drei Generationen in der Familie Ried. Der Dienstvertrag des Meßners wurde am 29. 7. 1894 vom Kgl. Bezirksamt genehmigt. Der Meßner erhielt aus der Gemeindekasse und aus den Stiftungskassen (1918) pro Jahr 358,52 Mark und aus Stolarien 150,– Mark.
1914 wurde auch die Feiertagsschule in die „Volksfortbildungsschule" umgewandelt, die ab 1938 „Ländliche Berufsschule" und ab 1941 „Landwirtschaftliche Berufsschule" hieß. 1952/53 wurde der dritte Schülerjahrgang der landwirtschaftlichen Berufsschule eingeführt. Ein Berufsschullehrer und vier Lehrkräfte der Volksschule versahen den Unterricht, an dem auch Berufsschüler aus Straßberg teilnahmen.
Durch Gemeinderatsbeschluß vom 16. 12. 1916 wurde das gesamte Schulgeld für die Werktags- und Feiertagsschule mit Wirkung vom 1. 1. 1917 von der Gemeindekasse übernommen, da – nicht zuletzt durch die günstige Entwicklung der Bobinger Pulverfabrik – die Kasse einen günstigen Stand aufwies. 1921 erfolgte die Verstaatlichung der Volksschulen. Im März 1934 beschloß der Gemeinderat unter Bürgermeister Renz die Einführung des achten Schuljahres für Knaben. Die erstmals eingeführte Klasse hatte 30 Schüler. 1939/40 wurde auch für die Mädchen die achte Klasse eingeführt. Dazwischen lag die Erweiterung des Schulhauses (1936) durch Errichtung eines westlichen Anbaus mit drei Schulsälen.
Am 18. 9. 1949 wurde ein neuer Schulhauserweiterungsbau, der sich ostwärts an das Schulhaus anschloß, mit zwei Schulsälen für je 60 Kinder und einem

ausgebauten Schulsaal im Dachgeschoß für 48 Kinder unter Rektor Butzer feierlich seiner Bestimmung übergeben. Im Keller des Neubaus wurde nicht nur die erste moderne Schulküche des Landkreises Schwabmünchen mit Einrichtungen für vier komplette Haushaltungen eingebaut, sondern auch 15 Brausen, zwei Wannenbäder und ein Planschbecken wurden installiert. Die Gesamtkosten des Neubaus beliefen sich auf 107 971,– DM, die ohne Darlehensaufnahme von der Gemeinde selbst aufgebracht werden konnten. Die Regierung von Schwaben gab einen Zuschuß von 21 000,– DM.

8. Zunehmende Schülerzahlen

Im April 1953 betrug die Schülerzahl 664, davon waren 576 Schüler katholisch, 73 evangelisch und 15 bekenntnislos. Sechzehn Lehrkräfte (8 weiblich, 8 männlich) unterrichteten die 330 Jungen und 334 Mädchen der Schule. Die Berufsschule wurde von 141 Schülern besucht (drei Jahrgänge, 90 Schüler, 51 Schülerinnen). 1952/53 wurde das dritte Schuljahr der landwirtschaftlichen Berufsschule allgemein eingeführt. Zehn Berufsschüler aus Straßberg nahmen am Unterricht teil.

Es gab (im Herbst)	Schüler	in Klassen
1953	727	16
1954	729	16
1955	713	16
1956	676	16
1957	645	16
1958	592	16
1959	597	16
1960	627	16
1961	641	16
1962	656	16
1963	633	17
1964	661	18
1965	667	18
1966	713	19
1967	765	21
1968	1039	26

In der Grund- und Hauptschule wurden unterrichtet

1969	a) Grundschule	784	21
	b) Hauptschule	664	17
1970	a) Grundschule	827	22
	b) Hauptschule	705	19
1971	a) Grundschule	981	23
	b) Hauptschule	774	19
1972	a) Grundschule	926	24
	b) Hauptschule	818	21

Die Mittel- bzw. Realschule besuchten

Jahr	Schüler	in Klassen	Jahr	Schüler	in Klassen
1955	66	2	1964	310	12
1956	131	4	1965	326	11
1957	207	6	1966	332	12
1958	130	3	1967	348	13
1959	167	4	1968	386	13
1960	216	5	1969	442	14
1961	243	6	1970	499	16
1962	336	6	1971	467	16
1963	365	12	1972	429	15

Im Jahre 1955 wurde durch Erlaß des Bayerischen Kultusministeriums in Bobingen eine Staatliche Mittelschule für Knaben mit einer Zweigstelle in Schwabmünchen gegründet. Am 1. 9. 1958 wurde eine Staatliche Mittelschule für Mädchen in Schwabmünchen ins Leben gerufen und die Bobinger Mittelschule als Staatliche Mittelschule für Knaben weitergeführt. Die Zweigstelle der Mittelschule in Schwabmünchen war damit selbständige Mittelschule für Mädchen geworden. Schon ein Jahr später wurde in Bobingen eine Staatliche Mittelschule für Knaben und Mädchen eingerichtet. Seit 1. 9. 1962 besteht die bis dahin dreijährige Mittelschulausbildung als nunmehr vierjähriger Ausbildungsgang. Seit dem 1. 8. 1965 trägt die Schule die Bezeichnung „Staatliche Realschule für Knaben und Mädchen".
Die Hauptschule dient nicht nur den Schülern der Stadt Bobingen. Sie nimmt auch die Schüler der Gemeinden Oberottmarshausen, Kleinaitingen, Großaitingen, Reinhartshofen, Reinhartshausen, Waldberg, Kreuzanger, Straßberg und Wehringen auf. Die Schule ist eine Einrichtung der Stadt Bobingen, an der sich die angeschlossenen Gemeinden durch einen öffentlich-rechtlichen

Vertrag beteiligen. (Die Gemeinden Straßberg und Reinhartshausen lösten sich ab 1. 7. 1972 freiwillig auf und schlossen sich als Ortsteile der Stadt Bobingen an.)

Die Grundschule Bobingen wurde mit Regierungsentschließung vom 29. 8. 1969 gegründet. Sie umfaßt das Gemeindegebiet Bobingen und den Bereich der Nachbargemeinde Oberottmarshausen. Im Ortsteil Straßberg besteht seit 1969 eine Grund- und Teilhauptschule, an der vier Klassen der Grundschule und zwei Klassen (6. und 7. Jahr) der Hauptschule geführt werden. In diesen Klassen werden auch die Schüler von Reinhartshausen, Waldberg und Kreuzanger erfaßt. Ursprünglich als sogenannte Verbandsschule der beteiligten Gemeinden geführt, ist diese Straßberger Schule nunmehr auch eine Schuleinrichtung der Stadt Bobingen, an der seit dem 1. 1. 1973 die angeschlossenen Gemeinden vertraglich beteiligt sind.

Die positive Entwicklung des Schulwesens entspricht der vielversprechenden wirtschaftlichen Mittelpunktlage Bobingens, das sich aus einem uralten Bauerndorf mehr und mehr zu einem lebhaften Gemeinwesen und einer jungen Industriestadt entwickelt hat.

VII. VOM „ARMBHÄUSL" ZUM MODERNEN KRANKENHAUS

1. Die Fürsorge durch die Großfamilie

Niemals bedarf ein Mensch der Hilfe seiner Umwelt mehr, als wenn er arbeitsunfähig und ohne Einkommensquelle hilflos und krank darniederliegt. In einem solchen Zustand ist er auf die Hilfe seiner Familie, seiner Verwandten, Bekannten und Freunde oder, wenn diese fehlen, auf die Hilfe des Dorfes, der Stadt oder des Staates angewiesen. Neben der ihm zufließenden sozialen Unterstützung wirkt die ihm gezeigte Hilfsbereitschaft und Sorgfalt als seelische Beruhigung und weckt jene als Gesundungsvoraussetzung so wichtige sorglose Gesundungsbereitschaft, bei der auch der hinfälligste Kranke seine Reserven mit dem Ziel der Genesung mobilisieren kann.

So war es schon in frühester Zeit eine Aufgabe der Nachbarschaft und der Dorfgemeinschaft, für ihre in Not und Armut geratenen und kranken Dorfgenossen zu sorgen, wenn dies nicht im Familienverband geschehen konnte. Stand die mittellose, kranke Person als Knecht oder Magd im Arbeitsverhältnis bei einem Bauern, so sorgte dieser sich ursprünglich selbst um den Kranken. Die Armenfürsorge aber sprang ein, wenn die kranke Person in keinerlei Beziehung zu einem ständigen Arbeitgeber stand und deshalb im Krankheitsfalle hilflos war. Die früheste Anmerkung über die Versorgung der Dorfarmen fand sich in einem Pflegamtsprotokoll vom 25. 11. 1645. Dort heißt es:

„Verkauf des obern Heuslens 1645
Den 25. November verkaufft Adam Wall alhier, sein inngehabtes Heuslen zu obers im Dorff gelegen, Jakob Hampen von Öttringen umb 80 Fl, welche er mit 50 Fl Pargellt, unnd in 2 Jahren hernach allwegen mit 15 Fl järlich bezahlen solle."

Danach folgt ohne Datum unter der Überschrift „Einstandt der Vierer" eine Ergänzung:

„Welches Heuslen unnd beschehener Kauff die Jezige Vierer Hanns Zöhrlen et Consort. im Namen einer ganzen Gemain, für ein Armbe Leüth Heüslen angenommen, unnd obigem Adam Wallen dergestallt zuebezahlen versprochen. Nemblich Pargellt 41 Fl, darzue solle Ime sein Gschwacher Baltas Meiting der solch Heüslen vorhin von der Gemain als ein Abbürth Gueth p. 55 Fl erhandlet, uf die bereits daran erlegte 16 Fl sonsten den Vierern schuldig gewesen were, zühlweiß 35 Fl bezahlen, warmit also diß Heyslen wider völlig an die Gemain geleßt. In Beisein H. Pflegers, Michl Rößlens unnd Veit Widemans." (Mitteilung von X. H., 1989).

In den vom Jahre 1700 an erhaltenen Gemeinderechnungen Bobingens wird immer wieder ein „Armbhäusl" erwähnt, in dem arbeitsunfähige, unbegüterte, aber ortsansässige Personen wohnten. Diese Dorfarmen unterstanden dem Armenpfleger, der eine eigene Kasse führte und von jedem begüterten Dorfbewohner einen jährlichen Armengeldbeitrag erhob. Viel Dorfarme gab es in Bobingen nie. Durchreisende Hilfsbedürftige erhielten das sogenannte Ortsgeschenk, das ebenfalls in den Rechnungsbüchern der damaligen Gemeindeverwaltung aufgeführt ist. Sie durften ferner kostenlos in Tafernwirtschaften übernachten.

2. Das Armenhaus

Die Dorfarmen hatten gewöhnlich keinerlei eigenen Besitz. Sie wohnten kostenlos im gemeindlichen Armenhaus. Es wurden ihnen auch einige Einrichtungsgegenstände zur Verfügung gestellt. Die Lage des damaligen Bobinger Armenhauses ist bekannt.

Während des Dreißigjährigen Krieges wurde der Bobinger Friedhof schwer befestigt. Auf der Mitte der westlichen und südlichen Mauerseite wurden zwei starke Türme errichtet, die man später verfallen ließ, als friedlichere Zeiten solchen Aufwand nicht mehr erforderten. Als letzter der Türme hielt sich der Turm auf der Westseite des alten „Freythofes", und in diesem Turm wohnten die Bobinger Armen. Das zweite Armenhaus war ein Söldnerhaus im oberen Dorf (Hs.-Nr. 241, heute: Gerum, Lindauer Straße 27).

Die Bewohner des unteren Armenhauses betraten das Haus über den Friedhof. Der Friedhof mußte deshalb stets unversperrt bleiben, was wegen der streunenden Hunde bedauert wurde, die auf den Friedhof liefen. Die alte Turmwohnung war ruinös und baufällig. Der Turm hatte eine Grundfläche von zwölf Meter Länge und sechs Meter Breite und wies zwei Wohnzimmer, zwei Schlafzimmer, eine Küche und zwei Kammern auf. Es wurde damals schon als notwendig erachtet, ein neues Armenhaus entweder zu kaufen oder zu erbauen, doch kam man von diesem Plan zunächst wieder ab, da es z. B. 1844 nur vier erwerbslose, aber arbeitsfähige Arme gab, die der öffentlichen Unterstützung bedurften. Soweit die Dorfarmen gehfähig waren, wurden sie bestimmten Häusern zur Beköstigung zugewiesen. Anläßlich der Gemeindegründeverteilung wurden diese „vier Arbeitslosen" (1848) mit der Errichtung von Uferbefestigungen an der Wertach beschäftigt, ein frühes Beispiel der produktiven Arbeitslosenfürsorge.

Nach einem Bericht von 1855 wohnten im unteren Armenhaus neun Dorfarme. Der Turm war mit Platten gedeckt, aber sehr feucht, während das obere Armenhaus auf kleinstem Raum neun Personen (einschließlich der Kinder) beherbergte, aber noch mit Stroh gedeckt war. Auch das obere Armenhaus war feucht und unwohnlich.

3. Pläne für ein größeres Armenhaus

Angesichts der allmählichen Zunahme der Bevölkerungszahl und der unhaltbaren Zustände in den beiden Armenhäusern beschloß der Gemeinderat am 25. 3. 1856 den Neubau oder Kauf eines entsprechenden Armenhauses. Der Friedhofsturm sollte abgerissen werden, und die unteren Räume waren als Versammlungsraum vorgesehen. Am 29. 6. 1856 beschloß die ganze Gemeinde über den Kauf des Wohnhauses des Händlers Josef Kantmann, Hausnummer 242 1/2 (heute Lindauer Str. 31), welches nach 1830 erbaut worden war und sich in einem sehr guten Zustand befand. Kantmann forderte (und erhielt auch) für das Haus 3450 Gulden, die sich die Gemeindeverwaltung bei einigen reichen Bauern in Bobingen gegen vier Prozent Verzinsung ausborgte. Das Kantmannsche Haus war bereits mit Platten gedeckt und bot 20 bis 30 Personen Unterkunft. 18 Betten für Kranke wurden aufgestellt. Kantmann hatte im südwestlichen Raum des Erdgeschosses einen Bierausschank betrieben.

In dieses neue Armenhaus wurde eine Aufseherwohnung eingebaut – und das war die Geburtsstunde des ersten Bobinger Krankenhauses. Sebastian Rauch hieß der erste Aufseher, der in den damaligen Gemeinderatsbeschlüssen auch „Krankenpfleger" genannt wird. Er erhielt zunächst als Besoldung pro Tag sechs Kreuzer und eine mietfreie Dienstwohnung. Das Gebäude aber blieb Bobinger Krankenhaus bis zum Neubau eines Krankenhauses im Jahre 1953.

Zur Einrichtung des „Armen- und Krankenhauses" wurden noch 950 fl. (Gulden) benötigt, welche die Gemeindeverwaltung aus dem Pferch- und Weidegeld der verpachteten Schafweiden gedeckt wissen wollte. Da die Weidekasse aber von der Gemeindekasse getrennt gehalten worden war, bestätigte das königliche Landgericht Schwabmünchen auf den Einspruch der Weidebesitzer hin deren Recht auf die Pachterträge und den Privatcharakter dieser Kasse. Die Unkosten wurden daraufhin durch eine Erhöhung der Gemeindeumlagen abgedeckt. Durch Mißernte, Mäusefraß und eine beschränkte, aber notwendige Wertachkorrektion konnte allerdings die Gemeinde ihre Rückzahlungsverpflichtungen an die Bobinger Bauern in den nächsten Jahren nicht termingerecht einhalten, wohl jedoch kurze Zeit später völlig begleichen.

Der Maurermeister Johann Heim aus Großaitingen beendete am 17. 8. 1858 die Umbauten im Inneren des Kantmannschen Hauses. Der Garten beim Haus wurde als Schulgarten verwendet.

4. Krankenkasse, Arzt, Apotheke

In den sechziger Jahren des vergangenen Jahrhunderts wurde in Bobingen ein privater Kranken-Pflegeverein gegründet, der hauptsächlich alle Dienstboten aufnehmen sollte, damit diesen im Falle einer Erkrankung – unter Entlastung der Arbeitgeber – wirksame ärztliche Hilfe gewährt werden konnte. Der Gemeinderat beklagte sich allerdings 1867 darüber, daß nicht alle Dienstboten diesem Verein beiträten und daß man auch keinen zum Beitritt zwingen könne. Der Verein löste sich deshalb noch im gleichen Jahre auf. Der Versuch einer örtlichen Krankenkasse war damit gescheitert.

Damals gab es in Bobingen nur einen Arzt. Dieser hatte zugleich das Recht, eine eigene Apotheke zu führen. Es konnte bisher noch nicht genau festgestellt werden, wann die Trennung zwischen Arztpraxis und Apotheke vollzogen wurde. Fest steht jedoch, daß der Großvater des jetzigen Apothekers Helmut Müller im Jahre 1893 die Konzession vom Apotheker Neumayer kaufte und die Apotheke an der heutigen Stelle weiter bestand.

Das Gesetz vom 29.4.1869, die Unterstützung und Verpflegung hilfsbedürftiger und erkrankter Personen betreffend, verpflichtete die Gemeinde, Gehilfen, Lohnarbeiter, Dienstboten, Gesellen und Lehrlinge bei Erkrankungen 90 Tage zu verköstigen und während dieser Zeit die ärztliche Leistung und die Medikamente zu bezahlen. Daraufhin wurde der Krankenverein (1881) neu gegründet. Für den erwähnten Personenkreis war die Mitgliedschaft Pflicht.

Die Beiträge waren sehr niedrig. Dienstboten mit einem Jahreseinkommen von zehn Mark zahlten z. B. pro Monat fünf Pfennige Beitrag.

5. *Die Wandlung vom Armenhaus zum Krankenhaus*

Das Armen- und Krankenhaus wurde laut Vertrag vom 1. 2. 1883 als Dienstbotenkrankenhaus bestimmt, wobei der praktische Arzt Dr. med. Müller für 200 Mark Jahressalär die Betreuung der Krankenhauspatienten übernahm. Operationen und Amputationen wurden ihm extra vergütet. Die ersten weiblichen Krankenpflegerinnen sind im Gemeinderatsbeschluß vom 10.2.1883 erwähnt. Felizitas Häring und Walburga Schaller versorgten die Kranken schon seit Jahren und wurden 1883 durch Handschlag zu ihrer Tätigkeit verpflichtet. Welch eine ehrliche Zeit, in der ein Handschlag noch verbindlicher war, als heute manchmal ein schriftlicher Vertrag!
Nach einem Bericht der Regierung von Schwaben und Neuburg vom 14. 12. 1905 war das Krankenhaus Bobingen genügend geräumig und in gutem Zustand. Nur noch ein einziger obdachloser Unterstützungsempfänger wohnte in dem Haus, dessen Charakter sich immer mehr vom Armenhaus zum Krankenhaus wandelte.
Bezirksamtsvorstand von Lutz schlug damals schon die Errichtung einer Kleinkinderbewahranstalt vor, jedoch wurde dieser Gedanke von der Gemeinde zurückgewiesen. Mehr Entgegenkommen fand der Plan zur Berufung von Ordensschwestern an das Bobinger Krankenhaus nach Schwabmünchner Vorbild. Da die Ausgaben für das 1906 zu erbauende Schulhaus die Gemeindekasse zu sehr belasteten, wollte die Gemeindeverwaltung zunächst mit der Berufung von Ordensschwestern noch warten, schloß aber dann doch am 16. 8. 1906 mit dem Mutterhaus der Franziskanerinnen in Dillingen einen Vertrag ab, der die Entsendung von drei Ordensschwestern und einer Kandidatin an das Bobinger Krankenhaus vorsah. Die Ordensschwestern wohnen seither in Bobingen. Seit 1906 versehen sie aufopferungsbereit ihren selbstlosen Dienst an den Kranken, Siechen und Hilfsbedürftigen und erwerben sich so täglich von neuem die Achtung und Hochschätzung weiter Bevölkerungskreise.
Gleichfalls 1906 wurde auf Betreiben des damaligen Pfarrers Happach der „Verein für ambulante Krankenpflege" gegründet, der heute noch besteht. Die Mitgliedschaft ist ohne Rücksicht auf Stand, Beruf oder Konfession möglich. 1907 übernahm Dr. Medicus die Betreuung des Bobinger Krankenhauses, in welchem damals zwölf Betten standen.
Die Bedeutung des Krankenhauses wuchs mit der Ausdehnung des Dorfes, die wieder vom wirtschaftlichen Erfolg der Kunstseidefabrik Bobingen abhängig

war. Die Zahl der Aufnahme erbittenden Kranken wuchs von Tag zu Tag, so daß zuletzt die Betten des Krankenhauses fast ständig belegt waren. Während des ganzen Jahres 1905 wurden die Einrichtungen des Krankenhauses von insgesamt 19 Kranken beansprucht, 1906 waren es schon 30 Patienten. Rasch nahm die Zahl der pro Jahr aufgenommenen Patienten zu. Waren es 1907 noch 79 Patienten, so stieg die Zahl auf 93 im Jahre 1908, auf 176 im Jahre 1916 und auf 239 im Jahre 1918.

Der praktische Arzt Dr. Medicus erkannte sehr früh und weitschauend die künftige Entwicklung Bobingens und forderte schon 1919 den Neubau eines Krankenhauses, eine Forderung, die erst 1953 durch den ersten Krankenhausneubau hinter dem ehemaligen „Armen- und Krankenhaus" erfüllt wurde.

6. Die neuen Krankenhäuser

Das 1953 seiner Bestimmung übergebene neue Krankenhaus (mit 45 Betten) markierte einen Wendepunkt in der Krankenpflege Bobingens. Die Zeit dörflicher Unzulänglichkeit konnte damit als überwunden angesehen werden. 1960 wurde die Kapazität durch einen Erweiterungsanbau im Ostteil des Krankenhauses auf 60 Betten gesteigert.

Durch den schnellen Bevölkerungszuwachs und die Vergrößerung des Bobinger Einzugsgebietes bedingt, mußte schon bald eine großzügigere, weiträumigere Lösung der Krankenhausfrage versucht werden. Die mit dem Landkreis Schwabmünchen in einer Krankenhaus-Zweckvereinbarung verbundene Stadt Bobingen begann 1966 mit dem Bau eines gemeindlichen Krankenhauses auf einem zum alten Allmendeland gehörenden Grundstück in der Nähe der unteren Wertachbrücke. Dieses moderne Krankenhaus wurde am 2. 8. 1969 seiner Bestimmung übergeben. Es hat 164 Krankenbetten und wird als sog. Chefarztkrankenhaus geführt. Es sind je ein hauptamtlicher Chefarzt für die Abteilung Chirurgie und die Abteilung Innere Medizin angestellt. Für Frauenkrankheiten und Geburtshilfe ebenso wie für Hals-, Nasen- und Ohrenkrankheiten ist je ein Facharzt als Belegarzt tätig. Diese leitenden Ärzte werden von 2 Oberärzten und 8 Assistenzärzten unterstützt. Die Pflege wird von 8 aus dem alten Krankenhaus übernommenen Schwestern des Ordens St. Franziskus (Mutterhaus Dillingen) und einer wesentlich größeren Zahl weltlicher Schwestern versehen. Eine ausreichende Zahl bewährter Mitarbeiter und Mitarbeiterinnen ist im medizinisch-technischen Bereich und in der modernen Bäderabteilung tätig. Die Verwaltung des Krankenhauses erfolgt durch einen städtischen Verwaltungsleiter, der in seiner Arbeit von Verwaltungs-, technischem und Wirtschaftspersonal unterstützt wird.

VIII. EINWOHNERZAHLEN

1. Gelegentliche Zählungen

Nichts ist bekanntlich trockener, aber auch einprägsamer und überschaubarer als eine Statistik. Die Entwicklung ganzer Jahrhunderte, die Beschreibung der Lebensverhältnisse der Bevölkerung, der wirtschaftliche Aufschwung oder die wirtschaftlichen Katastrophen eines Landes, die Folgen einer Politik, eines Krieges, der Aufstieg und der Niedergang eines ganzen Volkes: alles das vermag die Statistik nüchtern, einfach, realistisch zu beschreiben und für den, der sie lesen kann, auch zu erläutern. So können z. B. die Einwohnerzahlen das Schicksal des Dorfes, des Marktes und der Stadt Bobingen transparent machen.

Die frühesten Angaben über die Einwohnerzahl Bobingens stammen aus dem Jahre 1623. Nach dem Bericht des damaligen Pfarrers Daniel Müggle lebten damals in Bobingen 1300 Einwohner. Einwohnerzahlen aus früheren Jahrhunderten wurden bisher nicht bekannt.

In der Pestzeit wurde die Einwohnerschaft fast völlig ausgelöscht. Allein im November und Dezember 1628 starben 200 Personen innerhalb von sechs Wochen. Als die Pestzeit für Bobingen 1635 endete, lebten noch 60 Erwachsene (30 Männer, 30 Frauen) in dem verödeten Dorf. An anderer Stelle wurde im April 1635 berichtet, daß einschließlich der Kinder kaum einhundert Menschen in Bobingen lebten.

Durch Zuwanderung aus Tirol, Bayern und aus den Stauden vergrößerte sich die Bevölkerungszahl bald wieder. Zu Ostern 1646 kommunizierten bereits wieder 140 Ledige und 222 Verheiratete.

Im Jahre 1650 machte das Hochstift Augsburg die erste Bestandsaufnahme nach dem Dreißigjährigen Krieg (s. Alfred Weitnauer, Die Bevölkerung des Hochstiftes Augsburg im Jahre 1650, Allgäuer Heimatbücher, Bd. 25, 1941, S. 54). In Bobingen wurden damals gezählt:

Besetzte Höfe (darunter drei Mühlen)	=	38
Öde Höfe (verbrannte und verlassene Höfe)	=	15
Besetzte Sölden (Kleinbauern)	=	66
Öde Sölden	=	58
Mannschaft Personen (d. h. waffenfähige Männer)	=	113

Von 177 Anwesen waren also 104 schon wieder bewohnt und bewirtschaftet. Über den baulichen Zustand der Anwesen wird allerdings nichts gesagt.

Erst in einer Beschreibung des Pflegamtes Bolbingen, welche nach dem Stande des Jahres 1787 auf Anordnung des Fürstbischofs Clemens Wenzeslaus vorgenommen wurde, wird wieder eine Einwohnerzahl aufgeführt. Das Hochstift hatte in diesem Jahr 238 steuerbare, d. h. ihm zur Steuerzahlung verpflichtete Untertanen in Bobingen. Die Gesamteinwohnerzahl betrug 1309. Sie setzte sich zusammen aus

246 Ehepaaren, 13 Witwern, 52 Witwen,
138 Knaben unter 12 Jahren,
209 Mädchen unter 12 Jahren,
206 Burschen über 12 Jahren,
199 Mädchen über 12 Jahren.

Die Einwohner wohnten in 236 Anwesen. Es gab 45 Handwerker im Ort. Nachdem Bobingen mit den schwäbischen Entschädigungslanden bayerisch geworden war, wurde im Jahre 1808 die Numerierung der Häuser durchgeführt. Die erste durchlaufende Numerierung aller Häuser war schon am 5. 3. 1784 befohlen und danach durchgeführt worden. Die Gemeinde hatte aus diesem Anlaß 234 Eisenbleche gekauft und die Hausnummern darauf malen lassen, wie die Unterlagen des Stadtarchivs Bobingen erkennen lassen. Die Hausbesitzer trugen ein Drittel, die Gemeinde zwei Drittel der Kosten. (Mitteilung von X. H.). Bobingen zählte damals 249 bewohnte Anwesen, in denen 1243 Personen lebten (1809/10), nämlich 310 Familien mit

226 Männern,
237 Frauen,
245 männlichen Kindern,
341 weiblichen Kindern,
 22 Gesellen,
 83 Knechten und
 89 Mägden.

2. Systematische Statistik

Systematische Volkszählungsunterlagen liegen für Bobingen erst ab Mitte des vergangenen Jahrhunderts vor. Die Volkszählungen wurden bis heute fortgeführt. Es lebten in Bobingen:

1855	1687 Einwohner		1900	1850 Einwohner
1861	1743 Einwohner		1905	2128 Einwohner
1867	1729 Einwohner		1910	2294 Einwohner
1871	1703 Einwohner		1925	2637 Einwohner
1875	1795 Einwohner		1933	2819 Einwohner
1880	1924 Einwohner		1939	3609 Einwohner
1885	1951 Einwohner		1946	6001 Einwohner
1890	1980 Einwohner		1950	5966 Einwohner
1895	1841 Einwohner		1960	7215 Einwohner

Interessant ist die Entwicklung der Einwohnerzahlen seit 1950, weil sie deutlich den wirtschaftlichen Aufschwung widerspiegelt. So lebten in Bobingen:

1950	5966 Einwohner		1961	7262 Einwohner
1951	6062 Einwohner		1962	7482 Einwohner
1952	5943 Einwohner		1963	7785 Einwohner
1953	6106 Einwohner		1964	8531 Einwohner
1954	6299 Einwohner		1965	8885 Einwohner
1955	6423 Einwohner		1966	9243 Einwohner
1956	6538 Einwohner		1967	9643 Einwohner
1957	6738 Einwohner		1968	9812 Einwohner
1958	6864 Einwohner		1969	10138 Einwohner
1959	6966 Einwohner		1970	10542 Einwohner
1960	7215 Einwohner		1971	10806 Einwohner

Am 30. 6. 1972 betrug die Einwohnerzahl von Bobingen allein 10769. Nachdem am 1. 7. 1972 Straßberg (mit 1245 Einwohnern) und Reinhartshausen (mit 522 Einwohnern) eingemeindet worden waren, wurden am 31. 12. 1972 12631 Einwohner gezählt.

3. Vergleichszahlen

Des Vergleichs wegen sollen die Einwohnerzahlen der Nachbarorte angeführt werden. So zählten

1855	Königsbrunn	1105 Einwohner
	Oberottmarshausen	295 Einwohner
	Straßberg	393 Einwohner
	Wehringen	663 Einwohner
1900	Königsbrunn	1954 Einwohner
	Oberottmarshausen	349 Einwohner
	Straßberg	399 Einwohner
	Wehringen	775 Einwohner
1925	Königsbrunn	2226 Einwohner
	Oberottmarshausen	373 Einwohner
	Straßberg	542 Einwohner
	Wehringen	895 Einwohner
1950	Königsbrunn	4550 Einwohner
	Oberottmarshausen	604 Einwohner
	Straßberg	910 Einwohner
	Wehringen	1956 Einwohner

Zieht man die Geburtszahlen Bobingens zum Vergleich heran, die seit 1876 vorliegen, so ergibt sich folgendes Bild:

In den 25 Jahren von 1876 – 1900 wurden 1924 Kinder geboren. Das sind 77 Kinder pro Jahr im Durchschnitt bei 1850 Einwohnern im Jahre 1900.

In den Jahren von 1901 – 1925 wurden 1961 Kinder geboren. Das sind 77,84 Kinder pro Jahr im Durchschnitt bei 2637 Einwohnern im Jahre 1925.

(In dieser Rechnung sind auch die im Kinderheim geborenen Kinder enthalten, die jedoch teilweise in anderen Orten als Einwohner gemeldet wurden.)

In den Jahren von 1926 – 1950 wurden 1887 Kinder geboren (davon 98 im Kinderheim bzw. im Krankenhaus). Das sind pro Jahr durchschnittlich 75,58 Kinder.

Die Bevölkerungszahl stieg im Jahre 1950 auf 5966.

Das heißt, daß die Geburtenzahl in der absoluten Größe nur geringfügig zurückgegangen zu sein scheint. Im Verhältnis zur Zunahme der Bevölkerung ist sie jedoch relativ sehr stark zurückgegangen. Der Geburtenrückgang läßt sich in allen Industrienationen feststellen. Er hat sich seit 1950 noch verstärkt. Der Pillenknick der siebziger Jahre, der noch hinzukommt, wird sich allerdings auf die Einwohnerzahl von Bobingen kaum auswirken. Durch Zuwanderung neuer Arbeitskräfte wird die Bevölkerungszahl voraussichtlich weiterhin ansteigen.

Lindauer Straße mit Pfarrkirche

J Bilder aus Bobingen

I. WOHER SIE KOMMEN . . . WIE SIE LEBEN . . . WOHIN SIE GEHEN . . . (1952)

Ein weitgereister Mann erzählte einmal einem guten Freund beim abendlichen Zwiegespräch, wie er durch die Lande gewandert sei: „Wenn ich in eine fremde Stadt kam, so besuchte ich das Heimatmuseum, die Gasthäuser und den Friedhof. Dann wußte ich, woher die Menschen kamen, wie sie leben und wohin sie gehen. So erlebte ich ihre Geschichte in wenigen Stunden." Kommt der Fremde nach Bobingen, so wird er auch hier fragen: Woher kommen die Bobinger, die alteingesessenen Bauerngeschlechter, die neuen Namen . . .? Und er wird vielleicht bei der Betrachtung des Landes einen kaum noch zu ahnenden Einfluß aus der Vergangenheit, aus jener Hügelgräberzeit vermuten, die ihre runden, grasbewachsenen Bichel in der Lech- und Wertachniederung und auf der von Stauden bestandenen Höhe im Westen zurückließ.

Ein späterer, stärkerer Zustrom brachte seine aufbauende Kraft in das dörfliche Leben, ließ die Einödbehausungen zur Ansiedlung wachsen, schmiedete kunstvolle Waffen und gewundenen Schmuck aus Bronze, Eisen, Gold und Silber. Der Fremde freilich, der diesem Strom nachspüren will, muß sich nach Augsburg bemühen, wo die ausgegrabene Vergangenheit im Museum, konserviert in Glasvitrinen, schläft.

Es rollten die Karren der neuen Männer aus Tirol ins flache Land, nachdem der Schwarze Tod die Höfe leergefegt hatte. Die Jaufenmänner kamen, brachten die starken Köpfe, die dinarischen Nasen und das schwarze Haar aus den Bergen mit.

Regsames, handwerkliches Leben brachte der allmähliche Fluß der fortschreitenden Zeit, losgelöst vom Boden und doch wieder zum eigenen Boden strebend – und seien es nur wenige Quadratmeter Gartenland. Ein neuer Ort entstand – noch wurde er „die Siedlung" genannt. Was wird sich hier weiterhin entwickeln?

Wie begegnen die gehetzten Menschen aus dem Osten dem in mehr als einem Jahrtausend in sich gefestigten Dorf? Wie finden sie sich zurecht im dörflichen Arbeitstag? . . . Keine Sorge: Das Leben im Ort geht mit ihnen zusammen weiter, ruhig, beständig, regsam, fleißig. Der Arbeiter wirkt hier ländlicher, der Bauer städtischer als anderswo.

In der holzgetäfelten Wirtsstube des Kirchenbräuwirts hängt in der Ecke neben der handgeschmiedeten, grünglasigen Laterne ein Bild, das einen schwäbischen Bauern in alter Tracht zeigt. „lant it luck", steht dabei. Ob der Spruch den abendlichen Zechern gilt oder dem bäuerlichen Alltag – die Bobinger lassen hier wie dort nicht locker. Und trotzdem (oder gerade deshalb) sind sie sparsam. So locken tagsüber die schattigen Kastanien bei der „Kirchbräu" oder der buntglasige Erker beim „Ochsenwirt" nur den fremden Autofahrer an, und erst gegen Abend (oder auch zur Mittagszeit) sprudelt der Bierhahn für den Gassenausschank und für die Wirtsstube. Im „Weißen Rößl" unterhalb des Dorfes treffen sich dann die Fernlaster zur gemeinsamen Heimfahrt nach Augsburg, und beim „Kreuzwirt" in der Bahnhofstraße sitzen um diese Zeit gewiß ein paar stille und doch fröhliche Leutchen beim Märzenbier. Beim „Kappelwirt" steht schäumend das selbstgebraute Bier auf den weißgescheuerten, buchenen Tischplatten und wartet auf die Durstigen, die das Grummet tagsüber eingefahren haben. Handfeste Würste, Schinken und kräftige „Brotzeiten" findet der Ortskenner beim „Mittelbräu", wenn er dort sitzen kann mit dem Blick auf einen schmalen Sinkelstreifen bei der mittleren Mühle, der „Segmill" Alt-Bobingens. Beim „Krebswirt" verbreitet die Behendigkeit der rundlichen Wirtstochter Behaglichkeit in dem stillen Haus, an dessen Vorderseite der moderne, schnelle Verkehr vorbeibraust, an dessen Rückseite aber das alte bäuerliche Bobingen beginnt.

Bobingens Gasthäuser liegen fast alle an der Hauptstraße, dem Durchgangsverkehr mehr zugewandt als dem Durst der Einheimischen. Die Gastwirtschaft „Zur Krone" war lange Zeit Pferdepoststation, und beim oberen Wirt kehrten die zur Liebfrauenkirche Wallfahrenden ein. Beobachtet der Fremde an diesen Orten die Lebensart der Bobinger, so trifft er überall die Vergangenheit dicht bei der lebhaften Gegenwart, bürgerliche Gediegenheit neben bäuerlicher Festigkeit und in den Gärten vor den roten, runden Tischen auch lärmenden Frohsinn in jenen warmen Nächten, in denen der Mond voll durch die Blätter der Kastanienbäume schimmert.

Während das Leben hier noch mit unendlich vielen Fasern in der Vergangenheit wurzelt, hat der letzte Ort, zu dem der Bobinger gebracht wird, die schützende Enge alter dörflicher Friedhöfe inzwischen gesprengt, hat sich hinausgestreckt in die Weite des Feldes, gleichsam den Fortschritt auch nach dem Tod beweisend. Noch ist nicht die parkähnliche Großzügigkeit reicher, alter, langsam gewachsener Friedhöfe erreicht, aber Anlage, Plan und Richtung lassen das Bild des künftigen Totenparks erkennen, welches von Ehrfurcht vor den Toten und trotzdem von Freude am Leben, am schönen Gebilde, an schönen Wegen, Steinen und Bäumen Zeugnis gibt. Dorther kam der Bobinger . . . so lebt er . . . dorthin geht er . . . Allerdings geben die Gaststuben der Wirtshäuser dem Fremden nur ein oberflächliches Bild der Bobinger Lebensart, denn das Alltagsleben spielt sich in den langen, weißgetünchten Bauernhäusern, in den Siedlungshäusern ab und verschließt sich mit einem letzten Rest bäuerlich-konservativer Haltung fremder Neugierde.

II. BOBINGER KÖPENICKIADE

Das liebe Geld des Mitmenschen ist das unmittelbare oder mittelbare Ziel der zahlreichen und immer zahlreicher werdenden Räuber, Diebe, Einbrecher und Betrüger. Nimmt der Räuber offen und mit Gewalt, der Dieb und der Einbrecher in der Regel aber heimlich und ungesehen dem nichtsahnenden Opfer das Geld oder die sonstigen Sachen weg, so operiert der Betrüger mit List und Tricks. Er täuscht sein Opfer und läßt sich die Beute aushändigen, wobei das Opfer selbst noch der Meinung sein mag, ein gutes Geschäft gemacht zu haben. Die Intelligenz des Betrügers muß dabei nicht größer, sondern nur ein wenig wacher sein als die seines Opfers.

Kein Delikt bietet eine so breite Variationsmöglichkeit wie der Betrug. Vom primitiven Zechpreller über den Kreditschwindler bis zum Heiratsschwindler, vom Anzahlungsbetrüger über den falschen Adeligen bis zum wirtschaftskriminellen Großbetrüger reicht die Skala der Möglichkeiten des Täters.

Eine besondere Gruppe der Betrüger bilden jene, die ihre Täuschungen unter dem Schutz achtunggebietender, aber zu Unrecht getragener Uniformen verüben. Solche Betrügereien kommen besonders in Zeiten vor, in denen eine Uniform Furcht einflößt oder ein hohes Sozialprestige verleiht. Zeiten mit Hochachtung vor Uniformen ermöglichen die „Köpenickiaden". Die Kaiserzeit war eine solche „gute alte Zeit".

Am 16. Oktober 1906 spielte der gerissene Schustergeselle und Ex-Zuchthäusler Wilhelm Voigt in der Uniform eines kaiserlichen Hauptmanns in dem Städtchen Köpenick bei Berlin den bekannten Streich, bei dem er in Begleitung einer Handvoll, auf der Straße zufällig aufgelesener Soldaten die gefüllte Stadtkasse von Köpenick erbeutete. Seit dieser Zeit lacht man über die unter dem Schutz einer Uniform verübten betrügerischen „Köpenickiaden".

Selbstverständlich steht der „Hauptmann von Köpenick" in der Geschichte des Betruges nicht allein da. Er hatte zahlreiche Vorgänger und noch mehr Nachahmer, die aber weniger bekannt wurden als er. Auch die Gemeindeverwaltung von Bobingen wurde vor vielen, vielen Jahren einmal das Opfer eines solchen Trickbetrügers.

Den sorgfältig geführten Rechnungen der Gemeinde aus dem 18. Jahrhundert entnehmen wir, daß Bobingen hauptsächlich im Frühjahr jeden Jahres von durchziehenden Truppen belegt wurde, welche das Lechfeld als die natürliche

Nord-Südverbindung nach Oberbayern und Italien benutzten und dabei das Gebiet der alten Straßvogtei mit ihren reichen Dörfern bevorzugten. Für die Soldaten bedeutete die Einquartierung in den Dörfern „an der Straß" gute Verpflegung, die in den Rechnungen genau detailliert wiedergegeben ist: „Brod, Fisch, Pranndtwein, Baumöl, Schmalz, Wein, frisch Sallath, Pier (weiß und braun), Fleisch, Eyr, Tobackh, Gewürz." Für die Bauern aber war Einquartierung gleichzusetzen mit Mühe und Drangsal, Demütigungen und Räubereien, zumal die Soldaten aus aller Herren Länder und Ländchen kamen und nicht mit einer disziplinierten Truppe unserer Zeit verglichen werden können. So lesen wir von den Schellenberg'schen Reuttern, vom khurbayer. Gräfl. Aschischen Regiment, von dem Gräfl. Santinischen Dragoner-Regiment, vom Durchzug der neuausgehobenen hochstiftischen Rekruten, von sächsischen Soldaten, von khurbayr. Husarencompagnien, vom französischen General Villars, von dem Adjutanten der Kaiserlichen Armee, von Plünderungen, von unter Drohungen erpreßten „Salvaguardiae" . . .

Es ist daher nur zu verständlich, wenn die Sechser, der Säckelmeister und auch der Pflegsverwalter versuchten, Einquartierungen von Bobingen fernzuhalten. 1703 trägt Jörg Schreiber, „Sekkelmeister daselbst" in sein Rechnungsbuch ein, daß eines Tages ein „khurbayrischer Officier" in Bobingen erschien und sich als Regimentsquartiermeister ausgab. Er gab an, er sei über Göggingen und Inningen, wo er gleichfalls Quartiere belegt habe, nach Bobingen gekommen, um dort Quartier für 120 Soldaten zu belegen. Er ließ aber durchblicken, daß er unter Umständen bereit wäre, 60 Soldaten nach Großaitingen zu verlegen, wenn . . . Und dann folgte die international verständliche Bewegung des Geldzählens. Da griff Jörg Schreiber schweren Herzens in den Gemeindesäckel und legte dem Fremden 100 blanke Gulden auf die bereitwillig hingehaltene Hand. Der Herr Quartiermeister ritt dann schleunigst nach Großaitingen weiter, ersieht man aus der Rechnung.

Nun wartete man in Bobingen schweren Herzens auf die 60 angekündigten unwillkommenen Quartiergäste, aber keine Truppen erschienen. Nach einigen Tagen und nach eingezogenen Erkundigungen mußten die Gemeindeväter erkennen, daß sie der Fremde übers Ohr gehauen hatte. Vermutlich verübte er das gleiche Gaunerstückchen in der ganzen Straßvogtei, und überall kratzten sich die Säckelmeister mit den Federkielen hinter den Ohren bei der Frage: „Wie soll ich die 100 Gulden abbuchen, damit bei der nächsten Visitation durch den Bischof nichts beanstandet wird?" Und so rutschte diese Geschichte als Kassenbeleg in das Rechnungsbuch mit dem Nachsatz: „. . . von allhiesig Gemeinde herauspraktiziert und empfangen: 100 Gulden." Dann schüttelte Jörg Schreiber feinen Streusand über die tintennasse Seite, der heute noch zwischen den groben Blättern rieselt.

III. DAS SCHICKSAL DER MARIA LAIMERIN

Da sprechen die Leute immer wieder von der „guten alten Zeit", die irgendwo zwischen „Anno Domini" und heute liegt. Die einen meinen die fette Sattheit, die gesetzte Bürgerlichkeit der wilhelminischen Zeit, andere denken vielleicht einhundert oder zweihundert Jahre weiter zurück in jene Zeit, da die Zusammenarbeit zwischen Bauer und Knecht patriarchisch geregelt war und der Knecht sich glücklich schätzte, wenn er am Ende des Dienstjahres ein neues Hemd und ein Paar Schuhe erhielt. Die „gute alte Zeit" scheint dagegen bei näherem Zusehen nur in der Erinnerung „gut", tatsächlich aber höchstens noch „alt" zu sein, denn die auf der einen Seite gezeigte Großzügigkeit und gewährte Freizügigkeit wurde auf der anderen Seite durch starre, allzu starre Rechts- und Strafbegriffe kompensiert, die oftmals auf die menschlich-tragischen Hintergründe einer Straftat im damaligen Sinne keine Rücksicht nahmen. Das Gesetz galt und der Buchstabe. Also wehe dem, der gegen das Gesetz verstieß!

So lebte man vor 270 Jahren nicht nur in der Stadt Augsburg (wo die Sitten immer schon etwas gelockerter waren, wie die bekannte Anwesenheit der „Hübschlerinnen", der damaligen Gunstgewerblerinnen zeigte), sondern vor allem auch auf dem platten Lande. Verstöße gegen den strengen Sittenkodex jener Zeit, die sich „gut" nannte, wurden unnachsichtlich geahndet. So schrieb am 11. 9. 1709 der domkapitelische Propst Johann David Blenthauser von Großaitingen an den „hochedlen, hochfürnehmen und auch hochgeehrtisten Herrn Pflegsverwalter" des Hochstiftes Augsburg in Bobingen einen schönen verschnörkelten Brief. Er schrieb ihn als Richter in seinem Bereich, und man würde heute vielleicht zum gleichen Schreiben Haftbefehl sagen. Darin berichtete er von einem „in Großaitingen jurisdiction begangenen großen Frevel".

Da hatte sich nämlich die „Maria Laimerin von Graben in ihrem ledigen Stande mit ihrem Complicen Joseph Scheller, gewester Pauernknecht, fleischlich vermischt" und war auch „von demselben impregniert worden". Die Folgen dieser Liaison zeigten sich wohl allzubald, und die ratlose Maria sann hin und her, denn das Kind sollte ja einen Vater haben. Und sie fand tatsächlich einen Ausweg, bereits ganz im Stile des XX. Jahrhunderts und ihrer Zeit vorauseilend. Die kleine Laimerin leimte einen Bauern aus Bobingen, indem sie – wie es im Brief des entrüsteten Propstes weiter heißt – „sich understandt, erst vor zwölf Wochen mit Hannß Völckh, Pauer zue Bobing sich jungfrawlich zu verheurathen und denselben also zu decipieren (täuschen), da sie indessen schon Kindtsmutter gewordten". Die Ehe wurde am 7. 6. 1709 in Bobingen geschlossen. (Mitteilung von X. H.). Da es sich um eine Straftat handelte, die „von ambts wegen abzuwandlen" dem Großaitinger Propst oblag, bat er den hochgeehrten Herrn Nachbarn, die benamte Maria Völckh einige Tage später frühmorgens nach Großaitingen schaffen zu lassen. Dorthin sollte auch der Dienstknecht gebracht werden, damit beide für ihre Schandtaten büßten. Was wird das für ein trauriges Wiedersehen gewesen sein, denn nach der damaligen Sitte mußten beide mit Stroh umkränzt einen oder mehrere Sonntage und auch Wochentage bei der Kirchentür stehen und so (manchesmal um Hände und Hals ein breites Brett) Zeugnis ablegen vor der ganzen Gemeinde. Peinlich, peinlich . . . das war die „gute alte Zeit" schon; diese groben Methoden hatten eine sehr abschreckende Wirkung. Viele ledige Kinder wird es damals kaum gegeben haben.

Waren einerseits die Strafvollstreckungsmethoden nach unseren heutigen Begriffen reichlich ungewöhnlich, so waren andrerseits die amtlichen Schreiben ungeahnt höflich und freundlich. Sollte doch etwas daran sein an dem Gerede von der „guten alten Zeit"? So schloß der Propst von Großaitingen seinen Brief mit den Worten: „womit ich neben einer schönsten empfehlung an den hochgeehrtisten Herrn Nachbar sambst dessen Frau Libstin von meiner Hauswirthin vndt mir ieder Zeit verbleibe . . ."

Heute liegt der Brief in der Sammlung des heimatkundlichen Anschauungsmaterials der Stadt Bobingen. Er überlebte die alten Strafvollstreckungsmethoden und die höflichen Redensarten, die barocken Redewendungen und Floskeln. Und langsam vergilbt sein Papier und verblassen seine Schnörkel in dem Licht unserer Zeit, die man vielleicht schon in 50 Jahren als die „gute alte Zeit" bezeichnen wird.

IV. DIE VETERANEN BEIM KIRCHBRÄU

Schäumend steht das Goldmedaillenbier auf dem runden Tisch, unter dessen braune Eichenplatte die Veteranen ihre müden Füße strecken. Emsig klappert das nimmermüde Strickzeug der alten Wirtin, einer ehrwürdigen Matrone, die mütterlich geduldig der Unterhaltung der grauhaarigen Männer zuhört, kann sie doch dabei an die alten Zeiten zurückdenken.

Sie hat die Veteranen alle gekannt und sie erinnert sich gut. Sie kann sich noch an den „Tambourschuster" erinnern und an den „Pfänder-Bastel" selig, der in der Oberen Kapelle mit seiner Holzhand Katzenköpfe über unruhigen Kinderköpfen austeilte, bis eines Tages einmal die Prothese sich löste und krachend von der Empore herab unter die Menge der andächtigen Beter fiel. Verschwunden, tot und begraben sind sie alle – kein Veteran lebt ewig. Derbe Männerhände greifen nach dem gefüllten Maßkrug, und im kantigen Gesicht leuchtet der Widerschein des goldbraunen Gerstensaftes. Zum Wohl, Veteranen, lebende und gewesene, zum Wohl! Ein junges Leben mit weißer Schürze und großen Augen füllt die leeren Krüge. Der Gast in der Ecke bei Milch und Semmeln greift zur dritten Illustrierten.

Namen wie Ypern, Verdun, Vogesen, Toter Mann fallen erinnerungsschwer zwischen den braungetäfelten Wänden. Das rot-gesunde Gesicht des Einarmigen schwitzt vor Erinnerungslust und Erinnerungsschmerz. Mit der gesunden Hand wischt er sich über die hohe Stirn, auf der werktags die blaue Mütze mit dem Wappen sitzt. Seine andere Hand mag in einem Granattrichter des Westens modern, aber daran denkt weder er noch der Stockheisere, dem jugendliches Feuer in den scharfen Augen unter eisgrauen Augenbrauen glüht.

So reden und schwadronieren, räsonieren und prahlen, lachen und trinken sie Stunde für Stunde, bis die Wirtin durch ihr Aufstehen das Zeichen zum Aufbruch gibt. Am Nebentisch sitzen noch ein paar Junge, und dort fällt das Wort, das den Erzählungen von Not und Leid, Angst und Wunden mit einer großspurigen Geste die Patina einer münchhausischen Unwahrscheinlichkeit verleihen soll: „. . . als wir am Wolchow drei Tage unter Wasser marschierten . . ." Das Scherzwort gelingt nur halb; es ist ein Sprung in ihm. Dann rumpeln die Stühle, schlagen die Türen. Dorfabwärts hören die weißen Hauswände mit den im Mondschein glotzenden Fensterhöhlen die Heiserkeit des Weißhaarigen, den Marschtritt des Einarmigen, während die mütterliche Gastgeberin langsam die Stiegen hinaufsteigt und an ihren Jungen denkt, der als Soldat nicht mehr heimkehrte.

V. EIN GÄRTNER

Wenn man von Augsburg kommt, so liegt sein niederes, platanenüberschattetes Haus rechts der Straße, geduckt unter dem Abhang, auf dem der Verkehr rollt. Ein schmaler Fahrweg leitet von der Asphaltbahn hinab. Die Fenster des Hauses schauen über die blühenden und grünenden Beete, über die Wiesen und den Bach mit dem Märchennamen weg bis zum dunkelgrünen Auwald und weiter zur fernen Leite, die im Dunst des Sonnentages verschwimmt.

Während auf der Straße chromblitzende Lackungeheuer der modernen Zivilisation rasen, lebt und duftet unten im Schutz des Südhanges ein vielfältiges bienenumsummtes Blumenland, in dessen Mitte der Gärtner arbeitet. Schmale Augen, die suchend über die Wiesen schauen, ein braunes, kräftiges Gesicht, darüber ein Steinhauerhut von der Farbe des Dolomitengesteins – so steht er bei den jungen Sprossen, deren Samen er der Erde anvertraut hatte. Im Wasserbecken schaukelt ein Brett, vom warmen Südwest bewegt – eine kleine Landefläche und ein Trinkplatz für die Bienen, Meisen und die Rotkehlchen. Er erzählt mir von seinen Vögeln. Sie zwitschern nicht hinter den Gitter-

stäben eines Vogelbauers, sondern im Garten, im Strauchwerk, in den Apfel-
bäumen und am Wiesenhang. Mit lächelnd-verschmitzten Augen erzählt er
vom belauschten Nestbau, von dem futterhungrigen Gezwitscher, wenn die
Nester im Frühjahr voller Leben sind. Im Garten stehen zwei eigens aufge-
stellte Eisenrohre; in dem einen haust ein Meisenpärchen, im anderen schläft
seit Jahren eine alte Meise.

Er kennt sie alle, seine Freunde, die flirrenden Pfeile der bunten Stieglitze, die
zierlichen Erlen- und Birkenzeisige, den verschrobenen Kreuzschnabel und
den flinken Zaunkönig neben dem Bergfink, den Schwalben, Drosseln und
dem robusten Grünfink. Im Herbst wird er wieder die herabgefallenen Plata-
nensamen vor seinem Haus aufsammeln und für den Winter verwahren, in
dem er die tiefsingenden Gimpel mit den beflügelten Samen füttern wird. Mit
roten und grauen Brustfedern stiebt dann der gefiederte Schwarm um sein
weißgetünchtes Gärtnerhaus, während der Nordwind im Lee des Hanges die
weißen Kristalle des Schnees von den Feldern hereinbläst und zu hohen Wellen
stapelt, die Elster am Dunghaufen nach Abfällen scharrt und zerrt, der sonst
freche Spatz zahm vor der Schwelle hockt und auf Brosamen wartet.

Seine Kenntnis um das Leben der kleinen Sänger ist keine Buchweisheit nach
Brehms Tierleben, Band Vögel, sondern ist ihm als Wissen um einen Teil der
Schöpfung ein Herzensbedürfnis, das seinem Wesen entspricht. Glücklich das
Land, das Dorf, in dem Menschen wohnen, die trotz Arbeitslast und Tageshast
noch ein Auge für die bunten, zwitschernden Heimlichkeiten der Natur haben
und die Zeit finden, sich ihrer zu erfreuen und ihnen ihre Aufmerksamkeit zu
schenken.

VI. TAGESANFANG 1952

Wer von Bobingen berichten will, muß mit den Nächten beginnen, in denen
die hohen Glasfenster der Kunstseidefabrik auf die Wiesen hinausleuchten, in
denen die dumpf singenden Wasser der Wertach schwarzglasig talwärts treiben. Er muß von den Nächten sprechen, in denen die Auen, die Wiesen und
die Felder stumm und müde vom Tag ausruhen und die Augen des Dorfes
schlafen. Wer von diesen Nächten erzählt, muß das Band der Straße mit den
einsamen Lastzügen sehen, die mit spitzen Scheinwerferfingern an weißen
Bauernhäusern entlangtasten und die Zaunschatten verzerrt zurückstoßen ins
jähe Volldunkel. Dann knurren warnend die Hofhunde und verraten bellend
jeden nächtlichen Wanderer. In den Ställen deckt das feuchtwarme Hausdun-
kel die runden Leiber der Tiere zu. Während die schmalen, dampfenden Wasser der Singold vor den Mühlen Höhe und Kraft stauen zum neuen Tagwerk,
schnürt in den Ölängern ein hungriger Fuchs durch das bereifte Gras.

Hoch im Turm schlagen die Glocken an und läuten zum Morgengebet über das schlafende Land. Die Glocken von Sankt Wendelin folgen. Irgendwo kräht ein Hahn. Zum frühen Licht in den Backstuben tritt das Licht in den Ställen. In der Fabrik ruft ein Boschhorn. Die ersten Schichtler tauchen mit ihren Fahrrädern aus dem Dunkel auf und verschwinden wieder auf der Fahrt in den Tag voller Arbeit. Omnibusse dröhnen hellerleuchtet vorüber, vollgepackt mit Menschen. Über die Fluren der alten Lehenbreite fauchen die Frühzüge aufwärts und abwärts mit glitzernden Perlenketten gelblicher Abteilfenster. Allmählich weicht die Nacht der Dämmerung, ohne daß sich die Sonne zeigt. Sankt Sebastian an der Giebelwand des „Alten-Wirt-Hofes" schaut wie seit Jahrhunderten ostwärts, wo die Sonne tief über dem Lech sich im Dunst verbirgt. Beim Unteren Schmied blinzelt bereits ein Feuerschein durch die rußigen Fensterscheiben und spielt kraftlos vergehend auf einer Schuppenwand. Mägde schaffen die Morgenmilch zu den Sammelstellen und finden dort in der Sauberkeit der gekachelten Räume Zeit zu ein paar Scherzworten. Scheppernd und polternd rollen dann die Kannen zu den Höfen zurück. In der Römerstraße rasselt ein Fuhrwerk. Die beiden Zeitungsfrauen hasten von Tür zu Tür. Lehrbuben treffen in ihren Meisterwerkstätten ein. Dorfaufwärts auf seinem Fahrrad radelt würdig der Gemeindediener, der alte Soldat mit den strengen Augen und dem offenen Herz. Das Rathaus öffnet seine eichene Tür. Zwei Gendarmen vergleichen fröstelnd ihre Armbanduhren, lauschen dem Klang der Glocken nach und gehen zu ihrem Postengebäude. Bobingens Alltag hat begonnen . . .

K   Anhang

I. BOBINGER EHRENBÜRGER

Bauerndörfer kargen mit der Ehrung ihrer verdienten Männer und Frauen aus vielen Gründen. Meist verhilft ein in einer überschaubaren, ländlichen Nachbarschaft geführtes und mit der Erledigung der eigenen Angelegenheiten beschäftigtes, rechtschaffenes Leben in Arbeit und Anspruchslosigkeit zu einem soliden Ansehen, welches keiner besonderen Erwähnung bedarf. Der wirtschaftliche Erfolg wird hochgeschätzt, aber eine starke Verflechtung der privaten Tätigkeit mit den gemeinschaftlichen Interessen der Gemeinde wird erwartet. Der darüber hinaus geleistete Dienst zugunsten der Gemeinschaft wird um so mehr respektiert und angenommen, je uneigennütziger, hilfreicher, beständiger und wertvoller er für den Lebenskreis der übrigen Gemeindeangehörigen ist, je opferbereiter die Arbeit getan, je erfolgreicher sie geleistet wurde, je untadeliger das persönliche Leben verlief.

Der Respekt wird in der Regel stillschweigend gezollt und durch unterschwellige Ehrentbietung bestätigt, wenn man von zeremoniellen Überhöhungen bei Feierlichkeiten, Ansprachen oder Nachrufen absieht. Oder der Respekt wird posthum bekundet, indem das Gemeinwesen – wie dies im Falle Greißl und Max Fischer geschah – Straßen nach den zu ehrenden Personen benennt.

Eine offizielle und förmliche Ehrung ist daher ein ungewöhnliches, herausgehobenes, seltenes Ereignis, das eine besondere Erwähnung in einer Ortsgeschichte beanspruchen darf. Sie ist normalerweise dort anzutreffen, wo das Gemeinwesen nicht nur eine gewisse geschichtliche Reife, sondern auch eine wirtschaftliche Größe erreicht hat, in der dann die Arbeit für die Allgemeinheit keineswegs mehr selbstverständlich ist. Das Gemeinwesen ehrt sich durch die ehrenvolle Hervorhebung einzelner Bürger zugleich selbst, zeigt es doch die innerhalb seiner Mauern gültigen Maßstäbe auf, an denen sich das Alltagsleben des Bürgers, aber auch der Umfang des Dienstes zugunsten der Allgemeinheit orientieren kann.

Bobingen ist mit Ehrungen dieser Art immer sehr behutsam umgegangen. Es hat die Ehrenbürgerwürde als hohe Auszeichnung bisher verliehen an

1. Franz Seraph K i e d e r l e , Oberlehrer in Bobingen,
   geboren am 6. Oktober 1857 in Burgau,
   gestorben am 7. September 1930 in Bobingen.

Oberlehrer Kiederle war 36 Jahre hindurch als Leiter der Bobinger Volksschule tätig. Er war nicht nur um die solide Ausbildung einer ganzen Generation Bobinger Bürger bemüht, sondern war allgemein auch die Triebfeder hinter zahlreichen kulturellen Bestrebungen und Entwicklungen in Bobingen. Er war Kirchenorganist, Chorregent und Chormeister der Liedertafel Bobingen. Er war tätig für die Gemeinde und die Kirche. Bei allen Gelegenheiten holte sich die Bevölkerung und die Gemeindeverwaltung bei ihm Rat. Er führte mit Begeisterung alle jene Aufgaben durch, die heute einem Heimatverein übertragen würden.
Anläßlich seines 70. Geburtstages wurde er zum Ehrenbürger ernannt.

2. Franz Xaver B o b i n g e r , Landwirt in Bobingen,
   geboren am 25. November 1846 in Bobingen,
   gestorben am 30. August 1937 in Bobingen.

Der Landwirt Bobinger war 33 Jahre hindurch Gemeindeschreiber. Bis zu seinem 80. Lebensjahr stand er im Gemeindedienst, war Waldkassier, Gemeinderatsmitglied, 2. Bürgermeister und führte in vorbildlicher Weise die Geschäfte eines Standesbeamten. Er arbeitete an der Entwicklung Bobingens seit der Jahrhundertwende mit und war Tag und Nacht für jeden Einwohner zu sprechen. Hilfsbereit bis zum eigenen Nachteil, versah er einen Teil seiner Aufgaben an den Sonntagen – während er seine Landwirtschaft während der Woche betrieb.
Anläßlich seines 90. Geburtstags wurde er zum Ehrenbürger ernannt.

3. Oskar M ü l l e r , Geistlicher Rat in Bobingen,
   geboren am 13. Januar 1877 in Siebnach,
   gestorben am 10. Juli 1959 in Deutenhausen.

Seit dem 1. Dezember 1932 Pfarrer in Bobingen, hat er in schwerer Zeit die Gemeindeverwaltung väterlich beraten, hat Kriegsgefangene, Heimatvertriebene und die Angehörigen von Gefallenen sozial und geistlich betreut. Er hat sich erfolgreich um die Wiederherstellung und Neugestaltung kirchlicher Bauten bemüht. Sein seelsorgerisches Wirken in Kirche, Schule und Krankenhaus, sein tolerantes Verhältnis zur evangelischen Kirchengemeinde, sein lebhaftes, förderndes Interesse für die Organisationen der Bauern, Gärtner, Turner, Sportler und Sänger, der Feuerwehr, Sanitäter, der Darlehenskasse und der ambulanten Krankenpflege und endlich seine weitschauenden Planungen für

die Umgestaltung des ehemaligen Friedhofes sowie für die Errichtung eines Kindergartens haben ihn verdient gemacht.
Er wurde an seinem 70. Geburtstag zum Ehrenbürger ernannt.

4. Dr. phil. Josef J a u f m a n n , Oberstudiendirektor aus Bobingen,
   geboren am 21. Mai 1879 in Bobingen,
   gestorben am 12. Oktober 1959 in Bobingen.

Nach seiner Pensionierung aus München nach Bobingen zurückgekehrt, bemühte er sich uneigennützig um die Erforschung der Ortsgeschichte. Die Pflege des Heimatgedankens und der Heimatliebe, seine hochgeschätzte Mitarbeit in den örtlichen Vereinen und Organisationen, sein fachlicher Rat in Fragen der Jugenderziehung und des Schulwesens, seine Mitarbeit im Gemeinderat während der schweren Nachkriegsjahre sowie seine weitschauenden Initiativen um den Ausbau des Bobinger Schulwesens wurden berücksichtigt, als ihm an seinem 70. Geburtstag die Ehrenbürgerschaft verliehen wurde.

5. Dr. Ing. Robert Z o l l e r , Vorstandsmitglied der Hoechst AG
   Frankfurt a. M.,
   geboren am 24. April 1904 in Stuttgart,
   gestorben am 7. Dezember 1974 in Füssen.

In Anerkennung seiner Verdienste um die Umwandlung der früheren Viskosekunstseidefabrik Bobingen zu einem modernen Kunstfaserbetrieb der Farbwerke Hoechst AG, welcher für den einzigartigen wirtschaftlichen Aufschwung Bobingens nach dem 2. Weltkrieg von ausschlaggebender Bedeutung wurde, erhielt er anläßlich seines 60. Geburtstages den Ehrenbürgerbrief Bobingens.

Die junge Stadt Bobingen verleiht an Persönlichkeiten, die sich außergewöhnliche Verdienste um die Stadt erworben haben, eine Goldene Verdienstmedaille mit Urkunde. Mit dieser Verdienstmedaille wurden bisher ausgezeichnet:

1. Dipl.-Ing. Wolf-Dieter Frowein, Direktor der Hoechst AG,
   Werk Bobingen,
   wegen seiner Verdienste um die wirtschaftliche Entwicklung Bobingens,
   anläßlich seines 60. Geburtstages am 12. Dezember 1970.

2. Alois Häring, Schmiedemeister in Bobingen,
   wegen seiner Verdienste als ehrenamtlich tätiger erster Bürgermeister der Stadt Bobingen von 1956 bis 1972 am 3. Dezember 1972.

Die Lindauer Straße um 1925

Luftaufnahme von Bobingen (1952)